1916：全球史

转折：奠定战后百年政治新格局

［英］基斯·杰弗里（Keith Jeffery）◎ 著

徐添 ◎ 译

海南出版社
HAINAN PUBLISHING HOUSE

版权合同登记号：图字：30-2016-038 号
图书在版编目（CIP）数据
1916：全球史 /（英）基斯・杰弗里
(Keith Jeffery) 著；徐添译 . -- 海口：海南出版社，
2017.1
书名原文：1916：A Global History
ISBN 978-7-5443-6956-5
Ⅰ . ① 1… Ⅱ . ①基… ②徐… Ⅲ . ①第一次世界大战
– 历史 – 通俗读物 Ⅳ . ① K143-49
中国版本图书馆 CIP 数据核字 (2016) 第 311926 号

1916：全球史

作　　者：（英）基斯・杰弗里
译　　者：徐　添
监　　制：冉子健
责任编辑：孙　芳
策划编辑：王叵咄
责任印制：杨　程
印刷装订：北京盛彩捷印刷有限公司
读者服务：蔡爱霞
海南出版社　出版发行
地址：海口市金盘开发区建设三横路 2 号
邮编：570216
电话：0898-66830929
E-mail：hnbook@263.net
经销：全国新华书店经销
出版日期：2017 年 1 月第 1 版　2017 年 1 月第 1 次印刷
开　　本：787mm×1092mm　1/16
印　　张：26.25
字　　数：360 千
书　　号：ISBN 978-7-5443-6956-5
定　　价：58.00 元

纪念佩吉·维西克（Peggy Visick，1916.5.30—2009.9.5）

一个出生于1916年，不好也不坏的预言家。

目 录

序 言

1919年7月6日，星期日。这一天因为降临在全不列颠的和平，官方将之命名为“公众感恩节”（Public Thanksgiving Day）。在基尔代尔郡阿塞，一所爱尔兰卫理公会的小教堂里，约翰·英格兰牧师在进行弥撒，他因最近发生的世界大战及在全球范围内的浩劫陷入了沉思：

> 无论我们身在何方（他说），我们都无法逃脱战争。这种想法一直存在并压在人们心头——报纸、杂志、甚至电影院和小说都在不断地提醒我们仍处在战争之中，我们的人民被迫放下各自的生活，远赴战地前线，青年人的宝贵鲜血和他们的男儿气概如水一般奔洒在佛兰德斯平原、北意大利的高地、美索不达米亚宽阔的地带、巴勒斯坦的圣地，以及非洲迄今仍未知的地方和公海之上。[①]

这本书从爱尔兰写起，不仅是因为要有力地用证据说明为人所熟知的“伟大战争”（Great War）对爱尔兰当地和全球的影响，还因为1916年的事件是如今使爱尔兰岛上的这个国家在20世纪得以建立与发展的关键。对爱尔兰而言，这场战争最重要的两个时刻，一是众所周知的“复活节起义”，即1916年复活节后的星期一，国家分裂主义者共和派发动了一场反抗英国统治的起义；二是

① Notes for a sermon，6 July 1919（England papers，in private hands）.

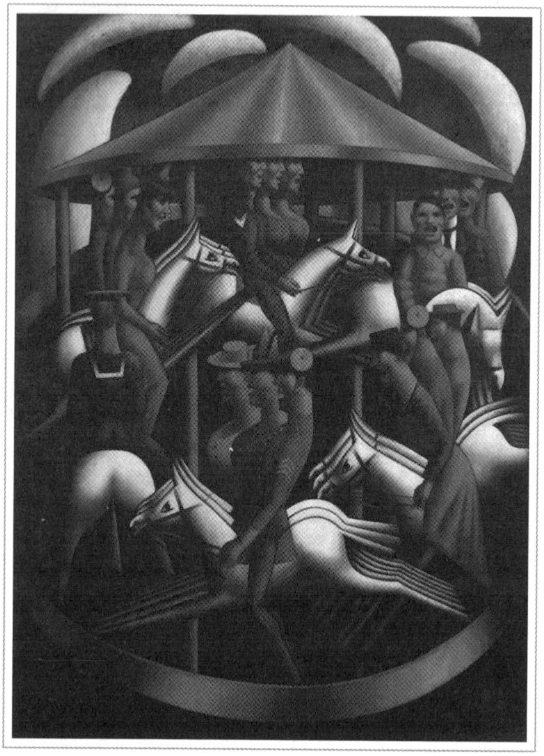

◎《旋转木马》（1916年），英国艺术家马克·格特勒（1891-1939）绘。格特勒出生在一个犹太家庭，战争期间，他是一名坚定的和平主义者。他的画作体现了他对这场毫无意义、永无止境战争的绝望感。

1916年7月1日，在那天开始发动的索姆河战役的步兵突击中，第36师(乌尔斯特师)代表爱尔兰联合派，冲在最前面并惨遭重大伤亡。所有这些事件很快在他们各自的爱尔兰政治传统中被神圣化，并被编入爱尔兰共和国和北爱尔兰的建国故事中。

这场战争为这些爱尔兰人和乌尔斯特人(北爱尔兰人——译注)提供了时机和模式，使得他们向战争中所支持或反对的政治目标，显现出忠心、承诺和军事上的努力。从这种角度来看，这些特殊的爱尔兰事件不过是更为广阔的格局的一部分，这些当地人的忠心、分歧与对立无处不受其影响，并且常常被战争本身所放大。所以，复活节起义和索姆河战役的经过是本书第一个要举例说明的事件，他们不是普通的地方冲突；而是波及全球、无法避免的全球危机。

在英国、美国和法国，正如被人们所熟知的那样，对第一次世界大战的历史的解读，可以说是完全陷于西线的“泥潭”之中。几个世纪以来，这片横跨低地国家和法国东北部的浴血前线地带被彼此对抗的军队不停争夺。这样的视角足以让人理解法国和比利时人对“一战”的看法，对于他们而言，这场冲突首先是一场令人绝望的国土自卫战。美国(当然也包括加拿大)的军事干涉主要是在西线，因此对他们来说，视角同样清楚明了。在这里，服役、逝世的英国士兵比任何地方都多，因此我们有理由将注意力再次集中于这片战场。英国的许多学校都会组织去法国和比利时的旅行，去参观那些比较容易前往的战场，许多学生研究“战争诗人”（其中威尔弗莱德·欧文的诗作已经被深深地铭记于民族意识之中），使诗人们在法国和佛兰德斯对战争和“战争遗憾”的想象获得广泛理解。那些死去的英国战士尸体沿着昔日火线被埋藏于联邦战争公墓的沃土中。在大多数情况下，对大部分死去的英国士兵来说，这里是在法国和比利时这样异国他乡里的“永远的英格兰”。当然，鲁伯特·布鲁克（Rupert Brooke）是在他去东地中海而不是法国之前就已经创造了这些经典的形象，虽然他在还没来得及参加任何一场战斗之前就已经去世了。

布鲁克最后向东的旅程有助于让我们将视角从西欧移开。对于任何1914年到1918年的战争研究来说，将注意力只集中于西欧是有着相当的局限性的。我们只有将法国和佛兰德斯的战役放在全球环境中，才能对第一次世界大战有更恰当的理解。我写作这本书的目的是要将1916年各月所发生的标志性事件作为一系列线索交织起来；通过这些线索，将战争经历惊人的范围性、多样性和相关性一起表现出来。因此我的研究将从1916年1月的加里波利半岛（就是鲁伯特·布鲁克始终未到达的目的地）写起——在那里，英国未来的首相，克莱门特·艾德礼帮助制定了撤退的计划（也是这场战役唯一明确的成功之处），并结束在12月底，即格里高利·拉斯普京被沉于冰冷的彼得格勒涅瓦河之时。

在加里波利，有令人印象深刻的形形色色的参战者——土耳其人、阿拉伯人、法国人、塞内加尔人、马耳他人、印度人、英国人、爱尔兰人、澳新军团（安扎克人，the Anzacs）——这是许多其他战场的特征，也是这里的特征，我会在此尽可能地叙述战争中被边缘化的参战者，将非战斗人员和士兵、女人和男人都纳入这本书。在2月和3月的章节中，我们将要到法国——人所周知的凡尔登大战中去，德国企图让法国在那里流尽鲜血（并几近成功）。再沿着多罗米蒂山脉和伊松佐河，抵达意大利人和七拼八凑的哈布斯堡军队彼此打得精疲力竭的作战前线。

在4月的章节中，我将叙述重点放在都柏林的复活节起义上，都柏林（不仅是在爱尔兰）通常很难理解为第一次世界大战的战场。但实际上，由于大战的爆发，以及国家出于政治目的而采取军事动员的长期战时状态，这场战争为一些分裂主义者提供了为自由而斗争、脱离大英帝国的有利时机。民族主义在1916年最富有感染力的表现尽管被暂时挡在爱尔兰境内，但它仍然持续地发挥影响，最终构成了对奥斯曼和哈布斯堡帝国体系的挑战。接下来，1916年5月的日德兰之战让我们将注意力从陆地上移到海上，这一冲突伴随着战争最初几个月南美海岸外海军介入，从一开始就是世界性的战争。我们还可以研究至关重要的海上封锁（尽管其效果仍有争议），这一封锁过去被认为在协约国作战中发挥了重要作用。某种程度上（而不是仅仅），由于封锁，海战比战争的其他方面更广泛地影响了中立国家及其普通居民。例如，尽管挪威是中立国，但作为一个靠海为生的国家，挪威人无法逃脱战争带来的苦难。甚至在南挪威以捕鲸业格外闻名于世的桑德尔福德港，也有一块第一次世界大战纪念碑，上面镌刻着32位当地人的名字，因为这些人牺牲在他们所服役、却在战争中覆没的舰船上。

6月，布鲁西洛夫突破把我的叙述带到从一开始就有数十万大军参战的东线，这场战役影响到大量平民，使得他们被卷入战争时期的动荡岁月中。布鲁西洛夫的突破是这场战争中俄罗斯帝国最成功的进攻，但是也是最终削弱了同盟国持续参战能力的进攻。除此之外，爱尔兰的复活节起义绝不是在1916年唯一反抗帝国统治的抗争。7月，在俄罗斯的中亚地区爆发了大规模的暴乱，这一暴乱是由于当局不断强迫使该地区帝国属民参战所导致的。这场暴乱引起了当局对穆斯林忠诚的怀疑，这一疑虑同样困扰着此时统治着世界上最多穆斯林的英国人。和俄国人一样，英国人（和法国人）在战时对殖民地劳动力的开发，有时会成为颠覆帝国统治的严重威胁，正如约翰·巴肯（John Buchan）在1916年的小说《绿斗篷》（*Greenmantle*）中所描述的那样，政客和军人们正对一场由德国人在背后支持、针对协约国的伊斯兰圣战可能带来的威胁忧心忡忡。

到了1916年8月末，英国的罗得西亚和印度军队占领了德属东非的莫罗戈罗镇（今坦桑尼亚），这里自1914年底便是德国的殖民地的行政中心。罗得西亚人和印度人一厢情愿地相信，该镇的陷落会标志着敌军抵抗的终结。然而事实上，德国人在非洲抵抗的时间最长，他们直到 1918 年 11 月 25 日才投降。尽管被用于非洲的白人军队数量相当少，但非洲土著却数量惊人——总计达 200 万人——他们被征召和动员起来，主要履行非战斗人员的职责，大概有 20 万的土著阵亡。本书中对非洲战事的探讨使得这群被遗忘的人们得以被铭记，也使得战争的伤亡人数和西欧记录的死亡人数更接近真实。

尽管 6 月 1 日不能（也不应）被忽略，我还是选择从 9 月份的索姆河战役开始我的研究，我要强调的是，索姆河是一场持续了几个月的大型会战，这同凡尔登一样。在 9 月 15 日的弗莱尔——库尔瑟莱特战役中，英国人首次使用了坦克，这在当时是一件引领未来战争的武器。同样，索姆河战役也因其乃英国在整个第一次世界大战中最具标志性的作战，被司各特·菲茨杰拉德描述为“最后的爱之战”，也是一场将交战双方仅存的公德良知都残忍剥夺的战役。10 月，协约国占领了雅典——这个在 1917 年参战之前，被英国和法国狠狠欺负的弱小中立国希腊的首都。在南巴尔干半岛一场对抗奥匈和保加利亚的大战中，希腊为长途跋涉、却没取得多少战略效果的英法联军在塞萨洛尼基提供了主要基地。同样在东地中海，英国人于 1916 年 6 月支持阿拉伯起义，从而激起了民族主义者更大的野心。但就在怂恿他们起义的同时，1916 年，英法两大列强，也达成了瓜分奥斯曼土耳其中东地区的赛克斯–皮科协定，这一协定为该地区的现代政治地图奠定了基础。

11 月的美国总统选举使我们得以讨论这场战争对美国的影响，而这场选举也的确对战况产生了极其重要的影响。尽管威尔逊凭借“使美国置身于战争之外”的立场当选，但最终使得协约国方面发生变化的，却恰恰是 1917 年 4 月美国的参战。在战争开始的前两年，许多美国人的看法开始向协约国这边逐渐倾斜，早在 1917 年之前就有许多美国人为了打仗和人道主义加入了战争。在某种意义上，美国也是因为英国和德国特工的幕后活动而参战的，后者包括了旨在截断跨大西洋的军需品和其他战时物资供给的破坏者。1916 年末，格里高利·拉斯普京被谋杀于彼得格勒（圣彼得堡）。这一戏剧性的事件非但没有取得始作俑者们所希望的稳定政局，反而还成了俄国失控的征兆。鉴于后来所发生的事，这一事件清晰地表明，旧政权的灭亡已是命中注定，正如 1917 年所发生的那样，革命的出现，只是一个时间问题。

作为增进对“一战”全球影响的理解的一部著作，本书得益于同行们最近的学术研究。早在“一战”100 周年大量出版物面世之前，休·斯特罗恩（Hew Strachan）的权威性研究《第一次世界大战》（*The First World War*）[①]就已经奠定了具有一定广度和深度的研究基础。在《战斗的“一战”：全球通史》（*Fighting the Great War：A Global History*）中，迈克尔·S·耐伯格（Michael S. Neiberg）向我们展示了单本著作中可以做到的极致。难能可贵的是，这些英国历史学家的研究为后来“一战”研究的“全球转向”的倾向奠定了基础。安德鲁·泰特·扎博（Andrew Tait Jarboe）和理查德·S·福格蒂（Richard S. Fogarty）在帝国史观上绝不退让，他们宣称“‘第一次世界大战’是一些帝国决定另一些帝国命运的一场冲突”，描述了这一领域的“帝国转向”。[②]罗伯特·格瓦斯（Robert Gewarth）和埃雷兹·曼尼拉（Erez Manela）还有他们的出版商所编辑的论文集被认为是“第一部把第一次世界大战作为帝国间全球战争的历史著作”。[③]当然，这样说对于那些成长于帝国时代国家、并且对这场战争在帝国间造成的后果有着更深理解的老一辈作者而言，可能有些不公平。西里尔·福尔斯（Cyril Falls）的《第一次世界大战》（*The First World War*，1960 年出版）就是这种早期研究的一个好例子，而像约翰·巴肯（John Buchan）和亚瑟·柯南道尔（Arthur Conan Doyle）这样的作者，对他们而言，不了解“战争是帝国必不可少”的特性，几乎是无法想象的。而格瓦斯和曼尼拉 1911 年至 1923 年的年代表则提醒我们，这样一种更具广度的视角，将有助于把我们带入到具体情境中。在本书中，我将探求 1916 年所发生的事件及其发展的长期影响，在某种程度上，我遵循杰克·加拉格尔（Jack

① 见于 Strachan，*The First World War*，i，To Arms。

② 见于 Jarboe and Fogarty 编著，*Empires in World War I*，1。

③ 见于 Gewarth and Manela 编著，*Empires at War*；description from Oxford University Press catalogue。

Gallagher）为英国这一时期的历史定位为“帝国危机”时期，这一时期起于1916年，一直持续到1922年为止。[①]1916年（不是1914年）同样也是亚当·图兹（Adam Tooze）绘制战后随之而来的全球政治新格局的起点。

本书的第二个主题将围绕1916年进行时序上的研究。这一年发生了太多撼动历史的转折事件，让人产生了一种“战争永远不会结束”的错觉，导致各交战国政治团体开始分化，更加剧了战争的紧张程度。然而，大规模的战争可以使国家遭受毁灭。这毫无疑问就是“一战”的真相，正如俄罗斯帝国，以及德意志、奥斯曼和哈布斯堡帝国的命运所昭示的那样。英国不能避免这种压力所带来的伤害，也无法从战争及其余波中全身而退。1916年的复活节起义打响了分裂主义者摧毁1914年大英帝国的第一枪，并导致英国丧失了超过百分之二十的国土。如果“英格兰的绝境正是爱尔兰的机会”（正如民族主义的颂歌所宣扬的那样），其他国家的绝境同样为被压迫的、不安于现状的民族主义者（或其他人）提供了利用战时形势的良机。

在所有的交战国家中，先进的集权化管理还不可避免地让“忠诚”面临压力。对多民族国家来说这是一个独特的问题，对统治者的忠诚会受到民族野心的限制。发生于1916年冬到1917年、影响哈布斯堡领土合法性的危机就是一例明证，尽管在这次事件中社会经济因素可能要和民族因素一样重要。强迫战斗人员或者非战斗人员在远至比利时、越南、尼亚萨兰（今马拉维）、叙利亚或者塞内加尔等地义务劳动，任何中立、温和的反对意见都不得提出，所以越来越多的人开始抵抗，甚至导致了武装起义。根据战时的情形，起义一旦爆发，当局几乎无法避免地会采取强硬对策。典型的国家暴力在有些地方遇上了挑战——如都柏林、特兰托、贝鲁特和大马士革——这些地方产生了许多烈士，对他们的怀念将会持续壮大反政府势力。

在另一种意义上，逐渐升级的战事到了1916年也产生了一些不可挽回的后果。西线的两场巨型会战，即凡尔登会战和索姆河会战，交战国都投入了巨大

① 见于Gallagher，*Decline*，*Revival and Fall*，p.86。

精力，甚至不惜付出重大伤亡的代价，导致被卷入其中的国家在战后几乎无法接受任何妥协性和约。法国人在将敌人从国土驱逐出去之前，根本没想过停火，而且这些国土可能还包括了自1871年起便为德国人所占领的阿尔萨斯和洛林。英国人虽有所不同，但在1914年和1915年在索姆河会战中大量志愿军的持续伤亡，也使得任何广泛传播的反战思想都被拒于千里之外，英国人似乎下定决心不计成本地要给事情做个了断。德国人也一样，虽然在凡尔登和索姆河遭受了巨大的损失，但受到东线俄国人攻势衰竭和罗马尼亚意外崩溃的刺激，也打算为未来做长远计。

战事的升级绝不仅限于阵地上。渐渐地，各国居民也牵扯进来，以便战争可以持续下去。几个主要交战国在1916年都加快调动本国人力资源，动员所有社会资源来支持作战。妇女们无论是在家中还是阵地上都比以前发挥了更大的作用。这是一个全球性的现象。非洲妇女和冯·莱托-福尔贝克的纵队待在一起，直到1918年战争结束。阿塞拜疆妇女企图阻止军队的火车带走她们的男人；法国妇女卸下马赛码头商店里的货物。美国妇女为和平发起运动。无畏而技巧熟练的英国护士和救护车司机也出现在意大利、罗马尼亚和塞尔维亚的阵地上。

纵观对于这一年历史事件的研究，我也还希望能从个人维度来解读(个人幸福层面，有时甚至是人道主义层面)战争经历的一个侧面。故事的核心是人类个体的私人经历，这些人有时以我们只能猜测的形式被卷入了历史，但他不仅改变了世界，同样也影响并改变了他们自己的灾难性历史事件。军事史的长处之一便是军队一般总是保持着良好的记录，但这些记录其实经常局限于士兵自身。那些携带武器的人享有后代给予的特权；即便是那些在作战中牺牲的人也一样。在许多情况下，战败者也要煞费苦心地记录他们的命运，尤其是在受到精心照料的战争墓地里和主要交战国的纪念碑上。可能正因如此，对战死者的关注有时使我们忽视了那些幸存者的命运，我们可以很容易地忘记在第一次世界大战中，占动员人数百分之九十的幸存士兵。然而，我认为一位历史学家必须像关注死者那样，也关注在世的人。

许多第一次世界大战研究将注意力集中在活跃的参战人员身上，这种集中足以将注意力从大量模糊不清的非参战人员身上移开。但没有了这些人，军队就几乎无法发挥作用。这些男男女女中的许多人（虽然绝不是全部）都是被迫卷入一站的参与者，而我要试着把他们加入到我的研究对象和叙述“一战”的参与者中。这些人当中也有大量从印度、非洲和东亚跋涉千里，被带到如西线等作战区域的人，他们也应当有自己的历史。

由于我们无法对“一战”百年纪念避而不谈，本书的最后一个主题，是战争的“记忆”。我不时会对1916年的一些人和事的纪念进行研究。遍布世界各地残存的石制和铜制纪念碑（如果我们亲眼见到这些历史遗迹的话）依然在提醒着我们注意战争。这些历史遗迹中有许多是国家纪念馆——像无名战士们的公墓这样，让人们了解到这些公墓所代表的所有战死同志们——这些国家纪念遗址打算把纪念仪式印刻在对公众和国家无私奉献的叙事中。一些历史遗迹很远且没有受到太多保护或被参观，如在赞比亚维多利亚瀑布的北罗得西亚纪念碑，或者在斯洛文尼亚旧伊松佐河前线后的哈布斯堡墓地。可能还有一些还没有建好，抑或可能从未被建造过，因为在“一战”中，有成百上千的人员伤亡——男人，女人和小孩——而他们连个纪念碑都没有。

1916

A Global History

第一章

加里波利

结束于1916年的加里波利战役对第一次世界大战的历史有着非同寻常的影响。这是协约国打破业已形成的西线僵局的一次尝试，也是第一次完全的英法联合行动。随后，英国本土、印度、纽芬兰以及特地从澳大利亚和新西兰调配的兵力形成了澳新军团（the Anzacs），他们以横冲直撞、勇往直前的作风著称；军团的诞生还加强了澳大利亚和新西兰两地独特的民族认同，大英帝国至此为止在加里波利做了最充分的动员。而在对面，奥斯曼土耳其军和德军也被证实，是比联军预料中更为果决、善战的对手。

撤退

对协约国来说，撤退是整个残酷的加里波利战役中唯一的成功之处。这场撤退分两个阶段进行。第一阶段是由驻扎于安扎克和苏弗拉湾的军队，在1915年12月18至19日和19至20日超过两日夜内完成的撤退；第二阶段的撤退包括了在海勒斯角的军队，于1916年1月9日星期天早晨4时30分结束。虽然和最悲观的预测相反，这里几乎无人伤亡，但这次撤退仍是英国和协约国战争中的可耻败笔。

1915年秋，加里波利半岛上的部队已经陷入了枯燥无味的战壕战中，这和自1914年秋天起就存在于西线的情况十分相像。[①] 然而，不像无法选择撤退的西线(至少对于其国土已经被德国侵略者所占据的法国人和比利时人而言)，加里波利撤退不会遭到国家和军方的否决。当最初负责指挥的伊恩·汉密尔顿爵士被撤职，并于1915年10月中旬代之以查尔斯·门罗爵士的时候，来自陆军部的基钦纳勋爵就向门罗发出了明确指示，要求门罗迅速汇报是撤退还是重新发动攻势。[②] 门罗爵士于10月28日抵达伊姆布罗斯岛的陆军指挥部，接下来花了两天时间参观了加里波利的阵地并细想这一问题。他对任何可行的新攻势能取得成功感到十分怀疑。由于经验不足，缺少训练以及“许多部队弹尽粮绝”，门罗感到，除了澳新军团，其他军队不能算是“能持续作战”。

战役甫一开始，军队的健康就是一个令人关注的问题。糟糕的住宿、不当的卫生监管、恶劣的伙食和饮水短缺——这还没有提及在阵地上未被埋葬的正在腐败的尸体——都造成了高患病率，痢疾甚至成了流行病。在1931年写给西塞尔·埃斯皮诺尔-欧格兰德尔的信中，英国官方战史专家，曾担任传令官的亚瑟·比克罗夫特对每个人都遭受过的慢性痢疾如此评价：“说句粗鄙的话”，他写道“第11师是一手抓着来复枪，另一只手提着裤子参加战斗的。几乎每个人都受到了痢疾的困扰，我无须再补充说明这样的疾病造成了多么令人沮丧、令人无力的后果……当一名士兵正如我们当中的大多数人所做的那样，一天之内几十次跑进公厕时，士气很快就瓦解殆尽了。”[③]

虽然指挥部的参谋们预计在撤退中可能会损失一半的军队和三分之二的枪炮，但门罗还是建议在十月底完成撤退。五年以后，负责给门罗战况报告加密的少校奥兰多·威廉姆斯，回忆起10月31日那天，当他读到这份报告的时候，他写道：“很少有人知道电报的内容，对那些决定撤退的人而言，这份报告给

① 关于加里波利战役有大量的资料。协约国方面最好的资料有：Rhodes James，*Gallipoli*；Broadbent，*Gallipoli*：*The Fatal Shore*；Prior，*Gallipoli*；Hart，*Gallipoli* 土耳其方面的有：Erickson，*Gallipoli*。

② 下列史料主要引自：*Final Report of the Dardanelles Commission*，1919 [Cmd. 371]，especially pp 53-60。

③ Beecroft to Aspinall-Oglander，9 Feb. 1931（TNA，CAB 45/241）.

予了未来一丝希望——明智又明确的决定一经敲定，耗费精力与漫无目的的无用功就会停下来。”[①] 策划了加里波利大部分作战的温斯顿·丘吉尔，在他的战争回忆录中记叙得更简单粗暴。他写道：“门罗，是一位决策迅速的官员。他来了，看了一下，就宣布撤退了。”[②]

但是伦敦经过了一段时间之后才最终同意撤退。起初，基钦纳赞成重新发动一场进攻。在 1 月 3 日他打电报给门罗：“我绝不同意签署撤退令，撤退将会是最可怕的灾难，而且会让我们大部分的人被判死刑或监禁。”[③] 他要求门罗咨询他的三位军团指挥官。其中只有一位指挥官，指挥澳新军团的威廉·伯德伍德爵士，主要因政治立场而反对撤退。而他大部分的职业生涯都在印度军队中度过。他写道：“从印度的经验来看，我对在伊斯兰世界、印度、埃及和美索不达米亚的发生的事情感到害怕”。这是件‘极其可怕的事’，正如奥兰多·威廉姆斯所指出，‘这是土耳其的胜利，英国威望的损失，东方陷于熊熊大火之中，使高加索、美索不达米亚（伊朗）和埃及惨遭蹂躏’”。[④]

在20世纪初，大英帝国常常以“世界上最强大的穆斯林政权”而闻名于世。[⑤] 在英国人统治的南亚（含今印度，巴基斯坦，孟加拉国和缅甸），3 亿居民中有超过 6 千万人是穆斯林——在很多有“印度意识”的英国决策者中，对潜在的泛伊斯兰集结的恐惧非常普遍。这种恐惧的一直存在，不仅存在于第一次世界大战期间。对大英帝国在全世界任何地方、任何决策可能导致的后果的担忧，经常是大臣们、总督们和将军们优先考虑的问题。当英国人在加里波利跟土耳其人打仗时，奥斯曼土耳其帝国的首脑，即苏丹·穆罕默德五世，正作为哈里发宣称拥有全世界穆斯林的领导权，这种情况令英国人十分担心。此外，正如 A·J·巴尔夫（当时的海军大臣）所表明的，英国的威望有较大的问题。由于放弃加里波利，

---

① Williams，‘The evacuation of the Dardanelles’，655.

② 参见温斯顿·丘吉尔著《丘吉尔第一次世界大战回忆录（世界危机1915）》（译林出版社，2015 年 5 月出版）。

③ *Dardanelles final report*，55.

④ Williams，‘The evacuation of the Dardanelles’，656.

⑤ 选自 1914 年 10 月 22 日英印政府公告（引自 Prasad，*The Indian Muslims*，48）。

“我们、我们的敌人和我们的朋友将亲眼见证我们信誉扫地。且先不说我们在东线的威望，我们在西线也会失去品格与信任。对俄国而言，这也是巨大的打击。”[①]

然而残酷的军事现实要比政治忧虑更加重要，基钦纳本人亲自视察战区之后，他也决定从苏弗拉湾和安扎克的两个北方区域率先撤军。“要为撤退做好谨慎而秘密的准备”，他在11月15日向首相赫尔伯特·阿斯奎斯报告道。但是，“一旦开始进行，撤退将会是一次极端困难和危险的军事行动”。数日之后，前印度总督，现任内阁大臣柯曾勋爵基于政治立场明确反对撤退，他以“羞耻的混乱大屠杀”，恐惧和疯狂的人们在水里挣扎，“上百人被溺死”，[②]为人们描绘了一幅梦魇般的撤退景象。但是来自伦敦的意见却是压倒性的赞同撤退。由于作战未能取得任何突破，在压力之下一度于11月15日下台的丘吉尔，也从内阁中撤销了对政策最强硬的反对。在11月最后一周，严寒天气反常地侵袭加里波利半岛，造成了严重的人员伤亡(包括16000例因暴露在外而冻伤)，这加深了驻扎在冬季月份里的军队会持续损耗的忧虑。内阁最终在12月7日同意撤离苏弗拉和安扎克，尽管与此同时他们还是决定要坚守海勒斯角。

正如基钦纳所表明的那样，在加里波利的参谋早已筹划撤离。据奥兰多·威廉姆斯回忆，撤退的原则一经明确承认，“预先准备就已经以最紧急的速度推进，因为参谋们已经预见到冬风暴会像邪灵一样把我们卷上天”。[③]准备撤退的计划包含了三个阶段。第一阶段，要在最终决定确定出来之前实施，包括减少“纯粹的冬季防御战”所需的军队数量。第二阶段将在做出撤退决定时实施，这个时候减少军力和物资，使其仅仅足以坚守阵地抵抗一周进攻。在最后阶段，以尽可能快的速度撤走剩下的驻军，不必花太多力气来保存物资。[④]

① Memo by AJB，19 Nov 1915，TNA，CAB 37/137/36（引自 Broadbent，*Gallipoli*，253）。

② Memo by Curzon，19 Nov. 1915，TNA，CAB 37/138/12（ibid.，254）.

③ Williams，‘The evacuation of the Dardanelles’，664.

④ 见于 Bean，The Story of Anzac，ii，p.853。有许多关于比恩撤退的史料，见 Hart，*Gallipoli*，853-86，安扎克撤退，见：Cameron，*Gallipoli*。

然而，要看着逾八万人携带大量枪炮、备用品和装备安全撤离是一道艰巨的命令。正如在苏弗拉的参谋们筹备时在指示中所说明的那样，“最重要的事情，是要欺骗敌人足足十天”。为了能掩盖军队的最初移动，澳新军团的参谋总长，陆军准将布鲁德内尔·怀特将军，设计了一套“静时”方案——在最后的几天，从协约国方面定期点燃疑火(特别是在夜里)，但如果土耳其发动袭击，这些疑火将负隅抵抗。这样，土耳其人会认为协约国不过是要安顿下来摆出冬季防御态势，也会对前线长期的消沉感到习惯。

当大部分支援部队和前线军队撤离时，土耳其人被各种设计出来的狡猾计划所欺骗，认为一切平安无事。补给表面上仍继续运进来：“手推车晚上空着过来，但是却满载战壕物资回去，前线军队从已准备好的后备队处补给。”海滩上的活动在尽可能维持着。尽收敌人眼底的伤亡清算站大概撤离并空了数日。特遣队的人要求在营帐里保持有火光照亮，救护车继续运作，好像如往常一样将伤病号转移到伤亡清算站。“他们几乎总是空空如也。”[①] 按照预期，一些医务人员将不得不“留在半岛上直到撤退完成，以便照顾不能上船的伤员”。[②] 指挥部参谋沃尔特·坎贝尔在 12 月 18 日写道，“当然很难说当土耳其人恍然大悟我方计划的时候，我们会在最后的撤退中损失多少人，他们如果发动猛烈的攻击，我们势必要把伤员留下。”[③]

从苏弗拉和安扎克的最后撤退部署于 12 月 19 至 20 日夜里，最终没有一个人落下。在安扎克，布鲁德内尔·怀特的精心计划取得了成功。他为最后一晚上万人的转移准备了详细的时刻表。为了掩盖行动时的声音，士兵们被要求穿着短袜或在靴子以上绑沙袋，同时把磨损的毯子铺在壕沟的地面上。然后用“滴水步枪”(Drip Rifle)，一种在澳大利亚和新西兰民俗中使用的“土办法”装置，在最后的军队离开前线以后继续欺骗敌人。它的发明归功于艾瑟顿城墨尔本城郊的准下士威廉·斯库里，这样，在战壕已经被疏散后，也可以维持零星的射击。在苏

① Notes on evacuation，IX Corps War Diary (TNA，WO 95/4276).

② IX Corps Operation orders，12 Dec. 1915 (TNA，WO 95/4276).

③ Letter by Campbell，18 Dec. 1915 (TS copy) (IWM，Campbell papers 88/65/1).

◎ 这种滴水步枪上连着2个空牛肉罐头或者煤油罐头，上方的罐头注满水，由一根细绳或者金属丝连接到扳机。士兵们临撤退时，将上方的罐头敲出一个小洞，让水慢慢渗入下面的那个，最终下方的罐头由于灌满水变重，上方的罐头变轻，就可以自动扣动扳机。

弗拉的另一计策也产生了相似的效果。当最后的部队在最后一晚离开战壕时，每隔一段时间就要点燃蜡烛。在每支蜡烛里有两或三根导火线，一旦蜡烛燃烧到导火线与蜡烛的结合点——就会引发导火线并爆发出与步枪射击非常相似的声音。[①]

在苏弗拉的士兵当中，南兰开夏郡第六营的C·R·艾德礼在1945年成了英国第一届工党政府的首脑。艾德礼作为殿军的一分子，承担了坚守人称“拉拉巴巴防线”的苏弗拉地区南面的责任。艾德礼的任务是要在剩余部队成功完成撤退之前继续坚守战线。弗兰西斯·贝克特的自传中写道：“克莱门特是倒数第二位离开加里波利的士兵，跟在他后面的是师指挥官，F·S·莫德将军。”艾德礼的记述更加悲观：“在12月19日傍晚的晚些时候，他指挥着250人和6把机关枪，背后环绕着拉拉巴巴小山丘的战壕坚守着前线。各分遣队连夜穿过艾德礼的防区撤退，直到早上3点30分传来消息，中途把守火线的分遣队已经赶上来了，正准备通过……一直以来，一切都很平静，虽然不时从安扎克(南部)传来零星的枪声。接着我们得到了转移的命令。”靠近殿后部队，艾德礼把他的人送上交通壕，并到达海滩。他们在这儿发现了“少量宪兵，莫德将军和一小撮参谋。我们登上不停打转的驳船，火苗从废弃物资的垃圾场里直射

① Cameron, *Gallipoli*, 269-72; Notes on evacuation, IX Corps War Diary (TNA WO 95/4276).

出来。”部队的作战日志甚至更加言简意赅：“上尉C·R·艾德礼的部队在驻守拉拉巴巴防线之后，直至撤退完成才让他的部队登上了H.M.T（国王陛下的交通工具）艾琳公主号，前往伊姆布罗斯岛。”[①]

尽管曾有过协约国可能撤退的传言，敌人对撤退行动依然感到十分震惊，。在苏弗拉地区指挥奥斯曼第9师的德国将军汉斯·施耐德在他的回忆录中写道：“当他们在12月19—20日夜里注意到协约国活动频繁时，他们认为这要么是英国人撤退的开始，要么就是我们所猜测的明天大规模的进攻。”在凌晨三点钟左右（正当克莱门特·艾德礼和他的部下正在准备转移到海滩上时），一场大雾徐徐升起，大雾遮蔽了一直照耀的满月，给英国人的活动遮上了一层我们既不能刺透也不能看穿帷幕，英军被掩盖在乌云里。”当时一些土耳其友军仍相信协约国“要把新部队带上岸”，大约五点钟左右，施耐德开始明白“敌人实际上在撤离”。他最后也不得不承认：“这是一次准备充分并且精彩巧妙的撤退……即便是撤退，作为对手，我也只看到了他们的成功，而非狼狈的惨状。”[②]

12月27日，伦敦内阁决定要从加里波利撤走剩余的部队。苏弗拉和安扎克撤退的成功使得从海勒斯角的任何同类行动都变得更加困难。“不要太期待同样的把戏会发生两次”，海勒斯角的一名工兵艾瑞克·韦特恩这样认为。查尔斯·卡尔韦尔（1916年伦敦陆军部军事情报局负责人）日后将其描述为“一件在决策上更为困难的事情”。[③]这部分是由于12月19—20日撤退所提供的预警，但在这次行动在技术上更加巧妙。皇家海军师的海军陆战队中校诺曼·伯奇在1月4日写出了他对安扎克和海勒斯角之间区别的思考。然而例如在安扎克，我认为前线“不过距海滩1500码”，[④]但在海勒斯角，“我们只有4英里，[⑤]并且你还得一直紧挨着

① 6/South Lancashire Regiment war diary, 19 Dec. 1915 (TNA, WO 95/4302); Beckett, *Clem Attlee*, 50 (based on Harris, *Attlee*, 37); Attlee typescript war memoirs (Lancashire Infa-ntry Museum), p. 14.

② Kannengiesser, *The Campaign in Gallipoli*, 245–56.

③ Eric Wettern diary, Jan. 1916 (IWM, Diary of No. 2 Field Company RE, Misc 234, item 3332); Callwell, *The Dardanelles*, 306.

④ 1码≈0.91米，此处约为1.4千米。

⑤ 1英里≈1.61千米，约为6.4千米。

在交通壕里的单行纵队——这些单行纵队行事拖沓，并且人人惊恐地穿着厚重的防护装备。”伯奇还相信机密已经泄露：“我确信，他们相信我们会到下到这里，因为他们已经在整夜炮轰海滩了”。[①]在1915年年末的几天前，海勒斯角就有了分阶段的撤离。负责掌管撤退全局的第8军团指挥官弗朗西斯·戴维斯将军，已开始的行动着手安排每一晚除最后防守防线所需外，大量物资、牲畜和车辆都尽可能被转移。辅助人员被转移走，希腊劳工团以“在残酷的海滩炮击下没必要再保留他们”的托词被遣散，并被告知他们可以在土耳其人的枪声沉寂以后再回来。[②]

到1月2日，除了少量枪炮外，半岛上最后的法国军队也已经撤离，并被来自皇家海军师的士兵所替代。但是为了掩饰法国人的离开，当水手们“一部分暴露在防线之外”时，他们不得不穿戴法国人的帽子，虽然这些帽子一点也不“符合他们的审美风格”。考虑到约翰尼(土耳其人的昵称——译注)在某些时刻会眼光犀利，他们不仅要带上法国人的帽子，还得穿上法国人的靴子，显然对他们来说这是个有些无力的掩饰。另一方面，在这片地区，法国人和土耳其人无疑在为日复一日的存活寻求空间。他们的防线在绵延到海的险要隘口的两边，沿着“能把对面毫无任何保护的家伙们尽收眼底”的交通壕展开。然而法国人和土耳其人却在靠近海滩的树林里立了两面旗子——一面法国人的，一面土耳其人的，“只要没人，任何一方都可以越过这些旗子，白天在这些特定区域没有火力。”埃尔克·韦特恩认为，这使得防线上出现了“彻底的放松休养”状态。在橄榄林这里，有人发现小伙们安静地靠在胸墙上，或者坐在上面。韦特恩写道，“后来在这里我下定决心，如果我有机会打一场属于自己的战争，我会以相似的防线来应战，我敢确定，”他总结道，“人们会好好参战”。[③]

最后的撤离被安排在1月8日星期六的夜里，但是在1月7日傍晚的晚些时

① Letter by Burge，4 Jan. 1916（TS copy）（IWM，Burge papers，12138）.

② Report on evacuation of Cape Helles position, by F H Davis, Jan. 1916（TNA, WO 158 /594）.

③ Eric Wettern diary，Jan. 1916（IWM，Diary of No. 2 Field Company RE，Misc 234，item 3332）.

候，协约国军队收到预警，德国奥斯曼第五军的指挥官，李曼·冯·桑德斯在英国防线最西段的格利坡全面推进。与此同时土耳其人为了加强来自苏弗拉和安扎克的炮兵火力，开始以极其密集的火力发起进攻。被削弱的英国守军担心敌人已风闻撤退计划，进行了顽强抵抗，却意外地发现对方不愿意推进更深入的进攻。而土耳其人将英国人坚定的防守看作英国人还打算留在半岛上的明证。①

在海勒斯角上的一些部队，如第29师（尽管令人难过的是，士兵不可避免因伤亡的减少的更多了）的那些部队从一开始就在半岛上。皇家都柏林燧发枪团第1营中的部分人曾于1915年4月25日星期天被带到“V”海滩的前武装运煤船上，且在第一天就遭受了可怕的人员伤亡，1916年1月2日，他们再次准确地回到了这个地方，从克莱德河号换到另一艘前往穆德洛斯的运输船上。根据该团的历史记录，那些在4月猛攻上岸的人（约900人），在最后的撤离时，仍留下的只有11名未经任命的军官和整场战役里一直在服役的士兵。②

第一皇家恩尼斯基燧发枪团也在第一天于海勒斯角西北的“X”海滩登陆，但是无人伤亡。③他们同样留守到了最后一天，其作战日志提供了一份关于撤退最详细和生动的记录。1916年1月3日，在火线上的边境兵团第1团如释重负，他们改进、修复战壕和防御工事，修补交通壕以便撤军时可以顺利通过，还准备了路障、发条步枪等等。1月5日，他们继续准备路障和诡雷，阻塞一边的壕沟，制作假人，修补铁丝网，并把剩余物资转移到邓普旅（Brigade Dump）。就在1月8日中午前，该营被告知当日为“Z日撤退”。一张严格的时间表摆在他们面前，并将撤退的人分为大致相等的三组。前三分之一在黄昏前撤出，第二组在之后不久跟上。然后接着要等一阵，遵照常规程序，要等到炮火与爆炸逐渐平息下来，在晚上11点45分，最后的部队再开始他们向营指挥部移动。在最后的士兵到达之后，一群工兵在军队后面布置好路障装置，指挥官称“所有人都安全地抵达旅

① Erickson，*Gallipoli*，180.

② 1st Royal Dublin Fusiliers war diary，2 Jan. 1916（TNA，WO 95/4310）；Wylly，*Neill's 'Blue Caps'*，63.

③ Fox，*The Royal Inniskilling Fusiliers in the World War*，181.

指挥部”，断开并摧毁电话线，并重新加入向海岬西端的“W”海滩移动的大部队。在行军全程中，一切都很安静，只有轻微的沉闷脚步声和偶尔从土耳其呈直线延长战壕里传出来的枪声或爆炸声，显示着敌人仍对他们的撤离一无所知。他们在大约凌晨2点50分离开海滩，一个小时以后到达前往伊姆布罗斯岛的驱逐舰上，其中无人伤亡。[①]

在苏弗拉，莫德将军是最后离开海滩的几人之一。他从他的师中抽调两个旅，自苏弗拉来协助防守海勒斯角的最后防线，他个人决定要看着他的部下安全离开。虽然许多有关加里波利撤退的报告里都充满着沾沾自喜的语气(受到几乎完全没有任何的人员伤亡的刺激)，但莫德的经历反映了伴随着行动而来必不可少的焦虑与困惑。莫德的部队最后依计划从半岛西岸最北端的露滩——格利海滩上的临时码头撤离。1月9日凌晨2点后不久，在恶化的天气条件下，疏散莫德部属两艘驳船中的一艘搁浅了，并且无法移动。莫德断定刮起的大风将会阻止任何替换的舰船(这些船要花一些时间抵达)靠近海滩，他决定让剩下的160人行进2英里到更加隐蔽的“W”海滩。此时前线战壕已经被疏散超过两小时，对于土耳其人一旦对撤退反应过来、海滩势必会陷于猛烈炮击中的恐惧不断增长。在“W”海滩也一样，更加糟糕的天气让事情变得困难。莫德的大部队在大约三点钟抵达“W”海滩，但是到3点30分依然没有将军本人的消息。事后证实，原来是将军的部分行李落在了海滩的驳船上，而他返回去寻找这些行李了。

现在用来撤退的时间更加不够。沿着海滩，不能被带走的物资和军备被暗中破坏掉，45分钟的导火线在3点15分被点燃。在海滩上的登船人员之一，纽芬兰人中尉欧文·斯蒂尔被派出来寻找莫德和他其余的部下。他在第二天的日记里写到：“我走上山……大声呼喊将军的名字，直到我最终找到他，并赶快把他们匆忙送上等待中的驳船……然而我们在3点45分刚登上甲板，时间就只剩5分钟了。在我们解开缆绳离开码头之前，第一座弹药库就发出一阵猛烈的爆炸。”其他的地雷很快触发：“到处都是火光，这实在是一道奇观。”斯蒂尔认为：“幸

① 1st Royal Inniskilling Fusiliers war diary，Jan. 1916（TNA，WO 95/4311）.

运的是，当这些事情发生的时候，我们已经顺利离开了。”随着致命的风向岸上刮过来，并且“每时每刻都在增强……我们最害怕的事莫过于火光和爆炸会引来土耳其人的炮击。”实际上，据西塞尔·埃斯皮诺尔·欧格兰德尔所言，是不断恶化的天气遏制住土耳其人对海滩的炮击，并使土耳其人相信“对登船的英军已鞭长莫及”。[①]

威廉·伯德伍德回忆称，莫德对“行李箱事件”的惊慌和随之而来的耽搁是“诸多等待当中最可厌之事”，他们当中有人写了一首模仿坦尼森名作的拙劣打油诗：

哦，上驳船来吧，莫德；
导火线已经久燃；
哦，上驳船来吧，莫德；
不要在意你的行李。
海水高高扬起，
但是谁在意我？
我宁愿被吹上天
也不愿意在船上晕——
所以上驳船来吧，莫德，
否则我要离开你独自启程！

“现在我也有资格嘲笑这样的事故了，”伯德伍德在四分之一个世纪以后写道，“但是，那是我从不想再去经历一次的夜晚”。[②]

戴维斯将军在撤退之后报告称，虽然这是“一场彻底的胜利”，但“整晚持续不断加强的风浪给所有人都带来了巨大焦虑”。埃斯皮诺尔·欧格兰德尔在若

① Aspinall-Oglander, *Gallipoli*, ii, 476-8; Facey-Crowther, *Lieutenant Owen Steele*, 123-5.

② Birdwood, *Khaki and Gown*, 294-5.

干年后写信时回忆道，在1月8日最后一个早上，他对天气“一点也高兴不起来”。当他起床时，他“眺望一片碧海，但却发现有一片不祥的潮水自西面涌来，那差不多就是风的先兆”。到了下午，海面的情况变得更糟，但是这时撤退命令已不能变更，况且也没有什么事可以做了，他们只能望着那上涨的潮水。戴维斯为了使他的部下们忘记当下处境，让他们玩桥牌。“这是我一生中唯一一次在白天打牌”。戴维斯本人“并不擅长桥牌”，但他声称这是“一剂极好的镇定剂……它使我们摆脱了焦躁”。“整件事情中最神奇的是……”，他沉思了一下，风是怎么在“一切都结束以后吹过来的”。①

戴维斯对“16900人和35门加农炮，从8000码长的防线上撤退并成功登船”的行动感到满意，“这些防线和敌人的平均直线距离只有100码，在一些地方甚至距离战壕不足15码”。②可怕的伤亡也没有突然出现。卡尔韦尔报告有一名水手“被过早爆炸的地雷碎片杀死”。诺曼·伯奇充满感激地离开了加里波利半岛，在皇家海军师，只有一人腿部中了流弹，三人脚踝扭伤，所以对他们来说，这非常了不起。诺曼·伯奇并不憎恨敌人：“我对离开土耳其人深表歉意——他们比我见过的多数人都更没有恶意，我们所有人都希望可以和他们合作，给希腊人和巴尔干半岛人他们理应得到的东西。”③

东方人与西方人

对土耳其发动进攻的决定，是1914年秋以来比利时与法国西线一直呈现静止状态的直接结果。在德国大军于1914年9月的马恩河会战中挺进法国受阻后，法军（受到英国和比利时的支援）又阻挡并企图迂回包抄德国人，并在法国北部

① Report on evacuation of Cape Helles position, by F H Davis, Jan. 1916; notes enc. with Davis to Aspinall-Oglander，7 Nov. 1931（TNA，WO 158/594; CAB 45/241）.

② Report on evacuation of Cape Helles position, by F H Davis, Jan. 1916（TNA, WO 158/594）.

③ Letter by Burge，10 Jan. 1916（TS copy）（IWM，Burge papers，12138）.

和比利时两岸上演了一场“比赛”。到1914年11月底双方都建立起对应的防线——从英吉利海峡海岸延至瑞士边界的“西线”，这是接下来四年里的西欧主战场。英国人不太愿意被卷入领土争夺当中，但这种争夺似乎看起来无法避免，它需要调配能适应在欧陆作战的大规模军队。在1914年8月以前，英国的战争计划曾设想过一些军事上的“大陆承诺”，但是它也曾预料会卷入冲突。站在法国一方对抗德国的过程中，军事诉求可能是有限的，而英国的主要贡献将在海军和经济上。然而，“形势”总是决策的驱动者，支配着其他方面。帝国顶层的资深官员基钦纳勋爵，于战争爆发之际被任命为陆军大臣，他预见到有些事比英国小规模的军队更为必要，并为征兵发出了呼吁——“不列颠人！你的祖国需要你”。但是基钦纳的“新军”并没有做好要打至少一年或更久仗的准备，此时在西线上的英国人仍在很大程度上受限于要配合法国人的行动。

然而1914年11月，土耳其站在“同盟国”(德国和奥匈)一边参战为其打击敌人及利用英国的海军力量提供了新的机遇。突破牢不可破的达达尼尔海峡——从地中海进入马尔马拉海的海峡——进而威胁土耳其首都君士坦丁堡(伊斯坦布尔)的计划最初被设想为一场纯粹的海军作战。温斯顿·丘吉尔(英国海军大臣)和赫尔伯特·阿斯奎因的政府内，包括戴维·劳合·乔治(财政大臣)在内的其他内阁大臣们，以及安德鲁·博纳·劳(反对党党魁)都强烈支持这个提议，这个提议为把土耳其从战争中踢出去提供了一个诱人的(并且是相当低成本的)机会。1915年1月，英国战争会议(War Council)同意进行这项计划。法国人考虑到一场成功的作战会使英国人在东地中海的地位更加牢不可破，坚持要加入，因此这项计划成为了一件协约国里英法两国之间的事务。

像许多富有想象力的计划一样，因为我们今天所说的“任务偏差”，行动的范围与资源的需求都开始渐渐扩大。对需要一些军队来完成破坏海岸炮台和保卫海峡西侧加里波利半岛的任务已经成为共识，皇家海军师的分遣队(由皇家海军和海上不需要的皇家海军陆战队预备役组成的一个步兵师)为此而登船。基钦纳被说服调配登陆作战所需的更强势的兵力。在埃及，澳新军团第一次航行到欧洲，他们欣然接受部署，英国派出正规军第29师，法国人也承诺提供一个师。

1915年3月12日，将军伊恩·汉密尔顿爵士受命指挥现在的“地中海远征军”。

与此同时，海军计划的制定者们低估了攻克海峡的难度，地雷和布置好的土耳其炮台把海峡有力地保护起来。最初大量的炮击使得土耳其人意识到他们防线的脆弱之后，1915年3月中旬，从海上发动进攻的18艘英法主力舰中三艘主力舰（两艘英舰，一艘法舰）被重创击退。英国认为这一场纯粹的海军行动无法成功，决定在重新派遣战舰进入海峡之前，让军队在半岛上登陆以便使大炮失去作用。

因此加里波利战役于1915年4月25日，以在半岛最南端海勒斯角和距离西岸北部20英里著名的“安扎克湾”——澳新军团在1914—1918年的战争中在此地首次流血——同时登陆为开端。不同部队作战经验参差不齐更加证实了随后对“错失机会”的断言。在海勒斯角附近，一场大屠杀正在上演：“V”海滩上的军队被打得溃不成军，在“W”海滩登陆的兰开夏燧发枪手团“在早餐前就拿下六枚维多利亚十字章”，而在“X”和“S”海滩（“W”和“V”西面和东面）海滩登陆的辅助部队所遭受的伤亡微不足道。即使这样，到4月26日为止，海勒斯角与安扎克的滩头还是被攻占了下来。当在海勒斯角的军队最终可以向内陆推进4英里时，那些在安扎克的军队却面对着险峻的山坡，没法取得离海岸超过1英里的土地。1915年8月，在海勒斯角和安扎克的军队曾试图发动联合进攻打破僵局，但是这只不过导致了更多的军队受到逐渐挖好战壕、补给充足的土耳其军的压制。

伦敦支持发动加里波利战役的决定，标志着延续到战争后几年里一场战略辩论的初步阶段。这一阶段被描述为“东方人”对“西方人”的决战。对于西方人来说，最主要的敌人是德国，唯一重要的作战地区在西线，这与“在决定性战场投入决定性兵力的古老原则”① 保持一致（正如亨利·威尔逊将军所指出的那样）。这对法国人（同样也是比利时人）来说非常明确，他们的国土已遭入侵和占领，把德国人驱逐出去一直是作战的主要目标。尽管大部分的英国士兵同意在西线打败德国人是主要任务，但在对欧陆纠葛素有怀疑传统的英国政客中，还要加上大英帝国在全球范围内的利益，才促使他们把眼光放到西北欧之外。西

---

① Wilson diary（IWM Wilson papers），1 Feb. 1915.

线战略上明显的瘫痪状态以及可怕的人力成本，强有力地支持决策者去探索任何可能的替代方案。许多英国政客和官员的帝国世界观也很重要。而奥斯曼帝国卷入战争使得英国将其注意力投向它在地中海和中东的弱点：即通过苏伊士运河与红海，直达印度及更远的重要帝国通讯线。在这之后，该地区的动乱使得英国(和法国)取得了控制运河的权益，正如在19世纪70年代占领塞浦路斯和在19世纪80年代占领埃及一样。自从澳大利亚和新西兰的军队能够正常通过东地中海以后，人们对澳新军团出没在该区域已感到见怪不怪，而对新西兰和澳大利亚人来说，被尽可能的(尽管不是更多的)用来在加里波利对抗土耳其人，要比在法国和佛兰德斯和德国人打仗更有意义。

加里波利的军队

在两次世界大战之间，法国资深军事题材作家埃德蒙·德拉热在他的书《达达尼尔的悲剧》的结语部分，回顾起在大战中站在协约国一边作战的杰出战士们："优秀的澳新军团，敏捷的廓尔喀人，纵声大笑的塞内加尔人，在吉普拉与德·罗贝克(法国和英国的海军指挥官)麾下作战的水手，法国的和旧英格兰各郡的战士们，你们！你们所有人，都是英雄！但是，你们为了什么目的而牺牲？"[①] 许多评论家曾谈论起在加里波利形形色色的人们。爱尔兰战地记者伊凡·希尔德漫步在海勒斯角的后方区域，他把这里比作马戏场的后台。有埃及兵，佐阿夫兵，阿尔及利亚兵，塞内加尔兵，法国骑兵——各种式样与颜色的服装。[②] 相比西线，这里更大程度地将各民族紧密融合在拥挤的海滨营地里，将地中海本土的(一些浪漫的)异域情调(和它固有的古典情怀)结合在一起，加里波利是"一战"中体现全球影响力的一个缩影。

① Delage, *The Tragedy of the Dardanelles*, p. 256.

② Heald, *Hero and Humorist*, p. 160.

尽管驻扎在半岛上的士兵来自各地，但比例最大的驻防部队却是来自英国。这些人包括了组成战时英国武装力量具有代表性的士兵类型。在这些最初登陆的部队中，第 29 师是正规军；战前长期服役的专业人员在战争开始便从分布于帝国各地的驻军部队中集结起来。皇家海军师主要由需要出海的多余海军后备军人组成。到 1915 年 6 月底，由战前志愿兵组成的边防师加入了他们。8 月,“基钦纳的人”“新军”师也来了，他们是在战争爆发后应募的志愿兵：第 10 师(爱尔兰师)，第 11 师(北部师)和第 13 师(西部师)。

由澳大利亚第 1 师和“新西兰与澳大利亚”师组成的澳新军团(安扎克军团)在一开始也被调遣。这两大自治领在战争爆发时便明显地团结起来。澳大利亚总理，约瑟夫·库克爵士宣布：“帝国什么时候打仗，澳大利亚就什么时候打仗”，反对党劳动党党魁安德鲁·费舍尔保证澳大利亚会支持英国直至“最后一人和最后一分钱”。在惠灵顿，W·F·梅西保证在必要时，新西兰政府会“派遣一只远征军支援母国”。[①] 到 1914 年 11 月上旬，来自两个自治领的第一支分遣队已经离开埃及。最后在加里波利战役“大英帝国”军队的全部 40.7 万人中，大约 5 万名澳大利亚人和 9000 名新西兰人在加里波利半岛上服役。[②]

在加里波利的武装力量还包括了一只受英国人指挥的共 4500 人的印度军队。这支配有锡克教徒和旁遮普穆斯林炮兵的印度山地炮兵旅第 7 旅，是“协约国唯一在半岛(连续不断)从行动上对抗土耳其人的穆斯林军队”。印度步兵旅第 29 旅也参加了战斗，该旅由两个旁遮普营组成，其中之一是锡克教徒的第六廓尔喀来复枪团，他们于 1915 年 5 月在海勒斯角登陆。但是在经过一番剧烈战斗之后，上级指挥部对两个旁遮普营中比例很大的穆斯林深感担忧，于是用两个廓尔喀营替代了他们。在 6 月初的克利西亚的第三次战役中，第 14 锡克教徒(14th Sikhs)在一场战斗中伤亡人数高达百分之八十，这场战斗给英国主帅伊恩·汉密尔顿爵士留下了深刻影响。他引用一封“在印度出版社刊出的”信件写道：“锡克人的历史提供了许多他们作为军人价值的实例，但是没有什么能比这

① *Sydney Morning Herald*, 1 and 10 Aug.; *New Zealand Herald*, 1 Aug. 1914.

② Broadbent, *Gallipoli*, 289; Pugsley, *Gallipoli*, 368.

些卡拉萨（锡克教徒的国家）士兵在6月4日所表现出的英勇无畏与坚守纪律更能肯定这种品质的了”。①

六七月在海勒斯角前线遭受重大伤亡的印度步兵旅，在返回国内前被撤至安扎克并接受改编，在那里他们与英国和澳大利亚军队在8月萨利贝尔山脉的战役中并肩作战。廓尔喀来复枪第6团的少校西塞尔·阿兰森记录下战斗时的短兵相接（savage intimacy）：“我们在山顶遇到土耳其人，勒·马尔尚倒下了，一把刺刀穿透了心脏。我把刺刀捅进了另一个人的腿部，后来，在大约十分钟里，我们近身肉搏，咬紧牙关，攥紧拳头，把来复枪和手枪当作棍棒；鲜血像洗发液从瓶子里飞溅出来一样。再后来，土耳其人扭头逃走了，而我觉得自己是一个自豪的男子汉。”但是在离开山地追击土耳其人时，阿兰森和他的士兵似乎遭受了“友军的炮火”（阿兰森谴责海军），这阵炮火把他们从山顶击退，丢失了阵地。②

从英属亚洲殖民地赶来的另一支编队是锡兰种植园主们的来复枪军团，一支最初于1900年，由锡兰（斯里兰卡）志愿兵部队组成的部队。在战争开始，将近300名成员的部队立即自愿为海外服务。被派往埃及时，他们紧跟着澳新军团，尽管他们当中有许多人是“大学或英国公立学校里的学生”（查尔斯·比恩把他们称作“优秀的英国年轻男人”）；并在其他编队中赚取佣金。剩下的绰号“茶叶”的75人参与了第一天在安扎克的登陆，并在整个战役期间作为伯德伍德将军的私人护卫队而服役，他们陪着将军到了法国，直到最后几人在1916年9月被遣散为止。③

到目前为止，在加里波利半岛上最大的非英籍部队是有7.9万名法国人的部队，他们由于政治和战略上的原因受命于此场战役。由于在黎凡特和东地中海的历史利益，法国人对英国人在该地区的侵犯十分敏感。当英国人在1915年初期计划在海峡发动一场纯粹的海上进攻时，法国人坚持要参与进来。正如法国海军部长维克多·奥加尼尔日后所强调的那样：“如果不参加这场行动的话，一旦行动成

① Chhina，‘Their mercenary calling’；Talbot，*The 14th King George's Own*，82.

② Davies，*Allanson of the 6th*，51.

③ ‘Tea Leaves’，*Sydney Morning Herald*，16 Sept. 1916；Bean，*Story of Anzac*，i，215

功，我们将在攻陷君士坦丁堡前孤零零地看着英国舰队的出现。”考虑到法国在该地区已经存在的干预，他认为：“我们将会痛苦地抛弃我们国家的荣耀并将我们的势力范围置于危险之中”。[①]因此，虽然承认英国的全面指挥，但还是有一小队的法国战舰（附于俄国巡洋舰阿斯科尔德号）参与了海军的行动。由于军事行动可能升级，法国人也决定参与其中。尽管巴黎免不了会对把日益稀少的人力从西线调走的战术感到意兴阑珊（法国主帅约瑟夫·乔夫里完全拒绝放走任何人），但国防部长奥古斯特·米勒兰，决定继续创建一只 1.8 万人的“东征军团”，该军团的特征在于“这些人并不是从西线的部队中调来的”。[②]他们来自法国的预备役部队、西非的塞内加尔殖民地、“佐阿夫”（来自法属北非轻步兵）以及外籍军团。虽然法国人心存疑虑，但这只武装力量还是被再次置于英国的全盘控制之下。

法军最初被用在海峡亚洲海岸的一场佯攻上，后来被部署于海勒斯角的东南地区，他们差不多在那里从 1915 年 4 月一直待到战役的尾声。法国人在初期遭受了重大伤亡，在进攻开始后的三星期内，在 2.2 万登陆的人当中就已经有 12600 受伤、阵亡。法军干涉的数量在不断扩大，总计有 7.9 万人服役，同时服役的最大数量曾达 5 万人。据法国官方的战役历史记录记载，从 1915 年 4 月 25 日到 1916 年 1 月 6 日共有 3706 人阵亡，6092 人失踪，在摩尔托湾海勒斯角的法国公墓共有 3236 座坟墓以及估计多过 1.2 万具未辨认身份尸体的骨灰盒。[③]

在第一次登陆后的一周内，炮兵雷蒙·威尔抵达了海勒斯角，他发现从海滩过来的路上摆了“上百具尸体”。“每一个地方”，他写道，“都有土耳其人尸横遍野，像是被我们的 75（一种在半岛上被高度重视的著名法国武器，75 毫米炮）打成了筛子。在这一“悲哀的景象”下，紧挨着土耳其人躺在地上的是成群塞

① 见Cassar，*The French and the Dardanelles*，第60页。对于这段法国参战的历史，本书进行了一些必要的研究。

② Jauffret，‘Gallipoli：a French perspective’，138.

③ Greenhalgh & Guelton，‘The French on Gallipoli’；Ministère de la Guerre，*Les Armées Françaises*，VIII，i，549；法国公墓数据来自 www.anzacsite.gov.au（accessed 30 Oct. 2013）。

◎ 在希腊港口装配供驻扎在加里波利半岛法军饮用的啤酒桶，它们证实了一支军队“必须填饱肚子前进”的说法。在半岛上，法国的葡萄酒和咖啡被证明要比英国果酱和牛肉罐头更适合拿来交换。

内加尔人。根据法国人的作战记录证实，这些塞内加尔人和英国及其在半岛上的其他帝国同胞一样缺衣少食，屡屡受挫。6 月，威尔抱怨炎热正在加剧，苍蝇们变得“成群结队”，而士兵的健康则饱受摧残。他们每天都得转移走两三个患痢疾的士兵，“残忍的热病”很快把人变成了“行尸走肉”。工兵加斯顿·路易斯·日意格在 8 月被任命修复在峡谷中的前线战壕——“死亡谷”，他一到那里，就被可怕气味的包围了。尸体构成了战壕的掩体和地面，上面仅盖了几铲子土。死者的手和脚看起来要从地底伸出来一样。[①]

英语讲得好的日意格很偶然地和正要去远处炮台上的澳大利亚人结成了朋

① Association Nationale...，*Dardanelles Orient Levant*，28，39，65-6.

友，他可以抽“他们最好的香烟”并达成各种交换，其中包括了他声称一旦加热就会变成“美味佳肴”的牛肉罐头。英国果酱是一件极其珍贵的东西。在日后的战役中，日意格用法军的沙丁鱼罐头从英国士兵那里交换“果酱和英国烟”，那些英国兵也愿意做类似的生意。“我们和法军做了一大笔交换”，艾瑞克·韦特恩写道，“他们的红葡萄酒跟香烟需求量很大，我们就用果酱来换”。虽然一些英国兵嫉妒法国人富裕的军需品，但后来却总是没有足够的时间去享用这些军需。考虑到他自己的“消化功能紊乱”，雷蒙放弃了肉和酒，只换大米、马铃薯、扁豆和茶。日意格是离开加里波利半岛的最后一个法国人。在 1916 年 1 月 2 日，在海峡亚洲一侧土耳其炮火的袭击下，他到达海滩，登上了载满大量积蓄物资的赛德巴尔号。他注意到，炮火使“各种被军官预订了的果酱”被迅速瓜分掉了。同样，大量香烟被作为新年贺礼分配到各部队。“难过的远征军”，日意格写道，“自然从未收到这些香烟和果酱，(但是)每个人都在挖成堆的土；你要做的就是爬到栈桥下边，保护自己”。①

奥斯曼方面的民族种类也是多种多样。在穆斯塔法·凯末尔后来有名的第 19 步兵师中，有几个团是由“阿拉伯人”组成。例如在叙利亚阿勒波动员的第 77 团，他们是由来自阿拉维派部落的什叶派人和耶西迪库尔德人组成。尽管土耳其的官方战役记载并没有把种族作为影响作战的一个因素考虑在内，但奥斯曼军事史学家爱德华·埃里克森的研究却表明“阿拉伯团”备受一些高级官员的责难，在 4 月 25 日的夜袭中，第 77 团的凝聚力丧失殆尽。② 主要由阿拉伯士兵构成的第 77 团不仅被认为不团结，据报告称，他们当中的许多人还“相当老土、粗俗”，大部分的人不会讲土耳其语并且“在炮火之下反复无常，经常野蛮地丢掉他们的步枪”。在 4 月 25 日的那天晚上，他们如此的“打打停停”，以至于任何一边的土耳其部队都没有明显意识到第 77 团是他们的人，这些部队还以为他们错误地向两边都开了枪。③ 最近几年来，对于奥斯曼军队的多民族成分才有了一些官方

① Association Nationale...，66，39，70；Eric Wettern diary，June-July 1915.

② Erickson，*Gallipoli*，31-2，56-7.

③ Broadbent，*Gallipoli*，99-100.

的赞誉。例如在2013年3月，土耳其总理雷杰普·塔伊普·埃尔多安在战争公墓的演讲中坦言：恰纳卡莱之战（这场战役的土耳其名字）的烈士们包括了来自土耳其，巴尔干，中东和非洲各地各民族的后裔。在这片公墓里有土耳其人、波斯尼亚人，也有库尔德人。”同样在最近，土耳其的亚美尼亚语报纸《阿戈斯报》力劝其读者不要忘记服役于半岛上的亚美尼亚军医。[①] 但是军队的主体却是安纳托利亚的土耳其人，他们被认为是异常坚韧不拔的战士。在李曼·冯·桑德斯将军的回忆录中，将军回顾道："敌人的准备非常棒，他们唯一的缺点在于他们低估了土耳其军人的抵抗能力"。[②]

在加里波利作战士兵之外的是一大群非战斗人员，悲哀的是他们的历史没有留下多少记载。查尔斯·比恩认为土耳其人雇佣"大批土耳其人或阿美尼亚人"作为劳役部队，但是他没有提供更多细节。[③] 德国的肯尼吉赛尔将军记得大部分的战斗部队"是清一色的土耳其籍伊斯兰教徒。基督徒和犹太人被编入劳工营或在后方被用作其他用途"。[④] 实际上加里波利在历史上是上千希腊人的家园。在1912年巴尔干战争期间，奥斯曼政府认为，少数族裔希腊人可能并不可靠，欧洲和安纳托利亚土耳其的外交关系在历史上很糟。在三四月半岛首次遭到攻击之后，军方转移了逾两万名希腊人，主要将其转移到马尔马拉海亚洲一侧的其他希腊殖民地。[⑤]

据一名土耳其老兵——来自中安纳托利亚的穆斯塔法·耶尔德雷姆——许多年后口述，协约国军队曾被认为是希腊人。他认为"志愿参战的士兵们相信他们是在和'要毁灭穆斯林的异教徒'作战"。耶尔德雷姆从未听说过英国人或澳大利亚人，他说，在1915年"我们都相信在加里波利打的是希腊人"。[⑥] 七年以

① Vedica Kant，'Çanakkale's children：the politics of remembering the Gallipoli campaign in contemporary Turkey'，in Ziino（ed.），*Remembering the First World War*，157，160.

② Sanders，*Five Years in Turkey*，64.

③ Bean，*Story of Anzac*，ii，835.

④ Kannengiesser，*The Campaign in Gallipoli*，145–6.

⑤ Erickson，*Gallipoli*，39.

⑥ Fewster，*Gallipoli：the Turkish Story*，100.

后，1922 年至 1923 年期间，安纳托利亚土耳其人治下的全体希腊居民都几乎在一场两个国家少数族裔的大规模交换（来自土耳其的希腊东正教基督徒和来自希腊的穆斯林）中逃走或被驱逐了。而协约国希望在奥斯曼土耳其帝国内利用相互矛盾的少数族裔忠诚来行动。从 1915 年初起，缺乏希腊人运作的英国情报网开始招募亚裔希腊人做打入土耳其内部的特工。1915 年 5 月据报告称，在土耳其军中的基督徒最近被解除了武装，并且仅仅被雇佣于劳工营中。有人认为这些人可以“作为向导和士兵”为英国人很好地工作。“本地基督徒所要求的只是 24 小时的恩惠，以便向全体穆斯林报仇雪恨。”[①] 唯一能暗示这些人曾在该地区存在过的痕迹，是仍然在英语国家军事史上使用的希腊名字：“查纳克”（Chanak），对应现在的就是“坎纳卡尔”（Cannakale）；“克里斯纳”（Krithia）对应“阿里西泰伯”（Alçitepe）等等。

英国官方的历史记录仅有三次提及劳役部队。埃斯皮诺尔·欧格兰德尔写道：“对他们刮目相看，是因为 1915 年 6 月初海勒斯角‘第三次克里斯纳会战’后，步兵运输人员、印度骡队车夫和锡安骡车军团以不知疲惫的精力帮助我们清理了战场。”一份关于 1915 年秋天作战情况的补充说明记载，埃及人和马耳他人的劳工团同时在安扎克海滨工作，有 1255 名希腊劳工在 10 月底被安插在海勒斯角。印度骡队在 11 月的暴风雪里的补给行动中提供了非常多的帮助”。埃及和马耳他劳工则被安顿在安扎克北端的营地里，但那里的位置让营地尽收敌人眼底，最后导致劳工伤亡惨重。劳役部队的准确数量很难获得，不过一份在加里波利印度人的记录却记载在印度人的“骡子运输大队中”有 650 人和 1086 匹骡子。[②]1915 年 9 月逾一千人（其中有 864 人被选中）在马耳他响应号召下，志愿去加里波利履行装卸工义务。这些人并没有被遗忘。比如 27 岁的朱塞佩·卡米尔，他是马耳他劳工团意外死亡的一名团员，被安葬在能够俯瞰安扎克湾的阿里博努公墓里，墓碑上写着：“来自马耳他圣埃伦娜省的斯特拉达，是菲利帕·卡米列里和已故的

---

① 参见基斯·杰弗里著《军情六处：秘密情报局历史》（湖南文艺出版社，2011 年 5 月出版）。

② Aspinall-Oglander, *Gallipoli*, ii, 54, 395, 435; Bean, *Story of Anzac*, ii, 835-6; Chhina, ‘Their mercenary calling’, 369.

安杰洛·卡米列里唯一的儿子。”卡米尔亡于1915年12月7日，几乎是在任务快要结束的时候失去了生命。[①]

“亚述犹太难民骡队（Assyrian Jewish Refugee Mude corps）”是一个为劳役任务而征召的部队，这支队伍在1915年3月出现在埃及，还曾在战斗中有所表现。这支队伍要比“锡安骡车军团”更有名气，并以现代社会“第一支正规犹太人军队”闻名于世，它由约650人组成，从亚历山大城的大量犹太难民里选拔出来。在1914年稍晚些时候，土耳其当局把1.8万名犹太人从巴勒斯坦赶了出去，他们当中有1.1万人在埃及扎根。为了打造一支犹太军团，极端的俄罗斯记者、犹太复国主义者泽夫·雅勃廷斯基，和沙皇帝国军中的独臂前上尉维克多·楚裴多率领一队犹太人为英国人服务。虽然令人沮丧的是英国人只允许将他们编成一支志愿运输部队，他们最终还是同意了在那样的基础上进行组织，并将他们安排在一位不太合适的48岁英国新教军官、自吹自擂的冒险家约翰·亨利·皮特森麾下。

没有人清楚皮特森的家庭背景，只有一份原始资料暗示他是一位英国–爱尔兰贵族的私生子：他在布尔战争中立下过赫赫战功，并因此在20世纪初赢得王牌猎人的称号，这使同样是冒险家的西奥多·罗斯福总统向他发出了白宫的邀请函。[②]1915年春，在埃及为一份战时工作游说的过程中，皮特森了解到，他与五名英国军官、八名犹太人军官负责这只新部队。从一开始，皮特森坚定地认为它应当是一只战斗编队，因为他们配备着“精良的来复枪、刺刀和弹药，而这一切都是在（1915年2月）土耳其人进攻苏伊士运河无功而返后，从土耳其人那里获得的”。这支部队以惊人的速度组织起来，并且就在它成立的一个多月后，皮特森和大约三百人的分遣队在4月27日登陆海勒斯角，在炮火下迅速部署，把补给和弹药运上前线。虽然官方禁止作战，但5月1日，皮特森的士兵还是帮助皇家恩尼斯基林燧发枪团第1营击退了一次“猛烈的夜袭”，因此（至少在他们自己

① Mizzi, *Gallipoli: the Malta Connection*, 105; details of Camilleri，来自CWGC（www.cwgc.org（accessed 30 Nov. 2014））。

② 有关皮特森最可靠的传记见：Brian，*Seven Lives of Colonel Patterson*。

眼中）在加里波利赢得了一次战斗荣誉。[①]

根据皮特森所言，军队的非正规特性导致了一系列突发问题。在他们登陆后不久，他的一名士兵在守卫“V”海滩物资时受到了一部分法国士兵的挑衅。由于他只会讲俄语和希伯来语，“这些法国人看见他配有土耳其人的步枪和刺刀……他被当成胆敢侵入海滩以暗中监视登陆的土耳其人”。就在战地军事法庭（drum-head court-martial）判他死刑并将要执行时，一位骡队里会讲法语的战友解救了他。“这以后，”皮特森写到，“除非他们能讲英语或由能作为口译的人陪同，我不允许任何人离开营地”。在之后的战役中，一队士兵经过法国殖民佐阿夫营前。一位骡队中士“把他们当成土耳其人”，皮特森说，“要不是他发现时我心情不错，这位中士无疑会向法国人开火。我必须要说，”他补充道，“因为他们穿着半野蛮人式的制服，真的看起来像极了土耳其人”。[②]

皮特森在1915年12月因病回家休养，并在伦敦医院花了一个月的时间把骡队的故事写了出来。他有一个明确的政治议题，即：在犹太复国主义者命运中，引起人们对希伯来国家的关心，显示他们的俄国兄弟多么能干，甚至让犹太人肯置于异族和异教徒的指挥下。[③]皮特森继续指挥着纯犹太裔的皇家燧发枪团第38营，和另外两个近似于雅勃廷斯基最初犹太军团想法的营（第39营和第40营）——该营在1918年最后的巴勒斯坦战役中服役。皮特森（逐渐成为比许多犹太复国主义者更“犹太复国主义”的人）在那里和他的部队遇上了更直接的反犹太主义者，这种反犹太主义，皮特森表示，与他在加里波利早期的经验相比更加尖酸刻薄。他甚至表示如果澳大利亚人、英国人、爱尔兰人或苏格兰人的营和他的营被同样对待，分指挥部的人“会火冒三丈，就连将军本人也可能会气急败坏”。[④]

考虑到1917年在加里波利的损失，曾于1915年8月率领康诺特游骑兵在苏弗拉登陆的爱尔兰军官布莱恩·库伯认为：“死亡已经成为了陌生的枕边人：

---

① Sugarman，‘Zion Muleteers’; Patterson，*With the Zionists in Gallipoli*，40，95–110.

② Ibid.，118–19，106–7.

③ Ibid.，v-vi.

④ Bloom，‘Colonel Patterson’; Patterson，*With the Judeans in the Palestine Campaign*，225.

在杜鹃花山后面的恰拉克谷高处有一片小小的坟场，皇家威尔士燧发枪团的二等兵约翰·琼斯，和毛利人中士罗塔依鲁并肩躺在那里。从地球的两端，基督徒、佛教徒和锡克教徒为同样的理由而战斗，并在去世时埋在一起”。[①] 正如阿塔图尔克（凯末尔）在 1934 年著名的宣言中所说的那样，这些人甚至和他们曾经的敌人埋葬在了一起。“你现在葬在一个友好国度的土地中”，他说：“因此请安息吧。在我们心中约翰们与穆罕默德们没有差别，他们紧挨着埋葬在我们现在的这个国家里”。他还强调了那些“把她们的孩子从全国各地送来”的母亲，“擦干你们的泪水吧；你们的孩子此刻安葬并安息在我们心中。他们在这片土地上丧生后，也已成为了我们孩子。”[②]

铭记加里波利

对加里波利的纪念自然会集中于登陆的第一天，即 1915 年 4 月 25 日。澳大利亚和新西兰两国的法令都将之尊为“澳新军团日（Anzac Day）”。当然除了 1916 年 6 月 1 日（即索姆河会战的第一天）和 1918 年 11 月 1 日，整个“一战”中不再有单一的日期有如此标志性的地位（至少在“英语世界”内）。甚至连初次登陆的瞬间都被刻在公众记忆当中。每年的 4 月 25 日，澳大利亚全国从清晨就要举行一系列纪念仪式，包括拂晓仪式（Dawn Service）、国家澳新军团日仪式（National Anzac Day Ceremony）等纪念活动。在澳大利亚昆士兰“一战”纪念碑的石堆中，有一座四面都被画成时钟表盘的石柱，每一块表盘上都显示着“清晨 4 时 28 分（4：28 [a.m.]）”，这是第一批澳大利亚士兵踏上安扎克湾海岸的时间。在澳大利亚和新西兰各地，到处都有纪念在第一次世界大战中服役的纪念碑，尽管事实上那些在战争中服役的大多数人并没有在加里波利服役，澳新

① Cooper，*The Tenth（Irish）Division*，244.

② Broadbent，*Gallipoli*，274.

军团还是在对“一战”的大多记忆和许多纪念仪式中占据着重要位置。[①]

这在澳大利亚尤为如此。在澳大利亚，“澳新军团”发展成为一种世俗信念并成为自治的澳大利亚国家建国神话的一部分。作为一个国家，澳大利亚的前身仅是 1901 年六个澳大利亚殖民地合并成为一个“英联邦”共同体。因此，在 1914 年及 1914 年以后参战的士兵是第一批明确为“澳大利亚”效忠的部队。正如珍妮·麦克劳德——对澳新军团的“传奇”思考最深刻的评论家之一——所强调的，澳新军团的“传奇”不过是澳大利亚在世界舞台上作为国家出现的第一次重要表现而已。这是对澳大利亚人“炮火的洗礼”，也是“国家的诞生”。“从现实意义上说”，查尔斯·比恩在《澳新军团的故事》里总结道，“澳大利亚人的民族意识是在 1915 年 4 月 25 日那天诞生的”。[②]

澳大利亚人试图使第一次世界大战中，澳大利亚的角色和澳大利亚的战争角色一样有意义。这使得查尔斯·比恩对澳新军团浪漫英雄式的神话贡献得到了深入的讨论。[③] 这一过程在战役期间，从新闻报道表彰澳大利亚士兵在战场上的勇猛与成就时开始了。查尔斯·比恩所编纂的《澳新军团》有力激发了这种加里波利神话或传说，该书收集了许多写于军中的稿件。最初这本书曾被认为是一种鼓舞士气的杂志，像在西线非常流行“威珀斯时报”一样，在 1915 至 1916 年的冬天让士兵们打发日子。当这本书在 1916 年 5 月出版的时候，撤出半岛的决定让冒险就此成为一种巨大的成功纪念。到 9 月时，这本书已经卖出了超过 10 万册。比恩为出版而选用的来稿使存留至今的澳新军团特色成为典范。比恩本人不是士兵，而是一名记者，对他所欣赏的军队的基本民族性格构成持有独特观点，他认为军队的民族性格是由澳大利亚的自然环境所塑造的。这种环境产生了毅力、独立、事业心，自给自足的精神和对同胞的狂热忠诚，是澳大利亚人的“兄弟情

① 澳大利亚与新西兰的战争纪念碑在 Inglis，*Sacred Places and Maclean and Phillips*，*The Sorrow and the Pride* 一书中有详尽说明。

② Macleod，*Reconsidering Gallipoli*，5；Bean，*Story of Anzac*，ii，910.

③ 相关文学作品非常丰富。最好的介绍性读物见 Macleod，*Reconsidering Gallipoli* 和 Beaumont，*Broken Nation*。

谊”。在一本 1946 年出版的“一战”澳大利亚史单卷本中，比恩写道：“澳新军团一直代表着为公理勇往直前的精神，以及事业心、足智多谋、忠诚、友谊和完美无瑕的耐性”。①

虽然澳新军团对澳大利亚的意义要比新西兰多，但对于被卷入战争的新西兰而言也有一种相同的情感。由于和澳大利亚人在一起，人们普遍认为澳新军团占据联军的主体。1994 年，前新西兰总参谋长将军莱昂纳多·桑顿爵士在反思加里波利战役时认为，大部分新西兰人虽然承认英国人确实在那里，但基于十比一的事实，应该否认英国人的数量比澳新军团多。② 和澳大利亚人一样，参战的经过也代表着一种更小的自治领时代的来临。阿兰·穆尔干在 20 世纪 50 年代后期写道：“加里波利是一个民族的起源……它教会我们更多地认识我们自身，并设身处地为我们自己着想。新西兰人更加清楚地认识到他们的国家不是另一个英国，而是一个有着自己命运和历史的独立国家。”③

“一战”中，澳大利亚人和新西兰人在加里波利的突出表现，体现了战争中的大英帝国在一种进步意义上的崩溃。这种崩溃以一种明显的团结一致为开端，即“帝国什么时候打仗，澳大利亚就什么时候打仗”，终结于和帝国之间从附和发展成了伙伴关系，尽管英国还是那个英国，但有越来越多、包括印度在内的“国家”作为“大英帝国代表团”的一部分，分别签署了战后合约。一个世纪以后，澳大利亚和新西兰已经成为实际上的独立国家，澳新两国的主流叙述不断将视角聚焦在参战的澳新军团身上，几乎不承认在加里波利半岛上的大部分军队都是英国人。甚至到 20 世纪 20 年代后期，埃斯皮诺尔·欧格兰德尔惊讶地发现“澳新军团”在叙述中占的地位如此之高，他写道：“加里波利登陆的周年纪念日被称作澳新军团节，许多人在了解历史后才惊讶地得知，除了参加登陆行动的澳大利亚人以外，在加里波利半岛上竟然还有其他部队”。④

---

① Kent，‘*The Anzac Book*’; Bean，*Anzac to Amiens*，181.

② Thornton，‘Echoes of Gallipoli’，118.

③ Mulgan，*The Making of a New Zealander*，111-12.

④ 引自：Macleod，*Reconsidering Gallipoli*，90. 一般性的讨论可参见 Shefthall，*Altered Memories*。

崩溃的进程同样也发生在英国境内，跟政治和文化意义上对“英国人”和“英国性”理解的变化一致，都体现着现当代政治的发展。随着联合王国的解体——或者趋向于解体(被“一战”加剧了解体进程)，许多研究者不断努力去探索诸如在英国的军事努力中独特的“爱尔兰”和“苏格兰”元素，[①]他们竭力掩盖事实，要证明在加里波利的军队主体不仅是英国人、还是讲英语的人。

在把澳大利亚和新西兰定义为独立自治国家的看法上，加里波利所起到的作用同样适用于土耳其。加里波利的胜利以及凯末尔·阿塔图尔克在这场胜利中所扮演的角色，对战后建立和维持世俗的土耳其共和国十分重要。土耳其军在对抗英法帝国取得的胜利(哪怕是暂时地)成为了凯末尔主义的土耳其建国故事的一部分。今天在加里波利半岛上，除了令人兴奋的澳新军团纪念日外，还有一天可能是用来迎接被带到战场周边的土耳其小学生的，他们学习国家光辉的军事历史，正如澳大利亚背包客们寻找“兄弟情谊”——查尔斯·比恩眼中的安扎克传说中志气和韧性的关键因素。

加里波利撤退还对日后的“二战”有着始料未及的长期影响，那是在1940年初夏，对成功撤退的回忆鼓舞了士气。在工党领袖克莱门特·艾德礼进入温斯顿·丘吉尔的战时联合政府不到三周时间内，希特勒的闪电战就把英国远征军逼退到英吉利海峡，4月27日，远征军开始从敦刻尔克撤退。许多年后艾德礼在接受弗朗西斯·威廉姆斯关于那次危险时刻的访谈时这样说：

威廉姆斯：当你进入联合政府时，事情有多糟糕?

艾德礼：非常糟糕。但我不会持沮丧的观点看待我们在敦刻尔克的运气。C.I.G.S.(英国参谋总长)迪尔认为我们实际上没有一个人能跑得掉。然而由于曾在加里波利撤退中服役过，我反倒认为，我们会逃出去的。[②]

他们确实这样做了。

---

① Jeffery，‘Ireland and Gallipoli’.

② Williams，*A Prime Minister Remembers*，38.

第二章

凡尔登

对法国人而言，第一次世界大战的两场标志性会战分别是1914年德军最初向巴黎攻来又被打退的马恩河会战，以及开始于1916年2月21日星期一，并持续了近一年的凡尔登会战——一场在历史上具有重要意义的洛林攻坚战。凡尔登会战是1914–1918年间所有会战中时间最长、损失最大的会战，据说双方有近70万人伤亡。在法国这边，“凡尔登”被称是一件法国人的杰作，“史上最伟大的会战”，它和交战双方军队与人民的勇气与坚韧不拔一起，成为工业化的“全面战争”中恐怖经历的代名词。①

会战

从凡尔登会战头几天英语媒体的报道中，我们可以看到普通民众是怎样看待这场正在进行的世界大战的。我们可以把注意力主要集中于《纽约时报》（*New York Times*）的报道上，来了解仍然处于中立的美国人在回应来自欧洲各交战国的报道时，会怎样看待这场战争。虽然《纽约时报》确实比较同情协约国一边，但它还是尽力在对待它所谓的“世界大灾难”时做到不偏不倚。② 这份报纸

① Lefebvre, *Verdun : la plus grande bataille de l'histoire*。有关凡尔登比较好的英语文献有Jankowski, *Verdun*, and Horne, *The Price of Glory*，从这本书中我引用了许多背景信息。

② 杂志中所描述的战争新闻见*The New York Times Current History of the European War*（henceforward *NYT Current History*），12 Dec. 1914. 战争期间《纽约时报》的报道见Davis, *History of the New York Times*, 331–69。

在伦敦和巴黎有驻地的记者。但他们在柏林的工作人员——一位同样也为伦敦《每日邮报》工作的英国人，却在战争开始时就被驱逐了。不过自1914年9月起，西里尔·布朗(Cyril Brown)又从德国发来报道，正如《纽约时报》自己所宣称的那样，“(他的报道)成功地在报道德军各战线作战的所有美国媒体中，给出了最棒的报道”。在凡尔登会战期间，就像取得从柏林、巴黎与伦敦发出的官方公报一样，《纽约时报》同样也从几家柏林日报的记者那里获得新闻稿。除了每天的《纽约时报》外，自1914年12月起，又出现了一份战时新闻月刊——《纽约时报欧战当代史》(*The New York Times Current History of the European War*)。这份月刊跟许多取自其他来源的增刊一样从每日新闻中转载文章。因此《纽约时报》的稳定出版为我们提供了一系列令人欣慰的报道。

据报道，2月22日和23日两天，凡尔登地区发生重炮对战和“一连串凶险异常的步兵作战”。法国方面保持谨慎的乐观态度(这在大战开始时的进攻各方中都很常见)：“德国人的进攻虽然曾在我们发达的战壕里取得过成果……但我们的反攻又把他们赶了出去……(而)我们抓住了50名战俘”。在另一个地方，德军曾占领了一些战壕，但是却“蒙受了很大的损失”。[①] 翌日，德国据称已经在为进攻凡尔登进行准备，因为他们在过去一个月内就已公开宣布，所以法国早已把握住每一个准备好对策的机会。由于当地坚固的防御力量，巴黎的军事观点倾向于质疑德军是否会尝试猛攻凡尔登。巴黎在2月24日认为“德军自法军(去年秋天)开进香槟以来最具野心的进攻，将在凡尔登北部及东北部展开”，“这导致了德军在沿着25英里前线的不同地方分别推进了2英里”。虽然如此，法国仍在声称“会让进攻者遭受重大损失”。[②] 在这个初期阶段，《纽约时报》的报道还在大篇幅转引英国、法国和德国官方公报上的内容，此时一场大型会战很显然就要爆发，不过哪一边(抑或任意一边)会占上风仍然让人捉摸不透。

随着战火日益激烈，新闻报道的语气也开始有了变化，2月24日的重大突

① *New York Times* (henceforward *NYT*), 23 Feb. 1916.

② *NYT*, 24 Feb. 1916.

破以及第二天占领杜奥蒙要塞（Douaumont）都让德国的新闻报道有了一种洋洋得意的感觉。尽管此时该报道还没有意识到，凡尔登北偏东4.5英里处的杜奥蒙要塞——被某些人称为世界上最坚固的要塞——实际上已经无人防守。在1915至1916年的冬天，该地区的防御就已经开始减弱。它成了一片空白地带，法军推测德军将不会攻击这里，干脆撤走了枪炮和士兵，以便在北方的活跃区域进行部署。而德国人则根据1914年在那慕尔和列日庞大的比利时防御工事前遇到的经验，把杜奥蒙这样的要塞普遍当作无人防守的死亡陷阱。不过即使这样，对德国而言，要塞失陷无疑会打击和挫败法国。

2月28日，一位在柏林的“特派记者”报道称“德国已经开始出现对凡尔登第一座要塞陷落的庆祝活动”。然而，德国公众对它是否真的标志着期待已久的大进攻的开始，抑或只是对适用于其他要塞的一场大型示威，依然一无所知。由于柏林的军事专家“在讨论事情时极其沉默寡言”，要判断进攻的主要目标非常困难。来自前线的几份现场报道都是相同的版本。来自柏林左翼报纸《霍氏日报》（*Vossische Zeitung*）的马克思·奥斯本（Max Osborn）在2月25日的一份报道中描述道，军队平稳地经由凡尔登北部向默兹河谷进发，进入奥蒙和博蒙特村落附近的茂密树林边界，最终抵达凡尔登东北。奥斯本强调他报道的即时性：“今天中午，我有机会从火线上几处高地俯瞰炮声隆隆的战场……你一定得亲自来看看”，他补充道，“从孔桑瓦埃向南一直到布拉班特光秃秃的山脉会让人认识到，夺取如此地势的意义所在”。他用一句相关士兵的话总结了他的电讯：“我军士兵的动力、忍耐力及纪律无可比拟。指挥官和军官们从不厌倦对他们的表现给予表扬和赞美。幸运的是我们的损失还不是很大。”

另一份报道来自2月26日的《柏林日报》（*Berliner Tageblat*），其标题为《凡尔登之前的德国最高指挥部》，该文直率地宣称“铜墙铁壁的杜奥蒙要塞掩埋在废墟之中”。这次胜利的关键因素之一在于德国人的火炮。文中引用法国战俘的话称：“德国大炮的恐怖难以形容；没有人能在它面前坚持不倒”。在一条连接《纽约时报》的“专线”上，比较保守的《柏林本地万象》（*Berliner Lokal Anzeiger*）的卡尔·罗斯纳（Karl Rosner）写道，“我们勃兰登堡人在漂亮地夺取杜奥蒙要塞上的杰出功绩”是“基于我们炮兵的光荣事业上的”，他发现爱国主义精神在德国军队中重新被点燃了。他还写道：“这些天，我见到了那些在凡尔登激烈战斗的士兵们，他们的眼神和1914年8月那些日子里一样明亮”。几天以后（在一份直接通过德国德律风根无线电台发送到长岛西维尔市的报道中），《柏林日报》军事记者恩斯特·莫拉特少校（Ernst Moraht）称赞法军在遇到“钢铁般”德军时的勇敢，但是他又补充说“他们这群人的作战勇气在凡尔登会战前就消亡殆尽，或者把它一瘸一拐地带回了家乡”。①

这些前线电讯代表了现代战争报道中的一些常态。首先，报道者基本都会出现在战场上，因而增强了写作的即时性和真实性。“我就在那儿”，把这样一份强有力的资讯传回国内的各个家庭，因为他们正极其迫切地寻求他们在前线挚爱们的消息。同样，报道也明确暗示了（至少在某种程度上）作者正经历着与相关军队同样的危险。文章的内容通常都会包含三个重要特征。第一是事实信息，这些信息无疑来自军队官方的消息：有关的数字和番号、发动攻击的地点和方向、占领（或）失去的土地、人员伤亡等等。第二通常是生动的战争描述，强调冲突的激烈。最后，还必须要加上有关部队战功的颂歌，歌颂他们战斗力、勇气和斗志，这样报道才算完成。

参战士兵的勇敢并非一方或另一方所独有，战斗人员自己证明了这一点。《纽约时报》善于发掘士兵们个人的故事，他们驻巴黎的记者于2月28日用电报收到一位受伤法国“殖民地步兵”的事迹，此人曾经在杜奥蒙要塞呆过。他在描述击退德军一次密集进攻时说：“我们在弹坑和毁坏的阵地间把刺刀向敌人掷去，这是一场我从未见过的真正的战争。此刻战况激烈，而我们棋逢对手。”他大方地称赞那些“源源不断赶来”的对手们。“那些德国佬，他们的确很勇敢，”他说道，“我从不相信人类竟能面对如此可怕的炮火。他们也知道这炮火实际上会致命，伤员在尸体下被憋死，或者被刚出炉的炮弹炸成碎片。”社论文章顺着这个故事接着写下去，它声称这个故事表明“人类渴望打仗”并让“英雄式的

① *NYT*，28 Feb.，3 Mar. 1916. 西维尔电台电报见 *NYT*，23 Apr. 1915。

陶醉”成为现实。[1] 但是真是这样吗？《纽约时报》的编辑人员在他们足够安全的、远离战场的时代广场办公室里，可以轻易地就士兵们交战时的情绪做出推测。

虽然各方都执行严格的审查，有关凡尔登的新闻报道还是包含了大量战斗中有关个人危险与恐怖经历的报道。新闻报道的优势虽然透过官方媒体、个人署名和一些无疑生动形象的“人情味”故事体现出来，但在报道范围和所用语言上还是有一定程度的概括性和抽象性，这使得国内读者被隔绝于实际的前线经历之外。诸如“恶战”“重大伤亡”和“可怕的代价”之类的措辞，只能在一定程度上传达出战斗的真实情况（虽说实际上细节的缺失反倒能够激发国内读者的想象力和极大的恐慌）。设想下，如果那些真实情况能够彼此相连（这在“一战”史学家中一直是一件有争议的事），那么我们就可以认为，利用士兵们自己的日记、信件以及回忆录一定能让我们更加接近这场战争，借用利奥波德·冯·兰克的名言说，就是“如实直书”（wie es eigentlich gewesen）。[2]

亨利·德萨诺（Henri Desagnaux）颇为生动的日记为参战士兵们讲述了凡尔登的恐怖经历。在和平年代，德萨诺曾是一名铁路公司的律师。1916 年 6 月，他的部队屯驻于凡尔登，而他作为中尉在第 359 步兵团中指挥一个连。他们在前线虽然只待了两周左右，但明显的压力把他和他的士兵们逼到或在一定程度上超越了临界点。他们在前线的短暂轮换证明了法国统帅贝当在他们最终被击溃前让军队轮流作战的办法是明智的。

德萨诺和他的士兵们在 6 月 13 日星期二抵达凡尔登 7 英里外的尼克赛威尔。天很冷，下着倾盆大雨，“我们在满是烂泥的湖边露营”。下午五点，有命令传达过来，要他们去凡尔登大本营：“我们面如死灰。那边传来阵阵枪声。这真是一个大熔炉，每个人都意识到明天可能就会死。”据传言称，他们可能会被送往“莫尔-霍姆”（Mort-Homme）或沃克斯要塞（Vaux）。“可以肯定的是，不会有好事发生在我们头上。”他们在大本营待了一天。地道里虽然很安全，“但却

---

① *NYT*，29 Feb.，1 Mar. 1916.

② 对于这个话题 Nicolas Beaupré 的书中有很好的介绍，见‘Soldier-writers and poets’，in Winter（ed.），*Cambridge History of the First World War*，iii，445–74。

令人十分沮丧”。德萨诺在荒废的城镇边四处走动，但是却因为四处都会掉落的炮弹而不能过久停留。他们即将走上前线——被部署在德·杜奥蒙要塞西边的德·拉德莫（Ravin de la Dame）谷地上——普遍战场上的士兵和德萨诺一样持悲观宿命论的观点。在接到前进的命令后，“我们动身了，但并不能准确得知我们要去哪儿；没有一个人带地图……在这片每走一步，死亡都如影随形的地方，向导非常罕见。”这时候，他们已经24小时没有进食了。在距离前线不太远的地方，他们受到德军的炮火攻击。“我们身边的爆炸声此起彼伏，甚至连空气中都散发着火药和泥土的气味；我们根本看不清，只好焦急地等待，谁也不知道一小时后我们是死是活。”

6月18日，星期日。德萨诺和他的连队依旧没有食物。他们“受困于山脊上一座半颓的战壕里，那里除了仅容一人蜷缩在内的狭小缝隙外，根本没有任何掩体”。“战壕毫无用处”，德萨诺写道，“我们已不再在文明世界里。这是一个忍受一切苦难却沉默无言的世界”。星期一早上，他们发现第5营的一小队机枪手沿着他们的战壕全部被埋在下面。“尸体，腿和胳膊从土里面突出来”。他们试着让自己尽可能舒服些，但是他们越挖，发现的尸体就越多：“我们放弃了，去了其他地方，但我们也不过是离开了一座坟场去了另一座坟场而已。”星期二早上的早些时候，食品供给终于抵达，不过却没有水，由于天气转暖，他们非常口渴。炎热“令人无法抵抗”，苍蝇飞来飞去，尸体散发出“一股令人作呕的气味”。

6月24日，在前线刚过了一周，德萨诺便开始担心他的部下士气低落。“战俘”一词在私底下流传开，好像被敌人抓住，“对许多人就意味着得救”。“我们必须和这种见解做斗争，”德萨诺写道，“要提升士气。但是该怎么做?”他们精神紧张，听不进任何话，“如果我们需要安全感，我们需要把它装进罐子里或者一铲子一铲子地把它抛向我们的坑道上方。每天都是这样。”接下来的两天是“可怕的白昼与黑夜”。6月25日早上3点，“没有任何警告，我们自己的部队从后方袭击了我们”。他们原本被派去收复前天丢失的阵地，但是“没有准确命令，没有地图，甚至不知道我们的防线在哪儿，他们就以身犯险（并且）……

向我们进攻，他们确信已经发现德国佬”。6点钟时向德萨诺他们发射的7毫米速射炮火炮“增加了我们的困境”，安格内尔和我要用左轮手枪把这些可怜虫击退。”两天之后在相似的情况下有更多的人企图逃跑，军官们“再次掏出左轮手枪，挡在他们的路中央”。而这时从邻近部队传来了不安的消息：他们那里有两个人自杀了。

6月28日，星期三的黄昏，士气因德军的一次进攻而意外地有所振奋。德军“以密集队形”向前推进。德萨诺的士兵们直到15码远时才开枪射击，“然后让他们”辅以手雷和机关枪，并把伤亡惨重的德军赶了回去。然而极其猛烈的炮击却持续到6月30日，这时甚至连德萨诺都开始认为他们已经受够了。“到处都是死亡，”他写道，“伤员倒在我们脚下，在血泊里痛苦呻吟；其中两位伤势较重，已经快断气了”。没过多久，他的部队在7月1日的清晨就从前线撤了下来，在经历了16天的可怕日子后，他们回到了跟6月初出发时看起来并无二致的营地。①

法国士兵们的日记中也有一种类似澳新军团“兄弟情谊”翻版的情感，这种“兄弟情谊”加上归属感和凝聚力，可以说比任何意义上的爱国教育或民族牺牲都更加伟大。在参战18个月后，凡尔登步兵路易·马尔利特（Louis Mairet）总结道，“1916年的士兵不是为了阿尔萨斯而战，也不是为了摧毁德国而战，更不是为了他自己的国家而战。他因正直而战，因习惯而战，因为这是他必须得做的事。他打仗是因为，除此之外他什么也做不了。”在战争最初的热忱消退后，路易·马尔利特在第一个冬天就感到泄气，到了次年冬天，他就已经退役了。他曾“把他的大房子换成瓦舍，用他的家人换战友”。②

在深入研究“一战”中法国士兵的史料时，莱纳德·V·史密斯（Leonard V. Smith）认为，小群体的活动可以在微观上复制整个社会的思想意识，但这其实是一种错误的二分法。在安德烈·皮查德（André Pézard）的战争日记中（该书包含

① *Desagnaux*，*A French Soldier's War Diary*，19-31.

② 引自 Prost，‘La guerre de 1914’，101。

了一些“一战”期间最值得注意的法国军旅记录)，史密斯认为一小群士兵在一起，以个人的身份彼此做出承诺，构成了(法兰西)共和国的缩影，皮查德和他的战友们经受的磨难越多，他们自己就越会坚信：他们会彼此承诺，共度战争。[①]如果这是真的——那么这一论点将对 1916 年旷日持久的凡尔登会战和索姆河会战非常有说服力——(任何一方的)士兵们非但没有幡然悔悟或彻底幻灭，他们经受的磨难越痛苦，时间越长，这些参战者就会更加坚定地把大战进行到底。

在大战开始时，22 岁的安德烈·皮查德只是一名研究意大利中世纪文学的学生。1915 年 2 月，一位下级步兵军官奉命驻防于凡尔登西 15 英里的沃屈瓦(Vauquois)。[②]1915 年 6 月一个风和日丽的夏日傍晚——“那天对恋人们来说刚好非常合适”，皮查德记载了和他的上尉伙伴勒内·费尔利斯(René Fairise)的对话，他俩在 1914 年的高等师范学校时就是好朋友。在探望过一位在医院里对杀死德国人感到欢欣鼓舞的受伤战友后，皮查德对这种残暴不仁的行为以及士兵们对这种行为的接受明显感到担忧。是在战争中的经历让他们都堕落了吗？他问道。费尔利斯予以否认，他辩称一些士兵们所表现出来的残暴与冷血(尤其在他们刚抵达前线的时候)，源于他们认为他们应当感受到的东西，而非任何真情实感或精神状态——那些没有真实战争经验的“官方记者们”所鼓励的东西。事实上，费尔利斯暗示道：一个人在前线待的时间越长，他就越可能想退役，我们之所以会发动战争，只是因为他们(那些在防线后方的平民们)希望我们那样做。[③]对费尔利斯和皮查德而言，前线将士们和其他人的经历与情感之间有一道无法逾越的鸿沟。没人知道战争到底是什么样，或者那些士兵们实际上是怎样坚持下来的。费尔利斯和皮查德没有试着描述并解释这些经历，在 1918 年 7 月第一次出版的日记中，皮查德本人并没有这样做。而费尔利斯则根本没有这样的机会。1915 年 7 月 21 日，费尔利斯在其部队从前线换下来稍作休息时就牺牲了。

---

① Smith，*The Embattled Self*，115.

② Jean-Charles Jauffret，‘Préface’ to Pézard，*Nos autres à Vauquois*，i-xi.

③ Pézard，*Nos autres à* Vauquois，179-81.

1916年2月，皮查德在沃屈瓦再次遇到凡尔登会战开始时德军所使用的密集炮击。2月25日，在掩护他的部下进入德·沃屈瓦峰下面的隧道里后，皮查德觉得他们被困在了曾重创东边的友军的暴风里，这令人十分厌烦。但是，“我们还是要像东边友军一样不顾险阻地保卫自己。为了我们的国家。”作为战后著名的但丁研究学者，皮查德对奇形怪状的事物颇为留意。在沃屈瓦，法国工兵们挖掘地道以便破坏德军防线时，炮击把两个人埋在了矿井下面。把他们挖出来花了两天时间，两天后，当他们被发现时，一人在另一人的上面。在上面的人“满手鲜血，指甲里、指缝间和袖子内都是泥沙”，在下面的那个人“脸色发黑，脸上混着鲜血和泥块”。这是一件“我目睹过的最凶恶的事”，皮查德写道。①

在战场上，被先锋立体主义派画家费尔南德·里格尔（Fernand Léger）称为“人类之骸”的可怕场面，反复出现在前线士兵们的书信中。曾在1916年秋的凡尔登担任担架手的里格尔认为，战场其实是一所“立体主义学园”。在这里，人的躯体和普通乡村以标新立异的方式分散开来并重新组合着。他在这里找到了大量新奇的事物。士兵们干化了的头颅从泥土中探了出来，场面非常震撼，都是些他想用照相机准确拍下来的画面。更可怕的是，有几个头颅的嘴里还插着几根被牙齿咬掉了的手指，就如里格尔几个月前在凡尔登西阿尔贡地区服役时所见到的那样，一名死去的士兵的手被塞进了嘴里，脸上的表情无比痛苦”。②黑色幽默对前线战士们来说是很奏效的调剂。一位法国军官这样描述一枚380毫米的炮弹如何垂直落在杜奥蒙村前德军先锋部队的中央：“它刚好落在德军的队伍里”，我从来没见过这样的景象。你可以从事实来判断效果——在我右边的一名士兵被一截灰袖子胳膊吓得目瞪口呆。虽然听起来残酷，但这却让我们其他人哈哈大笑。”③

① Pézard，*Nos autres à* Vauquois，288，290－1.

② 引自‘academy of cubism’p. 208；Smith，*Embattled Self*，79。

③ *NYT*，5 Mar. 1916.

许多德军士兵也有相似的经历。7 月中旬，在战前曾是一名神学系学生的安东·斯坦格（Anton Steiger）驻防于杜奥蒙附近，这里离亨利·德萨诺上个月待过的地方并不远。在 7 月 17 日寄回家的一封信中，斯坦格称即使是进入前线也十分费劲。他的部队 17 个人中一路上已经死了 6 个，包括一位老同学，“雷弗，就是那个在我旁边的学校长椅上待了九年的人”。在前线，他们在赛蒙特要塞旁边的掩体“是一座老的半边漏风的法国炮塔”。当斯坦格他们靠近掩体时，他们发现它看起来就像在地上的一把光秃秃的锤子。入口就像一个狐狸洞。他们在法军的弹药储藏室里待了四天，紧挨着另一间充满爆炸声的房间。“死尸躺在土壤中，其中一具的腿骨从膝盖里突了出来”，大多数情况下，斯坦格都待在伸手不见五指的环境里，只有一些蜡烛可以用来照明。同样这里也有一股可怕的、尸体分解时散发出的味道，整整四天他都吃不下任何东西。第三天，法军开始发动猛烈而密集的炮火袭击，斯坦格他们意识到掩体肯定会一齐被炸飞。接下来的一天又是持续不断的炮火：“在这十个小时内，我们认为要么是被活埋而死；要么就是炮弹落在炸药贮藏的地方，把我们炸到空中而死[①]”。

两线作战

凡尔登的战略也是德国“东方人—西方人”争辩的一部分，这与法国、英国对加里波利的争论如出一辙。战争一开始，德国最高统帅部就已经完全意识到与主要敌人在西线和东线同时作战的风险。在后来广为流传的“施里芬计划”中（尽管在 1914 年德国的作战计划并没有太多归功于施里芬的工作，他从十年前就一直担任德国总参谋长），1914 年 8 月德军将发起一场进攻，借道比利时进入法国北部，目标是迂回包抄法军主力并迅速合围巴黎。德国人希望在西线用一场成功的短促战斗就可以击败法国，然后将其注意力转向东方，动作更为缓

① Wedd, *German Students' War Letters*, 275-7.

慢的俄国人在那里不会立即对德国的发动进攻。[①] 但是“马恩河奇迹”却使德国人在西线速胜的希望破灭了。1915 年，法国人和英国人在阿图瓦和佛兰德斯朝前线北端的德军发动了一连串的进攻，这些进攻均未成功。1915 年 12 月，为了初次协调协约国间的作战策略，以及响应在巴黎东北召开的尚蒂伊会议，英法决定付出实际努力，同意俄、法、英三国在 1916 年进行一系列的协同进攻。

在同盟国方面，1915 年的非决定性交战（这一年德国主要处于防守）使得德国参谋总长，“西方人”埃里希·冯·法金汉（Erich von Falkenhayn）希望对法国进行消耗战。在 1915 年 12 月起草的一份德国皇帝备忘录中（这是皇帝本人战后出版的回忆录中唯一的一份副本），德皇认为虽然英国是主要敌人，但它的长处在于帝国、海军和金融。他认为对于英格兰而言，它的军队在欧洲大陆上的作战实际上只不过是一场余兴表演。英国“真正的武器”是法军、俄军和意军，而德国最好的策略就是要打败他们。因此他提议进攻法国两个支撑点中的任意一个：贝尔福（接近德法边界与瑞士结合处的地方）或者凡尔登——他提议在凡尔登“让法军流血至死”。[②]12 月末，这项计划决定在凡尔登开始实施，德国王储第 5 集团军被部署在城市对面。第 5 集团军的计划并不是一场消耗战，而是准备以前所未有的猛烈炮轰，并使用从联合作战中初露头角的飞行器，以及在 1915 年使德军获得一定成功的火焰喷射器——在内的最新革新性技术发动一场大规模闪电战。[③]

迅速“推进”这一概念正如在战争期间法兰西和佛兰德斯的战役中所经常见到的那样，在进攻的最初几天内就消失得无影无踪。在丧失一部分土地和丢失杜奥蒙要塞以后，法军在新指挥官菲利普·贝当（Philippe Pétain）的严格指挥下，为一场长期防御战挖掘战壕。贝当是这份工作的最合适人选。虽然他是位精明干练的军官，也曾在仕官学校担任讲习，但他还是一位 59 岁的上校，在战争开始时已快要退休。他错过了晋升，只因为他不肯服从法军中对“进攻精神”

---

① 关于 1914 年战前战争计划的演变，见 Strachan，*The First World War*，i，163-207。

② Falkenhayn，*General Headquarters 1914-1916*，214，217-18.

③ Horne，*The Price of Glory*，27-45.

的正统信仰；这种观点就是：即便在防御要好过进攻的现代战争情况下，凭借慷慨激昂和训练有素的士兵也能取胜。贝当在防御战略和火炮的潜力上（对步兵来说很不寻常）受过很好的训练，他对这种观点不敢肯定。他的名言警句是“大炮征服，步兵占领”和“大胆是一门知道如何不大胆的艺术”。这场战争给予了他一次机会。随着 1915 年 7 月的迅速晋升，他将指挥从 1916 年起便处于预备役状态的法国第 2 集团军，为了进攻而不断训练。在德军袭击凡尔登初期，法国最高指挥部决定保卫这座城市，并下令第 2 集团军在贝当的指挥下采取措施。德·卡斯特尔诺（de Castelnau）将军坦率地告诉贝当：“一定要不惜任何代价保卫凡尔登。”委任贝当时的真实情景颇为传奇。贝当是一个单身汉，又是一位花花公子。在 2 月 24 日到 25 日的那天晚上命令传达下来时，军方没能立即联系上贝当。不过一位消息灵通的参谋官了解他的习性，他在巴黎北站酒店发现了和女伴在一起的贝当。①

在接下来的两个月里，贝当一直在凡尔登直接指挥，在此期间他稳住法国的防御，并主要将注意力集中在三个方面：火炮、补给、最大程度的节省军队人力。他高度强调火炮的重要性，并沿着能够扫射对面斜坡的默兹河西岸布置炮位。沿着 30 英里的国家公路和巴勒迪克镇北偏东的窄轨铁路，只有一条通往凡尔登的补给路线。受贝当的军需官理查德少校组织，这条路后来成了著名的“神圣之路”（Voie Sacrée）。当然，这是一个 1916 年 4 月被民族主义记者兼政客莫里斯·巴雷斯（Maurice Barrès）杜撰出来的名字。沿着这条路，敞篷货车、枪炮、士兵和物资在规定时间内来来往往。这里也有马，不过不能（像士兵们在检查运进来的炮弹时所能做的那样）被接管，它们要被大批量地屠杀掉。

贝当沿着这条路线把自己的指挥部设置在苏伊利的市政厅，有时他站在台阶上就能看到（也被看到）在进出前线路上的将士们。贝当特别担忧将士们的福利情况，这体现于他在凡尔登引进的轮换部队的轮班制上。这种体制被称为“诺利亚”（一种把水桶挂在圆环上的连续滚动的链条）。在理想情况下，军队在

① Horne, *The Price of Glory*, 132-41.

前线最多只待上八天。在这种制度的帮助下，军队将安排减少暴露在前线危险之下的服役时间，因而它具有明显的吸引力。但是它也有其弊端。进出前线实际上非常危险，而随着部队越频繁的进出战场，伤亡的风险也会有所提升。伊恩·乌斯比（Ian Ousby）曾质疑称："凡尔登会战中的一些重大失误以及由这些失误而经常带来的可怕伤亡率"，是因为部队在还没完全准备好或有足够经验的情况下，就被安排在了他们没有足够时间以进行军事侦察的地方。[①] 德军一边，情况恰恰相反，他们的部队在防线里要待上更长的时间。汉斯·冯·齐维尔（Hans von Zwehl）将军的第七后备军团在凡尔登会战中整整驻扎了十个月，他后来曾提及，在那个可怕地方他的将士们都受"精神病"的折磨。[②]

在诺里亚制之下，持续轮换部队的一个结果就是在全部法军中有相当大比例的人都到过凡尔登地区。在法国几乎没有一个家庭没有接触过这场战役，这场战役比以往任何战争都更植根于法国社会之中。阿拉斯泰尔·霍恩（Alastair Horne）写道，"在第一次世界大战的所有战役中，凡尔登会战是唯一一场大部分法国人都参与其中的会战"。[③] 这些人中就包括了贝当所辖第 33 团中的一名下级军官，查尔斯·戴高乐（Charles de Gaulle）上尉——也是后来"二战"时的自由法国领导者以及法国总统——他在 3 月初在杜奥蒙受伤被俘，虽然他曾几次试图逃跑，但还是在战俘营里度过了余下的战争。

凡尔登会战开战几天后，《纽约时报》认为，德国无法在一场"消耗竞赛"中赢得法国人，因为从数据上看，德国比它的敌人更加衰弱，它无疑会输掉长期的消耗战。而在西线，只要防守方的防线足够强大，进攻方总是会以承受比防御者更大的伤亡被击退。在战争初期夺取巴黎失败后，德国人现在要"选择在自己最强的地方攻打法军的阵地，并尽最大的努力争取积累宝贵的胜利，除此之外，德国人还要使其军事优势保持最大，这将会对法军的士气产生非常消极的影响"。然而，在凡尔登会战中投入"决定性阵容"之后，法国宁愿冒着战

---

① Ousby，*The Road to Verdun*，100–01.

② Horne，*The Price of Glory*，188–9。

③ Ibid.，339.

争风险，也要看到结果。这对德国来说也一样，即便不是军事上的失败，士气上的失败也会是灾难性的。[1]

随着会战持续到1916年3月，时事评论员也开始对这场会战的空前规模和无休止的战况发表评论。3月5日，在1915年11月中旬至12月下旬旅居德国的美国记者加雷·加勒特（Garret Garrett）敏锐地观察到，试图取得“决定性结果”的困难之处在于“一个文明民族能否付得起这种代价”。凡尔登的进攻对德国来说代表着一种道德和政治上的风险，因为它的预备役人力比协约国方面少。加雷认为，在凡尔登不能取胜“将永远断绝德国有能力在西线做出了断的希望”。两周后，一位匿名的“军事专家”在评论第一周的战事时认为，德国“必须要坚持下去直至凡尔登陷落”。到了下一周，同一位评论员将这场会战比作美国的南北战争。协约国（像在内战中北军一样）凭借着占优势的资源，无疑会击败德国。他写道，“这种可能性在于，凡尔登将会被证明是这场战争的葛底斯堡……对德国人来说，现在要不惜一切代价夺取凡尔登”。[2]这句话非常敏锐，它看出了德国战略家们意识中和协约国一样的想法，即这场战争只有在自己最强大的地方击败敌人才能获胜，就是“在决定性战场以决定性数量取胜的古老法则”。

有人也做出了一些不祥的论断。就在开战一周后，《纽约时报》驻巴黎记者报道称，法国的军事权威们认为“纵观历史，步兵将再次成为战争中的决定性要素”。但法国人却认为在凡尔登德军的密集炮击之下，最坚固的战壕都已被“粉碎成一团毫无抵抗能力的瓦砾”，机枪阵地安放之前曾被认为“是步兵徒劳的英雄行为”，如今却被炸得化为乌有。对法国战壕防线的破坏使得德国人能够前进，即便他们付出了惨重的伤亡代价，以及一个令人恐惧的结论：即在储备充足的情况下，忽略牺牲人数，步兵才能前进。协约国从血的教训中学到，配合占优势的人力资源和工业力量，他们才有能力发起一系列猛烈攻击，这代价虽然高得可怕，但依据这里的情况看，他们无疑能使德国崩溃。“撒手锏”只有

① *NYT*，26 Feb. 1916.

② *NYT*，5，19，26 Mar. 1916.

德国的步兵（且是能够作战的战士数量）可以拯救德国，但她的步兵又像从马恩河岸倒进里加沼泽地里的沙子一样被浪费了。[①] 如果协约国不能吸取教训，那么猛烈的进攻会像消耗德国步兵一样消耗协约国的人力资源。

所谓的西线经历“正常化”很快流行开来，即便是在凡尔登战场上。在战争期间有一种看法迅速流行，认为即便是数日内发生的伤亡也完全是可以接受的常态。德国老兵埃里希·玛利亚·雷马克（Erich Maria Remarque）1929 年出版的著名小说《西线无战事》（*All Quiet on the Western Front*）中也提到这种说法。标题中的“无战事”（All Quiet），指的是主人公保罗·鲍莫尔（Paul Baümer）遇害的那天对军事评论家而言根本算不上什么值得注意的日子。也的确如此，该小说的德文原标题（*Im Westen nichts Neues*）更加具有意味：西线没有新鲜事，这就好像同一件旧事，被日复一日地重复。我们可以从《纽约时报》驻柏林的记者西里尔·布朗（Cyril Brown）的报道中看到这样的现象，他在凡尔登会战开始后两个月就参观了皇储指挥部。那时德国的态度正努力变得有耐性。“正如近距离观察所见的那样”，布朗写道，“要叫德军在凡尔登发动一次猛攻似乎很不明智，除非在这种情况下：有人可以用缓慢的炮击和无意义的行动在坚固的岩石中凿开一条地道”。事实上，德国已经明显打算长期驻扎下来。他们这边“看起来好像是一家工程企业在进行单调而有序的常规工作一样”。[②]

工程的例子刚好适合于一场体现出最新科技成果的会战。机关枪、传说中的法国 75 毫米火炮、火焰喷射器及其他装备都是 19 世纪迅速发展的先进工业“文明”成果。毒气也是这样的一种发达工业科技产品，它从在战争初期所使用的催泪瓦斯发展改良为 1915 年的氯气和双光气——一种并不那么有效的光气变体，这种毒气在 1916 年 6 月的凡尔登前线被德国人用于对付保护弗勒里和苏维尔要塞的锡亚蒙特（Thiaumont）和弗鲁瓦特雷（Froideterre）据点上。不像容易识别的氯气，双光气没有颜色，闻起来只有轻微的青草味，吸入后也不会

① *NYT*，29 Feb. 1916‘Infantry again a factor’.

② *NYT*，4 Apr. 1916.

引起痉挛。在6月22日至23日，德国人发射了约11.6万枚毒气弹。在其他场合，它初见成效。法国的防毒面具准备不足，毒气弹立即引起了不同程度的恐慌。不过，一旦这种惊讶消退而毒气又在一定程度上散开，法国的防御者又有能力坚守弗鲁瓦特雷。德国人只得再次回到传统的开炮和双光气上，7月11日至12日，德军又发动了一次新的进攻，经由弗勒里向苏维尔要塞推进，然而由于此时一小群巴伐利亚高山兵团突击队员抵达要塞，该要塞未能攻陷。这时候法国人已备足有效的防毒面具，毒气只产生了较小的影响。[①]虽然从表面上看来，这是一次“改变游戏规则”的变革，但毒气总是预期高，成果少。而有效的应对措施发展的相当快，这使得防御方对进攻方的优势更加稳固并在“一战”中的陆上会战中已有所体现。同样，武器在战场上的特别恶毒、令人恐惧的效果，被某种方式为严谨的科学化知识所放大。这种科学化充分发展，也成为了我们对“一战”印象最深刻的地方之一。

这场会战也有其他方面的变革。凡尔登会战不仅是一场陆战，而且还是“标志飞行作战真正开端”的作战(后来的索姆河会战亦如此)。[②]会战之初，德军就已经集结了空前集中的空中力量，包括168架飞机，14只观测气球和4艘齐柏林飞艇。[③]由于飞机主要用于观察，几乎是静态地部署，因此很容易受到法国人的攻击。不过在新指挥官奥斯华·波尔克(Oswald Boelcke)重新把他的飞机组织成“单座战斗机中队”(Jagdstaffeln，“狩猎集群”，英国人称之为“飞行马戏团”)，并发展出沿用至今的空中作战策略(如在可能的情况下从背对太阳的后方袭击敌人)以后，优势的天平开始倒向德国人一边。然而法国人在6月也掌握了充分的空中优势并在1916年7月为炮兵提供了重要的侦察。空中的新式战争显然和下面闷头苦战的陆战非常不同。在凡尔登的上空，德国飞行员与法国飞行员进行着决斗式的战争，王牌飞行员们成了白天的天王巨星：德国一

① Haber，*The Poisonous Cloud*，86–96.

② Morrow，‘The war in the air’，160.

③ Horne，*The Price of Glory*，205.

边是波尔克、马克思·伊梅尔曼（Max Immelman）和曼弗雷德·冯·里希特霍芬（Manfred von Richthofen）；法国一边是乔治·居内梅（Georges Guynemer）、让·纳瓦拉（Jean Navarre）和菲利克斯·安东尼·布罗卡尔（Felix Antonin Brocard）。不过，空战的成本还是太高。波尔克在1916年10月阵亡；伊梅尔曼死于同年6月；里希特霍芬死于1918年4月；居内梅死于1917年9月。“凡尔登的守卫”纳瓦拉，因神经中弹而在战争中幸存下来，1919年死于一次空中事故。布罗卡尔在1916年3月的一次空战中被一颗机关枪子弹射中下巴，不过后来恢复过来并指挥基地设于索姆维勒斯·布雷顿尼克斯（Villers-Bretonneaux）的著名精锐部队“德·西格尼小队”（Groupe des Cigognes）。

德军在1916年6月至7月间弗勒里和苏维尔要塞附近的进攻标志着他们前进的顶点。凡尔登会战虽然持续到11月，但从此时开始，德军已处于守势。从7月1日起由于需要在索姆河部署部队，德军再也没有足够的力量去维持任何进攻。而法军则开始收复失地。在一场弹幕炮击(在索姆河会战中第一次被投入使用的一种技术，这种技术在炮火组成的防线之下在已决定的间隔内向前推进)和削弱德军火炮瞄准的空中优势之下，法国步兵在10月24日收复了杜奥蒙堡，11月4日收复了伏堡。这是法国自马恩河会战以来最精彩的胜仗。[①]虽然正式的会战一直持续到12月18日，但实际上这时就已结束了。双方都牺牲了大量士兵。法国损失35.1万人，其中15万人死亡；德国损失了33万人，其中14.3万人死亡或失踪。[②]

即便是在1916年以及战后，凡尔登会战仍象征着整场战争中随着西线的战斗而不断积累的痛楚与恐怖。整场会战最突出的特点之一就是寸土必争性，特别是在德军的第一波攻击中就陷落的凡尔登市东北部地区。西线全部的恐怖事情似乎都集中于这一狭小的区域。仅在凡尔登会战开打后一周，一位美国记者

---

① Horne，*The Price of Glory*，317.

② Robin Prior，‘1916：Impasse’，in Winter（ed.），*Cambridge History of the First World War*，i，98.

就认为："凡尔登防线从 25 英里长最终集中到两片狭窄的区域，而每一片区域相距不过一英里，此种情景令凡尔登的战斗惊心动魄"。① 土地在这里得而复失，失而复得，付出了惊人的代价却什么都没有改变。弗勒里—德旺—杜奥蒙，战场上九座"失去的村庄"之一，在 1916 年 6 月至 8 月间的 16 次反复易手中被彻底夷为平地。在凡尔登西居高临下的沃屈瓦山庄于 1914 年 9 月为德军占领，而法军的反攻却使得山顶村庄后的敌对战壕线仅仅后退了几码。在 1915 年至 1916 年，因双方试图向对方挖掘地道，战争演变成一场地道战。1916 年 3 月至 5 月间，山下一系列的坑道最终把村庄挖得支离破碎。

早年在战争中写过《致阵亡将士》（"当留下的我们日渐衰老，逝去的他们却永显青春，岁月沧桑将于他们无损，时间走过也定不会留痕"）的诗人劳伦斯·宾扬（Laurence Binyon），在 1916 年期间作为医务人员在医院里接收从凡尔登过来的病患。第二年，他受红十字会委派去报道在法国工作的英国志愿者们的工作以及亲自参观凡尔登。他写道："远处的小镇在傍晚余晖中为群山环绕，山坡上的交通壕蜿蜒曲折。那边圣米耶勒要塞；我知道，弗勒里、德伏堡和杜奥蒙在其前方，它们的名字将被永远载入欧洲史册"。这些地方"充满了可憎的屠杀与无法描述的英勇画面；不屈不挠战斗，输了又胜，胜了再输，这是这个星球有史以来规模最大最旷日持久的会战"。②

法兰西及其帝国的男女

在 1917 年，加里波利老兵，新西兰人亚历山大·埃特肯（Alexander Aitken）把那些能产生共鸣的回忆第一次写成回忆录并在 20 世纪 30 年代出版。他对 1916 年春沿着从埃及到西线的路线去游历法国期间看不到男性感到印象深刻。

① *NYT*，29 Feb. 1916.

② Binyon，*For Dauntless France*，285.

在马赛的铁路编组站，埃特肯“起初看不到男性，只有妇女和姑娘们在铁路侧线从事着沉重的装卸工作；最后来了一些法国人，他们人过中年，是本地的预备役民兵，监管着几批德国战俘”。由于火车沿着法国东北海岸线行驶缓慢，埃特肯得空就观察车厢内的人，发现除了在休假中的士兵外，看不到任何男性，这些士兵们结伴坐在朝向海边的座位上，神色茫然而忧郁——不少清秀的年轻女性身着深色丧服。他回忆道，“我在这里才对凡尔登会战有切身体会，正如我后来在伊普尔所强烈感受到的那样”。[①]这场战争不只是军事上有所伤亡而已——它也在许多不同方面影响了妇女们的生活，既带来伤害也带来机遇。和全部的主要交战国一样，法国政府为了在最大程度上利用国家资源，不断地干预经济与社会事务。征召大批男性劳动力不可避免地造成各个经济领域的劳动力短缺。法国乡村在战争开始时一切还算正常，在一群老人、妇女和孩子的帮助下 1914 年获得丰收。随后几年，农业劳动力受战俘、大批西班牙临时移民和人数较少的希腊人和葡萄牙人影响而有所增加。在整个战争中，约 23 万西班牙人，2.4 万希腊人和 2.3 万葡萄牙人到法国工作。法国的工业由于要应付不断增长的、贪得无厌的各种军需品需求，显得有些力不从心。1915 年间，为了保留必要的男性，国家推出了“保留”岗位条例，不过这种实践由于全体男性都必须为国防而当兵，不能破坏法国长期的服务平等原则而受到限制。外国工人一样受雇于企业，但是此外更重要却是对妇女的持续动员，以至她们如今也能受雇从事男性所普遍从事的工作。[②]

不过，最初战争的影响反而使许多妇女丢掉工作。在有许多精通针线活的巴黎妇女尤其如此。但是到 1916 年 7 月，普遍的劳动力短缺导致政府采取官方政策，在尽可能的地方使用妇女来替代军事人员。在整个战争期间，大约有 68.4 万名妇女受雇于法国军需部的工厂。虽然法国从开战至 1916 年 12 月的总

---

① Aitkin，*Gallipoli to the Somme*，57－8.

② 法国的外籍或殖民地征兵在这两本书中有详尽说明，见 Horne，‘Immigrant workers in France’；和 Stovall，‘Colour-blind France?’有关国内局势的说明，见 Becker，*The Great War and the French People*。

参谋长霞飞曾断言，如果没有妇女们在军需工厂工作，法国就会输掉战争。因此毫无疑问，在战争期间妇女们的工作一帆风顺。但妇女（像他们的男性配偶一样）是被资本家利用的。她们的工时很长，且工作环境糟糕透顶，通货膨胀使得已提高的战时报酬率贬值。1916 年 8 月，一家军需厂的女工向金工工会书记阿方斯·莫尔海姆（Alphons Merrheim）请愿，她们称："我们许多人睡不着觉，从这种夜以继日的过度工作中，我们感到胳膊跟肠胃都承受着巨大的痛苦。"工人的斗争精神由 1916 年秋的涓涓细流发展成为 1917 年波及各个民用行业的浩大罢工潮，这种崩溃和同一时期的军人哗变在关系上有相似之处。而这些罢工中的许多活跃分子都是妇女和非常敢于斗争的服装工人。[①]

法国妇女可以在更传统的方面支援战争。中上层妇女投身于广泛的慈善志愿工作当中。有人在马赛创建了一个"沦陷区士兵教母"（Godmothers for the Soldiers of the Invaded Regions）计划以帮助士兵们和他们在德国占领区的家人取得并维持联络。在英国，"犒劳"前线部队的组织也是多种多样。妇女们受鼓励收养军中的"教子"，给他们写信寄礼物。在法国（正如在所有交战国一样）护士是一项非常突出的战时职业。它充分发挥了女性的细腻和耐心，成为了为国奉献的高尚职业，十分引人瞩目。

上万年轻男性响应征兵远离家乡，而他们当中的许多人在外难耐内心的饥渴想要满足生理需求，因此对性交易的需求迅速增长起来。在法国，性交易是合法的，在防线后面如亚眠或鲁昂的许多镇子里，妓院的数量迅速增加。即使如此，依然有很多非法行径。在 1917 年的马赛，虽然地方当局登记在案的大约有 700~800 名妓女，但在马赛城的实际性工作者有近 7000 名。据反映她们的客户不止包括法国人，因为在巴黎埃图瓦勒附近的一家妓院里，妓女们在闲暇时间还在学英语。

据詹姆斯·F·麦克米伦（James F. McMillan）观察，"卖淫是战争所导致的性行为增多的唯一特例"，他引用反战人士及社会怀疑论者阿纳托尔·弗朗士

① 这份电报引自 McMillan，*Housewife or Harlot*，Part Two；quotation from 136–7。

◎《法国母亲》（1916年），澳大利亚人希尔达·里克斯·尼古拉斯（1884–1961）绘。它反映了战争期间女性所承受的痛苦。尼古拉斯的丈夫于1916年11月战死沙场，此时距他们在伦敦完婚仅仅过了五周。

（Anatole France）不太妥当的看法——战争之所以会延长的主要原因是因为妻子们在她们的丈夫不在家时会过得非常愉快。[①]如果某些吹毛求疵的观察者们信以为真，那么婚外性关系的迅速增长也就很正常了。战时社会道德束缚的解放显然为增进两性（同性）之间的互利关系带来了机会。基本上人人都同意这一点。激进的性教育先驱艾蒂·鲁特（Ettie Rout）曾在1916年2月前往埃及帮助照料新西兰士兵们，她很重视许多士兵的性价值观，同时也对由于性的忽视而导致性病高发病率感到悲哀。她后来在伦敦和巴黎工作，致力于提供避孕药和安全套等预防措施，并发起“为士兵提供一位女性伴侣的社会与性福利服务”。她在巴黎遇到了乘火车抵达巴黎北站的部队，并向这些军人们推荐了一家同意接受卫生条款的妓院。[②]

在许多人眼中，法兰西帝国几乎可以为军事及民用需要提供无尽的人力资源。1910年，有着丰富殖民地经验的法国军官查理斯·曼京在《黑军》（*La force noire*）中曾认为，法属西非可以提供至少40万军队。在战争期间，这种估计实

① McMillan，*Housewife or Harlot*，106–8.

② *New Zealand Dictionary of National Biography*（http://www.dnzb.govt.nz/en/biographies/3r31/rout-ettie-annie）（accessed 18 Dec. 2013）.

在过于乐观。虽然如此，但在战争期间西非及其他地方还是动员了上万的殖民地士兵。这些士兵起初驻扎在非洲，到了战争后期，他们已服役于法军所在的每一片主战场。殖民地不仅可以满足工农业上劳动力的短缺，还可以满足后方对军需品服务不断增加的需求。维持着凡尔登神圣之路运作的是殖民地的劳工营，“强壮的塞内加尔人”和“个矮而勤劳的安南人”也在其中。[①]

这些劳工部队于1916年1月开始成编制招募。1916年1月，陆军部颁布了《殖民地劳务令》(*Service des Travailleurs Coloniaux*)，这一法令自1916年春起开始引进华人劳工，截止到战争后期，大约招募了4万人。在法国政府以自愿形式招募华人的同时，他们也从法国控制下的北非地区(阿尔及利亚、摩洛哥和突尼斯分别提供了大约7.9万人、3.6万人和1.8万人)和法国东方殖民帝国的印度支那(今越南)，不断地以强迫入伍或招募的形式招收劳工。军需部于1915年底要求阿尔及利亚当局提供3万名劳工，但截止到次年6月，只召集不到5000人。政府给阿尔及利亚当局颁布了一项法令，下达了供应劳动力的指标并要求：一旦志愿军数量不足，将采取义务征兵措施。类似的措施也适用于突尼斯。在印度支那，殖民地当局充分发起一场公众运动，在殖民地到处张贴招募告示，并给定指标，但实际上，中央行政机构却允许当地村庄首领在招募行动中强迫他人以满足招募名额。

在北非和印度支那，这些对法国本来就没有什么忠心的地方，对法国如此强势的征集人力行动(既有军事招募也有民用招募)表现出强烈的抵抗。自1914年8月起，为了团结法国各个政治团体中的人，联系他们去抵抗德国侵略者，有人提出将传说中的“神圣同盟”适用到殖民地各地。1915年10月阿尔及利亚的本地事务主管写道“相信本地人愿意效忠法国，相信他们会因为爱国主义或忠诚而加入战争的想法非常幼稚”。1916年8月，阿尔及利亚东北高原地区的巴特纳省因义务征兵制而引发了大范围的抗议。据报道，在一座村庄里有人宣称“我们不会出卖孩子们！你们要抢走他们！”不停抱怨的抵抗活动到了11

① Horne，*The Path of Glory*，146-8.

月转变成为公开的暴动。约 1000—1500 人组成的一队武装分子洗劫了法国殖民者的农场，剪断电话线并进而杀害了两名殖民地官员。11 月 30 日，一支法国部队在押送阿尔及利亚应征士兵到军营途中被一队要求“给他们兄弟自由”的暴徒袭击。12 月，叛乱分子撤到了山间，并竭力击退了想要活捉他们的敌人。进入新年后叛军处境日益糟糕，政府不得不将一队 1.4 万人的军队调遣过来，暴乱最终被平息下去。[①]

这起阿尔及利亚暴乱是对军事和民用征兵普遍不满而引起的一起小事件。然而这件事仍提醒我们在世界大战期间，法国殖民政府的力量是有限的。为了应对本国自身存在的威胁以及对国家资源日益增长的需要，无论是在国内还是各殖民地，各方交织的情绪也到了崩溃边缘。像阿尔及利亚起义之类的小插曲，可能只是政府难以处理这些需求的一种表现，或者是政府日常事务的一部分。

类似的事情还有发生在更远的殖民地。研究殖民地监狱史的历史学家彼得·齐诺曼（Peter Zinoman）曾写道，法属印度支那殖民地当局曾笨手笨脚地企图招募当地士兵和劳工，但却引起了一场广泛抵制义务征兵的不合作运动。大批逃避征兵的人被捕并在高压下被投入监狱。在战前，法国当局曾对把殖民地里会惹麻烦的对象打发到法属圭亚那殖民地的“恶魔岛”监狱习以为常，但在战争期间这种做法不再适用。1916 年 1 月 25 日，一群暴徒冲击了西贡（胡志明市）附近的边和监狱，企图解救避难者。他们杀死了几名警卫并释放了所有的囚犯。三周以后，另一伙暴徒袭击了西贡市的中央监狱，企图释放传闻中的越南皇帝潘赤龙（Phan Xich Long）。在事先警告的情况下，法国人以 10 人阵亡的代价平息了这次袭击。2 月里的其他几次袭击使得法国白人群体更加深了对叛乱的恐惧，这些人一直对数千部队将从殖民地军事要塞撤回欧洲这件事感到忧心忡忡，同时也对德国人计划入侵法属殖民地感到困扰不已。战争引发的或真或假的恐慌使得当局态度强硬起来，掀起了一股肆意逮捕涉嫌叛乱分子的浪潮。在 1916 年 2 月至 1917 年 5 月期间，有超过 500 名嫌疑人被带到宣判过无数死

① Ageron，*Les Algériens musulmans et la France*，1140-57；

刑的“军事法庭”（Conseil de Guerre）上。在边和与西贡的袭击中，共有约58人被处决。[①]

非白人劳工们刚从殖民地和中国抵达法国本土，他们就被严格受控于一种名为“编制”（encadrement，意为监管）的体制，该体制是为了尽可能地把他们和法国人隔离开而设计的。当局虽然报销了这些劳工们来往法国的费用，也给他们提供免费的医疗服务和再入伍津贴，但是他们的行动自由还是受到严格管理，并且只有在他们的合同作废的情况下才允许返回家乡。他们的报酬率尽管最初和那些同等的法国工人们给得一样，但是由于战时的通货膨胀以及经常毫无余地地扣除他们不合规格的伙食住宿费，劳工们的收入其实很低。这正如法国邮政官所检查到的一些信件中所揭示的那样，部分劳工对自己的处境很不满意。在巴黎东南蒙特勒农场附近工作的突尼斯工人哈利法·本·穆罕默德（Khalifa Ben M' Hamed）写道“不幸日日夜夜降临到我们头上，因为过度工作，我几乎睡不着。我们有六个人在一大片种着人们称为‘甜菜’的土地上工作，对于这样的工作，你可能需要的是骆驼，而不是人力。”据观察，劳工们在宗教饮食习惯上也有困难。穆斯林巴库契（Mohammed Baccouch）写道，“今天我喝了酒，还吃了猪肉”，“因为和基督徒一起进餐，我只得在斋月进食，更糟糕的是我们所用的厨房餐具被猪弄脏，所有食物都和它有关、脂肪、猪油等等。除了饿死渴死，我实在不知道该做些什么。”[②]

殖民地劳工们和法国人的紧张有时也会导致暴力冲突。在勃艮第的一座小镇勒克鲁佐上，外国劳工们（也有一些女性）因夺走了本地人的工作并把法国人从后方赶到前线而受到指责。一位妇女讲道：“我们的男人被外国劳工们赶出了工厂，他们才应该被送上前线，我们的丈夫们应该呆在车间。”1916年9月，在中国人和当地人之间的一场冲突以一家咖啡馆被洗劫、一名中国人被射杀而告

① Zinoman, *The Colonial Bastille*, 157, 184–8; Smith, ‘Opposition to French rule in Vietnam’.

② Horne, ‘Immigrant workers in France’, 77–9.

◎ 在战场上不一定会比在像伦敦、巴黎这样的城市更加危险。比寒冷彻骨的刺刀、嗒嗒的机关枪、呼啸而过的炮弹以及炮弹爆炸所产生的可怕效果更致命的是城市里罪恶与诱惑的进攻。对士兵在服役过程中所面临的道德邪念的担心，让很多机构比如年轻人基督教协会开始制作一些小册子，警告这些“丑恶行径”的危险。

终。一名殖民的本地人说：“我们爱法国人，但法国人一点也不友善。”①

移民和法国公民之间的性交易也是当局特别关心的一个问题。在一份对战争期间法国移民劳工非常有趣的研究中，约翰·霍恩观察到一个非常稀奇的反转：在北非和印度支那殖民者、行政官员和士兵们经常去接触当地妇女——以性交易或其他方式——然而大量的殖民地男性暂时性地突然来到法国本土后，却让他们反过来得以接触法国妇女。1917年的一份有关印度支那劳工在马赛的报告中写道，他们的行为“有许多地方需要改进。而且我们必须承认，我们的风俗让他们自己暴露出本能的性冲动。大城市里的性交易让他们感到欢愉”。由于担心宗主国—殖民地关系会被颠覆，监察官在马赛视察后认为要使欧洲妇女在印度支那人心中的形象完好无损非常困难。有许多证据显示印度支那人（越南人）和法国妇女之间有所往来。据称，一名叫潘万农（Pham Van Nhuong）的翻译官（许多翻译官都是受过良好教育因希望自我提升而参军的男性）在收到他在图卢兹忠诚的未婚妻来信同时，还被另一

① Becker，*The Great War and the French People*，142.

位他不喜欢的年轻姑娘斥责，因为他曾答应娶她。监察官一丝不苟地对被拦截下来的淫秽明信片进行统计与归类；以 1917 年 8 月为例："3 张淫秽照片，137 张裸照，29 张脱衣照，20 张浴照。"①

无名士兵

第一次世界大战结束后不久，由英法两国（稍后包括了其他协约国成员，如美国、意大利、比利时和葡萄牙）牵头，几个国家纷纷开始以"无名士兵"为名，通过仪式性的选择"无名士兵"及稍后把他们安葬在一片具有全国影响的地方来纪念成千上万身份不明的死难者们。由于在战争时期有大量死难者身份不明，（杰·温特认为）和公开纪念服役并死于战争中的"普通士兵们"一样，只有为这些个人提供无名公墓才能让他们为人凭吊与缅怀。这是一种纪念战争的新形式，在 1914 年以前，这种方式只被用来纪念国家打了胜仗和国王将军这样的领导人。在英国本土及整个大英帝国殖民地，团一级的纪念活动在克里米亚及 1899 至 1902 年的布尔战争后变得非常普遍，但是纪念来自各国默默无闻的逝者——象征着"任何人"的某个人的葬礼——的概念却是在第一次世界大战期间才出现的。

挑选无名士兵的方式及其再次安葬的仪式因国家差异而有所不同。在每一种情况下，这些准备过程中深思熟虑都体现了各国对国家级公共纪念的基本要求。因此，英国所选择的纪念个人被严谨地取名为"无名勇士"（"士兵"一词对一个靠海国家来说有太多的限制），此人确实是一名士兵，他从六具身份不明的尸体中随机挑选出来，这些尸体都是在法国与比利时具有代表性的战场：伊普尔、索姆河、康布雷、恩河、马恩河以及阿拉斯挖掘的。②

法国人无疑将会在凡尔登开始纪念活动。（据《泰晤士报》报道）在 1920 年

① Horne，'Immigrant workers in France'，80-1；中国的征兵动机见 Starling and Lee，*No Labour*，*No Battle*，299。

② Inglis，'Entombing unknown soldiers'；Winter，*Sites of memory*.

11 月 10 日，一项“悲哀而光荣的任务”就已经托付给有关人士，这项任务就是从 8 位无名战士灵柩中挑出一具灵柩，让其英魂在巴黎“永久安息”。虽然洛林代表兼养老金部部长，20 世纪 30 年代负责法德边界防御工事建设工作的安德烈·马奇诺（André Maginot）本人也曾在 1914 年的凡尔登受过伤，但他最初只想从凡尔登战场带去一具遗体，结果在西线的各个地方共收集到八具。一位在凡尔登驻军的年轻列兵从八具遗体中做出了最后的选择，他把一束从战场上收集的野花放在其中一位的灵柩上。在一次简短的演说中，凡尔登市副市长 M·施耐德（M. Schleiter）祝愿这些“无名的法国兵”（Poilu inconnu）一路走好：“走好，法国战士，国家对你们充满感激，法国将因其伟大的人民而长存。去接受后世子孙永远的赞扬吧，凡尔登饱含深情地向你们致敬。”

次日，一场双重纪念仪式——“向 1914 年及之后的参战人员致以敬意”与庆祝法兰西第三共和国成立十五周年——在巴黎一起举行，无名士兵的灵柩跟在装有法国政治家莱昂·甘必大心脏的骨灰盒后面，他是在普法战争法国战败后仍拥护共和制的人。甘必大的心安放在先贤祠，在无名士兵被带到凯旋门的空隙，法国总统米勒兰对这两位在保卫国家中所扮演的角色进行了颂扬。他说：“米勒兰为共和国奠定了基础，而无名士兵，则是法国军人集体英雄主义无名而光荣的代表。你们应当安息。你们已经履行了你的使命。法兰西与文明因为你们得以保存下来。”①

英国的无名勇士也在相同的盛况下从战场上被带到了伦敦。1920 年 11 月 10 日，无名勇士被选定好的英国皇家海军 V 级驱逐舰凡尔登号带离海峡，该舰在 1917 年因“法国于此地胜利”而得名。无名勇士的灵柩一路上以军葬礼的形式从多佛搭载火车运往伦敦维多利亚车站，并在那里待上一晚。第二天，葬礼将从火车站移至白厅新建的纪念碑旁举行，在那里，国王乔治五世将于上午 11 点（即停战协议生效一周年的准确时间）准时开始揭幕仪式。在这一过程的各个阶段都有大量群众参加，（正如《泰晤士报》所指出）这些人不仅代表了伦敦以

① *The Times*，11，12 Nov. 1920；Jagielski，*Le Soldat inconnu*，91–124.

及“全英国的人民”，而且还代表了“英联邦，殖民政府以及海外附属国的所有血缘相近的民族”。无名勇士本人可能是一位英格兰人，或是苏格兰人、威尔士人、爱尔兰人、自治领的人、锡克人、廓尔喀人。没人知道他真正来自哪里。但是他确实是一位为大英帝国的人民而捐躯的人。葬礼当天没有演说(也没有弥撒)，只在威斯敏斯特大教堂现场进行了一场祭奠活动，在场的不仅有显要，还有受伤的退役人员与护士以及死者家属，他们通过投票的方式分派了祭奠区域。为了与当天活动中追悼词里的意向保持，当追悼词念到“尘归尘，土归土”的时候，国王将一些从法国战场上带到伦敦用以填埋坟墓的泥土撒了出去。[①] 这片富饶的英国土地使我们认识到，在这片土地之上的为国家献身死难者将不仅永远地安葬于祖国，同时也将安葬于法兰西肥沃的外域土壤之中。

作为一种代表性的国家象征，无名士兵(或相应的其他称号)的概念直到世界大战结束仍能产生共鸣。在现在的华盛顿特区，有许多第二次世界大战、朝鲜战争以及越南战争中的“无名者”，在胡志明市郊也有一座纪念那些抗击美军士兵的无名士兵墓。20 世纪末，澳大利亚对埋在伦敦威斯敏斯特教堂，象征所有在大英帝国内服役的“无名勇士”感到不满，于是在 1993 年 11 月 11 日将一位澳大利亚籍的“无名士兵”安葬在堪培拉澳大利亚战争纪念馆的纪念堂里。不过著名的澳大利亚战争纪念史学者肯·英格里斯(Ken Inglis)却认为，这座坟墓“应当有另一种说明，即盖在死于“一战”中的一位男性遗体上的坟墓”，[②] 类似的情况后面还有更多。2000 年 5 月，一位身份不明的加拿大士兵从 1917 年加拿大军团战斗的地方——维米岭附近的公墓里被挖掘出来，重新安葬在渥太华加拿大国家战争纪念碑附近。2003 年 11 月 11 日，一位新西兰军人被重新安葬在惠灵顿的“无名勇士公墓”内。他是第一次世界大战中原本被安葬在隆格瓦勒——1916 年索姆河会战中新西兰师战斗的地方——的第二位死者。威斯敏斯特葬礼后的八十年间，纪念战死者的方式发生了明显的变化，这种有关重新安

① *The Times*，10，11，12 Nov. 1920.

② Inglis，‘Entombing unknown soldiers’，22.

葬的措辞不仅是要突出本国对战死者的重视，而且还意在支持当今国际社会的维和行动。新西兰总理海伦·克拉克（Helen Clark）写道："我们要通过让这位勇士魂归故里并长眠于荣耀之地来感谢所有那些在海外为新西兰服务的人。同时，通过为他们提供'一块用以颂扬新西兰军人和妇女终极牺牲精神的祥和之地'，让我们的同胞们也能反思奉献的传统——一种新西兰时至今日仍承诺要为世界上受困扰的地方带去和平的传统"。[①]

① *Tomb of the Unknown Warrior* commemorative brochure（http：//www.mch.govt.nz/files/booklet_0.pdf（accessed 30 Dec. 2013）.

第三章

伊松佐河

第五次伊松佐河战役开始于1916年3月9日，持续了八天，这是意大利军和那些同盟国军在1915年6月至1917年11月十二次系列会战中的其中一场。在这十二次会战中，有五场（第五次至第九次）大规模的非决定性会战发生在1916年一条400英里长的战线东南端——从多罗米蒂山巅上的战壕到弗留利的传统防线，沿着伊松佐（索查）河，直达亚得里亚海北岸的里雅斯特。①

英国救护队和意大利伤员

1916年1月10日，《曼彻斯特卫报》发表了"第一篇英国人视角"的伊松佐河战地纪实。这篇文章的作者是著名作家、戏剧家和编辑爱德华·加内特（Edward Garnett），他曾鼓励过包括约瑟夫·康拉德（Joseph Conrad）和D·H·劳伦斯（D. H. Lawrence）在内的刚开始其写作生涯的作者，也是拒绝出版詹姆斯·乔伊斯的《一个青年艺术家的画像》的编辑之一。1915年，四十多岁的加内特加入了受基督教公友会和英国红十字会资助的救护队，前往意大利。加内特描述了意大利人如何自1915年夏季以来围攻戈里齐亚（Gorizia）镇，该镇位于伊松佐河畔奥地利一侧，距离意大利边界和亚得里亚海分别12英里。由于向西南延伸的卡尔索高原遍布石灰岩，荒无人烟，而奥军炮兵也已在其西北

① Thompson 的 *The White War* 为意大利前线的战争情况提供了非常丰富的一般性叙述。

部的丘陵地带掘壕固守，戈里齐亚防御完好，易守难攻。戈里齐亚镇的正前方是另一座“杂草丛生的圆形山丘博德古拉，(加内特指出)这场战争中最血腥的战斗就发生在这里”。意大利人和奥地利人的战壕并排展开，平分了这座山丘的山坡，意大利人一次又一次奋不顾身所取得的成果，只不过是在这里推进了一些或者在那里被阻击了回来。在四天后刊出的第二篇文章中，加内特记载了他作为一名“英国医院”的普通工作人员在科尔蒙斯——该地位于意大利境内戈里齐亚以西的富饶平原上——特兰托(Trento)镇(分散的国家住宅里)的经历。他很少提及医院的实际工作，仅仅叙述了军队的动向，并带有抒情意味地描绘着周边的自然风光：“看不到尽头的运输队从别墅门口经过，风儿吹向遍布着战壕的奥地利丘陵、平原，白雪皑皑的阿尔卑斯山巅在远处看起来就像巨大的护墙，美得可怕，但又纯洁得触不可及。”

然而在叙述去年10月的一场攻势时(第三次伊松佐河战役)，他对源源不断的伤病号描述道：“一批批人，源源不断的伤员，四肢用夹板固定住，包扎过的头上全是血，背部和胸部有伤，胳膊悬在支架上。走过来的人也是一瘸一拐，拄着拐杖，面带微笑地拿着武器或把它扛在肩上。救护车担架降低到满是伤员的地面，撑开，然后把其他人抬起来”。“在白色无罩灯下，护士与助手准备好器械和麻醉药”，来到手术台前，“外科手术开始；大门紧闭……”加内特总结道，“因此在伊松佐河后方，战争仍在暗流涌动，生者努力把握住生命，让生命从鬼门关脱险”。[①]

在意大利前线的英国救护车队起源于1915年8月“英国援助意大利伤员委员会”和英国红十字会的资助。著名历史学家兼剑桥圣三一学院研究员乔治·麦考利·特里维廉(George Macaulay Trevelyan)对该救护队负责。特里维廉不仅因成功撰写三卷有关加里波第的著作而享有盛誉，也因拥护自由与自由民族主义而闻名于世，他在意大利家喻户晓，并且是领导这支队伍的不二人选。特里维廉出生于一个优秀的辉格自由派公共知识分子家庭，他的兄弟查尔斯是阿斯奎

① *Manchester Guardian*，10，14 Jan. 1916. 有关 Garnett 见 Jefferson，*Edward Garnett*。

斯政府的副部长，曾因抗议英国参战而于 1914 年 8 月辞职。特里维廉最初也认同哥哥的不干涉主义，但在德国入侵比利时之后便改变了他的主张。他在 1914 年 9 月 2 日写给朋友的一封信中写道："现在最可怕的战斗是要从容克们手中解救英格兰、比利时与法兰西并且从崩溃边缘解救我们的海岛文明以及它脆弱的经济结构"。[①] 由于视力不佳，他被取消了现役资格，38 岁的特里维廉把身心放在救济和宣传工作上，并在 1915 年春在美国宣传英国的战争目标。

特里维廉召集的全队人员中包含了许多像他一样不适合服现役的人，以及"有良知的反对者们"，甚至还有低于参军年龄的人(其中有一名叫普林格的爱尔兰人和他 17 岁的儿子)。起初最关键的招募来自于一群志愿的和平主义贵格会教徒，他们在战争初期曾在佛兰德斯开展"朋友救助服务"(Friends' Ambulance Service)，直到官方的医疗服务组织取代了他们。乔弗里·温斯洛普·杨(Geoffrey Winthrop Young)，19 世纪 90 年代曾在特里维廉的剑桥圣三一学院读本科。他是一名优秀的登山运动员，曾在 1905 年因同性性行为而被伊顿公学解除了教职。另一位志愿者是菲利普·诺埃尔·贝克(Philip Noel-Baker)，他也是一位剑桥校友(国王学院)，曾担任剑桥联合会主席并参加了 1912 年斯德哥尔摩奥林匹克运动会的 1500 米赛跑。战后他作为一名工党政治家和坚定的自由国际主义者，于 1959 年被授予诺贝尔和平奖。其他人还有雕刻家弗朗西斯·萨金特(Francis Sargant)，此人在佛罗伦萨有一间工作室，艺术家艾略特·西布克(Elliott Seabrooke)以及亨利·唐克斯(Henry Tonks)，后者是一名见习外科医生。19 世纪 90 年代，唐克斯放弃了一份前途光明的外科工作，成为了伦敦大学学院艺术系斯莱德教授的助教。战争爆发后他重返医疗工作，但并不是真的对它感兴趣。他也并不喜欢 G·M·特里维廉的那种相当高尚而朴素的体制。"和不喝酒的人以及善良的人们工作，那几乎就是我的使命"，在他加入救护队后他写信给一位朋友说，"然而我又会很自然地偏爱那些醉汉和好色之徒"。唐克斯只在意大利待了一个月，他从未彻底放弃艺术，到头来还是成了一

---

① 引自 Cannadine，*Trevelyan*，78。

名英国官方战争画家。[①]

◎《瘫软如泥》，克里斯托弗·内文森（1889至1946）绘。先锋派未来主义画家内文森认为现代绘画是描绘战争的唯一方式，在1914-1915年期间他服役于西线的比利时红十字会，与唐克斯一样，他后来也在1917年被任命为英国官方战争画家。

特里维廉的55人团体由公务员、翻译、医生、司机、工程师、看护以及厨师组成，他们和20辆救护车在1915年8月里的最后几天被船运过英吉利海峡，取道法国开往意大利北部。尽管救护队一路上很受欢迎，并在都灵接受了官方的正式款待，但乔弗里·杨仍然认为英国红十字会理事蒙森勋爵在维琴察的发言明显判断失当、华而不实(虽然其发言可能很不幸地更接近于战场上所经历的一些实际情况)。蒙森告诉这只英国队伍，“无论是谁，一旦强奸、抢劫或酗酒，将会被马上送回国内。”而他的发言冒犯了杨，使得他离开了游行队伍。他在他的日志中吐露：“没有人会像他一样给我们这些英国志愿者和绅士们定下早已灭绝的中世纪规章制度，这就像是在和管教所里的人谈话一样。”[②]

救护队很快在特兰托镇安置下来，救护车停放在了朝向戈里齐亚的防线后

① Hankinson, *Geoffrey Winthrop Young*, 67, 169-70; Lucas, *Outposts of Mercy*, 54; Hone, *Life of Henry Tonks*, 119-26; *The Times*, 19 Aug. 1915.

② Trevelyan, *Scenes from Italy's War*, 41-2; Young, *The Grace of Forgetting*, 275; Young's 'Italian Journal' quoted in Hankinson, *Geoffrey Winthrop Young*, 171.

面的高档车站里。乔弗里·杨和一支分遣队被派到科尔蒙斯(Cormons)北面群山中的奎斯加(Quisca)。从这里一直到前线的山路都暴露在奥地利人的炮火之下。即便坐在标有巨大红十字的车里，救护人员仍然很危险。杨在1915年10月4日写道："今日起床，天空一碧千里，让危险清晰可见。"他虽然认为他的红十字标志"一清二楚"，但奥地利人"仍在悬崖上的突出部分向我开火，其中一处还缓缓地绕过。这是我有生以来有过的最糟糕的感觉"。他们在夜里仍频繁开车，上头命令他们不得使用前照灯。在一个可怕的夜晚，杨写道"有一天，我们整晚都在伸手不见五指的黑暗中，在满是烂泥的路上糟糕地驾驶着"，而这时一路上其他军事交通仍在运转。他"第一次装上了11个人；救护车的挡泥板拖几乎到车轮下边"，这时一辆四轮车撞上了杨，并把救护车向前撞，一只轮子已经空悬在悬崖边上。在小心翼翼地将车倒回路上之前，杨让所有的伤员下车。在他第二次的行程中，他又被一辆弹药车撞上，但再一次地未受重伤而脱险。在此之后，"我在后来的驾驶中把灯全部打开，对着那些站岗的人破口大骂，并对任何碰撞都寸步不让——这辆车只有在推动力和迎面痛击上才具有优势"。①

由于冬天的缘故，路面支离破碎，路况十分恶劣，人们普遍认为坐在英国救护车里要比在通行的意大利军用卡车里舒服得多，因此他们总是去处理最危急的事件。特里维廉在1916年1月写道："零零碎碎的交通状况只给了救护车大约20英里的通行路段来处理重大事务，这恐怕会让伤员十分痛苦，虽然我们认为他们在车内的痛苦程度已经降到最低了。"在隔了相当一段时间之后，在1916年最初的两周内，他的救护队已经接纳了近850名病患。恶劣的天气不仅使得开车非常困难，潮湿多雾的气候还让车内或车站内几乎点不了火。②

在救护队的历次经历中，要数乔弗里·杨的分遣车队于第六次伊松佐河战役后进入意军占领的戈里齐亚镇的经历最为惊险刺激。在8月8日的晚上，有人问杨，他是否能把一些受伤的意大利骑兵带出镇，然后再从伊松佐河上方60英

---

① Hankinson, *Geoffrey Winthrop Young*, 173.

② 去意大利的第一批英国救护队见Occasional News Sheet no. 4a, 20 Jan. 1916(IWM, Barbour papers, GBB XVIII)。

◎ 志愿救护车司机乔弗里·温斯洛普·杨，1916年8月8日摄。在此期间，他横跨破损的危险大桥，进入距伊松佐河60英尺的戈里齐亚镇。

尺[①]损坏铁桥的主干道上回来。那天晚上稍晚，杨在月光下走在前面，他让一辆福特汽车和三辆救护车组成的车队小心翼翼地过桥。“每隔10英尺左右，”他写道，“就有炮弹从桥上缺口中穿过”，在黑暗当中“这几乎难以观察到”。在这里的士兵们、骡子还有推车整晚都过不去，桥两端严重损坏，只有桥边缘的狭窄通道能过，有几块松掉的木板轻微而又不安全地拓宽了路面。更艰难的是在过桥遭遇的袭击中遇害的士兵遗体到了早上还没有被清理干净。而他们要保证每辆车都能开过去，即便是一寸一寸地艰难前行。杨计划把全部的四辆车都带入戈里齐亚镇，到镇上再把医疗品发给伤员，让他们带好。

返回时，更加危险的是要通过250英尺长的桥梁。救护人员现在面临着以

① 1英尺≈30.48厘米，此处约为18.3米。

下情况：一批批枪炮和补给品正运入戈里齐亚，桥本身在这种流通的压力之下有些摇摇欲坠。杨写道："现在月已西沉，铁桥上的缝隙开得更大。车流都从对岸过来，弹药车相继都开了过来，这使得救援工作需要更长的时间。"杨计划让福特车和一辆小型救护车先过去，不过这么做可能要花两个小时，而且暂时会把两辆大型救护车留在后面。在意大利一侧的交通阻塞得更加严重，他们不得不徒步前行到最近的救护站，在那里带上最新的医疗补给，并为他们在桥另一端戈里齐亚镇内的同事们带去装有热咖啡的保温瓶。此时天已近破晓，奥军的炮兵部队即将恢复炮击。杨刚到桥上，路面和桥便开始变得像"施了魔法般干净"，随着光线的改善，机枪手们和手推车都散开来去找掩护。这给了杨剩下的两辆救护车通行的机会。先过去的是一辆克劳斯利车，接着是一辆大型别克"小心翼翼地开了出来"，（司机）克里斯蒂既紧张又熟练地绕过那些缝隙，经过桥上斜着的狭窄横木板笨手笨脚地冲了过来。这是从桥上回来的最后一辆车，它也是前一天傍晚出去的第一辆。杨写道："当第一发炮弹在意大利这端爆炸时，桥上在四分钟不到的功夫就干干净净"。①

特里维廉当时声称，1916 年 8 月的事是"救护队历史上最严重的危机"，不过结局却"皆大欢喜"。在第一天的英雄行为之后，救护站在杨的指挥下建立了起来，多达 16 名伤员在炮火中被运过伊松佐大桥。在当月月末，特里维廉称自 8 月 10 日以来已经有 6 辆车"被流弹打穿"。这份工作的危险程度突出体现在一年以后杨的救护车在戈里齐亚北部山路上被奥地利炮火击中一事上，在那次事故中，他本人身受重伤，左侧大腿以下全部被锯掉。杨活到了八十多岁，并借助于他为自己设计的"登山腿"继续登山运动。在杨受伤几天之后，莱昂内尔·塞申斯的车也在同一路段被击中，他也失去了一条腿。同时，因低于入伍年龄而成为一名护理工的维克特·塞尔维斯特，在他彻底康复时腿上仍留着一块弹片，他把这当成一个满意的结局，在他此后的交谊舞者兼伴舞乐队领队生涯

---

① Report of the First Crossing of the Isonzo...by Ambulances of the Unit，9 Aug. 1916（ibid.）; Young，*The Grace of Forgetting*，296－301.

里，他一直铭记于心。[①]

特兰托镇最终扩张成为一间含180张病床、大约每二十名妇女就配备一位英国护理人员、由专业人士与志愿救护支队（VAD，Voluntary Aid Detachment）组成的医院。这引发了意大利管理制度上的变动——在1915年8月以前，意大利禁止女护士靠近前线工作。在前线主动配合推进、局势升级的紧张时期之间，即使前线的炮火从镇上也能看见听到，这里的生活仍然非常惬意。《笨拙报》（*Punch*）记者兼旅行作家L·V·卢卡斯（E. V. Lucas）在1916年下半年采访救护队时写道："当晚上人们把任务都完成时，镇子便变成了一家社交俱乐部。"在宽敞的酒吧里有"沙发，钢琴，英国报纸以及在救护人员中最受欢迎的小说家杰克·伦敦的作品"。[②]1916年3月，救护队的成员制作了一本恶搞的家庭杂志《特兰托——英意护理与汽车协会机关刊物》。有一份广告宣扬了特兰托镇"英国人大酒店"的魅力。每位访客"都会有豪华汽车接送，并且他也会(在一段漫长旅途之后多么惬意的)完全享受这种免费的便利，如需担架，只要付一笔小钱"。酒店设施"非常便利"，并且从酒吧里"每晚都能看到最奢侈的烟火表演"。这本杂志宣称，访客们"有机会作为汽车司机甚至医院护士一试身手……艾略特·西布鲁克先生将引导你们踏上去战壕里的特别旅程"。整本杂志的署名为"G.M.T. 意大利野餐公司业务经理"。[③]

在特兰托镇的护士和志愿救护队员们并非前线唯一的女性，这片战场所给予活跃的英国女性们为战争做贡献的机会在其他地方并不多见。亨利·沃特金斯（Henry Watkins）夫人自1916年1月起就在布里奇特·塔尔博特（Bridget Talbot）和两位女性助手的帮助下在切维尼亚诺经营餐厅，并在科尔蒙斯为路过医院的火车上的意大利士兵提供点心。他们统计在六个月内共经手了5万军队。对什鲁斯伯里伯爵的孙女，1914年时年仅29岁的塔尔博特而言，她的战时工作开启

① Monthly Reports for Dec. 1916 and Sept. 1917（IWM，Barbour papers，GBB XVIII）; Hankinson，*Geoffrey Winthrop Young*，Silvester，*Dancing is My Life*，24–6.

② *Lucas*，*Outposts of Mercy*，16.

③ Trento，vol. i no. 1（Mar. 1916）（IWM，Barbour papers，GBB III/2）.

◎ 英国人弗洛伦斯·法恩伯勒在战前曾是俄国某家庭的女家庭教师。她曾在加利西亚和罗马尼亚前线做护士工作。作为一名有天赋的摄影师，她留下了大量东线生活与工作的记录。

了一段社会政治激进主义生涯，这些生涯和她的上流社会出身有很大差距。她曾花了很多时间游说国民信托组织保护英国乡间房屋，还曾在 1920 年至 1922 年时的土耳其帮助俄国难民。在两次大战期间，她发起改善航海人士的安全状况的运动，并在 1931 年加入国家工党来促进这项事业的发展。[①]

画家海伦娜·格莱兴（Helena Gleichen）和她长期以来的朋友兼同伴妮娜·霍林斯（Nina Hollings）也负责照看着一台 X 光机。她与霍林斯在法国的一家英国医院里从 1915 年 2 月一直工作到 5 月，她们在巴黎用了六个月的时间接受放射科医师的培训，（据格莱兴在回忆录中回忆）而这时返回国内的支持者们自筹资金提供了一台可用于前线的“便携式 X 光设备”。她们最初想向英国当局提供其服务，但陆军部却答复道：“从没听说过有女放射科医师，所以不能这样雇佣（你们）”。她们并未被困难吓到，反而跑到了最初接纳她们的法国，但她们一到达法国，她们的车就被征用了，并要把她们送走。格莱兴和霍林斯试图坚持待在车上，最终被意大利人接纳，意军给了她们每个人意大利军队少校军衔，并把她们安排到伊松佐河前线，从 1915 年 12 月一直工作到 1917 年 10 月。

① Lucas, *Outposts of Mercy*, 39-40; http://www.kiplinhall.co.uk/the-families/bridget-talbot (accessed 17 Jan. 2014).

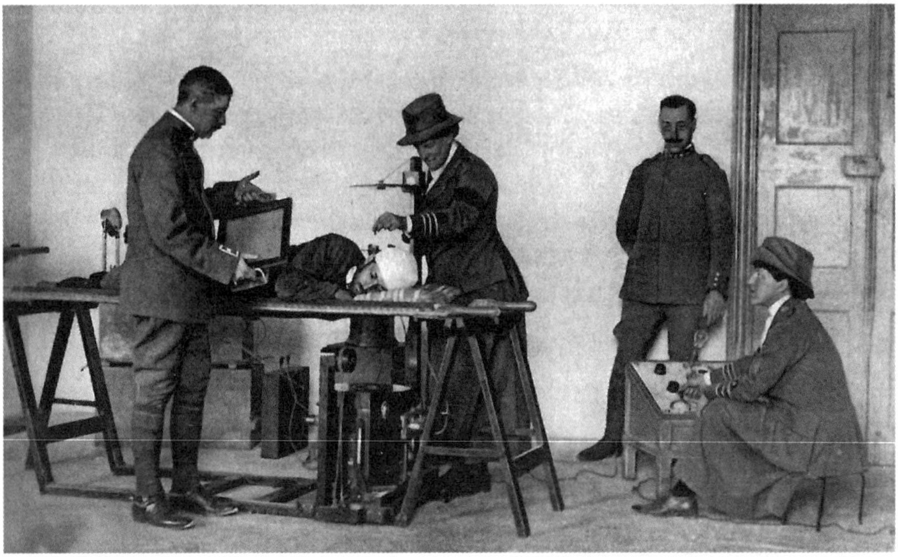

◎ 勇敢的女权主义者海伦娜·格莱兴和妮娜·霍林斯在戈里齐亚意军前线操作她们的便携式X光设备。被英国陆军部拒绝之后，她们顺利地为意大利军效力。

她们在这里为最初的11家战地医院（1916年7月增至27家）提供了唯一的一台X光设备。这支队伍长期工作，在炮火之下经常奔走于医院之间，靠着“热咖啡或萨白利昂（一种把生鸡蛋打碎到玛萨拉葡萄酒或咖啡中的饮品）”以及其他东西才维持下来。她们不仅要从事复杂而专业的X光照相技术，还要保管和维修X光设备与发电机，虽然她们有男性司机，但她们并不能总是非常满意，经常自己开着敞篷车出去。一位英国红十字会派来的司机抱怨道：“我们派到这可不是为了运送女士去危险地带的”。她们在深更半夜回到家中以后，经常还得把第二天早上要准时发给各医院的胶片洗出来。

格莱兴在她的回忆录中引用其来自意大利的家信“向那些因战争而悲痛，除了悲痛之外一无所有的人们”深表歉意，因为她的书信“在同一时刻”却显示出一种“颇为冷漠的轻松愉快”。她解释道，她们工作时的持续高压加上“一定量令人兴奋的危险”，似乎具有一种“治疗作用”，这种作用使得人们得以投身于平日里他们没有机会见到的事件之中。实际上，她们放声大笑只是怕自己会落泪。她写道“我们发现，如果我们允许自己稍微放松片刻，感受并表现出对病人的同情，我们就都会失声痛哭，并因此而长期忍受痛苦”。但是气氛并不总是轻松愉快的。在 1916 年 8 月 31 日她写道：“今天，我们在一栋大型建筑里工作，他们会在把最严重的伤者送到医院之前带到我们这里……喧嚣吵闹声、呻吟声、哭喊叫着‘妈妈’的声音、消毒水和鲜血的气味让这里成了一片永生难忘的噩梦之地。”

随着战斗变得激烈，工作的压力也持续增加。在 1915 年秋的第三次伊松佐河战役中，据乔弗里·杨记载，在一周之内就有 1500 名伤员被救护车载往科尔蒙斯的医院。“意大利人的外科手术很了不起，但是太过粗鲁！”他写道。“我看见有人胳膊被截肢，手指脱落以及头部变形，需要进行矫正——所有的手术都没有麻醉药！在前线他们根本没有时间等麻醉药。”一年之后，在战况激烈的第八次伊松佐河战役中，乔治·巴伯记述了相似的情景：“手术室内的场面是我见过最可怕的场面之一，这种场面对任何懂得现代医学概念的人来说几乎是难以想象。”只有一间手术室来处理大量的伤员：“同时进行三次无麻醉截肢手术，下一批等待治疗的病人已经在房间里目睹了整个过程。”①

在 1916 年 10 月，格莱兴的队伍前进至疗养胜地戈里齐亚，这里在战争期间几乎毫发无伤（E·V·卢卡斯将其描述为“小哈罗盖特”）。乔弗里·杨对“白色宅邸和宁静花园的美丽外表并未受损”称赞不已。但实际上从 1916 年 8 月起，这里就处于奥地利人持续不断的炮火之下。格莱兴乐观地打消了杨关于他们的建筑暴露于危险之中的顾虑。“你看”，她说道，“公园旅店就在我们前面，它把炮击挡了下来！”杨写道：这家旅店确实在前一天挡住了三次炮击，他希望它还能继续挡得住。在 11 月奥地利的一次反攻后，格莱兴把炮声比作“唐怀瑟的序曲”。妮娜·霍林斯的妹妹，有烟瘾的女权主义作曲家埃塞尔·史密斯（Ethel Smyth）暂时加入到他们在戈里齐亚的队伍里，她的活力感染了所有人。“我很快

① Gleichen，*Contacts and Contrasts*，132-255；Hankinson，*Geoffrey Winthrop Young*，174；Barbour diary，9 Oct. 1916（IWM，GBB XII/4）.

就看中了埃塞尔”，格莱兴在她的一封家信中写道，“她是如此善良，如此执着，如此精力充沛。”[①]

战争永无休止的观点流传开来——这是1916年许多地方的一个特征。也影响到了救护队。乔弗里·杨记得那年(他本人安排的)的圣诞节目格外具有艺术性。他本人参演的话剧的最后一幕叫“老时光”，主题是“最终大发慈悲，让战争结束了”。然后，上了年纪的救护队成员们两鬓斑白、白发苍苍，在月色的照耀下从待了多年的洞穴里醒来，献上最后一首意大利合唱，然后回家。杨已经持续数周被暴露在戈里齐亚的明显位置，(可能不止对他而言)业余的戏剧表演被证明是一种很受欢迎的消遣方式。乔治·巴伯(George Barbour)写道，圣诞剧给予杨“一份急需的工作”并“让他极大程度上振作起来”。[②]

特里维廉同样也在其1916年12月向国内红十字会的报告中对节庆活动津津乐道，“一台关于我们自己的十分优秀的戏剧或讽刺歌舞剧”让“圣诞节成了能让救护队员们高兴起来的节日”。由于明显考虑到需要确保救护队的资助人和支持者了解他们的工作，特里维廉以一些惊人的数据做以总结。在过去一个月内，他们共接收了4245名病人，自1915年9月以来共接收了60138名，走过的总里程数为512206公里。[③]在1916年秋，他们的工作受到圣约翰救伤会和英国红十字会联合战争委员会大护士长萨拉·斯威夫特(Sarah Swift)的检查，她负责大约1500家红十字会附属医院里全部的护理工作。在她的参观报告中，《英国护理杂志》(*British Journal of Nursing*)称：“病人当然都是意大利人，他们对全部的治疗工作以及他们从英国姐妹们那里所接受的照顾十分感激。”特兰托镇的标准无疑很好，但是出于对英国优秀护理工作的信任，报告补充道：“在过去的任何场合，他们也许从未经历过接受如此娴熟的照料。”[④]

---

① Lucas, *Outposts of Mercy*, 21; Gleichen, *Contacts and Contrasts*, 239; Young, *The Grace of Forgetting*, 308-9.

② Young, *The Grace of Forgetting*, 306; Barbour diary, 2 Dec. 1916 (IWM, GBB XII/4)

③ Monthly Report for Dec. 1916 (IWM, Barbour papers, GBB XVIII).

④ *British Journal of Nursing*, 25 Nov. 1916.

意大利的战争

意大利的参战是阶段性的。不像1914年7月和8月的其他交战国，意大利领导人在争论议题以及考量参战的代价与收益上花了一些时间。虽然有一派强烈支持参战，比如1914年7月末被任命为意军总参谋长的鲁奇·卡多纳（Luigi Cadorna），但其他人仍建议谨慎行事，外交部长安东尼奥·迪·圣朱利亚诺（Antonio di San Guiliano）提出一种看法，他认为参战问题“不应该逞能，而是应该睿智和爱国”。[①]也有一些人怀疑意大利到底应该加入哪一方。自1882年意大利与德奥成为“三国同盟”成员以来，在防卫准备上，三国承诺当其中一国遭到攻击时，各成员国将支持其他盟友。但是除却他们这种共同的同盟国成员关系，意大利和奥匈帝国之间存在一些“未解决的事情”：后者仍占据着意大利民族主义者认为是意大利合法国家领土的地方。自意大利于1861年以统一的民族国家成立以来，意大利民族主义者一直在寻求让新的民族国家一直延伸到半岛北部与东北部的山脉分界线，从而与意大利半岛享有共同的边界。1870年，罗马（不包括梵蒂冈城）被占领时，除特兰托、上阿迪杰以及达尔玛西亚沿岸的意大利民族区域仍在奥地利哈布斯堡帝国境内，这一主张已经实现。

由于三国同盟是一项互相防守协议，意大利首相安东尼奥·萨兰德拉（Antonio Salandra）对德国入侵比利时和法国感到不快，强烈要求意大利置身事外。不过，在1914年夏天的外交博弈中，出于对最终能获得“意大利沦陷区”的美好憧憬，罗马提议从奥匈获得领土补偿，以作为加入三国同盟一边的奖励。然而维也纳并没有对赢得战争之后任何可能的边界调整做好准备。而与此同时，英法俄协约国集团却向意大利提供了更多领土补偿，1915年春协约国允诺，将给予意大利特伦蒂诺、上阿迪杰、的里雅斯特和达尔马提亚非常可观的大量领土，这就像是一只口袋，它将把阿尔巴尼亚的法罗拉和（1912年意大利曾占领

① Gooch, *The Italian Army and the First World War*, 64. This book supersedes all previous accounts.

的）多德卡尼斯群岛主权国都囊括在内，只要意大利站在他们一边参战。

其他因素也推迟了意大利的参战决定。有相当数量的人对任何干预持反对意见，理由包括了军队明显没有做好准备以及意大利经济的脆弱等等。社会学家和天主教徒同样也从思想观念上表示反对。最后，虽然协约国（体现在4月26日的《伦敦条约》中）的出价以对自己有利的方式打破了平衡，但即便如此意大利人也没有立即参加针对同盟国的作战。5月23日，意大利对奥匈宣战。意大利认为此时奥国正全神贯注地同俄国在东线和巴尔干半岛的塞尔维亚作战，正是进攻奥地利人的最佳时刻。意大利虽然随后在8月28日向土耳其宣战，但却直到1916年8月28日才对德国宣战（这令协约国非常懊恼），这时罗马已经算清了这样做的外交收益将会超过任何军事上的损失。G·M·特里维廉虽然总是尽可能积极看待意大利人的所作所为，但还是在战争初期十分担心意大利人会尊重他们在三国同盟中的义务而加入到德奥一方参战。他们没有这样做让特里维廉松了一口气，他认为即使是不干涉也产生了很大的影响并表示意大利的中立已经通过允许其“撤走阿尔卑斯山边界军队”而于“马恩河拯救了法兰西”。①

尽管军方自1914年夏天就已经抓紧备战，但是在1915年5月意军仍对作战毫无准备。有些军队的战斗经验得自1911年至1912年的利比亚战争，不过对抗奥斯曼散兵游勇和部落武装的沙漠作战，几乎不足以应付机械化的对手，战争中他们在伊松佐河遇见装备精良的敌人。但是意大利动员了一只百万大军和一半的男性，其中三分之二被部署于前线。这些人只有部分受过训练，机关枪和火炮供给不足，他们的战争经验明显良莠不齐。②

戈里齐亚的军事据点从一开始就是目标。意军最初从阿尔卑斯山向北有限度的推进，此后那里便主要居于守势，意大利的主要注意力在威尼斯东北前线。在伊松佐河最初的四场战役中（从1915年6月打到12月），意大利人计划向奥

① Trevelyan，*Scenes from Italy's War*，5.

② 有关意大利战争贡献的有用的简单史料可以在Rochat，‘The Italian Front’and Gib-elli，‘Italy’找到。

地利边界推进数英里。卡尔多纳起初野心勃勃，他对迅速推进到卢布尔雅那和的里雅斯特持乐观态度，甚至希望能够抵达维也纳，但他很快就遇到跟西线法兰西和佛兰德斯一样令人沮丧的僵局。和大多数的阵地前线沿着连绵起伏的村落展开不同，意大利的阵地环绕高大的阿尔卑斯山麓，幽深的河流谷地面向亚德里亚海岸的低地而建。在战争一开始，意大利将军们像他们在其他各交战国的战友们一样，相信无论守军具有多少明显的平衡优势，在现代战争中准备了多少火炮、机关枪、铁丝网和混凝土据点，只要进攻部队被充分灌输“进攻精神”，他们就能获胜。但像其他各交战国一样，意大利人也从昂贵而痛苦的经验中学到事实并非如此。虽然1915年中西线的事实有目共睹，但即便是德国、法国和英国的有关将领也不会从根本上改变他们的进攻战术。他们反而相信重量不断增加的火炮会摧毁敌人的防御，之后就能向这片“荒无人烟”的死亡禁区发动大规模的步兵进攻。意大利人到1915年底遭受到超过20万的人员伤亡，而在前线却只取得了一点微不足道的收获。

意大利阵地上战争的波动体现了第一次世界大战的国际关联性。和1915年所有的（也包括1916年大部分的）交战国不一样的是，意大利只出现在一个主要战场上，然而即便如此，发生在其他地方的事情还是会影响到这里的战事。这在协约国试图协调其战略计划时尤为如此。虽然意大利没有同德国开战，但他们还是受邀参加了1915年12月协约国的尚蒂伊会议。在会上，法国统帅霞飞试图在1916年组织各主要战场（西线，俄国与意大利）向主要敌人德国发动协同进攻，比如计划英法推进到索姆河南北两岸。这项计划最终被德军打乱了，他们在凡尔登的袭击让越来越多的法国军队卷入其中，同时还拖延了俄国人在东线的部分行动。1916年3月，法国请求盟国采取行动（如牵制奥军，防止其增援盟友）以便减轻德国人在凡尔登施加的压力，这迫使卡尔多纳发动了3月9日至17日的第五次伊松佐河会战。同月在尚蒂伊的另一场协约国会议批准了发动“同步”进攻的主张。

同盟国方面，奥地利在1915年11月打败了塞尔维亚后，腾出更多的部队来对抗意大利。为了惩罚奥地利在三国同盟中的前盟友，奥匈军参谋长弗朗茨·康拉德·冯·赫岑多夫（Franz Conrad von Hötzendorff）把他计划的攻势看成一场“讨伐战”或惩戒战。他从奥匈东线调动部队，但却无法从正集中全部力量攻打凡尔登的德国人那里得到任何帮助。康拉德进而在1916年5月15日从特伦蒂诺向加尔达湖东北的阿齐亚戈（Asiago）高地发起进攻。虽然哈布斯堡军队最初的袭击非常成功，但意大利已设法从伊松佐河调兵18万并能抵挡其前进。与此同时，由于康拉德把奥军调到意大利前线，东线奥军实力减弱，他只得在6月初先应对东线俄国布鲁西洛夫初具成效的进攻。在特伦蒂诺他下令停止进攻，并将其军队部署到牢固的防守阵地上，他们直到7月下旬在此击退了意大利人一波波血腥而无助的反攻。

占领戈里齐亚的第六次伊松佐河战役（8月6日至8月17日）是意大利人在1916年的全部战役中最成功的一次战役。[①] 从1916年春季开始，卡尔多纳就开始计划夺取此镇，他初步打算依仗着大量密集炮击，主要针对敌军前线的防御实体，为意大利步兵前进打开一条通路。在意大利战场上，炮击的作用非常大。在战役期间，1260门意大利火炮和768门重型迫击炮共发射了53.5万枚炮弹。而此时也正是意大利人推进的最佳时机。由于将军队撤回东线，敌人防御有所削弱。奥地利已不再指望能从德国人那里得到帮助，因为德国这时正全神贯注于凡尔登会战以及英法于7月1日发动的索姆河攻势。此外，奥地利也没有预料到意大利人竟能如此迅速有效地把军队从阿齐亚戈调到伊松佐河前线来发动进攻。在戈里齐亚镇被攻下来之前，奥军就已被击退到镇北距离萨巴蒂诺峰2000英尺的地方。8月6日的这次准备充分的进攻是在佩特罗·巴多格里奥（Pietro Bagdolio）上校的指挥下完成的，他本人因以其姓名命名此次作战而一战成名，并节节高升至意大利军中最高军衔，后来在1943年墨索里尼倒台后成了意大利首相。

巴多格里奥的成功，波德戈拉和圣米迦勒峰的沦陷（西南方的另一处据点）都使得戈里齐亚无险可守。奥地利人意识到沦陷已经无法挽回，便在8月8日

① 这段记载主要基于Gooch，*The Italian Army and the First World War*，183-6。

早上开始向东边准备好的防御据点全面撤退，意军第二天便进入了这座现已毫无防备的小镇。著名的英国新闻大亨，《泰晤士报》经营者诺斯克里夫勋爵（即创办了至今仍很成功的《每日邮报》的哈尔弗雷德·哈姆斯沃思）于1916年8月途经意大利前线。他在沦陷后的第二天抵达戈里齐亚，借此机会写下了一篇非常精彩的报告并标上了一个令人印象深刻的日期：戈里齐亚，8月10日。他写道："在敌军国界内品尝碎面包算是战争中一种颇为新颖的体验。今天下午我在戈里齐亚的大咖啡馆品尝着精美的晚餐。最近在（8月8日）星期二这只分遣队就已开进奥地利的戈里齐亚。今天，粉白色的奥地利炮弹虽然依旧在镇周围零零散散的爆炸，但戈里齐亚镇最终还是落入意大利手中。" ①

对意大利人而言，戈里齐亚的陷落是整场毫无价值又损失惨重的战役里一个非常不一般的亮点。为了对抗奥匈方面的3.7万人，十天的战役造成意军5.1万人死亡、受伤或失踪。在1916年的三次（第七至九次）伊松佐河战役中，意大利付出了至少12.5万人的伤亡，而战果却寥寥可数。那年和1915年一样，卡尔多纳想要一路打到卢布尔雅那和维也纳的勃勃野心似乎从未实现过。1917年的情况则与之十分相似。在5月、8–9月的第十次战役和第十一次战役中，意大利一点一点蚕食掉奥军的阵地，但却并无收获，依然伤亡惨重；第十一次战役让意大利有14.3万人死亡、受伤及失踪，而奥地利则有11万人。在1917年秋末，随着俄国在东线的崩溃，优势转向了同盟国一边，他们已有能力增援意大利前线。这些增援里首次把身经百战的德国军人包括在内，他们在"冲锋队"中采用了新进攻战术，并将短暂密集炮击以及毒气攻击同小股部队渗透结合起来。这些战术在1917年10月24日攻打戈里齐亚北面距离伊松佐河20英里的卡波雷托（Caporetto）镇时屡试不爽，他们把意大利军侧翼逼到了伊松佐的低处并使其很快由全面撤退转变为全面溃败。意大利人受恐慌的影响，在短短两周内就后退至90英里外的皮亚韦河附近，他们在那里挖掘战壕并最终确保能阻击那些人困马乏的敌军。他们和英军法军的增援部队一直待在那里，直到1918年

---

① *The Times*, *12 Aug.* 1916.

10 月最后的一次进攻，即维特多利亚威尼托战役。他们企图在卡波雷托的惨败之后收复失地，但直到战争结束时，他们才收复了除戈里齐亚外所有地方。

在战后到底有多少意大利士兵幸存下来？约翰·古奇（John Gooch）指出在（至少）在卡波雷托惨败前指出，军队“战斗到底的决心”已成为一种“本能”而非基于任何国家民族利益的理性（或感性）计算。左翼历史学者皮耶罗·美罗格拉尼（Piero Melograni）认为酒精和“军妓”（casa di toleranza）已成为维持士气不可或缺的要素。下级军官撒丁岛人埃米利奥·鲁素（Emilio Lussu）在他的讽刺小说体回忆录中，记述了他与五十五岁的陆军上校阿巴蒂在阿齐亚戈高地旁边一座山上的对话。当鲁素拒绝喝一杯白兰地时，阿巴蒂感到非常震惊。“‘难道你不喝烈酒吗？’他用十分焦虑的语气问道，掏出了本子记下：‘1916 年 6 月 5 日，遇到了一位不喝烈酒的中尉’……‘可能你也是有信仰的人？’他又问。”阿巴蒂出身古老的军旅世家，他告诉鲁素他用喝酒来保护自己，一旦禁酒，就没有人会继续打仗。他说：“这场战争的精神动力，就是酒精。”至于性生活，军队的政策则体现了当代社会医学理念——过分的禁欲会导致诸如同性恋、强奸以及虐待等行为。高层对多发的性病深感担忧。1915 年 6 月，“在预计战争可能会打很长时间仗的情况下”，官方成立了军中妓院来约束非法的嫖娼行为。这些妓院不仅由官方筹建而且受其保护。据称 1916 年成立于戈里齐亚西边的帕尔马洛瓦一家妓院每天要接纳 700 到 900 名顾客。[①]

如果将士们选择用喝酒和性行为来安慰自己，那也只不过是对军中艰苦生活的一种回应。意大利士兵们有时不仅会在敌人的射击中受伤，还可能因己方的作战而蒙受危险。卡尔多纳是一个严格执行纪律的人，他认为好的纪律要比任何训练或战术专识更加重要，在他的指挥下，意大利士兵们保持着“一战”时期任何军队中可能最严格的纪律。约翰·古奇在其关于“一战”时期意大利军队的权威研究中概括道，“一战”时期严格执行的军纪构成了“意大利军事史上

① Gooch, *The Italian Army and the First World War*, 198, 166-7; *Lussu*, *Sardinian Brigade*, 13, 26-7.

最黑暗的一页”。起初充满敌意的国家警察（也是宪兵）受命维持各战线后面的纪律。在1915年11月，官方授权他们可以使用大炮来镇压“不服从命令的人”，并下令要求他们在前线后面把各岗哨连成一条线来射杀任何拒绝服从命令的士兵。马克·汤普森（Mark Thompson）讲述了一位在多罗米蒂（Dolomites）工作的军医的故事，这位医生在一次小规模交锋后“实事求是地记录，他共治疗了80位因敌人机关枪射击而受伤以及25位被宪兵射中臀部的士兵。[①]

埃米利奥·鲁索讲述了一件听起来很疯狂（但又不幸很常见的）的故事：里昂将军无意中听闻，一名侦察兵命令先头部队在危险据点停下来，暂停前进，因为不久前刚有一名侦察兵在这里遇害。而将军认为这名士兵胆小怕事，于是下令立即把他拉去枪决。这名士兵的长官，曾是一名下级官员的预备役军官泽瓦拉迪上尉却对这项命令感到颇为踌躇。在查清事情原委之后，他向里昂报告称，这名士兵实际上只不过是在遵守“行进时要份外小心”的命令而已。但将军坚持“把他枪决了，一切照常”。然而泽瓦拉迪却表示反对，认为必须拿出依据。“他既没有认罪，也没经过任何审判，我怎么能处决他?”他问道。这番话使里昂恼羞成怒，他暴跳如雷，恨不得把上尉一起毙了。泽瓦拉迪认识到进一步的反驳是徒劳的，便向前走去，消失在将军视线之外，他向行刑队下令，向那名士兵开枪。然后他让人把死去的侦察兵遗体抬到担架上，跟着担架手和担架上的遗体返回到将军那里。“犯人已被枪决”，泽瓦拉迪报告道。将军看到了担架，他摆出立正姿势并郑重地向遗体敬礼，并激动地说：“让我们向为国捐躯的烈士们致敬！在战争中，纪律必不可少。让我们对死者表示敬意！”[②]

据可靠文件记载，自1916年5月以来，“处决”事例非常多，这种为了以儆效尤而大规模的枪决士兵被卡尔多纳称为“军队指挥官手中的一件必备武器”。例如在1916年6月上旬，第89团的士兵在阿齐亚戈的恶战中伤亡惨重，企图向敌人投降。在把部队从前线撤下来之前，师长用大炮和机关枪向他们开

---

① Wilcox，‘Discipline in the Italian army’; Gooch，*The Italian Army and the First World War*，133–9; *Thompson*，*The White War*，227.

② Lussu，*Sardinian Brigade*，49–50.

火。在这之后，将军从涉及此事的四个连中各选出两人，当场处决。卡尔多纳在1916年11月正式发布命令，要求指挥官对即审处决实行抽签制，这立即导致了大量的惩戒性刑罚。据约翰·古奇统计，在1916年至少有“83例即审处决和242例‘常规’的审判后处决，76例被判处无罪释放，甚至还有1例由761名士兵在缺席的情况下审判出的死刑”。卡尔多纳对那些把这一行为认定为“病态”的政治担忧完全不予理会。[①] 但事实表明这种措施及其他的严厉措施并没有多少成效。(施加在军官们以及士兵们身上的)这种残暴行为使军队颜面扫地，士气低落不振，还有可能让意军更加不堪一击——这最终体现在1917年11月奥匈和德国的卡波雷托攻势中。

奥匈帝国的战争

奥匈帝国是1914年里最热衷于战争的大国之一，但它在长期的全面冲突中却难以幸免于难。这场战争不仅从一开始就颠覆了那里(以及俄国、德国和土耳其)的政权，而且还使其帝国的领土被分割为一系列的继承国。最令人吃惊的是，摇摇欲坠的哈布斯堡王朝在某种程度上还存在了很长时间。在人们对哈布斯堡王朝晚期的印象中，A·J·P·泰勒(A. J. P. Taylor)认为，哈布斯堡王朝自建立之初便生存在“毁灭的边缘”。他写道：“人们无时无刻不在期待着哈布斯堡帝国迅速瓦解，这种末日来临的感觉使得哈布斯堡王朝接二连三的遭遇各种危险，就算不能理性解决，至少也能保持风平浪静。”[②] 但是这种风平浪静在面对第一次世界大战的外部挑战以内部分裂(这对奥匈帝国非常重要)时毫无用处。奥匈帝国在1916年时，很明显已不再是一个独立的整体，它只有仰仗德国人的支援才能存活。当它最后独立参战的战役——特伦蒂诺的康拉德攻势——在

① Wilcox，‘Discipline in the Italian army’，84；Gooch，*The Italian Army and the First World War*，169–71.

② Taylor，*The Habsburg Monarchy*，2.

1916年6月大势已去之后，奥匈帝国需要德国人的帮助才能应对俄军布鲁西洛夫的进攻，帝国的自主权实际上荡然无存。

在奥匈帝国还存在的上个世纪，哈布斯堡王朝最主要的挑战是要在其广袤的中欧领土上，调和十一种不断要求民族自决的民族群体的统治秩序。在1867年成立的奥匈帝国“二元君主政体”虽然满足了马扎尔人的民族意愿，但到了1914年，奥匈帝国已很难适应帝国境内斯拉夫人提出的新要求。塞尔维亚所支持的这些团体加剧了巴尔干半岛的国际紧张局势，并且极大地导致了1914年6月28日塞尔维亚民族主义者在萨拉热窝刺杀弗朗茨·斐迪南大公后，维也纳所采取的强硬立场。[①]

最高统帅部担心少数民族会损害军队的统一和效率。[②]在战前，军队中有百分之二十七的奥地利籍德国人，百分之二十二的匈牙利人，百分之十四的捷克人，剩下的都是波兰人、克罗地亚人、塞尔维亚人、罗马尼亚人、斯洛伐克人、斯洛文尼亚人、鲁塞尼亚人和意大利人。虽然德国人在军中人数众多，但军队的民族组成还是大致反映出整个帝国的构成。在军官层面民族比例差距很大：百分之七十九的奥地利籍德国人，百分之十的匈牙利人以及百分之五的捷克人。统帅部最高层则更是被奥地利籍德国人所占据，不过伊松佐河的哈布斯堡第五军指挥官斯韦托扎尔·波罗耶维奇（Svetozar Boroeviç）倒是出生于一个克罗地亚的塞尔维亚人家庭，他是军队中军衔最高的非德国人。军官团中匈牙利人比例过少体现了匈牙利人在民族情感上普遍不太愿意认同奥匈帝国的统治。不过他们显然并不是反对军事服役本身，因为在预备役军官层面，个人可以在家乡附近的匈牙利特编队中服役，他们抱团的比重要更接近于他们在总人口中的比重。在1908年和1912年的部分地区征兵期间，捷克地区爆发了民族主义分子煽动的叛乱，这场叛乱使得1914年7月普遍义务征兵令下达时，社会上的不安情绪更加严重。不过征兵工作实际上却进展得非常顺利。它不仅出乎意料引发了一

① 这段分析见Clark，*The Sleepwalkers*。

② 下面的讨论主要引自Rothenberg. *The Army of Francis Joseph*，127-8，148，172-200。

场对哈布斯堡王朝的表忠浪潮，甚至在捷克人和塞尔维亚人中也没有遇到多少阻力。

尽管哈布斯堡军队直到战争最后几个月时整体上仍保持着相当的凝聚力和韧性，但民族问题还是以像过去一样使军队受到影响。那些关于民族分裂真真假假的恐惧阻碍了军队的布防。广义上讲，能够在任何前沿阵地上随意调用的部队只有德国人、匈牙利人和波斯尼亚人的部队。意大利人的部队一般不会被部署在伊松佐河附近，而在奥匈对塞尔维亚宣战之初，一些指挥官就已经把塞尔维亚籍士兵从前线部队中调离出去。[①] 战后一些民族主义历史学家所称颂的民族叛乱甚至兵变在战争的头两年相当少见，不过随着大规模征兵压力的不断增加，马克·康沃尔称之为“反征兵反奥匈”的运动开始出现，这场运动是一群民族主义者发动的，他们利用了各地在经济政治上不满以及一场“合法性危机”——一场在 1916 年至 1917 年来势汹汹、并在最后给了君主制致命一击的危机。[②]

约瑟夫·加尔（Joseph Gál）的士兵回忆录体现了“一战”前线士兵的普遍经历和在哈布斯堡军队中服役的一些独特之处。加尔是特兰西瓦尼亚的马扎尔人，出生在塞凯伊—乌德沃尔海伊（今罗马尼亚奥多尔黑尤—塞库耶斯克），他所在的步兵团驻扎在伊松佐河前线。他在战后移民美国，并在 1937 年完成了他的回忆录。在这本回忆录中，他想要指引读者“以一位 20 岁青年人的视角，去历经那些世界大战中超乎想象、血流成河、充满痛苦的事件”。虽然他声称他的回忆录是基于真实事件写出来的，但其回忆录文字夸张，很容易让人当成是一本仅凭主观印象写出的军中札记（字里行间充满了许多不尽其实的细节描述和对话）而非对事件真实准确的记录。[③]

加尔讲述了自己由一名新兵通过入伍仪式（发给每人一套不合身的军装）进入了军营生活，从训练起步，然后开始和三位新伙伴——施泰因、法鲁维盖伊

---

① Spence，‘The Yugoslav role’，358.

② Cornwall，‘Austria-Hungary’.

③ Gál，*In Death's Fortress.*

和巴乔——共同作为战友患难与共的心情。他们的兵团在1916年4月花了一周时间前往萨马托尔卡——一座在戈里齐亚和的里雅斯特中间防线后的村庄——他们在那里和两个最初不太友好的意大利女孩打情骂俏。在前往距离戈里齐亚南5英里的多博多途中，加尔称自己为“半大人”，他凝望着“这片该死的地区，成千上万的人为一些不可思议的目标血流成河，而大多数人并不知道如何实现这些目标”。在施泰因和另一名士兵从他的部队中因“巡逻训练”而调走后，加尔遇到了在奥匈军队中非常普遍的语言难题。发出命令的语言主要是德语（这对马扎尔人来说渐渐成为一个问题），每名士兵在演习中需要认识大约80个单词及军事术语。然而在团一级，无论士兵们说的是哪一种语言，使用的总是另一种。这种机制在和平年代的确能够充分运作，但是在战争年代，在部队混杂，有经验的下级军官损失殆尽以及技术发展需要加强训练的情况下，这种机制则显得有些问题重重。加尔发现在150名接受训练的士兵中，只有三位马扎尔人，他们成了被取笑的对象。他写道：“我们像同一家族里的三个不同的匈牙利分支一样，坐在床铺的边缘，听着那些人用德语和捷克语滔滔不绝地讨论着我们。”他们之所以能容忍一名捷克士兵“近乎狂吠的、愚蠢的风凉话”，只因为“我们除了德语命令外什么也听不懂”。

加尔在他的三位伙伴于4月末归队之后第一次被调往前线。他们在那里花了十天时间把战壕挖得足够深，以便可以躲避步枪和机关枪的子弹，不过并不能挡住造成持续伤亡的迫击炮和炮击。这片“该死的地方”被加尔称为“死亡要塞”。他们晚上观察敌情，白天修补无人岛上的铁丝网并修复战壕，工作又危险又累人。他们用在阵地上的十天换来了十天的休息，当加尔重新返回前线时，他比第一次来到前线更加害怕，因为他深知自己修的路是通向哪里的。到了5月，加尔已经开始习惯战壕里的生活：“看到死尸和伤患我不会再心惊胆战。我们也习惯了看到鲜血——一开始会令人感到恐怖至极的鲜血，也再不必为身边任何人的去世而感到痛惜。”

在8月4日的戈里齐亚战役中，施泰因被密集炮火打成重伤。加尔和巴乔把他带到急救站才得知，施泰因的伤势非常严重（虽然如此他还是挣扎了八天才去世）。五天后，意军突破戈里齐亚，加尔等人奉命撤退。“我们心情的愉悦可想而知”，加尔写道，“因为知道自己就要从无尽的困难中获得自由”。他们从新防线后方几英里的地方看到，意大利人在奥军炮火攻击下，越来越小，变成黑点……四散奔逃。他们愉快地看着大炮恣意屠杀，并且心满意足地对着那些正在移动的“小黑点”哈哈大笑。像许多前线士兵一样，加尔把自然环境的美同战争之恐怖进行比较。有时他会回忆起在朝霞初露的清晨，环视四周空旷无人的乡村时的情景：“大自然的风光是多么的秀美！黎明多么的壮丽！可生活却多么的令人厌恶！”

加尔受命去反击意大利军队的进攻，他对眼前景象感到十分兴奋。“猎杀敌人唤醒了我的嗜血欲望”，他写道，他击中了一名意大利人，这名意大利人卧倒在一面墙的后面但却把两只脚露了出来，“我就像是原始森林中精力充沛的猎人……这种想法让我感到非常开心，这里只有一名正在搜寻我的意大利士兵。为了确保安全，我们击中了意大利人的双脚……”。这个令人不寒而栗的细节最后帮助我们了解到，加尔他们在杀死这些普通年轻人的过程中，是如何锁定目标的。不幸的是，不久巴乔在他身旁遇害了，加尔的内心满是泪水，渴望复仇。于是他重新振作起来，杀死了敌人。在一连串紧张而绝望的交战之后，意大利人撤退了。加尔在经过几天的休息之后，于 8 月 20 日重新被派回了前线，他终于意识到数月以来自己一直行走在骷髅地的荆棘路上，而死神正在这里用镰刀收割着一排排饱受苦难的士卒。

八月下旬，一颗子弹击穿了法鲁维盖伊因的右手掌，他受伤了。这种程度的伤被西线的英国士兵称为“老家伤”。加尔认为“伤得恰到好处”。因为伤势很轻，不至于威胁生命，同时又严重得足以让他离开战场。法鲁维盖伊此刻满脑子都是“医院病床和苗条的护士们”。加尔现在是四人组里最后留下来的人，他长叹道：“我现在感到心满意足，至少我的一位好朋友能够有幸从死亡堡垒的铁炉中得救。”

在 1916 年 7 月 2 日的家信中，海伦娜·格莱兴饶有兴致地说起奥匈军队中多民族、多语言混杂的现象。她向一名意大利妇女谈论起她的丈夫：“他是一个奥地利人，并在奥军服役，但是只会讲福瑞乌拉尼(本地方言)，连一句德语或意大利语都不会讲。”在前一天，他们让六个奥地利战俘去拍 X 光照片，其中只有一人会说几句德语。他们当中有匈牙利人、克罗地亚人、斯拉夫人等等，但他们看上去都非常乐意待在医院里，和意大利看护人员打交道。[①] 的确，在奥匈帝国境内生活着 80 万意大利人，他们共占总人口的百分之一点五。在奥匈军中的比例与之相似，他们在 1914 年后半年里被动员起来，大约有 10 万人在预备役和前线(主要是东线)服役。在 1915 年 5 月意大利参战后，这些部队却显得并不忠诚。一些激进的民族统一分子力求完成意大利最后的统一，离开奥匈加入意大利军队，不过他们的数量很小，可能还不到三千。与之相比的是数以万计的哈布斯堡意大利人在奥匈陆军和海军中义务服役。[②] 由于担心当地居民的可靠性，奥地利当局疏散了特伦蒂诺(占总人口三分之一)的 11.4 万意大利居民并把他们转移到远离战场的集中营里。不过令人感到讽刺的是，在意大利占领哈布斯堡领土之后，意大利也将大约 3 万居民集中到伦巴第的集中营里，因为他们同样担心这些意大利族的居民不够忠诚。

有一部分加入到意大利军中的民族统一主义者，后来成了轰动一时的名人。1916 年 5 月，炮兵中尉多米亚诺·基耶萨(Damiano Chiesa)被奥军俘虏。基耶萨的父亲曾是蒂罗尔州议会的一员，他本人战前曾在都灵上学，为了避免被哈布斯堡军队征兵，他加入了意大利军。奥地利人抓住他之后并未以战俘的身份对待他，反而在三天后以叛国罪为由将他处死。

相似的命运也降临在塞萨尔·巴迪斯蒂(Cesare Battisti)身上，他是一位出生于特兰托的民族统一主义者，曾于 1911 年作为社会党一员参选维也纳帝国国会。1914 年他逃到意大利，并在反对奥匈帝国的战役中起到了非常突出的作用。奥地利当局在此期间企图在他缺席的情况下判处他死刑。意大利参战后，巴迪斯蒂应征加入意大利精锐山地部队，1916 年 7 月 10 日他在特伦蒂诺的科尔诺山

① Gleichen，*Contacts and Contrasts*，187.

② Sondhaus，*In the Service of the Emperor*，104-5.

◎ 1916年7月12日，塞萨尔·巴迪斯蒂在他的家乡特兰托镇遭到处决。哈布斯堡当局散发了一批这样的照片，但其宣传效果却适得其反——它们让巴迪斯蒂的地位上升，成为为了意大利的自由而牺牲的烈士。

被捕，一同被捕的还有来自伊斯特拉半岛的意大利移民法比奥·菲力兹（Fabio Filzi）。他们两人均被军事法庭指控犯有叛国罪，并被判以绞刑处死。奥地利当局起初有意宣传，将巴迪斯蒂会于7月12日在家乡被处决的消息广泛传播开来，但不久激进的意大利民族主义者和其他评论家将这一消息广为流传。巴迪斯蒂将自己看作一名军人，要求身着军装，由行刑队按军法处置，但这项要求却被当局拒绝了。在稍后印出来地明信片上有这样一幅图：行刑者们对着巴迪斯蒂的遗体装模作样的摆出各种姿势——这幅图画广为流传，此时官方才意识到此事已经产生了和预期相反的影响。残忍的行刑也引起了国际上的抗议。在伦敦，有人为“特伦蒂诺烈士，巴迪斯蒂”举行了一场庄严肃穆的追悼会。[①]

① Sondhaus, *In the Service of the Emperor*, 107; *NYT*, *16 July*; *The Times*, 17, 28 Aug. 1916.

巴迪斯蒂和其他被处决的民族统一主义者的事例(遭到处决并非只有他、菲力兹以及基耶萨几个人)表明：战争把对国家的忠诚、个人的行为与官方的回应放大、对立到怎样的地步。和平年代任何对立都能妥协，而此时的政策调整了，即使双方都认同战争目标，但也不能容忍彼此的存在。尽管巴迪斯蒂早在1914年以前就树立了为一个统一的意大利而奋斗的目标，但当哈布斯堡王室为自己的生存而战时，巴迪斯蒂却毫不犹豫地加入了奥匈敌人的行列，奥匈帝国不再像以前那样容忍和接纳他的行为。奥地利当局当然绝不可能会承认他的行为是合法的，这样会让处决巴迪斯蒂的决定显得颇为怪诞。为政治上的需要，奥匈当局也为把巴迪斯蒂看作普通叛国者的行为付出了相当大的代价，自此，巴迪斯蒂就成为了要求意大利民族自由的人中，毫无疑问的民族英雄。

G·M·特里维廉认为奥匈帝国的崩溃是迟早的事，因为他们在统一多国家时，使用的手段过于粗暴残忍。“在奥匈政府的意识里，他们很喜欢用绞刑架，这真叫人感到震惊，”特里维廉写道，此时巴迪斯蒂和菲力兹的死刑还记忆犹新。1918年11月，在追击撤退的奥军途中，特烈威廉写道：“我们在他们的指挥部里不止一次发现大量捷克人、波斯尼亚人以及塞尔维亚人等被施以死刑的照片和底片。”奥地利由于战败而内部瓦解，并被人从意大利赶了出去；他们和他们那破烂不堪的中世纪绞刑架被人打包并装在布伦纳包里，被在这个摇晃的帝国的各个角落里他们各自的主子扔出视线之外——奥匈帝国充斥着太多鲜血、悲鸣以及过去许多代人的压迫。他最后总结道，奥匈帝国已经彻底不复存在了，“奥匈帝国”这四个字也最终成为了只存在于历史研究中的表达。①

伊松佐的遗产

在斯洛文尼亚小镇科巴里德(Kobarid)，有一座巨大的意大利藏骨堂高高

① Trevelyan，*Scenes from Italy's War*，206.

耸立，这座藏骨堂中埋葬着大约七千名“一战”战死者的尸骨。这里是意大利战死者在这片战场上的三处纪念堂之一，其他的两间纪念堂分别位于戈里齐亚附近的欧斯拉威亚(Oslavia)以及戈里齐亚与的里雅斯特之间的卡尔索高地上的雷迪普利亚(Redipuglia)。科巴里德坐落在戈里齐亚镇北面的伊松佐河附近(斯洛文尼亚语中称为“索查河”)，位于那些在20世纪里曾数次变更国家所属的边界地带上。随着20世纪主权上的几度变更，科巴里德也常常变换称谓。在德国，它作为奥匈帝国的一部分而被人称为“卡尔福雷特”，自1919年受意大利人的统治以来，它变成了“卡波雷托”——一个“一战”史学家们最为熟悉的名字，它让人想起意大利人在1917年11月的惨败。一直以来被意大利民族主义者当成意大利沦陷区的哈布斯堡领土——伊斯特拉、戈里齐亚和蒂罗尔州如今成为战胜后的战利品，而那些为争取这些土地而战死的成千上万的意大利士兵的遗体则被安息在青铜及石制的纪念馆里。在“二战”之后，这座小镇有了斯洛文尼亚名字“科巴里德”，成为南斯拉夫的一部分，1991年后归属独立的斯洛文尼亚共和国。在这片战场虽然也有一些奥匈帝国的公墓，埋葬着奥匈帝国各个民族的人，不过这些公墓相比于意大利遗址还是比较低调，并且也没有多少人关注。[①]

意大利之所以参战，事实上主要是基于政治考量。因为巨大的人力与经济损失，参战反而意味着一种足以弥补牺牲的回报。不过，事情并非如此，意大利人的野心(与它的能力)已经远远超出了任何可能取得的补偿。在巴黎和会期间，意大利并没有从仲裁者的谈判桌上得到多少好处；特伦蒂诺、的里雅斯特以及多德卡尼斯群岛的领土几乎都没有兑现，这让意大利民族主义者深感不满。此事反过来助长了法西斯组织的嚣张气焰与扩张野心，最终让墨索里尼在1922年横扫政坛。这样一来，所谓的“第四次统一意大利战争”的结果令人非常不满，直接导致了法西斯意大利心生妄想，并最终走向了自我毁灭。

① 见Schindler, *Isonzo*, 339–47，和Svoljšak, *The Front on Soča*，这两本书为一些现存的战争公墓和纪念碑提供了介绍。

在花了很大手笔让美国作家理查·沃什伯恩·乔尔德(Richard Washburn Child)于20世纪20年代末写出的“自传”中，墨索里尼对意军在1916年的坚韧不拔、1917年向卡波雷托发起的冲锋以及在1918年光荣地结束战斗称赞不已，称这是“全体意大利民族的胜利……新一代的意大利人将感到庆幸，所有意大利城市如今又重新团结成为一个国家！”[①]1938年墨索里尼本人亲自来到科巴里德(卡波雷托)的藏骨堂献辞，告诉戈里齐亚镇的人当年的意军是如何凭借坚定的意志穿越卡尔索高地的：“意大利军人在这里用鲜血与荣耀写下了不朽的篇章。”他还说，今天的孩子们应当成为明天的“常胜之师”。但是该地区非意大利族的人却并不这么认为。例如形成于20世纪20年代末的斯洛文尼亚革命组织“TIGR”(取的里雅斯特、伊斯特拉、戈里齐亚和里耶卡的首字母)就曾有一个最后流产了的计划，即在墨索里尼访问该地区时刺杀这位独裁者。[②]

我不禁想问，这一切都值得吗？G·M·特里维廉，这位亲眼目睹战争带来巨大损失的亲意派，坚信这一切的确值得。就在特里维廉于1918年秋写下这些文字时，他确信战争的结果已经明朗，伊松佐河前线如今将“永载意大利史册，成千上万优秀的意大利青年在攻势中付出的鲜血并没有白流，时间将用成功为它加冕”。特里维廉断言是民主打败了轴心国，他借用托马斯·哈代(Thomas Hardy)在拿破仑战争诗歌剧中的典故写道：“这一次，这场驯服和约束君主们的世界大战是人民发动的。”[③]

---

① Mussolini，*My Autobiography*，58–62.

② Susmel (eds)，*Opera*，151; Massock，*Italy from Within*，334.

③ Trevelyan，*Scenes from Italy's War*，46–7，50.

第四章

利菲河的伊普尔

1916 年 4 月 24 日是复活节星期一。一批持有武器的爱尔兰共和派占领了都柏林市中心的诸据点，他们宣布爱尔兰成为独立的主权国家——“爱尔兰共和国”。他们主张其人民享有民族自由和主权，反对异族和异族政府对这些权利的长期篡夺。[①] 面对敌方的压倒性力量（包括来自利菲河上一艘炮艇所进行的炮击），1500 名叛乱分子坚持了 6 天，战斗使都柏林市中心遭到大面积破坏。尽管都柏林的伤亡（军政人员 132 人、64 名叛乱分子以及 254 名市民死亡，2614 人受伤）同西线的伤亡相比微不足道——在同一周光是在法国加莱于吕什的第 16 师（爱尔兰师）仅在一次毒气及炮弹袭击中就有 570 人死亡，约 1400 人受伤。但对于被许多人视为大英帝国“第二大城市”的都柏林而言，这样的人员伤亡仍然令人十分震惊，而遭到严重破坏的市中心此后也常被人与支离破碎的比利时城市伊普尔相提并论。

罗杰 · 凯斯门特与起义

1916 年 4 月 17 日这一天，在库克市工作的爱尔兰共和派教师利亚姆 · 洛奇（他后来采用盖尔语形式的名字，“Liam de Róiste”）在他的日记中写下这句话：

---

① 转引自《1916 年宣言》。有关复活节起义的最好历史书有：McGarry，*The Rising*；*Foy and Barton*，*The Easter Rising*；*and Townshend*，*Easter* 1916。

罗杰·凯斯门特(Roger Casement)在德国被捕。

他在回顾其他消息之余，记录了一则“可能有某种意义”的事变：在都柏林，由社会主义分子组成的国民军在自由大厅的总部升起了一面绿色旗帜。除此之外他还记录了在伦敦一场关于实施兵役制对象的政治危机中，政府与雇主双方如何强化他们战争诉求：德比勋爵1915年的军事招募计划(按计划，人们可以自愿登记并只在必要时才会被召集起来)已经“陷于泥潭并彻底失败”，而工党领袖爱德华·卡森(Edward Carson)爵士现在则在《泰晤士报》和《每日邮报》的支持下，为引进义务兵役制而进行活动。与此同时，都柏林的建筑业雇主们援引战时《军需法令》(*Munitions Act*)反对工人罢工。最后，洛奇从库克市的《晚间余音报》上发现了一封梅西埃主教向德军驻比利时长官莫里茨·冯·比辛(Moritz von Bissing)的回信。这位梅西埃主教，是(比利时)马林市的大主教，比利时全国抵抗德国占领者中的代表人物。主教在回信中写道：“尽管我们被你们的全副武装，以及像扫罗王一样的优秀参谋们打得心服口服，但你依然只能让你的人臣服于你，我们的民众依然有自己的判断。国家正处在动荡不安的时期，我们不能、也不应该自绝于这种选择的自由。”梅西埃说他们刚一下达那些与神人律法背道而驰的命令，教皇就把他们从必须要遵守的这些公民权利中解放出来。他继续说道：“迫于武力，我们虽献上沉默的敬意，但我们将一直紧闭良心上的神圣领域——受压迫者们最后的避难所，以此对抗你们的图谋不轨。”洛奇为梅西埃勇敢而精彩的文字所打动，他认为这些文字不仅适用于比利时，而且适用于所有被压迫的国家，尤其是对爱尔兰。那里的英国政府以及那些支持那个政府的同胞们，正在尽一切努力压制着主张自由意见的表达。[①]

在复活节起义的前一周，洛奇写下这些文字时，还整齐地罗列了1916年爱尔兰复活节起义惨剧中将会出现的一些关键因素：罗杰·凯斯门特和一些与德国有关的人士；在都柏林的军事政治活动、因战争需要而逐渐增加的负担、以

① Bureau of Military History, Ireland (BMH), Witness Statement (WS) 1698, pp 305-7. 1957年9月Róiste日记中的部分原文在1957年9月7日被BMH录入。

及分裂派爱尔兰共和党在“被压迫国家”爱尔兰与同一处境下的比利时之间的比较。

实际上，凯斯门特根本没有在德国被捕。就在洛奇写日记时，凯斯门特正乘着一艘德国潜水艇在去往爱尔兰的途中。尽管他最初打算领导爱尔兰共和派掀起一场反抗英国统治的起义，但在1916年4月他前往爱尔兰时是要阻止这场起义按计划发生的。凯斯门特是爱尔兰共和派领导者中最具有异国色彩和世界主义的人。他在13岁时成了孤儿，被北爱尔兰新教亲戚抚养长大，之后在巴利米纳学院接受教育。15岁时他离开学校，开始从事一系列工作，这些工作让他从利物浦移居到西非和刚果。他从19世纪90年代中期起受雇于莫桑比克和刚果的英国领事馆，在那里他揭露了与橡胶采集业有关，包括了强迫劳动、割礼以及凶杀在内的大范围虐待现象。20世纪初，凯斯门特在回爱尔兰和英国休长期病假时，成了一名狂热的爱尔兰民族主义者。在驻巴西领事馆从事第二份工作时，他在1911年发表的一篇报道中披露了更多在偏远的普图马约省秘鲁亚马逊公司采集橡胶时对印第安人的暴行。这份报告使得凯斯门特在国际上凭借人道主义活动家的身份而声名鹊起，并让他获得了英国政府颁发的骑士爵位。1913年，他从领事馆退休后将全部的身心投入到爱尔兰事业中，转身成为热心的宣传家，供职于爱尔兰志愿军执行委员会。①

战争爆发时，凯斯门特正在美国为志愿军募集资金。他立即加入到德军一边，开始为爱尔兰起义寻求德国的援助。“德国今天开战了，”他写道，“他们以欧洲冠军的姿态”对抗“成群的俄罗斯野蛮人，法国人的仇恨之剑以及英国长期贪婪的钱包……作为一名爱尔兰人，我要说句真心话——天佑德国”。②10月，英国当局从凯斯门特的双性恋男仆兼情人，一名叫艾德勒·克里斯琴森（Adler Christiansen）的挪威籍美国人身上套取情报，跟踪到正在前往德国途中的凯斯门特。由于有邮件审查和通讯情报上的支持（英国当局破译了柏林和德国驻华盛顿

① 有一部关于凯斯门特的长篇文学作品Daly，*Roger Casement* 这是一本很好的入门书。

② Dudgeon，*Roger Casement*，426.

大使间的电报)，英国海军情报部以及国内安全局——军情五处(MI5)得以一直追踪凯斯门特的行动。[①]

凯斯门特从1914年11月起，在德国待了18个月。在此期间他尝试说服在西线被捕的爱尔兰战俘加入“爱尔兰旅”，为爱尔兰民族自由而战。在理想状况下，这支队伍会顺利前往爱尔兰，但是凯斯门特也意识到如果德国人没有在海上取胜，此事将十分困难。因此他同意这些人可以去加入埃及人民，通过赶跑英国人来协助他们恢复他们的自由。为什么要选择埃及？带有反帝国主义倾向的凯斯门特之所以这样提议，是因为他认清了大英帝国世界体系。他的这个建议的言外之意是他相信爱尔兰与中东的势力合在一起能够让整个大英帝国大厦轰然崩塌。他在1914年11月想到，如果苏伊士运河和埃及脱离英国统治，将会促使印度也爆发起义，而这无疑将会把“帝国”逼到极限。而德国人在西线的压力再加上一场爱尔兰起义，将会让英国人没有足够的兵力保住印度，除非他们吁请盟友日本的帮助。但是那样又会意味着此后他们定会被人“从亚洲驱逐出去”。“一旦印度陷落，”他总结道，“整座大厦将会坍塌——因为英国主要依仗着印度以及对它实施的有计划的大规模劫夺”。[②]

可惜的是，从爱尔兰战俘中组建一支军队的主意不幸失败了。到1915年底，凯斯门特按计划只招募到不足60人。当(1915年10月从纽约到达华盛顿，指挥该爱尔兰旅的)罗伯特·蒙蒂斯(Robert Monteith)要求志愿军在中东给予英国“沉重打击”并帮助“解放另一只弱小民族(即埃及)”时，只有区区40人响应他。德国驻华盛顿大使伯恩斯托夫伯爵在1916年2月中旬向柏林报告称爱尔兰计划于1916年复活节举行起义，他询问德国能否提供援助。在美国的爱尔兰分裂主义者要求得到10万把步枪，一些大炮以及德国炮兵，但是柏林却决定只送出2万把步枪，10挺机关枪以及500万发弹药。凯斯门特有点沮丧和不满，如今，他认为起义的时机还不够合适。凯斯门特希望既可以确保武器安全到达爱尔兰，

① Andrew, *Defence of the Realm*, 86-7.

② Casement German diaries, 27 Nov. 1914 (quoted in Ó Síocháin, *Roger Casement*, 600 n. 59).

还可以让叛乱延期；为此，他颇为不情愿地跟蒙蒂斯一起前往爱尔兰。柏林送出的武器被装在1200吨位的沿海货船奥德号上，而凯斯门特和蒙蒂斯则坐潜水艇出发。原本两艘船按约定将于4月20日夜里在凯里郡海岸外的特拉利湾会合，但实际上该计划未能成功。4月21日（耶稣受难日）[①]夜，奥德号被一艘英国海军战舰“风铃草号”拦截，不过却在被带到港口的途中逃脱。凯斯门特和他的同伴们则更不幸，因为英国人获悉了有关奥德号以及凯斯门特使命的一切讯息（尽管不包括他想要推迟起义的想法）；因为英国皇家海军情报部门，海军“40号办公室（Room 40）”截获并破译了北美和柏林之间的电报，他们发现德国军火将在复活节前一周被运上岸，同时凯斯门特也随潜水艇而来。[②]

在耶稣受难日凌晨两点以后的某时，德国潜水艇U-19在距离特拉利湾班纳海岸两英里处把凯斯门特、蒙蒂斯以及爱尔兰旅中的一名前战俘成员（此人被人称为朱利安·贝弗利）放到一艘折叠艇里。不过船却在接近海岸的风浪中沉没了，剩下的几码他们只得游泳。凯斯门特和贝弗利（真名丹尼尔·朱利安·贝利）很快就被捕了，而蒙蒂斯却逃脱了追捕并最终逃回美国。凯斯门特被带到伦敦，在复活节星期日，他受到苏格兰场巴兹尔·汤普逊（Basil Thomson）、（海军情报局主任）上尉“信号灯”雷吉纳德·霍尔（Reginald ‘Blinker’ Hall）以及军情五处的弗兰克·霍尔（Frank Hall）少校的审问。根据一份报告，凯斯门特认为这场起义是一个致命的错误，他乞求允许他同起义领导者取得联系，希望阻止起义。但他的审讯人拒绝了他的请求，并说：“这只不过是一处溃烂的伤口，最好等它发展成熟时再行动。”虽然汤普逊承认，凯斯门特曾要求公布他被捕的消息——因为凯斯门特相信，如果他们知道他被捕了却什么事情也没发生，他们就会明白事情已经玩完了。他还是断然否认了任何人曾有意纵容起义发展下去。汤普逊称，他们曾决定最好不要公布凯斯门特被捕的消息，因为这件事会帮助对正

① 复活节的前一个星期五——编者注。

② Ó Síocháin, *Roger Casement*, 408–38; Andrew, *Defence of the Realm*, 87; O'Halpin, ‘British intelligence’, 56–61.

在筹划一场入侵的德国人。[①] 即便汤普逊和他的同事们极有可能认为爱尔兰的局势“已经到达紧要关头”，任何关于凯斯门特被捕的公告可能仍将会无济于事。起义的领导者虽然曾明确希望得到德国的协助，但如有必要，他们仍会决定单干——最后他们也确实这样单独行动了。

凯斯门特被捕以及奥德号被截获的消息很快于复活节星期二被公开，不过只引起了人们对德国可能向爱尔兰共和派活动提供过帮助的猜测。(曾被起义者占领过的)爱尔兰邮政局的局长夫人，玛丽·路易莎·诺威，在同一天从都柏林寄给她妹妹的信中写道：“自从开战以来，德国人的阴谋诡计及其资金毫无疑问推动了共和派分裂分子的运动，这使得他们迅速发展壮大起来。”就在一个月以前，一队志愿军还能走上都柏林格拉夫顿街头，高唱《保卫莱茵》和革命歌曲。[②] 尽管众所周知，虽然爱尔兰国民军高喊“我们不为国王和凯撒效忠，而是为爱尔兰服役!”这一口号，但国民军的领导者詹姆斯·康纳利(James Connolly)在《1916 年宣言》中表明起义还曾受到过欧洲盟友的支持。凯斯门特最后之所以要推迟起义，并非是因为缺少德国的援助，而是因为他觉得此时的援助还不够充分。除了爱尔兰自身之外，也曾有人认为发生在爱尔兰的暴乱是德国人蓄意谋划的阴谋。在 5 月上旬，英国驻瑞典大使艾斯米·霍华德(Esme Howard)爵士在送往伦敦的一份报告中，引用当地的政治线民的话指出：“每当一场大战化为泡影，德国人就会为了转移国内和国外的注意力而施展政治上的阴谋诡计。现在爱尔兰起义已经失败，德国人必须设想一下其他办法。毫无疑问，如今他们将把注意力转向芬兰与瑞典。”而德国方面也会因最近鼓动瑞典为保护波罗的海的阿兰群岛而向俄国宣战而受到谴责。[③]

都柏林起义一直坚持到 4 月 29 日星期六的下午。为了避免未来有更多的都柏林市民遇难，同时也希望能够保住陷入重围、寡不敌众的起义者的性命，叛

① Note of interview with Sir E. Blackwell，Home Office，and Thomson to Blackwell，18 July 1916（TNA，MEPO 2/10664）.

② Jeffery，*The GPO*，65–6.

③ Howard to Foreign Secretary，5 May 1916（TNA，CAB 37/47/34）.

◎《审判罗格·凯斯门特》，约翰·莱弗里（1856–1941）绘。莱弗里是一名贝尔法斯特出生的天主教徒，他同情民族主义者。他一反往常出席审判并记录下凯斯门特因叛国罪被判死刑的场面。这幅图画上画有旁听席，莱弗里在那里描绘出凯斯门特的支持者——伊娃·戈尔·布斯，姐姐康丝坦斯·马尔凯维奇（她后来也因参与复活节起义被囚禁）等人的形象。

乱分子的领袖们投降了。虽然志愿军一直将自己看作战争中投降被俘的士兵，不过当局却并不这样看待他们。由于叛乱分子们并没有正式交战权，根据战时《国土防卫法案》，叛乱领导者将由军事法庭秘密审讯，这其实并不合法，而且缺少了司法程序。在被审讯的 186 名男子和一名女士（马尔凯维奇女伯爵）中，有 11 人无罪释放，88 人被判枪决。虽然这些判决中的绝大多数人最终都获得了减刑，但是仍有（包括 7 名《宣言》的签署者在内的）15 人在 1916 年 5 月 3 日至 12 日被处决。罗杰·凯斯门特在伦敦受到了公开审判，他被指控叛国罪，被处以死刑。尽管国际上为了能够赦免他进行过努力，但他还是在 8 月 3 日被绞死于本顿维尔监狱。丹尼尔·贝利由于检举了同伙被判无罪。[①] 有些人曾认为(除凯斯门特外)在爱尔兰被处死的每个人都如战士般死得其所；因为据传，死刑犯中一名特立独行的广告商约翰·麦克布莱德(John MacBride)曾对他的刽子手说："开枪吧，我一生都在横眉冷对着那些枪口"。[②] 在随后的几年里，1916 年爱尔兰复活节起义的遇难者名单经常被人拿来同西线的死亡名单相提并论。20 世纪 30 年代中期，有一位目击了整个起义过程的女性写了一本对共和党抱有同情之心的小说，在小说的某一章中她写道："那些报纸上可怕的处决名单如同'阵亡将士名册'一般，将被爱尔兰人民永远铭记于心"。[③]

我们不应将复活节起义看成是某种独特的、自成一格的爱尔兰本地事件，是应当放在第一次世界大战的语境中去理解这场起义。第一次世界大战为起义的策划及执行提供了时机("英国人的非常手段")和模式(如克劳思韦茨所言，战争是"其他形式的政治手段")。[④] 同凡尔登或索姆河一样，1916 年的都柏林也是第一次世界大战的战场。这里实际的战斗同样也与凡、索两地的战争遥相呼应，彼此影响。就在都柏林的据点被占领的同时，战争变成了静态的消耗战。复活节星期一的下午，从第 5 骑兵队(皇家爱尔兰队)和第 12 骑兵队(威尔士亲王皇家队)来的骑兵中队途经康奈尔大街去都柏林城堡远处调查一起骚乱，他们在都柏林曾短暂地露面，但并不光彩。当他们经过邮政总局时，爱尔兰志愿军向他们开火，一开枪就打死了 3 名士兵，重伤 1 人，还杀死了一匹马。在这种现代城市作战环境下，骑兵毫无用处；而(正如在法国)炮兵则被证明非常重要。英国人的野战炮以及部署在利菲河上运有 2 枚 12 磅重炮弹的 300 吨炮艇海尔格号，在迫使叛军投降的过程中发挥了关键作用。

在回顾都柏林的战斗时，查尔斯·汤森德(Charles Townshend)将其同西线

① Foy and Barton, *The Easter Rising*, 205–8, 284–328. 审判的合法性见 Hardiman, "'Shot in cold blood"'。

② 汤姆·凯特尔将其称之为"伟大的谎言"，他认为麦克布莱德一生都"只盯着那些波特酒瓶颈"(Lyons, *Enigma of Tom Kettle*, 294)。

③ Smithson, *The Marriage of Nurse Harding*, 104.

④ 在我的文章 The First World War and the Rising 中有具体论述。

的战斗进行了明确的比较。据他观察，在 4 月 26 日星期三蒙特街桥的激烈战斗中，他看到“和志愿军一样毫无经验的”英国士兵从英格兰匆忙赶来，“在那些新军的“齐心进攻之下”伤亡惨重，宛如“索姆河战役的缩影”。[①] 有一名英国军官写道，（如他在蒙特街桥行动中所见）大部分的士兵只不过是些德比新兵小子，才穿了 6 到 8 个月的军装。他们还没有上步枪射击课，甚至许多人还未曾开过枪。[②] 更甚者，当时某些英国增援兵还以为他们正在法国。作为一名红十字会救护车司机，爱尔兰人阿尔伯特·米切尔（Albert Mitchell）曾在起义时应召同一名英国中士一起工作，这名中士还以为他正在再次被派往法国的路上，他还好奇为何他遇到的每个人英语都说得那么好。[③]

无论是在爱尔兰还是法国，大部分的英国士兵都认为他们是在与德国作战。一名同伴死在身边的士兵向一位有同情心的护士讲道：“唯一能确定的事情是他们在同德国人作战，这就像他们还在法国一样真实。按照他的看法，复活节起义是德国人最后的王牌并将被证明是战争的拐点。”[④] 在法国指挥第四军团南爱尔兰联合派将军亨利·威尔逊（Henry Wilson）爵士并不乐观（反而更现实些），他认为起义是“一件国家大事，我认为从德国人的角度出发，这也和占领凡尔登几乎同样重要”。[⑤]

不管谁才是罪魁祸首，他们对都柏林造成大规模破坏都足以和法兰西、佛兰德斯相提并论。玛丽·路易莎·挪威（Mary Louisa Norway）在 5 月 1 日巡视被掠夺一空的邮政总局时称，她已无法描述这一切，只能用一个词形容它：“荒芜”。如果有人看过伊普尔或鲁汶被炮击后的照片，他就会对这幅画面深有感触。[⑥] 一名士兵告诉贝尔法斯特出生的文学批评家、起义时曾任都柏林阿比剧院经理的

① Townshend，*Political Violence in Ireland*，302.

② A. N. Lee，World War I Diary，Mar.-May 1916，p. 33（IWM，66/121/1）.

③ BMH，WS 196，p. 3.

④ [Smyly]，‘Experiences of a VAD’，839.

⑤ Wilson diary（IWM），28 Apr. 1916.

⑥ Jeffery，*The GPO*，89.

圣·约翰·欧文："伊普尔并不比奥康奈尔大道糟糕多少，一位曾看过鲁汶情况的美国女士认为，鲁汶镇所遭到的打击和破坏甚至没有都柏林市中心严重。"①

爱尔兰的战时动员

一部分史学家把爱尔兰当代史看成一场为反抗英国压迫，取得爱尔兰岛四分之三独立的艰难起义；以及一场持续了三十年，直到20世纪末才结束的暴乱。对这些学者而言，"一战"中最令人吃惊的事情是：爱尔兰全民似乎在战争之初，就将他们自己置于英国的战争之外。而在欧洲，"战争的热情"在战争初期是主流——人们欢呼雀跃地排成长队，应征入伍。然而学者们关于"1914年精神"的研究已经改变了这种既确信无疑、又令人困扰不已的印象。他们告诉我们：尽管许多人出于爱国而支持各自祖国的战争，但他们不一定会"欢迎"战争。在普罗大众乐观表象之下的，是对战争方向和它潜在损失更悲观的担忧。②

1914年夏，由于《自治法令》的缘故，爱尔兰几乎走到了内战边缘。多年来，两代爱尔兰民族主义者(他们绝大多数都是天主教徒)一直试图废除不列颠同爱尔兰自1800年起就建立的联盟；1914年，约翰·雷蒙德(John Redmond)领导的爱尔兰党似乎已经在英国国会实现了这个愿望。1912年，伦敦当局法令已授予爱尔兰国家自治权，以及都柏林自己的议会(尽管来自上议院的最后抵抗让议案直至1914年秋才得以实施)。但同时，占北爱尔兰人口多数的新教联合派则表示反对，他们虽然支持英国盟友，但对这一议案极为不满。1913年，他们开始威胁要以武力支持他们自己的目标。随后他们成立了准军事化的"乌尔斯特志愿军(UVF)"——截止1914年夏，这支军队已招募逾十万人；他们从德国购进武器，并在1914年4月秘密地把它们带入爱尔兰。而民族主义者这边也在

① Ervine, 'The Story of the Irish Rebellion', 39.

② 最好的一般性讨论见 Strachan, *The First World War*, ch. 2; Pennell, *A Kingdom United*, 这本书提供了有关英国非常优秀的研究。

1913 年 11 月于都柏林成立了相应的“国民军”。尽管到 1914 年夏天，国民军已有 18 万成员，但他们却并没有被很好地组织和武装起来。民族主义者同样也于 1914 年 7 月从德国进口武器，只不过规模略小于他们的北方同胞。[①]

军事和政治上的问题使爱尔兰人的分离愈演愈烈。1914 年 3 月，都柏林附近卡偌军营的 60 名军官因误以为要去镇压乌尔斯特联合派而抗命辞职，这场所谓的“卡偌兵变”让英国政府维持爱尔兰秩序的能力大打折扣。此事使得伦敦当局颇为棘手，甚至拒绝了任何能动用武力保卫爱尔兰政权的要求。自由党政府与认为自由党已失去合法性的保守党反对派之间产生了巨大的矛盾，并进一步激化了爱尔兰各派系之间的矛盾。即便是在 6 月 28 日的萨拉热窝事件之后，爱尔兰问题仍然占据着英国政治辩论的中心，直到 7 月最后一周才被日渐增长的战争爆发的可能性所取代。而当战争真正打响时，爱尔兰(一度)作为一个政治问题几乎彻底地消失了。

1914 年 8 月，德国对法国宣战并入侵了比利时，英国外交大臣爱德华 · 格雷在闷闷不乐地审视英国国会所面临的国际形势时称，英国如今已无法避免参战，“而在这种糟糕的局势中唯一的亮点只有爱尔兰”。在他有意把讯息传递给柏林和维也纳(他们有理由相信英国的行动自由将会受到爱尔兰危机的影响)时，爱德华 · 格雷确信人们对整个爱尔兰的一般看法(我想这在国外也是非常清晰明确)是：爱尔兰并不是一个值得担心的严重问题——虽然我们如今必须仔细考虑它了。此刻，所有的英国党派都团结了起来。保守党党魁博纳 · 劳要求自由党“毫不犹豫地提供援助”；约翰 · 雷蒙德则公开承认乌尔斯特和爱尔兰志愿军的存在，他相信这些人能团结起来保卫爱尔兰。他说：“明天政府就能从爱尔兰撤走一切驻军。我认为全副武装的爱尔兰儿女们将捍卫爱尔兰海岸，使其免遭外敌入侵，为此爱尔兰南部全副武装的天主教民族主义者们将会非常开心，从而不会加入到北爱尔兰乌尔斯特新教的军队。”但这样做是否又寄予了太多希望？然而，“无论哪种情况，这里真会产生一种不仅有利于大英帝国，也有利于爱尔兰

① 一些相关背景见 Bartlett，*Ireland*，363-401，政策辩论见 Fanning，*Fatal Path*，30-187。

未来国家福祉，以及领土完整的结果吗?”[①]

德国对比利时的入侵成了英国参战的理由，在战争最初的几周内，由于八月下旬德军对鲁汶(及鲁汶大学和它的图书馆)的破坏，新闻报纸都在引用比利时的命运参照。信奉天主教的英勇的小比利时的处境让爱尔兰民族主义者产生了强烈共鸣。《科克自由报》(*Cork Free Press*)称:“这场战争是一场对抗军事专制主义，捍卫小国领土完整的战争。‘鲁汶’和(同样遭到德军摧毁的)‘兰斯’的疾呼声让信奉天主教的爱尔兰人热血沸腾。”一份军队早期的招募手册告诉爱尔兰人“要牢记比利时！现在入伍，保护你们自己。”它宣称:“在比利时所发生的一切如今将会发生在爱尔兰而非英国舰队以及同盟军身上。”同样在乌尔斯特，比利时的处境也与英国的自卫联系在一起。联合派的《纽敦纳兹纪事报》(*Newtownards*)出版了一些引自英语的诗文，其中包括了以下动人的诗句:

从峭壁上极目远眺，你会想到
曾经祥和的比利时此时正烽火连天。
倘若你不为保卫家园自由而战，
她必将为此感到羞愧难安。
当一切将要成真，不列颠气数已尽，
其后世终将慨叹——一切为时太晚！太晚！[②]

9 月 18 日，爱尔兰自治法案终于成为正式法律，尽管该法案的实施因战争被推迟，但这也足以让雷蒙德要求爱尔兰的民族主义者不仅要在国内捍卫爱尔兰，同样也要在国外服役。9 月 20 日，在威克洛郡木桥镇的一次著名演讲中，雷蒙德有点不合时宜地把德国和英国各自对待一个弱小邻国的方式进行比较，

① *Hansard* (*Commons*), 3 Aug. 1914, col. 1824, 1829. 战争对爱尔兰的影响见 Jeffery, *Ireland and the Great War*, and Horne (ed.), *Our War*。

② *Cork Free Press*, 23 Sept. 1914; 征兵小册归作者所有; *Newtownards Chronicle*, 12 Sept. 1914。

让信奉民族主义的爱尔兰人全力支持协约国的战争。他说："这场战争是为捍卫宗教、道德与权利等至高无上的信念而战的。"在诉诸(假设的)爱尔兰军事传统时，雷蒙德认为"如果年轻的爱尔兰小伙们在战场上畏畏缩缩，不能尽其责任使我族史书中的英勇无畏表现出来，是非常丢人现眼的事"。[①]

民族主义者在米斯郡纳文镇当地政府会议上的反应非常具有代表性。在此会议之后的数日里，当局通过了一项决议，表彰雷蒙德及其派系在这场战争中所持的立场。当地的布施理事会主席称，他们支持雷蒙德寄希望于年轻的爱尔兰人"把自己交付给英国，加入英军，参加在比利时以及法国战场上的战斗来履行自己的责任；这样一来，当这场战争结束时，我们将不会因袖手旁观而让人不屑一顾，而他们也会在联合英勇的小比利时、赞美文明世界的事情上做出一些实绩使自己享有名誉"。[②]虽然大多数的民族主义者都追随雷蒙德，但是也有少数人拒绝他将爱尔兰、比利时和英国混为一谈的参战决定。在保留(约一万人的)"爱尔兰志愿军"的称号问题上，他们同雷蒙德分道扬镳，这些人的领导者约恩·马克·尼尔表示，他们会"作为一个国家的爱尔兰"，绝不为保卫大英帝国而投靠帝国政府。[③]

自然而然地，支持战争的联合派目的更加明确，方法也更直接，9月7日，乌尔斯特联合派领导人爱德华·卡尔森(Edward Carson)爵士表示，他的政党将绝不会以卖国的方式谋求签订任何条款。他巧妙地提到了爱尔兰民族分裂主义者和叛乱分子们的传统观点："英格兰的困境正是爱尔兰的机会。"而"英格兰的困境也是我们的困境"。[④]尽管在组建实际部队上有所耽搁，但是乌尔斯特人和英国陆军部大臣基钦纳勋爵还是就组建一支"乌尔斯特"师达成一致。就雷蒙德本人而言，他渴望能有一支固定的爱尔兰军队，最理想的情况是参照乌尔斯特志愿军(UVF)，尽量在爱尔兰志愿军中组织爱尔兰师。在此事上，他设法编

---

① Gwynn，*Life of John Redmond*，391.

② *Irish Times*，24 Sept. 1914.

③ Martin，*The Irish Volunteers*，168.

④ Colvin，*Carson*，33-4.

成了两支“爱尔兰师”，用第 10（爱尔兰师）和第 16（爱尔兰师）——来支援第 36（乌尔斯特）师。尽管雷蒙德及其同僚不断敦促爱尔兰志愿军的军官接受英国军事委任状，但他只成功了一半，大多数的志愿军并没有丰富的作战经验。这种处境和乌尔斯特师大为不同，具有宝贵的作战经验的乌尔斯特志愿军军官人数众多，因而他们能够很容易地投入到军队之中。

但是英国当局对两支志愿军组织的不同等对待产生了一些政治上的问题。从表面上看，英国的态度基于军事上的考量，但对民族主义的观察者而言，联合派似乎更受青睐。雷蒙德对战争热情，战争道义上(由于《自治法令》而得以加强的)坚定信念以及爱尔兰人的爱国热情能够在“爱尔兰军”崛起的过程中结合在一起的希望从未实现过。虽然整个爱尔兰政坛对战争的普遍支持令人感到意外，但(在 1914 年)还是有少数极端的分裂派分子不在其中，民族主义者的承诺被证实要比联合派的承诺更加脆弱。1914 年在所有交战国中曾有过的战争热情很快就消逝了，在一些地方取而代之的是有些不会明说但又可能会更加稳妥的解决方式，那就是“向前看”。这在人民和政府目标高度一致的国家里尤其如此；如法国的“神圣同盟”，或者像在比利时和塞尔维亚这样的国土被外敌占领的国家。但是在其他地方，比如爱尔兰，战争持续的时间越长，民众的忠心就会受到日益严重的考验。

的确，爱尔兰的反应值得深思。尽管要统计爱尔兰招募人数比较困难(我们要把所有在爱尔兰出生的人包括在内吗？这很重要，但却难以计算。除此之外，我们也要把英国和海外的志愿军数量统计在内吗？）但在 1914 年 8 月至 1918 年 11 月间，大约有 20 万名爱尔兰人在军中服役，参加了第一次世界大战。他们主要被分为三类。第一种类是在战争初期服役的相当一部分将士。例如在 1914 年 8 月，在英国军中就有 2.8 万名爱尔兰裔正规军和 3 万名预备役军人立即响应号召。第二种类是所谓的“基钦纳的人”，这些人响应 1914 年 8 月任陆军部大臣的基钦纳勋爵所发出的紧急志愿令而来，但绝大多数仅体现在世界闻名的“你的国家需要你”的海报上。在 1914 年 8 月至 1916 年 2 月(复活节起义以前)，大约有 9.5 万人加入其中。第三类，是那些在战争剩下的阶段，在最初的征兵

"浪潮"之后直至1918年11月期间从军的人。这些人总计有4.5万人，包括了在战争最后三个半月内招募而来的近1万名新兵。我们可以将这些数字带入某种语境，将那时在爱尔兰生活的总数达20多万名的年轻人联系在一起。据1911年的统计数字显示，在爱尔兰15岁至35岁的青壮年男子共有约70万名。大部分的新兵都在此年龄段之间。我们由此可以认为，爱尔兰有四分之一到三分之一的青年男子在第一次世界大战中服役，而在兵员短缺的情况下，这是一个很高的征兵比例。

爱尔兰对动员令的整体响应要比英国其他地方乃至如加拿大或澳大利亚等白种英国人居住的地区差得多。[①]这一点有社会经济以及政治上的原因。在英国，工业区和城区提供了比乡镇更多的人力资源，而在爱尔兰则恰恰相反，只有乌尔斯特(爱尔兰岛上工业比较发达的地方)以及都柏林募兵才比较顺利。我们应该明确的是，参军的理由可以是多种多样的。它不应被简单归因于纯粹的政治因素(如爱国主义或在道德上感到有参战的必要)，社会因素(集体热情的力量，许多"同志们"都一起参军了)或者其他什么理由。随着战争拖到1916年，公众的参军意愿开始减弱，这也是多种原因的：对战争的厌倦、恐惧、随战时工业发展而来的替代性经济机会等等。在第一波募兵浪潮过后，全英参军人数大幅度下降，最终迫使政府于1916年3月对英格兰、苏格兰以及威尔士实行义务征兵制。虽然人们受到义务征兵制的威胁(特别是在1918年)，但它从未在爱尔兰实行，即便是有这种可能性，也会激起民族主义活跃分子的强烈反对；他们认为最起码只有在实行《自治法令》之后，爱尔兰才能同意义务征兵制。

和英国其他地方以及其他交战国相比，爱尔兰的军事动员主要是国内在战争上的努力。这种战争努力在一定程度上(并且逐渐地)由政府运作，通过战时法规从各个方面管理约束国民；比如限制出行、控制必要的战争物资、指挥劳动力、审查报纸。但是也有些战时工作是义务参与的，如妇女们就强烈呼吁"要尽其所能"。在战争后期，"爱尔兰战时医院供给库"共有约6000名注册的

① 关于英国军队中爱尔兰征兵的论述见Jeffery，'Irish military tradition'。

女性志愿者，在全爱尔兰 8 个分库中操作医疗设备，甚至进行手术。女性也有一些额外的就业机会。虽然和英国相比，爱尔兰能够替代男性就业的女性比较少(在英国义务征兵制抽调了男性民用劳动力)，但在乌尔斯特纺织厂和车间里求职的女性数量仍在不断增加。对护士和医疗辅助工作的需求也不可避免地急剧增加，这些工作普遍被认为是适合女性的工作。

爱尔兰的战争动员也引起了爱尔兰共和派方面的呼应。1916 年苦心孤诣的分裂主义分子爱尔兰志愿军已召集到 1.5 万人。由于他们的人数自 1914 年秋起就一直在增长，他们不仅举办了训练营，还在全国进行示威游行。自从 1916 年 1 月英国推行了 18 至 41 岁单身男子义务征兵之后，该组织由于有许多狂热的英国共和党人返回家乡而得以壮大。迈克尔·柯林斯(Michael Collins)就是这些人中的一位，后来成为了 1919—1921 年爱尔兰独立战争中爱尔兰共和军的指挥官。他放弃了在伦敦的工作，扬言要去“参军”。因为这个理由，他的老板多给了他一周的薪水，而他则将这笔钱捐给了爱尔兰共和兄弟会。妇女们也参加了社会主义革命党的活动(尽管人数不多，只有约 200 人)。支持志愿军的是一个民间的妇女协会——爱尔兰妇女理事会(Cumann na mBan)，她们当中有 60 人在复活节起义那一周参与了作战，在复活节起义后这些妇女在汤姆·克莱克的遗孀，凯瑟琳·克拉克(Kathleen Clarke)的领导下，又为爱尔兰国家补助和志愿军家属筹款。[①]

除此之外爱尔兰也从国外获得了一些帮助。在复活节星期一的傍晚，两名外籍水手、一名瑞典人和一名芬兰人在邮政总局协助作战。正在指挥防守邮政总局大楼的利亚姆·塔纳姆(Liam Tannam)问他们为何想要对抗英国。瑞典人答道：“芬兰这样一个小国，都要被俄罗斯吞并了”。“瑞典，也是一个小国，俄罗斯也吞并了它。俄国和英国一样，因此我们要与英国抗争”。然而有趣的是，他们很快就成了累赘。在芬兰人意外地擦枪走火打落了一部分天花板后，他们被派到主楼北面负责制造炸弹。然而他们留守到了最后，并在结束被拘留了一段

① Paseta, *Irish Nationalist Women*, 201-8.

时间。塔纳姆称，尽管那个(不会讲英语的)芬兰人不是天主教徒，但在他离开爱尔兰之前，就已经在用爱尔兰语念《玫瑰经》了。[①]

英勇的比利时

那么，比利时现在如何了？英国之于爱尔兰与德国之于比利时有可比性吗？虽然这种比较在1914年8月上旬的国家决策中明显很重要，尤其对英国来说。但从某种程度上讲，比利时在“一战”研究中已经被忽略掉了。塔米·普罗克特(Tammy Proctor)在2005年写道：“在勾勒战争画面，并将它作为一种战时宣传象征时，比利时和它的人民竟然没有出现在这一时期的欧洲军事史及社会史中，这令人不解。”苏菲·德·施德利捷福(Sophie de Schaepdrijver)尖锐地指出，在西方史学上，比利时一直在扮演“自己历史的旁观者”角色。[②]尽管这片空白正在被一点点填补(施德利捷福本人的工作正是这一过程中的重要组成部分)，但“小”比利时的战争经历仍然鲜为人知。

1914年晚秋，比利时超过百分之九十的领土被德国占领，只剩下佛兰芒一隅20英里长的防线。60万士兵、官员以及难民最终从占领区逃离出来，在阿尔伯特国王的领导下，“国民联合政府”在法国港口勒·阿弗尔(Le Havre)成立。比利时一直保持中立，从未成为协约国的一员，阿尔伯特也拒绝让军队做出他认为会有很大损失进攻。比利时的德占区被分为两部分进行管理。前线后面的地区直接受军方控制；剩下约四分之三的地方则置于德国总督和中央政权的控制之下——现存的比利时地方政府在德·施德利捷福称之为“非常规事务”的情况下继续运转。许多勇敢的比利时人以各种方式进行抵抗，从怨声载道的不合作、佩戴爱国徽章到运行地下刊物、为协约国做情报工作，虽然如此，但在

① BMH，WS 242，pp 21-3.

② Proctor，‘Missing in action’，547.

德占区内并没有(即使有的话也相当的少)对占领军的直接袭击。尽管关系紧张，争执不断，整个社会都起来反抗侵略者，① 但战争时期比利时德占区临时政府已经安定下来。

在 1914 年比利时大规模的人口迁移后，随之而来的是一场漫长的饥荒。比利时素来依赖食物进口，“一战”的第一个冬天，受英国海上封锁和德国拒绝供给占领区食物的影响，比利时食物短缺，不能自给自足。在常驻伦敦的美国商人赫伯特·胡佛(Herbert Hoover)的领导下，国际“比利时救济委员会”建立，该委员会在英国和德国的战争边缘游走，组织食物供给，并取道荷兰前往法国、卢森堡以及比利时占领区发放食物。比利时的经济混乱使 50 万人失业，这其中包括了许多高级技工，德军曾打算对这些人加以利用，让他们在本国的劳动力业已被军事动员耗尽的情况下，从事矿业和重工业。从 1915 年年中起，一家德国机构便致力于招募比利时义务工人，但结果却差强人意。到了 1916 年秋末，该组织只招到 3 万名工人，远远少于需要的数量。②

1916 年的劳动力短缺迫使占领区政府考虑强制劳动。1916 年复活节，这项制度首先在法国占领区推行，Lille 地区有两万人(妇女和女孩占多数)被强行征用从事农业劳动。在这一过程中，这些女性被迫接受妇科检查，这种涉及私密的行为令人难堪。③1916 年 8 月，号称“沉默独裁者”的军官埃里希·鲁登道夫(Erich Ludendorff)和保罗·冯·兴登堡(Paul von Hindenburg)大权在握，随着柏林指挥权的变动，比利时也开始实行强制劳动。随后的“兴登堡计划”不仅加紧利用国家资源，也加强了对德国及占领区的劳动力使用。④

10 月，法比占领区的工人们作为“国家囚徒”而被征用，这些人被送上条件极差的火车(有些人还被送上牛车)，运往德国西部的劳工营。从 1916 年 10

---

① de Schaepdrijver，‘Belgium’，in Horne (ed.)，*Companion*，386–402.

② Thiel，‘Between recruitment’，41–2.

③ Becker，‘Life in an occupied zone’ in Hugh Cecil and Peter Liddle(eds)，*Facing Armageddon*，635.

④ Kitchen，*The Silent Dictatorship*，67–87.

月26日到1917年2月，共有六万比利时人被驱离国境，这引起了比利时国内外的大规模抗议。Mercier主教(向世界各国疾呼谴责将比利时人驱逐出境的大主教)称，体格健全的男人们在仓皇中被带走，关进卡车，并被带到位置的目的地，就像一群群奴隶……成千的比利时人正沦为奴隶。比利时著名的历史学家亨利·皮雷纳(Henri Pirenne)从1916年8月就被羁留在德国，直至战争结束。他认为驱逐令促使比利时举国一致对外：弗莱芒人和瓦隆人、天主教和共济会，保守党和社会党，比利时社会各界都团结在一起。[①]

比利时流亡政府发起运动，谴责近来“普鲁士军国主义”行为，他们将目标锁定在中立国美国的看法上。美国国务卿布兰·韦洛克(Brand Whitlock)赞赏和同情“比利时德占区”。他写道：“1916年秋冬的那些可怕日子里，他们陷入黑暗，并且忍受着饥寒交迫，时时刻刻都生活在恐怖之中。”他认为：对全人类权利与尊严的冷漠无情、漠不关心使得奴隶制在我们这个时代死灰复燃……这使那时的比利时人处处忍受着天大的悲恸。我唯有写信给我国政府，说明这一切足以让人对未来感到绝望。”实际上，劳工计划彻头彻尾地失败了。将工人分配到占领区工厂时，缺少有效的组织，德国公司也不满意比利时被征者的工作。虽然一些强迫性劳工在法比前线的战区仍继续工作，但到了1917年6月，驱赶和强迫劳工工作的制度在德国已经土崩瓦解。[②]

还有一种战时为协约国工作的形式，就是做间谍。许多人急于在战争中发挥作用，他们在比利时占领区加入了情报网，主要通过中立国荷兰向英法传递情报。理查德·廷斯利(Richard Tinsley)从战争一开始就在荷兰经营秘密情报工作，他是一名皇家海军后备队的军官，曾被派驻鹿特丹多年。战时以当地经理身份，在一家加拿大轮船公司经营跨大西洋的减价移民船。尽管廷斯利有足够的能力，但他却不被大家信任。伊冯·柯克帕特里克(Ivone Kirkpatrick)曾在“一战”后期为英军情报部门效力，他将廷斯利描述为“一个骗子，一个肆无忌

① *NYT*，14 Nov. 1916；Pirenne，*La Belgique*，190－1.

② Whitlock，*Belgium*，ii，268－9；Thiel，‘Between recruitment’，43－5.

惮的一流阴谋家”。[①]在占领区英国情报部门的一份战后材料中写道，大部分的情报工作都包括了“列车监视(train watching)”。比利时拥有世界上最发达的铁路网，间谍们在铁路系统的关键位置清点火车，计算车厢和货运量，并且只要有可能，他们就会弄清列车上装载的东西，搜集讯息在制订对敌作战的命令上至关重要。这种工作对行军打仗具有直接影响，因此它是情报系统中的首要任务。也有一些汇报防御工事的辅助性工作：如从比利时港口泽布吕赫(Zeebrugge)和奥斯坦德(Ostend)出来的船只动向；有关火炮、飞机、航空站及类似事物的技术细节，还有通过盗窃或购买而取得的德军资料汇编以及一切有关军事的信息。据统计，到 1918 年年中，廷斯利所运作的情报占协约国军队所获全部军事情报的百分之七十，这些情报不仅经由荷兰，而且通过其他中立国传到协约国。[②]

在英国，最重要的情报网络是由沃尔瑟·德维(Walthère Dewé)和曾工作于比利时电话公司的电子工程师赫尔曼·沙文(Herman Chauvin)于 1916 年底共同建立的“白衣夫人”(La Dame Blanche)。德维十分希望能够为 1916 年 4 月被处决的德国亲人报仇，他的亲戚迪厄多内·兰布雷希特(Dieudonné Lambrecht)自从 1914 年年底起就一直在运作谍报组织。德维之所以选择了“白衣夫人”这个名字，是因为故老相传，一位身着白衣的神秘女子将毁灭德国的霍亨索伦王朝。德维和沙文认为“谍报”原本不是一件光彩的事，他们坚持自己不应被当作“特工”而是“协约国军中的士兵”。他们的情报工作极其成功，有 800 名情报人员在组织里的工作被公众认可。但遗憾的是，这却产生了非常不幸、所有人都始料未及的后果：20 年后，当比利时再次被德军占领时，那些被辨认出来的情报工作者都被当成了英国间谍。[③]

妇女在比利时占领区的情报网中同样发挥了重要的作用。战后在受到英国

---

① Memoir, part 2, p. 150 (Kirkpatrick papers, 79/50/1).

② History of Intelligence (B), B.E.F. France, Jan. 1917 to Apr. 1919 (TNA, WO 106/45); ‘Service anglais’ to ‘Service d’ Observation anglais’, 21 July 1918 (Centre d’ Études et de Documentation Guerre et Sociétés contemporaines, Brussels, Dewé papers, vol. 1).

③ Walthère Dewé, ‘Notice historique sur le Corps d’Observation Allié’ (Dewé papers); Jeffery, *MI6*, 78–81, 86–7.

公开嘉奖的人里，有将近百分之三十的人是女性。在布鲁塞尔，未婚的女教师劳蕾·坦德尔（Laure Tandel）领导着一支190人的情报队伍，而全体人员中还包括其他女教师、商店售货员、修女和大部分“没有工作”的中产女性。男人们同样也来自各行各业：劳工、公务员、工程师和铁道工人。一位叫加布里埃尔·佩蒂特（Gabrielle Petit）的女孩还为间谍活动献出了性命。佩蒂特是二十一岁的女店员，她在战争之初就自愿到比利时红十字会工作。1915年，她从比利时德占区逃脱出来，转为英军情报部门效力。佩蒂特在英国接受一定的训练之后，在8月返回比利时，组织起一张小型情报网来收集有关德国第六军的情报，通过荷兰把情报传出去。然而，德国人渗透入其情报网中，于1916年2月将她逮捕。最终她在军事法庭上被判死刑，并在4月1日执行枪决。[①]

德国当局曾试图封锁佩蒂特的死讯。因为1915年10月，英国护士伊迪斯·卡维尔（Edith Cavell）因协助协约国士兵从比利时德占区逃往荷兰而受到指控，那是德国因处死她而受到国际上严重谴责。虽然1916年4月8日的《纽约时报》曾从阿姆斯特丹传出消息称，比利时的一家报纸“断言”佩蒂特在被判处叛国罪后已经被处决，但直到5月16日伦敦《泰晤士报》才发出“又有女性被德国人判处死刑”的文章。阿姆斯特丹报纸《电讯报》（De Telegraaf）称加布里埃尔·佩蒂特在3月12日就因谍报罪而被判死刑，但这件事实际上很晚才公开。官方报道称“被控人曾在铁路附近接受报酬，并连续数月向敌人提供情报”。《电讯报》还报道，一名叫露易丝·德·贝蒂尼（Louise de Bettignies）的法国女人曾在里尔因战争叛逆罪而被判处死刑，但是由于她没有“被收买”，对她的惩罚减至“终身苦役”。另一名绰号“间谍女皇”的德·贝蒂尼曾在里尔地区操纵大规模的情报网，直到她于1915年10月被捕前，她不仅帮助了相当多的协约国军人脱离险境，还向协约国提供了一定量的有用军事情报。最终她在一间德国监狱病倒，并在1918年9月死于科隆的一家医院，免于被行刑队处决。[②]

---

① Proctor, *Female Intelligence*, 75–98.

② *NYT*, 8 Apr.; *Times*, 17 May 1916. Coulson, *Queen of Spies*, provides a popular account of de Bettignies.

廷斯利的组织，体现了出战时特工活动的全球性，他们曾一直监视着想要去英国或更远地方搜集情报的敌国特务。1915 年和 1916 年，得益于鹿特丹车站的情报，廷斯利发现了德国特工。廷斯利于 1916 年 6 月在海牙找到一本德国情报机关的地址簿，上面写着许多被德国人收买的美国记者的住址。9 月 29 日，英国安全部门军情五处拦截并破译了一封来自于上述记者之一，乔治·沃克斯·培根（George Vaux Bacon）的信件，这封信暴露了他的行踪。乔治·培根藏匿于荷兰和英国之间，据军情五处称，他过着“散漫”（也就是花天酒地的）生活，避开了他的监视人，参观起爱尔兰的海军基地。培根于 1916 年 12 月被捕，他被发现携有大量足以被指控间谍罪的重要情报材料，并且军情五处发现“当他的两只袜子浸入水里时会产生一种不易察觉的墨迹”。在面对从另一名被德国收买的美国人身上套取的铁证时，培根供认不讳，并在 1917 年 3 月在伦敦塔被判枪决。此事后来被减刑至终身监禁，在美国当局的要求下，他被引渡回国，为指控两位在纽约的情报网负责人提供证据。[①]

比利时战时的情况当然不能完全同爱尔兰的情况相比，然而，两者之间总还有些粗通之处，这些相似的地方使得这种类比不至于像乍一看来的那样唐突。两国政府都在不断地施加压力并加强控制（当然，这种事情也发生在其他国家）。在爱尔兰，征兵制的危害几乎可以同比利时所实行的强制劳动相提并论。两国都在不断激化民族感情并促使人民抵抗执政者的统治。1916 年后，爱尔兰所实行的义务征兵制不断地刺激着民族主义分子，他们认为，只有爱尔兰的议会同意且实施《地方自治法》之后，他们才能考虑这种措施。实际上，爱尔兰在 1918 年就将已经采用的征兵制度立法，这项法案虽然从未实施过，但它仍造成了“泛民族主义者”的反对；让新芬党（战后最主要的民族主义政治团体）的未来统治更进一步。两国战时政府都曾有过自相矛盾的反应。在爱尔兰，激进的民族主义者日益将公务员、当地政府官僚、警察等人的忠于职守当成一种对民族责任的背叛。在比利时，战区之外的地方政府结构被最低限度的

① Andrew, *Defence of the Realm*, 73-5.

保留下来，但也仅能在公民义务与国家职能两种互相抵触的需求中履行自己的职能。

在比利时和爱尔兰两国，那些准备与占领国合作的人们大多数都是坚定的民族主义者。这些人中包括了凯斯门特的爱尔兰旅以及在德国支持下起义的都柏林叛乱分子。在比利时，由于仍然存在一支可以让流民和新兵加入其中的国家军队，在比利时人中间并没有爆发反抗德国占领者的起义。大约有三万人取道荷兰自愿加入比利时军。然而，留在比利时占领区并在那里工作的人，他们有男有女，却都为逃离比利时占领区付出了生命代价。

两国之间另一个可能的相似之处是公共部门。在爱尔兰和比利时，民族—语言的隔阂非常深。爱尔兰人口中有四分之一是新教徒和联合派，政府一直依仗他们支持政府，并为战争做出努力。他们自己的领袖约翰·雷蒙德虽然在1915年5月拒绝加入新的联合内阁，但爱尔兰民族主义者却认为爱德华·卡尔森入阁已经说明英国政府偏袒乌尔斯特联合派并采用“分而治之”的方式控制爱尔兰。在比利时，德国的“弗莱芒政策”企图利用弗莱芒人对语言的不满使其亲德。这项政策包括了从使用弗莱芒语的路标、用弗莱芒语教学到1916年10月使根特大学“弗莱芒化”等一系列措施。虽然这项政策的确让弗莱芒人的文化团体欢欣鼓舞，但并没有对积极招募弗莱芒新兵参战产生多大影响。[①]

两国最后的一点相似之处还在于政府受战时环境影响而采取的抵抗态度。对爱尔兰和比利时两国政府而言，这意味着任何应对反抗和颠覆的措施会比以往可能的情况更加雷厉风行（并且更加军事化）。例如，被行刑队枪决就不是一项传统的民事程序。爱尔兰人对1916年殉难的同胞的哀悼在比利时也产生了呼应。在战后很长的一段时间内，驻海牙的英国情报事务官亨利·兰道（Henry Landau）认为：“同他在18个月内诚诚恳恳地为协约国效力同样可贵的是白衣夫人竭力避免的牺牲。他的故事激励着其他人继续其事业；他的友人发誓为他报仇，在其零散

① de Schaepdrijver, ‘Belgium’, in Horne (ed.), *Companion*, 392–3.

的谍报事业之外出现了“白衣夫人”，那是大战中最伟大的间谍机构。[①]

“但一切变了，彻底变了”

在他著名的诗篇《1916年的复活节》中，叶芝（William Butler Yeats）对复活节起义做出了自己的解读，他勾勒出一幅起义已被广泛接受的图景。复活节起义对爱尔兰民族主义大众生活和舆论造成了深远的影响。这首诗的最后有几句意味深长，是叶芝在描述复活节起义被处决的领袖时写的：“但一切变了，彻底变了；一种可怕的美已经诞生。”支撑他这种观察的，是这样的一种观点：行刑给人们态度造成了一百八十度的转变，在这之后，一切都变了，没有什么还是一如从前的。这首非比寻常的政治战争诗于1916年9月完成，它在1917年由私人出版传播，但是却直到1921年才公开出版。它出自早已将当代政治事务置之度外的作者，叶芝本人甚至没有将其收录在1936年出版的《牛津现代诗歌选》（*Oxford Book of Modern Verse*）中。1923年圣·约翰·欧文（St John Ervine）认为，叶芝是“唯一一位不会写有关大战诗歌的英文诗人”，他将这点归因于叶芝“远离其时代的大众生活”。欧文本人非常了解叶芝，他说：“这并不是由于矫揉造作，而是缺乏兴趣。如果不是德国人把炸弹丢在尤斯顿路的长椅旁边，他可能对战争一无所知。”[②]这点和欧文所写的所有事一样，我们都姑且信之。事实上，叶芝除了写了《1916年的复活节》之外，还写了包括《爱尔兰飞行员预见了自己的死亡》和《缅怀罗伯特·格里高利》（“士兵，学者，马夫以及前一首诗中的飞行员”）等十几首描写战争的诗。

复活节起义及随后的行刑的确对当代的观点造成了强有力的冲击。利亚姆·洛奇在这些事件之后的写作中认为：“我们知道军队已经松懈。我们离这些

① Landau，*Spreading the Spy Net*，61.

② Ervine，*Some Impressions*，280

事件如此之近以至于不能从恰当的角度加以判断……我们永远都无法退回到风暴爆发前的状态；它的影响将会持续，要么改变现实，要么鼓舞人心。爱尔兰不会和从前一样。”[①] 1916 年本身对许多温和的民族主义者而言就是一个非常重要的临界点，而那年的诸多事件形成了一道清晰的分水岭，这些事件的意义渐渐变得明确。在复活节起义之后的余波中，无论是认为爱尔兰的政治局势已经不可逆转地转变，还是认为爱尔兰起义只不过是被战时状况放大，都不得不承认这只是爱尔兰亘古以来所遭受的诸多政治暴力的另一轮周期性爆发。这一点已清晰明了，毋庸置疑。正如联合派报纸《爱尔兰时报》(*Irish Times*)在复活节起义结束后一周所预言的那样：“1916 年的都柏林暴动将和过去一切不成功的暴乱一样，在历史长河中消逝。”[②]

不过 1921 年之后，当四分之三的爱尔兰取得了颇令人满意的独立时，人们似乎合乎情理地认为，事情已经变了，如果不是“彻底”改变，那么至少也是极大改变了。民族主义者开始将 1916 年当作通往自治之路上的一个关键时刻纪念，而不再是一场“光荣的失败”。温和的《自治法令》如今已被米歇尔·柯林斯(1916 年起义成员之一)料事如神的预言——“不完全的自由，但是却是取得自由的自由”所取代。随着国家切断了与英国残存的纽带，爱尔兰最终于 1948 年宣布自己为共和国。1916 年越来越多地作为爱尔兰独立的奠基时刻而为人纪念，尽管这种独立还不完全。

在一份有关复活节起义的研究中，菲尔格尔·麦加里(Fearghal McGarry)颇具洞见力地认为，英国在爱尔兰统治的“潜在弱点”在于它依赖民族主义大众出于实际需要的默从——而不是情感上的喜爱或者忠诚。起义之后的镇压“更让人民对英国政府的容忍度突破了临界点”。[③] 对爱尔兰和英国的联合派(以及一些起义之初的建制派民族主义者)而言，起义的暴力行为激起了一种示范效应。

---

① BMH，WS 1698，pp 339-30

② *Irish Times*，1 May 1916.

③ McGarry，*The Rising*，256.

随着英国在大范围的冲突中危如累卵，性命垂危，英国显然要用雷厉风行的手段来镇压国内的不满。但如此一来，爱尔兰的情形便和其他交战国(如奥匈、俄国和奥斯曼帝国)的国内少数族裔怨声载道的情形相差无几了。

第五章

日德兰与海战

1916年5月31日至6月1日打响的日德兰海战被德国人称为“斯卡格拉克之战”(Battle of the Skaggerak)。这是“一战”中规模最大的海战，也是当时世界最强、技术最先进的两台战争机器，却只能用一个世纪之前的古老战法对抗的一次战争。虽然无线电通讯和现有的火力控制系统都可以使用，但大部分的行动和导航还是依靠视距观察和可视信号。此外，由于这场海战只涉及海面上的舰船，它被认为是20世纪最后的一场大海战。自此之后，再也没有这样既没有派潜艇，也没有空军助阵的大海战了。①

尽管“一战”中令人期待的海战——德国公海舰队(High Seas Fleet)和英国大舰队(Grand Fleet)之间的战斗发生在距两国都很近的北海，但从其地理范围来看，这场海上战争无疑也是“第一次世界大战全球性”的一种体现。这一点在早期太平洋、南大西洋和印度洋的海战都有所体现。1914年11月，英德两国的分遣舰队在智利海岸的卡罗内尔(Coronel)发生战斗，德军略胜一筹。但不久之后，12月8日，德国人却在舰队司令格拉夫·冯·施佩(Graf von Spee)的指挥下，在福克兰群岛战役中完败。德国巡洋舰德累斯顿号(Dresden)逃遁远去，苟活至1915年3月它在智利的胡安·费尔南德斯(Juan Fernandez)群岛被英军截获，并被其船员自沉的那一刻。德国轻巡洋舰埃姆登号(Emden)在印度洋的贸易战则颇为成功。它攻打并重创印度(金奈的)马德拉斯，进攻马来亚槟榔屿并在此地击沉

① Halpern, 'The war at sea', in Horne (ed.), *Companion to World War* I, 141–55; and Kennedy, 'The war at sea', in Winter (ed.), *Cambridge History of the First World War*, i, 321–48，这本书为战役提供了非常有用的背景将介绍。

一艘俄国巡洋舰和一艘法国驱逐舰，1914 年 11 月 9 日埃姆登号被澳大利亚皇家海军巡洋舰悉尼号（Sydney）击毁于苏门答腊西南的基灵群岛（Keeling Islands）。

莱因哈特·舍尔与斯卡格拉克之战

1916 年 1 月 18 日，莱因哈特·舍尔（Reinhard Scheer）上将被任命为公海舰队总司令，立即接替因身体微恙而卸任的雨果·冯·波尔（Hugo von Pohl）。自 1915 年 2 月以来，波尔在他的任上基本一直贯彻着德国海军自开战以来的慎战政策。尽管德军认为在技术的专业性及战术技能上他们并不差，但对德军而言，由于德国舰队在数量上劣于英国的“大舰队”，难题将在于如果他们同英国舰队——举世闻名的强大海军发生舰队战斗，如何才能赢得胜利，以抵消海军战败的风险。事实上，尽管这种比较并不准确，因为海战无疑要比陆战更加具有全球性，但在海上所发生的事也许会和陆上所发生的正好相反，英国人正为如何在全神贯注于西线主战场，以免在海战这种“余兴表演”分散精力而争论不已。

实际上，两边的指挥官都在犹豫，是否要把最强的舰队拿来用在最后一场决战中。如果西线的消耗战对秣马厉兵、渴望取得突破的诸位将军来说是一场旷日持久的挫折，那么这对指挥无畏大舰队的英德及其他国家的海军将领而言，则更加糟糕。为了应对战争，他们花了将近一代人的时间营建舰队。他们自己所创造的最强大、先进以及昂贵的战争机器是如此的珍贵，以至于“小心翼翼”都成为其工作中的口号。夺取敌人的主力舰队是一项高风险的战术。诚如丘吉尔所敏锐观察到的那样，英国大舰队指挥官约翰·杰利科（John Jellicoe）是一个“无论在哪一方，都会在一个下午就输掉战争的人”。[①] 丘吉尔被公认为历史上的“伟人”，但此处他无疑夸大了此事并带有个人色彩。虽然如此，这场北海牌局

① Churchill, *The World Crisis*, 112.

中的赌注总是很高的。

舍尔注定要比他的前人更加好斗，他企图结合所有武器——海面舰船、潜艇、飞机和水雷攻击敌人；如有可能，更要将英国舰队引至北海德国舰队设伏之处。1916 年春，行动开始加紧。3 月上旬，维克多·舒尔茨（Victor Schulze）上尉指挥的 L11 式飞艇在 L13 和 L14 的护卫下从库克斯港（Cuxhaven）附近的诺德霍尔兹（Nordholz）海空军基地横越北海，袭击了英格兰北部。飞艇 3 月 5 日中午出发，花了大概 11 个小时抵达英国海岸，穿梭于约克郡弗兰伯勒角和斯伯恩角之间。在奇寒的环境和强劲的北风里，他们将目标从“米德尔斯堡的军工厂”转移到赫尔港，L11 式和 L14 式飞艇飞行于四至六千英尺的高空，同时进攻赫尔。舒尔茨报告称，“之后的二十分钟内，各飞艇听我号令，沉稳地将炸弹丢在港口和码头上，每一个炸弹的爆炸都能清晰可见”。舒尔茨认为轰炸非常准确，他从望远镜中都能看到人们在火光中跑来跑去。在他确信落在赫尔港的炸弹效果惊人之后，舒尔茨前往伊明汉姆（Immingham），丢下最后的五枚炸弹，然后回到了 26 个小时前他们出发的地方。①

3 月 7 日，《泰晤士报》报道了一场空袭，以“约克郡的一座城镇遭遇空袭”为标题，但是却没有说出地点。不过它却引用了阿姆斯特丹的一则简讯：“海军参谋官称，柏林官方的一则电报写道：‘昨晚我们的某些海军飞艇重创了哈勃市（Humber）霍尔港的海军基地及码头上的建筑。我们的飞艇精神抖擞，但攻击却并不成功，他们安全返回。’”在“约克郡伤亡情况”的标题之下，《泰晤士报》继续报道，约克镇一座至今仍不具名的城镇在遇袭期间发生二十五起爆炸，许多未知的燃烧弹引起十七人死亡，其中包括五名儿童和一名妇女。新闻继续报道称：“没有任何重要建筑受到破坏，这场袭击也没有取得任何军事上的优势。没有一名士兵遇害，死去的妇女和儿童是在普通的天台屋内遇难的。”②

次月，舍尔发起海空作战，其最初目标不仅要引诱英国舰队出战，还要为

① Scheer，*Germany's High Sea Fleet*，113－16.

② *The Times*，7 Mar. 1916.

计划好的爱尔兰复活节起义提供德国方面的增援。[①]该计划将派出一支战列巡洋舰分队进攻英国东岸的雅茅斯(Yarmouth)和洛斯托夫特(Lowestoft),同时派出潜艇和鱼雷艇袭击任何企图拦截德国舰队的英国船只。在4月24日—25日(复活节的星期一和星期二)夜里,六艘飞艇轰炸了诺维奇的林肯郡哈里奇(Harwich)和伊普斯维奇(Ipswich),4月25日清晨,德国战列巡洋舰按计划向雅茅斯和洛斯托夫特进攻。4月25日《泰晤士报》刊登了飞艇袭击的文章,在同一版面的还有"爱尔兰遇袭……一艘德国炮艇和潜水艇试图在爱尔兰武装登陆,运输军火""德国炮艇沉没,许多人成为战俘,其中有罗格·凯斯门特",这些新闻对飞艇袭击报道称:"另一艘齐柏林飞艇于昨晚袭击了东边各郡。"媒体对遇袭目标的准确方位慎之又慎,仅仅补充说"丢下几枚燃烧弹"。不过翌日,《泰晤士报》已经把爱尔兰起义、齐柏林飞艇空袭和洛斯托夫特海战都看成是"德国蓄谋已久计划的一部分",《泰晤士报》称一支德国战列巡洋舰编队炮轰洛斯托夫特,但是却被只受一点轻伤的英国轻级巡洋舰和驱逐舰驱逐。[②]

舍尔打算在桑德兰(Sunderland)发起一次进攻,他认为此地足够往北,足以诱出在奥克尼群岛斯卡帕湾苏格兰基地或福斯湾罗塞斯码头的英国海军——前者是约翰·杰里科的大舰队所在,后者是戴维·贝蒂(David Beatty)的战列舰队所在。[③]舍尔不但计划用海上船只,还计划派遣潜艇以及U型潜艇"佛兰德斯小舰队"离开斯卡帕湾和福斯湾,前往英国南部。但到头来,由于强劲的东北风让他没法用飞艇进行必要的侦察,以预警敌船靠近,舍尔放弃了进攻桑德兰的计划,代之大摇大摆地派弗朗茨·瑞特·冯·希佩尔(Franz Ritter von Hipper)麾下战列巡洋舰队进入西斯卡格拉克海(丹麦与挪威之间的海域),诱使英军出动。5月31日凌晨2点,舍尔派出希佩尔及其战列舰;其公海舰队的其余舰船则在两小时后起航。[④]

① Groos, *Der Krieg in der Nordsee*, 136-7.

② *The Times*, 25 and 26 Apr. 1916.

③ Scheer, *Germany's High Sea Fleet*, 134.

④ 战役细节见 Tarrant, *Jutland*; Marder, *Dreadnought to Scapa Flow* 和 Campbell, Jutland。

这一阶段英国也早已出动了他们的舰队。正如在“二战”中破译电码的布莱奇利园（Bletchley Park）为英国海军提供了非常关键的情报那样，在第一次大战中，海军情报部门分支“40号房间（Room 40）”也截获并破译了一些德军情报。5月30日傍晚，海军部就已经确信德国舰队正在移动并下令让杰里科和贝蒂率部下海。两位将领在午夜之前便已出海，第二天（5月31日）下午4点及晚上10点30分，两只舰队在丹麦西海岸陷入混战，之后双方都宣告胜利。虽然希佩尔的分舰队遭到相当的伤害，但他们还是在第一轮交锋中击沉了贝蒂的两艘战列巡洋舰。在晚上6点30分的主力舰战斗中，又有一艘英国战列舰和两艘重巡洋舰被击沉，而德国的战列巡洋舰吕佐夫号（Lützow）也失去行动能力，不久沉没。德军同样也损失了一艘前无畏舰和四艘轻巡洋舰，吕佐夫号是此役中沉没的战斗力最强的战舰。双方许多舰船都身受重伤。夜里晚些时候，舍尔打算避开英军，将其残部移往安全地带；他后来宣称，当他的旗舰腓特烈大帝号（Friedrich der Grosse）在威廉港下锚时，“各舰船员全都意识到我们战胜悍敌的伟大之处”。①

斯卡格拉克（或日德兰）战役的非决定性战果对双方而言都是一次巨大的挫败。为了重新弄清楚他们确实已经重创德军，英国海军需要委托“TR/16”——英国“一战”期间汇报敌舰情况最成功的特工——汇报敌方战舰的状况。“TR/16”是一名名为卡尔·克鲁格（Karl Krüger）的海军工程师，他于1914年11月在海牙英国公使馆成为一名特工，决定为英国效力。录用他的英国特勤局（Secret Service）起初自然而然地对他十分怀疑，但后来他们发现他不仅“令人放心地”贪得无厌，还对德国海军及德国皇室充满深深的恶意。据说他在海军服役多年期间曾侮辱过德皇亲人，被告上军事法庭并被海军解雇。克鲁格自己据说有门路进入德军造船厂，他定期提供有关德国海军的最新消息。特勤局相信其人所言，将其聘用并交由鹿特丹的理查德·廷斯利负责。因此，“TR”两字表示的是：坦斯

① Scheer, *Germany's High Sea Fleet*, 174.

利-鹿特丹。[1]

据现存的六十份情报报告文件记载，克鲁格从1915年5月至1919年1月，大约每周都会完整的参观德国造船厂，他的情报弥足珍贵。日德兰海战后，特勤局要去汇报德国舰队的损伤，克鲁格接受了这项任务。这位特工在6月3日至6月20日之间造访十所德国造船厂，其中包括基尔、不莱梅、罗斯托克以及但泽等地。6月27日他发出一份五页的综合报告，这份报告被海军情报部主任赞誉为“完美的报告”。在英军看来，最令人欣慰的事就是：德军遭受了比他们所承认的更严重的损失。例如，克鲁格称八艘主力舰至少三个月内不能服役。在哥本哈根活动的另一名英国特工“D.15”（D即为丹麦）除了表明德国海军造船厂的戒备松懈之外，还提供了一份详细而准确的斯卡格拉克战后情况报告。报告称，有59艘德国战舰参加海战，大部分都有不同程度的损伤，受伤最重的有康尼格号（Konig），马克拉格夫号（Markgraf），德弗林格号（Derfflinger），塞德里茨号（Seydlitz）。他估计德国的伤亡大约有2477人战死，490人受伤（据战后十九天后搜集和提交的情报统计，最后的官方数字为2551人战死，507人受伤）。[2]

虽然斯卡格拉克之战归于英军的胜利是由于德军变得紧张不安不敢再让公海舰队出海，但这并不是事实，因为在1916年德国舰队就两次出海。舍尔并没有被战役结果激怒，他（有一些理由）认为此役正说明了技术优势其实在德国这边。舍尔写道：“我们已经向世界证明，英国海军不再如他们所吹嘘的那样天下无敌。而且，这一战正证明了我们海军所组织的公海舰队在向正确方向迈进。”[3]1916年8月，舍尔计划向桑德兰发动新进攻，他再次打算引出英国舰队。舍尔为他的潜艇设计了新的战术，他将其潜艇按组排列以便从北向南保护其舰队，同时也为在时机到来之际进攻英军做好准备。

于是，公海舰队于8月18日晚上10点左右自威廉港起航，八架飞机为

---

① Jeffery，*MI6*，83-5.

② Intelligence reports in TNA，ADM 223/637. 伤亡数据引自 Marder，*Dreadnought to Scapa Flow*，204。

③ Scheer，*Germany's High Sea Fleet*，177.

其提供长程侦察。与此同时，英军收到情报部门提供的德军出动的警告，在德军离开港口开始出海。舍尔的U型潜艇“屏障”表现很好，击沉了一艘轻巡洋舰——英国大舰队开往南方狙击德军的先头部队——诺丁汉号（HMS Nottingham）。诺丁汉号是被潜艇击沉还是触雷自沉尚不清楚，但这却使让杰里科踌躇不前，唯恐他会让其舰队进入雷区。舍尔的军舰反而被一艘英国潜艇袭击，凌晨五点，他的战舰威斯特法伦号（Westfalen）被一枚鱼雷打成重伤，不得不将其送回港口。德国的飞机侦察十分成功，虽然有一份报道误将英国哈里奇的一支小分队当成大舰队，但终让舍尔幸运地改变了航线，避免了从北面赶来的英国优势兵力。8月19日午夜，他决定率部回国，同时杰里科也做出了同样的决定。舍尔的潜艇再次立功，另一艘英国轻巡洋舰法尔茅斯号（HMS Falmouth）被鱼雷两度击中，丧失了行动能力，在被拖回港口时沉没。这并不是公海舰队最后一次进入北海的冒险。10月19日，舍尔再次率船出海，但是却没有重复他在8月间所谋划的潜艇与飞机侦察的有效搭配，因为早在10月上旬柏林的海军参谋部就已经禁止使用潜艇配合北海作战，其时他们正再次地将注意力集中到贸易袭击上。[①]

舍尔虽然认为这项政策“毫无用处”，但他也只得默从。他一直相信“在同英格兰的战斗中使用U型潜艇非常重要”。它们可以同时用来打击英国的海上贸易和英军的战舰，不过舍尔更倾向于前者，因为它们更有摧毁敌人的潜力。不过这项计策只有在对U型潜艇的使用完全没有限制的情况下才能成功，而且是一项政治决策。1915年2月，德国宣布不列颠附近海域为“战区”，在这一战区视野内的任何敌方商船都会被击沉。然而对携有美国乘客的英国船只的攻击——尤其是1915年5月沉没的客轮卢西塔尼亚号（Lusitania），引来了美国的愤怒抗议。1916年3月，横渡海峡的客轮苏塞克斯号（Sussex）遭到U型鱼雷艇重创，西班牙著名作曲家恩里克·格拉纳多斯（Enrique Granados）及其夫人遇难，许多美国人受伤。此事引起了另一场外交风波并促使德国在5月上旬放弃

① Scheer，*Germany's High Sea Fleet*，180–4；Marder，*Dreadnought to Scapa Flow*，235–56.

了这项政策，于是舍尔也一起停止了贸易袭击并重新部署他的潜艇支援水上舰队，并作为布雷舰在英国海岸周围布雷。他在自己的回忆录中记载了一起 1916 年 5 月末在奥克尼群岛以西，由于潜艇所埋设的水雷所取得的“重大成功”：6 月 5 日，英国陆军大臣、陆军元帅基钦纳勋爵乘坐英国巡洋舰汉普郡号（HMS Hampshire）前往俄国途中，其座驾触雷沉没，基钦纳、参谋官及船上的大部分船员罹难。[①]

在回忆录中，舍尔认为 1915 年中所采用的作战形式，将 U 型潜艇作战限制在协约国商船上，他并不满意。在斯卡格拉克战后（很明显他认为此役是一场胜仗）写给德国皇帝的报告中，舍尔认为公海之战即便取得最成功的战果，也不能迫使英国媾和。因为他们地理位置上处于劣势，而敌人有巨大的物资优势；舍尔相信捍卫胜利的唯一办法就是通过 U 型潜艇作战，使英国经济彻底崩溃。而这需要“高度严肃地对待”，也就是说，采用无限制潜艇战。将 U 型潜艇作为一种战争手段全面投入使用，这样就可以死死地扼住英国命脉。[②] 舍尔明白要执行这样一项政策需要付出政治代价，但是他认为有把握在美国参战前就将英国的政治经济逼到极限，或者至少让英国在战争受到沉重打击。最终，舍尔终于在 1917 年 2 月后成功说服柏林实行无限制潜艇战，后来被证实是一个十分错误的决定。虽然一开始协约国船只损失惨重，但新的护航技术很快就发挥了作用，这也是让美国在 1917 年 4 月参战的主要理由。

封锁

1919 年 6 月在一次伦敦《每日纪事报》（*Daily Chronicle*）的采访中，舍尔称“海战是关键因素，而饥饿封锁则是德国战败的原因”。[③] 这种分析迎合了德

① Scheer，*Germany's High Sea Fleet*，167，190.

② Ibid.，103，168-9，177.

③ 转引自 Gerald Fienne in the *Observer*，20 July 1919。

国人的普遍看法，即战败基本上发生在“国内战线”上；德国的武装力量并没有在陆战（或海战）中被击败；国内的虚弱使德国的作战能力受到危害；甚至连坚韧不拔的德军将士也被狡诈的社会主义政客从战场之外“背后捅刀”。一名德国海军军官在战后写道：“我们不弱于世界上的任何国家。我们奋战长达四年，从一场胜利迈向另一场胜利，直至最后我们自己的同胞，特别是非日耳曼同胞打落我们手中的武器时才颓然倒下。”[①] 这种单纯的想法不仅让德军免于失败的罪责，同时还强化了对英国利用海上力量的假想，这种假想有助于冲减任何有关“皇家海军在战争中并没有达到预期”的说法。而海军虽然没能凭借截断食物补给和必要的原材料来摧毁其国外大敌，再造纳尔逊神话，但它至少在削弱敌人发动战争能力上发挥了决定性作用。

关于协约国封锁战略的有效性有颇多争议之处。保罗·肯尼迪（Paul Kennedy）对所谓的“协约国海上封锁的神话”大加挞伐，他认为德国所发生的事情是一场内因导致的“食物灾难”，而封锁对其起到的作用微乎其微。[②] 不过协约国在国内海运上的优势（光是英国一国就控制了大约百分之四十三的世界商船总吨位）和他们的阻塞能力，就算他们实际上没有实行封锁，在外国的德国船只也一样会大大地减少敌国的食物与重要战略物资——原材料的进口。主导国际金融的英国首先就削弱了德国的支付能力。海上封锁也产生了重要的象征性和心理上的影响，因为它向世界各地的德裔群体，向他们的同情者和类似的中立国宣示：大英帝国在全球范围内可以随时调拨力量，威胁德国的经济利益，并在可能之处彻底消灭德国人的贸易经济体系。

英国及随后的德国都宣布北海及英吉利海峡为“战区”，任何本国及中立国的航运都会被拦截下来。英国从一开始就在实施有效的海上封锁方面遇到了操作和法律上的困境，它需要下定决心拨出履行封锁任务的海军（与之相对的则是与德国海军作战的军队）。要确定何种货物（尤其是食品）为法令规定的“战时禁

---

① Hase，*Kiel and Jutland*，6.

② Kennedy，‘The war at sea’，in Winter（ed.），*Cambridge History of the First World War*，i，343–5. 类似的论述也可见 Kramer，‘Blockade and economic warfare’，in ibid.，ii，460–89。

运品”，要确定应采取何种政策才能不至于让美国这样为英国提供食品和其他物资的中立国感到危险，英国仍有许多的问题有待解决。即便如此，到1915年初，英国还是凭借着设得兰群岛和挪威之间以及英吉利海峡的英国战舰建立了一套监视开往北海的船只的制度。据说开往鹿特丹的美国船或丹麦船将会被英军截下，拖往柯克沃尔或勒维克港进行检查。但是为了防止危及外交关系，许多船只(特别是美国船)都被允许放行，即便他们明显携带了禁运货物。到目前为止，可以说英国封锁的总体影响对德国来说是很轻微的。①

1915年2月，通过在不列颠群岛海域推行无限制潜艇战，德国实际上也实施了自己的海上封锁，这使得许多商船遭到打击。次月，英国做出回应，他们将收紧管制，并宣布现在没收一切敌国物资(即便是通过中立国船只运输的物资)。随着中立各国外交状况持续不稳定，这项政策完全没有严格贯彻下去。对无效的海上封锁的批评，首先来自皇家海军，接着来自议会和公众，这些批评让外交部反而打算采取更严厉措施。战争中的大量挫败，以及各界广泛认同的一种观点：某种程度上讲，西线僵局是一种无力的战时政策的产物；这些交织起来都令外交部和外界的矛盾更加尖锐。1916年2月，拉德洛的国会议员，统一党梅杰·罗兰·亨特(Major Rowland Hunt)告诉英国下院，政府“明白地显示出他们无法发动战争”，“他们过度害怕冒犯中立国，而让大量战争物资取道中立国家进入德国”。亨特要求发动一场更为“全面”的战争，不要有太多像阻挠海上封锁这样的法律束缚。而政府应该“将给人民一个机会，让其选择不畏惧发动战争的人上台……那些人将给予我们英勇无畏的战士与水手，将给予我们的盟国赢得这场战争的机会，取得这场有史以来最恢宏的战争的胜利”。②

罗兰·亨特仅仅是一名默默无闻的英国国会议员，但是他对“一场更艰苦的战争”的见解却在英国引起了巨大反响。相似的观点也在其他交战国内反复出现。这样的意见和他们所代表的公众政治意见的转变尽管各不相同，但在各国

① 该段叙述主要基于Osborne，*Britain's Economic Blockade of Germany*。

② *Hansard*(*Commons*)，23 Feb. 1916，col. 776.

都起到了类似的效果。1916 年，世界各地明显收紧了战时政策，各国政府都鼓励其民众最大限度地投入战争。有时，这种政策上的收紧也会伴随着政治及军事领导权的变更，强化军权或者在某些国家重申文官政治。①

在德国情况是前者。1916 年，德皇、宰相特奥巴登·冯·贝特曼·霍尔维格（Theobald von Bethmann Hollweg）同最高统帅部的权力天平已开始向要求“攻坚战”的军队倾斜。1916 年 8 月，在凡尔登损兵折将的总参谋长法金汉，被两名在东线取得胜利的“军事强硬派”取代：接任法金汉担任总参谋长的兴登堡和他的副手鲁登道夫。不过因为 8 月 31 日的“兴登堡计划”（Hidenburg's programme），他们未能将全部的经济力量投入到军工生产。尽管如此，为了管理全国经济并征召全体公民投入战斗，政府还是成立了权力颇大的最高陆军部（Supreme War Office）。

其他国家力图应对全面战争的不断挑战，类似的变化也在发生。1915 年，英法两国都组建了专门的政府部门以监督军火生产。它们都受能说会道的激进政治家控制；英国的是“威尔士奇才”戴维·劳合·乔治（David Lloyd George），法国是社会党人阿尔伯特·托马斯（Albert Thomas）。他们都使得战争工业有了新的急迫性和联动性。而在德国，人力资源的调拨是重中之重。在主要交战国中，和平时期从不需要强制服役的英国最终也于 1916 年 1 月采取了义务征兵制制度，接着出台各种法规管理国内劳动力。政府对劳动力市场、工业组织以及商品供给——特别是食物供给——不断干涉，导致各交战国纷纷催生了“战时社会主义”。

1916 年 5 月成立的“战时食物供应局”（War Food Provisions Office）是德国协调中央政策后，确保平等对待全国各地的一次尝试。该部门制定出许多的规章制度，但最终却都能产生一个令人满意的综合性制度，它被乔治·亚尼（George Yaney）称之为“中央集权滚雪球”。干涉主义和中央集权引起了地方政府的反

① 这些事情的论述见 Stig Förster，‘Civil-military relations’，in Winter（ed.），*Cambridge History of the First World War*，ii，91–125。

感。为了支持战争，与兴登堡计划保持一致，军队开始直接向柏林工厂供应食物，以便分配给军工。但是这却切断了城市现有的、更为公平合理的安排，直接造成了 1917 年初夏的一起“民变”(亚尼称之为)。在僵局之后不久，市民与普鲁士集权政府达成和解，柏林市民将保有在该地区接受食品分销的义务。①

无论是否由海上封锁导致的，战时德国人民的生活都非常艰苦。长号演奏家、性情古怪的南奥地利人埃塞尔·库珀(Ethel Cooper)在战争时期受困于莱比锡，在她写给妹妹埃米的日常书信中，形象地描述了当时的生活环境和社会心态。她在 1916 年 1 月写道：“咖啡日益短缺，而存货亦被政府收走以防价格上涨过快。”2 月，出现了物资定额配给：“我们这个月所有的黄油券缩减到每周四分之一磅——但这太少了，除此之外我今早还从报纸上看到一则新命令，黄油定额又将被缩到了每周八分之一磅!”虽然库珀觉得他们“没有黄油也能过日子”，她对马铃薯的供应更为担忧。马铃薯并没有耗尽，但萨克森乡下的农民们却不愿按调整后的价格出售。集市空空如也的情形已有十天。靠马铃薯才能勉强维持生存的贫民陷入了绝望。2 月 13 日，她直接用德语写道：“食品暴利，变得很糟糕，马铃薯很难搞到，在市场开门前，人们站成 1.5 英里的长队，等待数小时，然后一次也仅能得到 5 磅马铃薯——那还要算他们运气好。面包一再减量，奶酪十分‘罕见’。”库珀为写了太多有关食物的事情而抱歉：“这就是我们每天讨论过的话题之一。”虽然战时的莱比锡物资匮乏，但它也有一些文化上的补偿。她写道，“现在我要去莱比锡商布大厦，德·哈尔伯特晚上在市内音乐厅有演出。今年他没几场演出，这一场绝不容错过”。

食物匮乏在库珀的信中一直是一个重要的主题。她在春天去和拥有农场的朋友住在一起。“当我看到鸡蛋和为早餐而准备的午餐肉时……我几乎高兴得要从高处飞下来”。另一方面，“茶叶、咖啡、可可豆、菊苣都被政府收走”，她在 4 月 2 日写道，“我们下周才能有肉票”。之后就在同一个月内，报纸上的一篇文章声称，“如果最初把它们都浸泡在淡柑橘茶里去腥”，乌鸦、渡鸦和寒鸦“都

① Yaney，*The World of the Manager*，65-72，113-84.

可以变得非常美味”。库珀评论道：“可能是吧，但最近的战场离莱比锡还有些距离，考虑到冒险吃乌鸦的话那还是太不值得。”8 月，她提到了一种新的美味佳肴——一种大豆萃取物。“它像肉一样香，味道很棒，也很容易吃饱；还有熏制海象品尝起来味同腌牛肉——如果不是全黑，则有一股腥味”。11 月她开始“残忍地”吃鲸肉、品尝鲸油，“因为我不敢把鲸肉丢掉，所以我抹上一层浓浓的芥末酱来盖住鲸油”。①

1916 年的歉收使食品供应问题更加严重。尽管 1914 年和 1915 年收成很好，但从 1916 年 8 月中旬起，德国各地连续三个月阴雨连绵。希望能够从春天的高价中获利的马铃薯种植者在秋天放弃了收割，他们发现地里水涝成灾，庄稼一片荒芜，烂在地里。这种情况让食物短缺几近于饥荒，造成了 1916 年至 1917 年所谓的“大头菜之冬”（Kohlrübenwinter）。在弗莱堡，德国东南边境阿尔萨斯附近，马铃薯从 1916 年夏天开始就已经限量配给。1916 年秋，愤怒的人群在老城区的商店前面聚集，徒劳地要求鸡蛋、黄油、奶酪和马铃薯，骚乱时不时地发生。然而粮食定额却是如此的贫乏；1916 年 5 月，鸡蛋的定额还是一周三枚，但到了 1916 年 10 月的前三周，弗莱堡人的定额被限制到了每人两枚鸡蛋。正如埃塞尔·库珀所指出的，在城郊乡下食品供给比较充足。在弗莱堡和莱比锡，“觅食之旅”（Hamsterfahrt）成了一种流行的周末活动，城市居民走向乡间，找寻一切可以吃的东西。这也让囤货狂潮和黑市交易盛行一时。1916 年 5 月，据统计弗莱堡的食品供应还给了 80 户家庭和商家超过 500 枚的鸡蛋。虽然大部分的食物供应是合法的，但一名囚犯却有 5000 枚鸡蛋，理发师有 1500 枚，牧师有 700 枚。牧师可以说是出于慈善目的，但其他人似乎是通过黑市得到的鸡蛋。罗杰·齐克林（Roger Chickering）在其有关战争时期弗莱堡的经典研究中提到，鸡蛋如果妥善保管，将会像其他耐用品一样成为一项很有利可图的投资，一项固定的收入来源以及对通货膨胀的可靠屏障。②

---

① Denholm（ed.），*Behind the Lines*，121，125–7，134，136.

② Chickering，*The Great War*，209–10；217，221，245–6.

虽然战争时期的德国生活十分贫苦，但也有一些乐趣所在。埃塞尔·库珀在1916年6月里花了一个星期天的时间，跟一位嫁给德国人的英国妇女以及一群美国富人在靠近莱比锡的乡间小路旁玩高尔夫球。“讲英语的人不会受辱”，她写道，乡间旅馆的晚餐有“鸡蛋、牛奶、火腿和草莓”。她在12月还去看了一场《以牙还牙》演出。她对此剧评论道：“一般说来，我不喜欢德语演的莎翁剧，但是这场演出很不错。”虽然物资匮乏很普遍，但库珀的中产阶级朋友却打算在必要的时候召开一场体面的盛宴。圣诞节前夜，“我们有龟汤、鹅肉以及李子布丁”，还有足量的酒。库珀的圣诞礼物颇为“滑稽”，但它依然体现出每个人所预先储藏的食品及其他必需品：“汤、芥末酱、咖喱粉、婴儿食品、咖啡、果酱、鱼罐头、汤剂、干蘑菇、一包饼干——这些宝贵的东西可以让数周以及以后数周的生活变得容易。”①

交战双方对地中海沿岸实施的海上封锁产生了非常严重的后果。德国潜艇自1915年末起便在亚德里亚海的普拉和科托尔作战，他们的作战颇具成效，“一战”中总吨位1200吨的协约国船只中，有四分之一在地中海沉没。的确，战争中沉没的最大船只——5.3万吨的英国医务船不列颠尼亚号（Britannic，在贝尔法斯特建造的泰坦尼克号的同型船）就是在1916年11月21日开往萨洛尼卡（Salonika）的途中于希腊基亚岛触碰到德国水雷而沉没的。该船上有625名船员和500名医疗人员，但幸运的是无人受伤。虽然它不到一个小时就沉没了，但只有30个人掉落水中。不过颇为巧合的是，幸存者之一维奥莱特·杰索普（Violet Jessop）护士后来又出现在了沉没的泰坦尼克号上。

对于德国人而言，地中海水域的政治性让它比其他地方更有吸引力，因为这里不如大西洋，没有多少美国势力，也不大可能会引起像1915年卢西塔尼亚号和1916年苏克赛斯号沉没后的外交抗议。为了他们主要的经济战（Handelskrieg）以及打击在爱琴海上穿行将军队和补给运往萨洛尼卡前线的协约国船只，德国同样也使用他们的潜艇来增援利比亚的赛努西教团（Senussi），这

① Denholm (ed.), *Behind the Lines*, 121, 125-7, 134, 136, 143, 154, 167, 173.

是些在1911年后反抗意大利占领其国土的武装力量，他们受到土耳其首领恩维尔帕夏（Enver Pasha）的支持，从西面攻打英国统治下的埃及。有奥斯曼土耳其军官以及资金补给上的支持，由德国潜艇从土耳其调来的赛努西教团打了两场战役。一次战役是在沿岸，1915年11月发动，1916年5月被击退。同月，二次战役在内陆打响，兵锋直指埃及沙漠中的绿洲，但是这次也同样被打退了，赛努西教团最终于1917年2月被赶了出去。[①]

德国和奥地利两国的潜艇都在地中海作战（虽然后者不敢逾越亚得里亚海），但在意大利于1915年5月对奥宣战和1916年8月对德宣战之间的15个月期间，德国和奥地利相互勾结，假装击沉意大利船只的事都是奥地利潜艇干的。这意味着奥地利要在1915年意大利客轮安科纳号（Ancona）被德国U型潜艇击沉、造成20名美国公民丧生之后，还需应对来自美国的外交抱怨，甚至支付赔款。德国和奥地利的潜艇在地中海普遍获得了不同的成功，他们对1916年间世界各地超过百分之五十的航船损失负有责任。1916年6月，他们击沉了43艘总共吨位达67000吨的船，占该月航运总量的百分之七十七。在8月，他们击沉了77艘总共12900吨的船，占航运总量的百分之八十二。7月26日至8月20日，德国潜艇U-35在西地中海完成了整个“一战”中单次最为成功的巡航，它击沉了54艘舰船，总重达9万吨。德国海军参谋长亨宁·冯·赫尔岑多夫（Henning von Holtzendorff）向德国皇帝吹嘘道，该潜艇使将近5万多吨的煤沉没，使意大利煤矿付出了代价，造成了燃煤短缺，给意大利的经济造成了很大的压力。[②]

中立国家也备受影响。德国为了破坏从西班牙南部英国人控制的力拓铜矿与硫磺矿补给，将这些矿场本身也当成打击对象。航运限制减少了西班牙工业的棉煤进口，1916年9月，从巴伦西亚出发，运水果的货船露易丝·威夫斯号（Luis Vives）被一艘德国U型潜艇击沉。据《泰晤士报》报道，该船携带了许多甜瓜、洋葱等太平洋作物。西班牙大使向德国抱怨道：“阻碍水果丰收时的交通

① Strachan, *The First World War*, i, 748-50.

② Halpern, *Naval War in the Mediterranean*, 191-205, 243-53.

对西班牙是一个沉重的打击，它正在成片地摧毁村庄。”但是德国却坚持称船上载有“给利物浦的禁运食品”。到了 12 月，西班牙媒体发表报道，提出要彻底终止可能“引起西班牙内部骚乱的西英贸易”。因此，海上战争虽然没有专门以西班牙为打击对象，但却对它产生了深远的经济影响。①

法国人主要对土耳其东地中海地区的叙利亚实行封锁，历史上他们在那里有政治经济上的利益。海上封锁对平民百姓造成了很大影响。部分研究“一战”时期耶路撒冷的著作中提到，海上封锁严重妨碍了巴勒斯坦的棉花、谷物和柑橘的出口和食物必需品的进口，造成了经济衰退。不仅如此，战争时期的收成很差，1915 年春季以来，巴勒斯坦地区饱受蝗虫侵扰。谷物短缺因东约旦的供货得到最低限度上的缓解，而从美国的锡安主义者那里获得的医疗食物援助也有助于减轻痛苦，这些援助也拨给了巴勒斯坦的基督徒、穆斯林和犹太人。②

在大战的后半段，“大叙利亚”(含今叙利亚与黎巴嫩)饱受一场大饥荒的折磨，这场饥荒造成大约 50 万人死亡。琳达·斯恰克托夫斯基·希舍尔(Linda Schatkowski Schilcher)不仅将饥荒的爆发归因于奥斯曼土耳其帝国行政及后勤上的怠政，更将其直接归因于英法联军对叙利亚海岸的全面封锁。她认为，“在‘一战’中这样的做法极为无情，无疑是沿岸地区饥荒的主因”。1916 年 3 月，大马士革严重不足的粮食供应引起了面包暴动和其他示威活动。奥地利领事报告称：“几百名底层妇女和她们的孩子聚集在行省总督杰马勒帕夏(Cemal Paşa)所据的大楼前，不停地哭喊：‘给我们面包，我们正在挨饿’”。1916 年 4 月，阿拉伯起义的爆发中断了奥斯曼土耳其政府的供应，与此同时它也向那些受命购买及分配粮食的部队施加压力。缺乏必要的人员、资金或运输工具，杰马勒帕夏将该套体制交与私人承包商之手，然而这群人却无法面对飙升的价格，并且拒绝同政府代表交易(或拒绝接受奥斯曼纸币，要求交易黄金)的供货商。无疑，那些处于社会底层和政治边缘的人受害最深。1917 年的歉收以及更多的行政问

① *The Times*，18 Sept.，30 Oct. 1916；Carden，*German Policy Toward Neutral Spain*，100–60.

② Jacobson，‘A city living through crisis’.

题使得“1917 年至 1918 年冬天供应全面崩溃”。[①]

就其本性而言，协约国的经济战是最具有“全球性”的战略，它同对战略物资的关注结合在一起，对菲利普·德内(Phillip Dehne)所谓的“远西线”产生了影响。发动对德国全境的全球性全面战争，意味着要在南美洲也发动战争。[②]1913 年，多米尼亚共和国对德出口占百分之二十，对德进口占全国进口的百分之十八。到了 1916 年，这两项数据都为零。智利硝酸盐(这些硝酸盐主要为了农业施肥)出口随德国、比利时传统市场的中断而在战争的最初两个月内跌落了百分之五十，不过到了 1915 年，由于美国填补空缺以及英国为制造炸药而增加进口，智利的硝酸盐出口有所恢复。从 1914 年到 1917 年，阿根廷的三大主要农业出口品——小麦、大麦和亚麻，这些曾占阿根廷外贸总额的百分之四十以上的作物，数量和价格同时迅速下跌。从 1916 年 4 月到 12 月，持续的旱灾造成严重歉收，这让战时限令的影响以及海外市场的损失更加严重。战前，德国控制了百分之六十的阿根廷粮食贸易，这成了英国实施海上封锁的第一个目标。另一方面，英国公司主导的阿根廷肉类贸易在战争期间表现更佳。尽管战时需求暂时性地拯救了正在下滑的巴西橡胶业，但欧陆市场的封闭以及航船不足沉重打击了咖啡买卖，在 1914 到 1915 年间下降了三分之一。一名历史学家平淡无奇地写道：“咖啡在协约国的航运优先列表中排位不高，他们也不怎么关心经济是否会因为配件和燃料而崩溃。”[③]

1916 年初出版并实行的“法定黑名单”(Statutory Blacklist)是英国经济战的关键武器之一。在战争初期，英国政府曾采用紧急立法，用一切手段来控制、限制补给和重要物资的转移。尽管开始时措施比较随意，但后来安排逐渐系统化，1915 年 12 月以后，英国海上封锁政策由政府“外贸部”监察，该部门负责协调发动有效经济战与不触怒中立国之间的平衡。“法定黑名单”分阶段出

---

① Schatkowski Schilcher，‘The famine of 1915–1918’.

② Dehne，*On the Far Western Front*，67.

③ Bethell，*Cambridge History of Latin America*，302；534–5；700；Albert，*South America and the First World War*，63–72.

台——2 月出台总部在欧洲的公司名单，1916 年 3 月出台南美洲国家的名单——体现了开列禁止贸易的具体公司及个人行动的强化。例如南美名单就包括了粮食和咖啡出口商德国煤仓公司和一些运输线。[①]这份名单由当地的英国商会开具。这些精明关商人不仅希望凭着爱国热忱为战争尽些“绵薄之力”，更希望经济战能够让英国公司永久取代德国在该地区的势力。一些目标公司对黑名单嗤之以鼻。1916 年底，德国煤仓公司发放贺卡庆祝十周年纪念日，他们表示：“虽然我们的对手们为了在经济战中对抗我们，用尽了一切阴谋、胁迫与报复手段，但我们仍然能够以全面繁荣的姿态，对未来充满自信地度过这段时光。”英国驻阿根廷公使雷金纳·托尔（Reginald Tower）爵士向伦敦的外贸部报告称：“该公司与其德国总部间的电报表明：煤仓公司实际上正摆出一副勇敢的样子，来面对它生意上的艰难时期。”[②]

1916 年协约国海上封锁的导致了葡萄牙参战。由于虚弱、贫瘠以及帝国主义的过度扩张，葡萄牙一开始并没有认真考虑参战。然而出于现实上的考量，英国却将葡萄牙作为积极盟友看待，它仅仅要求里斯本要么宣布中立，要么宣布为交战国。除了 1915 年 1 月至 5 月葡萄牙处于皮门塔·德·卡斯特罗（Pimenta de Castro）将军的亲德政府治下外，葡萄牙政府暂时倾向协约国一方。如在 1914 年 11 月，他们提供了 56 挺 75 毫米火炮和一些弹药供法国使用。他们还把 2 万支枪送往南非以供武装部队对抗德国的非洲殖民地。1915 年 6 月，里斯本向英国提供本国及海外的港口供其无偿使用。然而由于葡萄牙的海上贸易受到海上封锁和战争破坏的打击，政府财政处境岌岌可危。葡属圭亚那和德国之间的可可贸易停滞不前，而包括粮食在内的进口食品价格则飞速飙升。

然而，葡萄牙的战争不仅发生在离葡萄牙安哥拉殖民地和莫桑比克殖民地很近的德属西南非和德属东非（协约国正为征服这些地方而战），而且还发生在葡萄牙的港口，76 艘德国商船搁浅于此。例如，1914 年 12 月，德军侦察兵自

① *London Gazette*，nos 29492 and 29515，29 Feb. and 24 Mar. 1916，pp 2207–12 and 3172–5.

② Dehne，*On the Far Western Front*，95.

德属西南非闯入安哥拉，德葡两军大打出手。这次意外在葡萄牙过去十年间都无法“使之安定”的当地土著居民中引发了一场动乱。1915 年 5 月，德·卡斯特罗倒台，葡萄牙人认为应当通过参战来提高自己的国际地位，因而他们变得更加迎合英国的要求。英国希望得到那些德国商船，因此他们让葡萄牙明白，如果他们能够征用这些商船，他们可以提供三百万英镑的贷款给财政拮据的葡萄牙政府。这种条件足以让葡萄牙立即行动并夺取搁浅的商船，转而激怒德国，使其在 1916 年 3 月 9 日对葡萄牙宣战。[①]

葡萄牙在“一战”中的不愉快经历体现了它决定参战时的犹豫与不安。他们最初的军事行动是无耻的帝国主义行动，1916 年 4 月，他们占领了鲁伏马（Ruvuma）河口边的一块三角地带，该地位于德国自 1894 年就占领了的莫桑比克——德属东非边境上。葡萄牙急切希望参加任何协约国对德国殖民地的征服行动，6 月，在何塞·塞萨尔·弗雷拉·吉尔（Jose Cesar Ferreira Gil）将军的指挥下，一只 4600 人的军队被派往莫桑比克北面的帕尔马，受命沿海岸线进入德属殖民地境内。指挥在东非协约国军队的南非将军简·克里斯蒂安·斯穆茨（Jan Christian Smuts）要求吉尔向内陆前进，夺取粮食产地重镇内瓦拉（Newala）。吉尔的军队准备不足，将才平庸，多受疾病侵袭，自 9 月开始几乎减员过半。虽然他们计划 10 月 26 日攻下内瓦拉，但不久他们就发现自己被一支人数虽少但却训练有素的德军包围，并在 11 月底被狼狈赶回了莫桑比克。葡萄牙的干涉非但没有增进协约国的事业，实际上还让斯穆茨徒增担忧。

葡萄牙在欧洲的军事贡献也有类似的模式，他们远不是令英国人心满意足的盟友。葡萄牙派一支两个师的葡萄牙远征军前往西线同英军一同部署，还送了一些炮兵供法军驱策。然而葡萄牙兵并非坚韧不拔，他们一直受英国人的嘲讽，1918 年德国人的春季攻势期间，他们兵败如山倒。[②]

---

① Vincent-Smith，‘Britain，Portugal，and the First World War’.

② Strachan，*First World War*，i，623-5；Beckett，*The Great War*，111-12.

日本的海上战争

1916年9月16日，在意大利北部的G·M·特里维廉救护车队中，一个叫乔治·巴伯(George Barbour)的人在日记中记下了一则看来不太可能的情报："在日本海军炮兵的操纵下，15门日本榴弹炮如今正在部署，将对付蒙法尔科内的部队。巴尔从梅斯特处带了数门榴弹炮回来。"巴伯后来认为巴尔是个不可靠的家伙，"一个彻头彻尾的懒骨头，他是由于前一天受德比计划(Deby scheme)征召才加入我们的救护队"。[①] 无论巴尔是否是在忽悠认真的巴伯，抑或某人正在拿巴尔开玩笑，一切有关日本海军炮兵在意大利前线作战的报道都是不切实际的，或者说，至少在1916年秋天还是如此。在1917年和1918年，日本舰船上的水兵们才被派往地中海，通过保护重要物资运输，免遭德国U型潜艇的攻击来减轻英法的负担。

日本参加"一战"源于战前它同英国的同盟，以及想要扩大自己的地区性主导地位，同时证实自己在国际上是第一流国家的野心。在1902年的英日同盟中，两国许诺，另一国在卷入战争时，对方如有其他国家一同参战，则自己应协助盟友。日本此时正凭借主导地位立足于东亚诸国之中。1895年，日本殖民台湾，之后又在日俄战争中击败俄国，占领了朝鲜。日本同样也希望扩大它在中国的经济政治影响，不过它在这里却与西方强国——主要是英美两国的既得利益冲突，因此两国均对日本的扩张政策深表担忧。尽管1914年8月时日本原本打算恪守中立，但英国担心青岛海军基地里的德军会展开作战，威胁英国的贸易，他们请求日本进行一些有限的海军援助。这就足以使日本对德国宣战。日本海军和陆军分别将其当成一次扩大各自影响力的机会，所有人都希望对青岛的征服会巩固日本在东亚大陆的地位。1914年8月23日，日本和德国就此开战。[②]

---

① Barbour diary，16 Sept.，19 Nov. 1916（IWM，GBB XII/4）.

② Strachan，*The First World War*，i，455-62.

战端甫一开启，日本立即攻占德属密克罗尼西亚，包含马绍尔、卡洛琳、马里亚纳群岛以及帕劳、雅浦二岛，从而确立其作为太平洋大国的地位。他们还在1914年11月6日完成了对青岛的征服，为了此事他们早已筹划数年。虽然协约国请求日本派陆军前往西线，并让海军在波罗的海服役，但日本此后便没有进行进一步的陆地行动，海军也拒不在欧洲水域活动。不过，他们还是对太平洋和印度洋的战事做出了相当大的贡献，在那里日舰帮助英国人驱逐了格拉夫·冯·施佩（Graf von Spee）的德国东亚分遣队，使这只舰队从太平洋朝它在福克兰群岛之战中的最后毁灭地开去。日本海军还为将澳新军队带往中东的运兵船提供护航，同样也把法国在东南亚的驻军带了回来。他们于新加坡设下基地，在中国南海和荷属东印度群岛游弋。1915年2月，日本水兵在新加坡登陆，帮助当地的英国当局镇压一起印度士兵的兵变。

1916年初，英国要求日本采取更多协助，以对抗德国辅助驱逐舰铺设鱼雷日渐增多的威胁。日本派一小队驱逐舰到新加坡保护马六甲海峡，又派出一艘巡洋舰进行护航，以防德国人在印度洋西边的毛里求斯、南非以及北面的红海里搞商业袭击。在他们游弋于菲律宾群岛和南海的同时，还继续为自澳大利亚和新西兰赶来的船只提供护航。[①]

即便日本有如此作为，某些英国驻军依然担心日本并未为协约国倾尽所能。1916年12月，约翰·杰里科爵士向戴维·贝蒂抱怨，日本的态度“完全不能令人满意”。他注意到日本明显有“大日本”构想，“大日本”可能包括中国部分地区、荷属东印度群岛以及英国所有的新加坡和马来诸国。杰里科担心日本会逐渐对大英帝国在亚洲的势力范围构成威胁。他写道，日本政府“处理印度叛乱分子时表现得不够坚定，这些叛乱分子托庇于日本的保护下，而我们却还把他们当做好盟友”。最终，他认为叛乱分子如今已明显将日本当作一个可以从事其活动的、便捷可靠的大本营。这种令人不满的态度意味着日本海军将不同于他们在“搜索船只，以及其他同印度叛军有联系的预警措施”方面那样有帮助，而皇家海军则

① Sexton，‘Anglo-Japanese naval co-operation’.

不得不在东面水域中动用比原先要部署的更多的稀缺资源。[①]

英国在 1916 年下半年和 1917 年初再次向日本请求援助，日本最终同意在欧洲战场部署战舰。从 1917 年 4 月到“一战”末，由一艘巡洋舰和四艘驱逐舰(其中有两艘向英国租借)组成的大日本帝国海军“第二别动队”征战马耳他，为地中海中的协约国海军做出了重要贡献。日军的做法并不是没有代价。1917 年 6 月，一艘德国 U 型潜艇发射鱼雷击中了日本驱逐舰“榫”号，导致船首炸裂，68 名正全神贯注等着吃午餐的水手当场死亡。英国马耳他基地的海军准将称日本的支援“弥足珍贵”，他将日本人比作印度人和法国人。他写道：“法国海军的联合作战效率不如英军，意大利海军比法国海军更差，但日本海军却与众不同。”不过，英国也要为日本所承担的义务付出外交上的代价。作为交换代价，英国被迫要在和会上为日本继续占有山东半岛及其于 1914 年所占领的德国太平洋各岛屿背书。[②] 正如日本军政两界领袖所希望的那样，参加“一战”不但巩固了日本在太平洋海域的区域性威望，同时也增强了日本要成为同美国和欧洲帝国主义旧霸权平起平坐的“大国”野心。

巴里·宾厄姆纪念碑

在日德兰海战中，共有 6097 位英国人和 2551 位德国人阵亡。[③] 战后，英国人因修建战死者纪念碑而陷入讨论，负责照料战地公墓及纪念碑的英联邦战争公墓委员会提出问题：如何才能最好地纪念在海战中战死的人？毫无疑问，海军的阵亡者不应在陆军战死者所在的战场上被纪念。海军最初并没有联系公墓委员

① Jellicoe to Beatty, 30 Dec. 1916, enc. Notes ‘which bear upon the naval content of the war’(Temple Patterson (ed.), *The Jellicoe Papers*, 127–36).

② Hirama, ‘The Anglo-Japanese Alliance’, 58–60; Halpern, *The Naval War in the Mediterranean*, 344.

③ Marder, *Dreadnought to Scapa Flow*, 203–4.

◎ 德国海军“一战”纪念碑。1936年5月，波罗的海拉博埃。希特勒面对这栋建筑深表遗憾，他将其称之为“前所未有的拙劣作品”。

会，他们提出了一些不合适的方案。约克公爵的一个提案是：拆掉伦敦莫尔大道两旁的卡尔顿府联排，以一座不列颠尼亚雕像取而代之。他的另一个提案是占用特拉法尔加广场北面（毕竟纳尔逊广场已经占据很大空间了），而特拉法尔加广场将接纳一位维多利亚时代军事英雄查尔斯·戈登将军的雕像。这两个提案都没有获得太多支持。最终，为了纪念皇家海军的战死者，海军在查塔姆（Chatham）、朴茨茅斯和普利茅斯港口树立了三座纪念碑。每座纪念碑将为过往的船只充当路标，一如那些令人称道的水兵。[①]

英国三座海军纪念碑均完成于1924年底，并在同年投入使用。而相比之下，显然德国的纪念过程并没有如此直截了当，他们花了更长的时间才完成这件事。1926年，前海军军士、退伍海军协会主席威廉·拉默茨（Wilhelm Lammertz）才提议树立纪念碑。他认为这些纪念碑不仅要纪念在战争中丧生的34836名德国海军士兵，同样还要放眼未来，让现在年轻的一代德国人了解“重建一支强大德国海军的重要性”。很快，一座280英尺高塔和纪念厅一起在基尔运河通往波罗的海入口处的拉博埃被建造起来。1927年8月，莱因哈特·舍尔将此纪念

① Crane, *Empires of the Dead*, 195-7.

碑题献给“光荣的德国海员、德国的海军；他们或将归来”。纪念仪式最终定于1936年5月30日日德兰海战二十周年那天启动。德国海军总指挥官埃里希·雷德尔（Erich Raeder）上将表示“所有战争期间的国仇家恨都已经被遗忘了，德国人一直把英国当作可敬的和有骑士风度的对手，他们同德国人同族同种”。阿道夫·希特勒当时也在场，但他并没有发表演讲，事后他将这座纪念塔比作一件“前所未有的拙劣作品①”。

在多恩郡班戈的瓦尔德公园，一座与日德兰海战有关的纪念碑出乎意料地将海战同爱尔兰复活节起义联系在一起。这座纪念碑就在爱尔兰贵族克兰莫里斯勋爵之子班格尔的出生地——班格尔堡附近。在日德兰海战中指挥英国第13驱逐舰舰队的涅斯托尔号（HMS Nestor）船长宾厄姆，于5月31日晚（据亚瑟·莫德的记载）凭

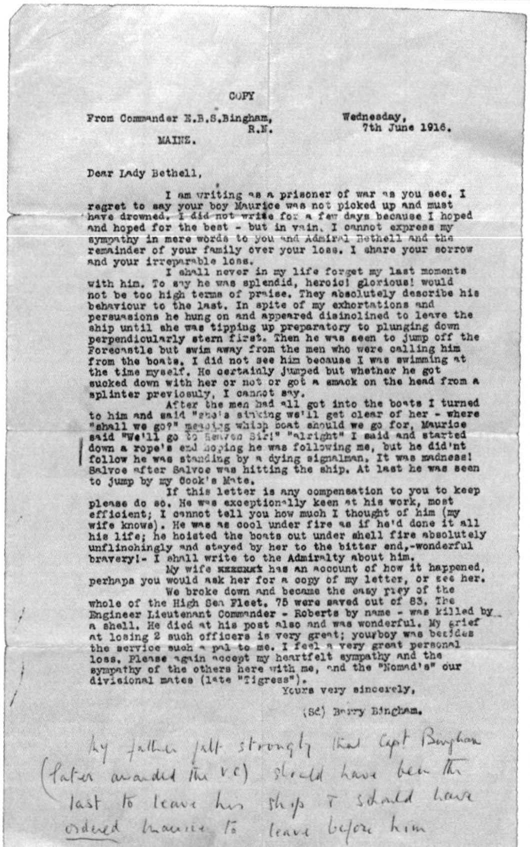

COPY

From Commander E.B.S.Bingham, R.N. MAINZ.

Wednesday, 7th June 1916.

Dear Lady Bethell,

I am writing as a prisoner of war as you see. I regret to say your boy Maurice was not picked up and must have drowned. I did not write for a few days because I hoped and hoped for the best - but in vain. I cannot express my sympathy in mere words to you and Admiral Bethell and the remainder of your family over your loss. I share your sorrow and your irreparable loss.

I shall never in my life forget my last moments with him. To say he was splendid, heroic! glorious! would not be too high terms of praise. They absolutely describe his behaviour to the last. In spite of my exhortations and persuasions he hung on and appeared disinclined to leave the ship until she was tipping up preparatory to plunging down perpendicularly stern first. Then he was seen to jump off the Forecastle but swim away from the men who were calling him from the boats. I did not see him because I was swimming at the time myself. He certainly jumped but whether he got sucked down with her or not or got a smack on the head from a splinter previosuly, I cannot say.

After the men had all got into the boats I turned to him and said "she's sinking we'll get clear of her - where "shall we go?" meaning which boat should we go for, Maurice said "We'll go to Heaven Sir!" "alright" I said and started down a rope's end hoping he was following me, but he did'nt follow he was standing by a dying signalman, It was madness! Salvoe after Salvoe was hitting the ship. At last he was seen to jump by my Cook's Mate.

If this letter is any compensation to you to keep please do so. He was exceptionally keen at his work, most efficient; I cannot tell you how much I thought of him (my wife knows). He was as cool under fire as if he'd done it all his life; he hoisted the boats out under shell fire absolutely unflinchingly and stayed by her to the bitter end,-wonderful bravery!- I shall write to the Admiralty about him.

My wife xxxxxxx has an account of how it happened, perhaps you would ask her for a copy of my letter, or see her.

We broke down and became the easy prey of the whole of the High Sea Fleet. 75 were saved out of 83. The Engineer Lieutenant Commander - Roberts by name - was killed by a shell. He died at his post also and was wonderful. My grief at losing 2 such officers is very great; your boy was besides the service such a pal to me. I feel a very great personal loss. Please again accept my heartfelt sympathy and the sympathy of the others here with me, and the "Nomad's" our divisional mates (late "Tigress").

Yours very sincerely,

(Sd) Barry Bingham.

My father felt strongly that Capt Bingham (later awarded the VC) should have been the last to leave his ship & should have ordered Maurice to leave before him

◎ 莫里斯·贝瑟尔忧伤的姐姐阿加莎令人心酸的旁注，信件来自莫里斯的长官巴里·宾厄姆，它描述了日德兰海战时的情景，在这场海战中，莫里斯丧生但宾厄姆却活了下来。

① ‘The German Naval Memorial’（http://www.deutscher-marinebund.de/geschichte_me_english.htm（accessed 14 Apr. 2014））; The Times，1 June 1936; Lurz，*Kriegerdenkmäler in Deutschlan*，187–8（在此非常感谢 Stefan Goebel 提供了这段文献）。

借其非凡锐气向掩护希佩尔所在巡洋战列舰的驱逐舰发动进攻。宾厄姆的驱逐舰之一，游牧者号（HMS Nomad）被一艘德国潜艇打成重伤，但之后不久，宾厄姆的座舰和尼卡特号（HMS Nicator）就向邻近的德国舰队主力发动了进攻。在压倒性的炮火下，涅斯托尔号失去了行动能力，不久就沉没了。当尼卡特号对涅斯托尔号施以援手时，宾厄姆下令要求涅瓦托号重新归队。游牧民号和涅斯托尔号最终都沉没了，但是他们大部分的船员都被德国鱼雷艇救了下来。宾厄姆以战俘的身份度过了“一战”的余下时间。[①]

宾厄姆手下的一名军官，亚历山大·贝瑟尔（Alexander Bethell）上将之子莫里斯·贝瑟尔（Maurice Bethell）中尉并没有活下来。日德兰海战结束一周以后，宾厄姆很罕见地从德国的美因茨向贝瑟尔的母亲发去一封慰问信，信中对涅斯托尔号的最后时刻做了生动形象地记述：

> 尽管我一再劝告，但他（莫里斯）仍坚持待在船上不愿离去，直至船身倾斜，船尾一端倾斜得快要一头栽入海里。后来有人看到他从前甲板上跳下来，但又从叫他上救生船的人身边游走。我没有看见他，因为当时我自己也在游泳。他的确跳下来了，但是莫里斯是跟船一同沉没了，还是在这之前把自己搭在一块船的残骸上，我说不准。在所有的人都上了救生艇以后，我转而跟他讲：“船就要沉了，我们都准备离开它，我们会去哪里？”这些话的意思其实是我们要登上哪边的船。莫里斯说：“我们应到天堂去，长官！”“好的。”我回答道。我便放下一根缆绳末端，希望他能跟上我，但是他并没有这样做，他正在帮助一位快要不行了的信号员。这真是疯了！一波波火炮齐射击，向舰船打了过来。最后有人看到他跳进我的炊事房……
>
> 在战火中，他（莫里斯）表现得如此出色，仿佛他的一生都在完成这一件事；他毫不犹豫地放出救生艇，坚守在船上直至死亡——这是

① Marder，*Dreadnought to Scapa Flow*，iii，61；Tarrant，*Jutland*，102-3.

多么英勇啊！

贝瑟尔多病的老父有着一股强烈的海军归属感，但当他看到宾厄姆的信件时并没有过多的欣慰之情，正如莫里斯的姐姐在这封信的一个注解中所说明的那样：“我父亲坚决认为宾厄姆船长（后来被授予维多利亚十字勋章）应是离开战舰的最后一人，他应该命令莫里斯在他之前离舰。”贝瑟尔还有一个叫爱德华的儿子，是一名军人。1918 年 9 月，他也在法国的作战中不幸牺牲了。①

宾厄姆的维多利亚十字勋章是日德兰海战中因功被授予的四枚勋章之一，也是唯一一枚生前就被授予的勋章。战后，海军从一艘德国潜艇上拨出一门大炮到宾厄姆的出生地以示嘉奖。这门大炮在日德兰海战之时就被安排在北海的潜艇 U-19。然而，这艘潜艇正是罗格·凯斯门特爵士在 1916 年耶稣受难日那天登陆爱尔兰所乘坐的那艘船。因此，这就是为何在联合派的北爱尔兰那里也有一座纪念碑，它不仅罕见地纪念着皇家海军的英勇作战，也纪念着 1916 年爱尔兰共和派所做的努力。

① Bingham to Lady Bethell, 7 June 1916 (TS copy) (Bethell papers, LHCMA CHECK); *The Times*, 15 June 1932.

第六章

东线

虽然东线的战况不如西线那样几乎一成不变，但这里在开战之后也出现过的僵局。[①] 从波罗的海到罗马尼亚绵延上千公里的火线上，并不存在不间断的固定战壕体系，令西线的战友听了会大吃一惊的十几、二十几甚至五十几英里的军事移动早已多到见怪不怪。单涉及到领土规模，特别是俄罗斯帝国无边无界的程度意味着在这条战线上的“突破性”进攻将很少(如果有的话)是决定性的。人们对俄国普遍持这样一种观点，如果命令得当，俄国在面对强敌时几乎可以无限制地撤退，他们应当为本国比别国还要多的人力储备而感到自信。他们可以让对手持续消耗，在越拉越长且越来越困难的补给线，以及越来越恶劣的天气面前精疲力竭(例如1812年在“1月”和“2月”两位将军面前，拿破仑一败涂地)。然而，这种想法所没有考虑到的是，俄罗斯帝国自身需要全身而退再卷土重来的政治、社会、经济以及国防能力。正如在这场战争的最后结果那样，俄国并没有这样的能力。

1914年秋东线上的早期战役在很大程度上为接下来的事奠定了基调：德国轻敌，奥匈疲弱，俄国取得了零星的成果。在俄军成功短暂地攻入德国东普鲁士边境后(俄国是战争期间唯一占领德国在欧洲重要领土的协约国)，德国果断回击，不过也只能把他们推回到俄属波兰境内。在最南端，俄军在加利西亚取

① 关于东线的简要叙述见 Holger Afflerbach，‘The Eastern Front’，in Winter (ed.), *Cambridge History of the First World War*，i，234–65; and Dennis Showalter，‘War in the East and Balkans’，in Horne (ed.)，*Companion to World War* I，66–81. Stone，The Eastern Front，remains the best book-length treatment。

得成功，到 1915 年春季，他们打入科尔巴阡山脉，并威胁到了匈牙利。1915 年 3 月，重要的哈布斯堡要塞，波兰南部的普热梅希尔（Przemyśl）陷落，此事让意大利相信哈布斯堡大限将至。应奥地利吁求，德国从苦战的西线和戈尔利采—塔尔努夫战场（Gorlice-Tarnow，在克拉科夫东面和东南）调动八个师于 5 月上旬出战，德奥两军将俄军击退回俄国本土。截止 1915 年 11 月，波兰全境、立陶宛大部以及拉脱维亚都已被同盟国占领。

虽然遭到重创，但俄军仍未被击败，他们还在设法边打边撤。但是光在 1915 年一年，他们就已经遭受了将近 200 万人的伤亡（这也体现了东线军队动员的庞大数量）。俄国统帅部出现了危机。1915 年 9 月 1 日，沙皇尼古拉二世本人夺过了军队的最高指挥权。但实际上，此事在军事上毫无影响，因为尼古拉二世手上并无将可用；但是这表明了俄国继续作战的承诺，并将俄国皇室同任何军事上的成功或失败更彻底地联系到了一起。而在其他地方，战争中的巨大国家性投入（特别是持续的伤亡）让国家许诺“无论结果如何，都将战斗到底”。① 另一方面，同盟国的成功鼓舞了奥匈帝国的士气，让哈布斯堡变得更加强硬，也让他们坚持战斗到底。

俄军在 1916 年发起新一轮进攻的想法是在 1915 年 12 月的协约国在尚蒂伊的会议上提出的，这场会议认为同盟国在 1915 年的成功是由于他们内部的交通线和持续的在不同战线上部署军队的能力。为了克服这一点，协约国同意在 1916 年由俄国、法国和英国发动协同进攻。英法联军最初计划以索姆河为主攻方向，意大利军沿伊松佐河推进，俄军尽力拖住德军并阻止他们增援西线。协同作战计划被 1916 年 2 月德国在凡尔登所发动的进攻而打消，这也让法国向俄国发出其所不能拒绝的紧急请求。俄国以在 1916 年 3 月进攻纳罗奇（Narocz）湖（纳罗奇在今白俄罗斯境内）作为首次回应，这是一场彻彻底底的灾难。俄军的将领们盲目地相信火炮的数量优势（这些火炮是足够有用，但却在很糟糕的环境下被使用），他们在冬天极为恶劣的情况下错误地向已站稳脚跟、奉命固

① Showalter，‘War in the East and Balkans’，73.

守的德军发动进攻，最后却付出了十万人伤亡、俄军士气丧失殆尽的代价。诺曼·斯通（Norman Stone）总结道："这场战役是第一次世界大战中的一场决定性战役，虽然它使俄军在'一战'其他阶段陷入瘫痪，但军谋宏远、堪任将才的大将——阿列克谢·布鲁西诺夫（Alexei Brusilov）在1916年的登场却让俄军发挥了"最后的重要作用"。[①]

1916年4月，在俄国西南战线取得一定战功的第八军团指挥官布鲁西诺夫奉命接替尼古拉·伊万诺夫（Nikolai Ivanov）将军成为该片战区的总指挥。根据布鲁西诺夫本人接掌指挥时的叙述，伊万诺夫显得有些神经崩溃。4月6日，布鲁西洛夫刚一抵达大本营，他发现伊万诺夫正处于沮丧之中。他呜咽地跟布鲁西洛夫讲，他不能理解为何他被解除了指挥权，而且他们用任何方式都不再适合进攻了。泪流满面的伊万诺夫随后主持了一顿沉闷的晚宴。布鲁西洛夫的看法与伊万诺夫截然相反，尽管他的部下们也是郁郁沉沉，颇为消极；但4月14日布鲁西洛夫让俄军最高统帅部（Stavka）同意在自己的防区内发动一场进攻。[②]这之后就有了俄国在"一战"中最后一次全力进攻——"布鲁西洛夫攻势"。布鲁西洛夫攻势在1916年6月4日启动，刚开始时格外顺利，有效地破坏了哈布斯堡的作战能力，不过同样也给俄国方带来了无法承受的压力。攻势最初的成功还诱使罗马尼亚站在协约国一方参战，不过这种增援只是自欺欺人，最后仅仅让俄国徒增烦恼，成为协约国之后一个想要甩掉的令人讨厌的负担。

布鲁西洛夫攻势

在接下来的两个月内，布鲁西洛夫为他的进攻做了比之前任何俄军作战更

① Stone，*Eastern Front*，231-2.

② Brussilov，*A Soldier's Note-Book*，208-18.

为彻底、更为细致的准备。[①]他从西线的实际情况中学到，要突破敌军防线最好的方式就是将注意力集中于找到某一精准的正面防线，动之以一切可能的猛烈、持续炮击，彻底击垮敌人的防御力量，并开辟道路，让己方军队能够进退自如。当代价高昂的战争经验表明密集的铁丝网和坚实的炮台一样，并不容易摧毁时，唯有使用更猛烈更密集的预先轰击，正如 1916 年初德国进攻凡尔登时所做的一样(不过那场会战的教训之一，就是即便用铺天盖地的密集炮击，也不够攻下凡尔登)。为集中进攻所进行的准备不可能瞒过敌人，这是使用传统战术方法所带来的一个更棘手的问题。3 月在纳罗奇湖之所以失败，有一个原因就是在俄军开拔之前，德国人就已经认清了可能的进攻点。相比之下，布鲁西洛夫打算出奇制胜，他让其麾下四支部队(于一场短暂的密集炮击之后)在 350 英里长的战线的不同地点上分头进攻，以此来迷惑敌人。因此，即便进攻开始以后，敌人依然很难分清哪边的进攻才是主攻方向。布鲁西洛夫还会调整攻击的方向，决定何时、哪里的力量集中到某一点，把最初获胜的优势发挥到最大。当然，所有的一切都是有风险的。想要成功，布鲁西洛夫还得更加大规模、均匀地调动他的军队，这会让仅有的储备兵力更容易地在各处找到突破点。

布鲁西诺夫还进行了大量周密的预演。炮兵与步兵紧密合作；尽可能贴着奥军防线挖进攻战壕；后备兵员在后方召集起来，为准备前进而挖好足够的交通壕。根据大规模的空中侦察图像，俄军准备了详细的奥军战壕地图，以及一些全尺寸模型。除此之外他们同样也采用了经典的诱骗战术：通过无线电播放假的普通命令，而真命令则私下传达；也立好了假炮位，用来欺骗敌方的侦察机。

5 月 15 日，由于阿夏戈高地上的奥军向意军发动进攻，意大利军队接连败退，不得不向俄国紧急求援。6 月 4 日，进攻打响了，这比布鲁西诺夫所希望的时间还要早一些。俄军有 60 万人，而对面的哈布斯堡军队只有 50 万——布鲁西洛夫虽然并没有因为军队数量而感到有太多的优势，但奇袭毕竟发挥了作用，

① 除非另有说明，下列叙述引自 Dowling，*The Brusilov Offensive*，and the works cited in n. 1 above。

并很快获得了成功：在布鲁西诺夫战线的北面中心处，第八军团在6月16日向前推进了40英里。同样在南方，布鲁西诺夫的大军也大幅前进。奥地利大约损失了20万人（虽然他们当中许多人仅仅是投降而已），这些损失无法弥补，让奥军难以为继。面对这种严峻局势，德国接掌了全局。法金汉命令（除了服从别无选择的）奥匈军队统帅康拉德将部队从意大利前线调往东边。他还派几个师去增援奥军的抵抗力量。土耳其也从旁进行援助。8月下旬，奥斯曼土耳其将其军中的两个师部署到东边的加利西亚，即罗马尼亚边境南端。土耳其的两个师在加利西亚的表现可圈可点，他们到次年夏季才返回土耳其。[①] 随着俄军进攻减弱（主要是因为缺乏后备军队），战线稳定了下来。到9月，战线已经不再推进，双方都遭受了超过100万人的伤亡。

俄军的成功不仅要归因于布鲁西洛夫的个人才智（及其部下的努力），还要归因于哈布斯堡的虚弱。他们军中的许多人到攻势减弱时仍处前线某些相对宁静的地方，他们似乎呈现出一种相当志得意满的、两不相扰的态度（这是一种可以理解的处事之道，对面的士兵也采取了同样的做法）。[②] 康拉德的注意力放在了意大利，然而这却让他忽视了东线，并且低估了俄军继续战争的潜力，从而将其一部分的精锐部队调往意大利前线。当然，奥匈的多民族军队问题依旧，特别当斯拉夫将士们发现他们面对的是斯拉夫同胞的时候。俄军的推进动摇了哈布斯堡军中少数族裔本已十分脆弱的忠心，捷克和乌克兰人的军队很快溃不成军。在6月和7月溃败的还有一支来自达尔马提亚（Dalmatia）的克罗地亚军——第23后备军团和普拉第5后备军团。[③]

在伦敦所有有关布鲁西洛夫攻势的报道中，属《泰晤士报》驻俄军中特约记者斯坦利·沃什伯恩（Stanley Washburn）的报道生动形象。在随后三十年里，这位明尼苏达州共和党参议院之子，因作为一名《芝加哥日报》（*Chicago Daily*

---

① Ulrich Trumpener, 'The Turkish war, 1914–18', in Horne (ed.), *Companion to World War I*, 107.

② 见 Ashworth, *Trench Warfare* 这本书对西线上的这类现象有所研究。

③ Spence, 'The Yugoslav role', 360.

News）的战地记者在 1904 年到 1905 年期间报道日俄战争而出名。在他返回北美的途中，他开始从事探险与大型动物狩猎，并将其经历写入《小径，捕兽夹和童子军》（*Trails*，*Trappers and Tenderfeet*，1912 年出版，其书被称为一份"真正热爱野生动物者"的笔记）和《荒野中的二人：西北加拿大传奇》（*Two in the Wilderness*：*A Romance of North-West Canada*）。《泰晤士报》官方历史中冷漠且有点屈尊地（condescendingly）地评论道："在当时美国所有风格强健而有力的媒体中，沃什伯恩他写得最好。"[①] 战争爆发后，像许多冒险的美国人一样，沃什伯恩也前往英格兰。当时，他的记者老友哈利·罗宾森正供职于《泰晤士报》，并正在为有关美国战争态度转变的文章约稿。据沃什伯恩回忆，经罗宾森的介绍，报社老板诺斯克里夫爵士亲自会见了他，并给了他一份丰厚的薪水、无限报销的福利，请他从俄罗斯方面报道战况。[②]

如果沃什伯恩的回忆录的确可信，那么他在《泰晤士报》代表的职位可以让他出入俄国最高级别的外交、军事和政治圈。他写道："仅是文章的标题就能成为各地的敲门砖，因为每个人都想获得伦敦大报的宣传和影响。"回忆录记录了和俄国高层领导人的大量私人会面，甚至包括 1915 年 10 月和沙皇本人共进午餐。在沃什伯恩于 1914 年 9 月抵达彼得格勒的几天内，他就曾同俄国倾向自由主义的外相谢尔盖·萨佐诺夫（Sergei Sasonov）共处过两个小时，他让萨佐诺夫同意为自己起草一份声明，以萨佐诺夫名义，阐明将由英美两国接管德国和俄国的价值六千万英镑的生意。沃什伯恩反复表明俄军将帅相当有信心，根据他的回忆，这些人是相当随意地同他讨论战略和战术，并不担心他的身份。1915 年 11 月，在他经由伦敦返回美国途中，秘密采访了外交事务大臣罗博特·塞西尔（Robert Cecil）勋爵，力劝塞西尔勋爵在俄国展开宣传的重要性。次年 3 月，沃什伯恩返回伦敦，他见到了外交大臣爱德华·格雷（Edward Grey）爵士，格雷出乎意料地想跳过英国驻俄大使乔治·布坎南（George Buchanan），直接让沃什

① Anon，*History of The Times*：*The 150th Anniversary and Beyond*，i，241；*The Times*，9 Feb. 1951；引自 washburn 的广告，*Field Notes*。

② Washburn，*On the Russian Front*，1-26.

伯恩同萨佐诺夫联络。[①]

沃什伯恩描述的事实虽然只是偶尔在回忆录中出现，不过这些事件中的一部分可以相互印证。战争期间，他发表了一部三卷本的报道文学作品，这些文字包括他在报纸上文章的修订(有时也是扩充)版本。1915 年 5 月以后，诺斯克里夫勋爵强行推动了一种令人讨厌的新规定，他让《泰晤士报》给沃什伯恩留了一行署名栏。这虽然对《泰晤士报》来讲颇为罕见，但却让我们有把握将一些较早的未署名文章(标注“来自我们的特约记者”的)归于他的名下，其中就包括 1914 年 9 月萨佐诺夫的声明。他同塞西尔的会面也有官方资料佐证，不过他同格雷的会面却并没有留下任何记载(如果会面的确发生过的话)。[②] 沃什伯恩无意佯装客观，他表示是在诺斯克里夫再次向他保证，《泰晤士报》的立场同沃什伯恩的立场一样，是为了支持协约国才接受《泰晤士报》的任务的。他的文字如同一位乐观的俄国迷，对俄国的战争前景始终保持乐观，尽管有太多的证据证明事实是与之相反的。虽然他一定会对战区做些报道，但他一般却会在军团指挥部旁安排舒适的住处，很少造访真正的前线。对于一位战地记者而言，这可能有些不寻常，他在俄国的大部分时间里，一直由其妻子爱丽丝陪在身边，他将有关布鲁西洛夫攻势的报道题献给他的妻子，他写道：“在 1915 年和 1916 年期间，她一直同我待在波兰和俄国，使我的作品得以完成。”[③]

将自己同布鲁西洛夫在攻势展开后不久的会面写成报道，是沃什伯恩一贯的做法。在署名“6 月 18 日西南前线指挥部”下面，沃什伯恩写道：“在俄国南部的一个不起眼的地方，布鲁西洛夫将军坐在白墙环绕的旧军营里。今天，他指挥了这场战争中俄国最伟大、最成功的进攻。”在长达一个小时的私人访谈后，沃什伯恩引用俄军的发言表示：“他军事上的全面成功不仅是运气太好或奥军太

---

① Washburn，*On the Russian Front*，29－37；147－9；163；174－5.

② Washburn，*Field Notes*；*The Russian Campaign*；*and The Russian Offensive*；*The Times*，16 Sept. 1914，4 May 1915；‘Interview with Mr Stanley Washburn’，19 Nov. 1915（TNA，CAB 31/137/35）.

③ Washburn，*The Russian Offensive*，v.

弱的结果，同样也代表着过去两年同德国人的苦战中学到的一切经验教训的实践。”“成功的主要因素”，他写道，“在于所有相关部队的密切配合。同一时刻，进攻在整条战线上同步展开，敌人不能将他的部队从一处投放到另一处，而我们的进攻却能够均匀地在所有位置展开。”

布鲁西洛夫同样还对更广的战时状况做出评论。他认为，德国不会和他们上一年所做的那样再派大军支援奥地利人，他相信俄国夺取切尔诺夫策南方重镇一事将会对罗马尼亚和巴尔干半岛诸国产生深远影响。英国舰队在日德兰的作战无疑会是我们协约国的胜利，德国人被迫退回他们的基地，放弃任何有利其军事行动的计划。这将极大地改善整体战况。①

作为记者，沃什伯恩对处理报道战争中的人情味颇有诀窍。1916 年 8 月中旬，他从卢茨克（Lutsk）发回报道，这是乌克兰西北部斯蒂尔河河畔的一座中世纪小城，上一年 6 月沃什伯恩最后来访过此地。卢茨克是一个偏僻而祥和的地方，在战前，这里僻静的如同遥远西伯利亚的阿穆尔河河畔。当沃什伯恩抵达这里时，他看见农民一边挖战壕，一边对他们所挖掘的战壕嗤之以鼻，因为没人相信敌人会到这里来。然而不久之后，这里就被先前俄军（第四芬兰警卫师）赶走的哈布斯堡部队占领了。从主干道的街边阳台上，沃什伯恩看到俄军先头部队后方绵延不绝的队伍正在向东行进，他认为，这幅画面如果不将从战场上回来的、每天都在艰难地向东边前行的人补充上去，就是不完整的。“如果有人明白前进所付出的代价，那么征服的光辉就会变得黯淡下来。我们在这里时时都看得到付出的代价，车载斗量。”他写道，这些伤者非常有耐心，虽然身上布满尘土，但不抱怨。一些人盘坐在卡车车尾，愉快地谈论着胜利，一些人“独自轻声啜泣，无法忍受伤痛，还有一些人如死尸般躺着，冷漠的脸直直地看着天空……这场景似乎十分可怕，但这就是战争。”②

沃什伯恩一直将注意力集中于个人经历上，他对向伤患提供护士治疗的莫

---

① Brusiloff on His Advance', *The Times*, 20 June 1916.

② Lutsk from My Balcony', *The Times*, 15 Aug. 1916。这篇文章几乎一字不落地被引用在 *The Russian Offensive*, 42-9。

西姐妹（Sisters of Mercy）情有独钟："这些无私的姐妹们啊！她们离开豪华而舒适的家，去帮助为沙皇和神圣俄罗斯奋不顾身的普通士兵，没有什么能够配得上她们。"因此，他认为，是战争让俄国社会中的两极阶层走得比以往更近。也许真如此吧，不过斯坦利·沃什伯恩倒是比较关注上层女性的战时服务中的表现。在卢茨克，他注意到，战场上最需要的是机动救护车，而一位名叫穆里尔·佩吉特（Muriel Paget）的英国女人则在前线用自己的救护车英勇地工作着，每天都在救死扶伤。"佩吉特是温切尔西伯爵的女儿，一名不知疲倦的人文主义者，她在战前的伦敦市内经营着一间救济站，1915 年，她成为英俄医院委员会的组织部长，资助一间在彼得格勒涅夫斯基大街迪米特里宫的英国军事医院、一间前线附近的战地医院以及一些战地流动医院。哈罗德·尼克尔森（Harold Nicolson）目睹了佩吉特在巴黎和会上为减轻东欧的负担而进行游说的行为，他说她是一个"连敌人都害怕的"女人，可以让"首相唯命是从"。[①]

从 1916 年初到 1917 年俄国革命为止，佩吉特大部分时间都在俄国的彼得格勒及其他地方为医院委员会工作。1916 年 7 月，俄军皇家警备团在卢茨克设立指挥部，沃什伯恩在卢茨克北面罗日谢（Rozhyshche）的一家战地医院里同佩吉特偶遇。而此时就在前线 5 英里外，罗日谢正屈从于战争机器之下，斯坦利·沃什伯恩称其为："在现代战争中有一种新的、令人极其不悦的要素，它的名字就叫敌人的飞机。"他恶狠狠地斥责那些飞行员，并说"他们一定已经知道这座镇子满是伤员，有他们自己人，也有俄国人……他们一次又一次地飞来，有时五六驾飞机一起过来，将炸弹丢在整个镇上，并且还不满足于此。他们还要让惊慌失措的老百姓躲避机关枪射来的流弹"。英国医院和它的红十字旗帜一起被困在一座山丘上，白色的战地帐篷几乎每天都要遭到轰炸。沃什伯恩还愤怒地写道，有天傍晚，他访问医院，他看到满身是血的穆里尔夫人正在帮助一名不幸的农妇，这位农妇在附近的农田里干活时被空袭直接击中。她的幼子以及三四岁大的女儿就在她身旁。男孩被炸得粉身碎骨，他的母亲身负重伤，而

① *The Times*，15 Aug. 1916；Blunt，*Lady Muriel*，136.

小女孩却奇迹般安然无恙。当小男孩和小女孩的母亲正奄奄一息时，沃什伯恩忍不住要问那些扔下炸弹的人，如果当时站在我身旁，应当作何感想。[①]

同样是这一个故事，佩吉特的版本则少了一些强烈的色彩。在她给英格兰的丈夫的回信中，她写道："(护士)带进来一位腹部中弹的妇女。我把她安置在大帐篷内，一个叫欧拉的三岁小女孩安静地坐在她母亲的担架旁边。"接下来两天，欧拉一直同她待在营帐内："当我给她洗澡时，她一点也没有高兴，也没有不耐烦；给她结辫子她也不太高兴。"佩吉特进而提及了欧拉四岁的弟弟被同一枚炸弹炸伤了，"我们认为他已经遇害，没敢告诉他的母亲，后来我们在另一家医院发现了他，真令人高兴……我们希望他和他母亲还活着"。[②]

沃什伯恩通常认为，这些飞机是德国人派来的。他们是比奥地利人更残忍无情的敌人。将德国人比作残暴的"匈奴"是协约国统一的宣传口径。无论事情真相是什么，沃什伯恩都相信以伤兵和平民为目的的空袭，其最终结果只会增加人们每日对敌人的愤恨。据他观察，平民们经常会惊讶，为何俘虏了如此之多的奥地利人，而德国人却这么少。我个人认为，是因为俄罗斯人对德国人早已恨之入骨，更倾向于歼灭敌人，并不想收留任何战俘。[③]

罗马尼亚

从表面上看，罗马尼亚就像一个各国都想争夺的"奶酪"，因为当时尘埃未定，它可以选择任何一方加入，而地理位置又极佳。它占据着黑海边上的战略要地——多瑙河河口，是小麦和原油的主要产地。在战争开始时，罗马尼亚动员了 80 万军队，这对于一个只有 800 万人口的小国来说数量绝不能算微不足

① Washburn, *The Russian Offensive*, 171–9; idem., *On the Russian Front*, 203–7（这些史料只在个别细节上有所差别）。

② Muriel Paget to 'Artie'（her husband），12 Aug. 1916（quoted in Blunt，*Lady Muriel*，90）.

③ Washburn，*The Russian Offensive*，179.

道。[①] 由于1883年与德奥意三国同盟的秘密条款，罗马尼亚在历史上跟同盟国缔结过同盟，然而到了1914年，罗马尼亚与同盟国之间的利益关系则不再那么清晰(像意大利一样)。虽然在国内亲德势力还很强(皇室就是霍亨索伦王朝的支脉)，但在巴黎受过教育的首相扬·布勒蒂亚努(Ion Brătianu)却倒向了协约国这边。此外，一想到罗马尼亚民族主义者素来的大一统主张，三百万罗马尼亚族在匈牙利人的统治下(特别是集中于特兰西瓦尼亚)所经历的磨难，罗马尼亚就不想主动和哈布斯堡王室结成同盟。

像意大利一样，罗马尼亚将这场战争视为一个可推进长远国家发展的机会。布勒蒂亚努指出，两国具有共同利益，都朝着“清算奥匈帝国”的方向各尽所能。1914年9月，两国同意磋商并就可能的共同行动签署协议。10月，布勒蒂亚努得到了俄国方面的奥援，只要对俄保持中立，俄国就支持奥匈境内罗马尼亚民族统一主义者的主张。除了其他事情之外，此事也使布加勒斯特不再将必要的德国军需品沿罗马尼亚铁路运往土耳其。到1915年夏天，布勒蒂亚努跟协约国走得更近，不过由于同盟国在戈尔利采-塔诺夫战役中战胜了俄军，他暂时停手。总之，罗马尼亚希望从战争中取得的任何优势，都要取决于俄国能否挡住同盟国。毕竟，英国或法国没有什么优势可以提供。

1915年10月，保加利亚加入同盟国，协助他们完成了对塞尔维亚的占领，布勒蒂亚努软化了他的立场，他允许德国和奥地利购买急需的罗马尼亚谷物以及一些原油。到1916年夏天时，罗马尼亚已经出口了2500万吨谷物。而此时，布鲁西洛夫攻势使优势天平倒向协约国，急切地希望减轻凡尔登压力的法国开始向罗马尼亚许诺提供大量政治和军事上的援助。这样，在从俄国方面得到基本的(人力和军需品)援助以及英法在萨洛尼卡前线推进(将保加利亚挡在南方)之后，布勒蒂亚努将罗马尼亚带入战争。就像意大利一样，罗马尼亚最初只是向奥匈宣战，然而德国却于第二天向罗马尼亚宣战。如此一来，罗马尼亚虽然

① Ceauşesu，‘The Romanian army’，514.

有些不情愿，却不得不全面倒向协约国。[①]

人们对罗马尼亚期望甚高，特别是在法国，他们希望罗马尼亚能够扭转乾坤。法国元帅霞飞甚至断言："只要能让罗马尼亚介入，没有什么代价是付不了的。"彭加勒（Poincaré）认为，如果罗马尼亚军可以让奥匈帝国崩溃，他们就能迫使德军付出远超现有资源所能承受的努力。在同盟国方面，如果说有什么不同的话，那就是他们判断罗马尼亚潜在影响会更大。康拉德认为罗马尼亚将反对他们的这场战争；匈牙利总理蒂萨伯爵认为这是一场"大灾难"，他主张将波兰献给德国，希望德军能够坚守特兰西瓦尼亚。甚至连德国人也是十分不安，罗马尼亚宣战的消息像炸弹一样落在德国最高统帅部。威廉二世彻底惊慌失措，他宣布战争已经输了，他们必须媾和。这也让德国皇帝最终不再信任法金汉（他曾向威廉二世保证罗马尼亚会恪守中立），此后命令兴登堡取代了他总参谋长的位置。[②]

哈布斯堡焦虑不安。罗马尼亚的行动使布满各种民族的帝国版图动荡不宁，它对哈布斯堡的影响可以用约瑟夫·加尔（Joseph Gál）的匈牙利部队来证实与说明。这支部队自年初驻扎在伊松佐前线，当他们收到罗马尼亚已经参战的震惊消息后，全团上下沸腾了起来，他们的沮丧之情难以形容，大家痛诉："因为我们都是特兰西瓦尼亚的子弟，大部分人来自边远地区的山村，我们一想到我们心爱的家园——特兰西瓦尼亚的山丘河谷此后要血流成河就痛心疾首。"此后，该队伍变得极不安分，他们开始想方设法地回家，并说着"我们要回家保卫特兰西瓦尼亚"。他们的长官最初蛮横地拒绝了一切行动要求，他甚至以如果拒绝返回前线，就以十一律处决相要挟。在得知了在多民族的奥匈帝国各战线上调动兵力，以应对数条战线上的地域性是多么困难后，将士们脑子转过弯来，他们如今只想为各自的家园而战。据加尔二十年后回忆，将士们甚至准备发动兵变，他们认为在被自己人枪毙或被意大利人打死之间，并没有太多选择。然而

① Torrey，*Romania and World War I*，15–26.

② Dowling，*The Brusilov Offensive*，150–3；Stone，The Eastern Front，273；Galántai，*Hungary in the First World War*，186–7；Torrey，*Romania and World War I*，154.

令加尔欣慰的是，最高统帅部居然真的网开一面，9 月 8 日发布命令将该团调往特兰西瓦尼亚前线。数日之后，他们动身前往匈牙利，回家的喜悦之情溢于言表，加尔的苦战回忆录在此戛然而止。他的军旅回忆暂告一段落，然而又在特兰西瓦尼亚重新开始。①

我们不了解加尔的部队返乡时进展如何，但是罗马尼亚军的主力部队却是满怀希望地挺进了特兰西瓦尼亚。进入匈牙利的罗马尼亚军大约有 37 万人，防守的哈布斯堡第一军团，只能勉强抵抗。罗马尼亚军占领了特兰西瓦尼亚西南部，但是却没有更多进展，这是因为他们穿过喀尔巴阡山脉的补给线补给能力严重不足。在其他地方事情进展的也不顺利。在南方，由四支保加利亚师、两支奥斯曼土耳其师组成的军队与少量德奥部队一起，在德国野战名将奥古斯特·冯·麦肯森（August von Mackensen）的指挥下于 9 月 2 日出乎意料地沿黑海攻入多布罗加。在多布罗加，保加利亚同罗马尼亚有一笔新账要算，因为罗马尼亚在 1913 年第二次巴尔干战争后就从他们手中夺走了该省份，而该地区有相当多的保加利亚居民。少数民族在这里，再次同民族统一者的强烈感情结合，强有力地支持了军事上的努力。虽然俄国提供了三个师来增援本来只有一个师的罗马尼亚军，但是更远处的协约各国却什么也没有提供。协约各国（含法国、塞尔维亚、英国）原计划在萨洛尼卡进攻保加利亚未能实现，而罗马尼亚希望借此可以免遭保加利亚进攻。英国最高指挥部固执地反对在次要战区展开任何大规模作战，令罗马尼亚大失所望。行动最终被局限在了法国所谓的“肯定攻势”（une offensive affirmée）上，这是一场有限的阻击战，对保加利亚攻打罗马尼亚的影响微乎其微。②

罗马尼亚的参战迅速变成了一场灾难，他们发现自己要在三条战线上同时为生存而战。麦肯森的部队虽然从特兰西瓦尼亚匆忙转战南线，但却在稳扎稳打地向前推进，10 月底他占领了多布罗加。军队的移动反而让北线上的罗马尼

① Gál，*In Death's Fortress*，185–95，

② Torrey，*Romania and World War I*，121–36.

亚阵地更加脆弱，无法抵御法金汉麾下匆忙集结起来的德奥联军。10 月上旬，德奥联军几乎将罗马尼亚人赶出了特兰西瓦尼亚。在德国布加勒斯特持续推进。他们打算与麦肯森会师，于 10 月 21 日攻下重要港口康斯坦萨，将罗马尼亚军及其俄国友军逼至黑海沿岸。另一支兵团与法金汉军会师一处，向布加勒斯特开进，当地政府于 11 月 25 日解散，12 月 7 日，布加勒斯特陷落。罗马尼亚军的残兵败将们，此时已有 7.3 万人战死或受伤，14.7 万人被俘，9 万人失踪；[①] 还有大约 6 个精锐师，都随罗马尼亚政府迁往北方的摩尔达维亚。战线在此固定下来，在俄国的帮助下，他们才终于抵挡住了同盟国早已松懈下来的进攻。

“苏格兰女子医院”也参与了多布罗加的撤退，这支队伍成立于 1914 年，由埃里希·莫德·英格利斯（Elisie Maud Inglis）同一群志趣相投的务实女权者组建。[②] 英格利斯是一名顾问医师兼临床医生，也是爱丁堡大学讲师、女性投票权协会苏格兰分会的荣誉秘书长。英格利斯决定发掘女性还未被肯定的潜能，希望能与同事们为战时工作征募医疗设备和职工医院所需要的资金和人员。但是，她们的请求被英国陆军部（如海伦娜·格莱兴的 X 光队）和红十字会（她们企图让英格利斯在她们运作的地方听从官方指挥）一口回绝，转而独立了起来。到 1915 年春，在法国（巴黎北面罗奥蒙）和塞尔维亚已有由英格利斯本人掌管的苏格兰医院。在 1915 年秋冬之交的大撤退中，有些苏格兰妇女在同盟国军越过阿尔巴尼亚山脉将塞尔维亚军逼到亚德里亚海的途中被俘。包括英格利斯在内的许多人成为俘虏，不过 1916 年 2 月她们就被遣返回国。7 月，塞尔维亚请求，能否派给在东线同俄军并肩作战的塞尔维亚师一支医疗队；她们就从利物浦乘船到最北边的大天使城（Archangel），然后乘火车抵达俄罗斯。在一场跌跌撞撞的旅途后，苏格兰女子医院俄罗斯分队发现自己来到了黑海的敖德萨（Odessa）。“我并不知道我们会遇到什么”，伊冯·菲茨罗伊（Yvonne Fitzroy）写道，“是狼群，我猜，深色的松林里到处藏匿着本地的民粹分子。我们来到的是一个满是桦树、

① Dowling, *The Brusilov Offensive*, 159.

② McLaren (ed.), *A History of the Scottish Women's Hospitals* 这本书提供了非常好的当代历史叙述。

椴木，有魅力但又缺乏变化的国家”。[①]

9 月下旬，救护队从康斯坦萨被派往梅吉迪亚内陆，他们在当地建立了一家为俄国和塞尔维亚伤员服务的医院。一封来自于医务兵埃塞尔·莫伊尔（Ethel Moir）的信透露了某种凄惨的氛围。她写道，俄国人显得走投无路，只要有可能，他们就急着要往医院跑：“在不远处，激战仍在继续，伤兵大量涌入，没有人给他们做出安排。他们太需要红十字队了；伤病这么多足以说明了这里没有医院。”医院建立起来后十二小时，所有的病床全部满员。莫伊尔写到：“我们下午和夜里都忙疯了，要给病人盥洗；把他们弄干净是工作的一部分，因为他们都很‘脏’，浑身是匍匐时的泥浆。医生后来只得完成外科敷料，有太多的手术需要立即执行。”他们离前线非常得近，司机伊莎贝尔·伯克贝克接连遭遇空袭。“我们到梅吉迪亚接伤员，”她在日记里写道，“那里也在进行轰炸”。我们路过红十字会食品点时，就有人被炸弹击中，甚至被炸成碎片。稍后，她发现：“有只轮胎漏气，我下车开始将轮胎卸下来。而与此同时，我的乘客们(三位男医生)也跳出车子，躲在一些碎石堆后。如果我认为有任何危险的话，我也会这么做。”后来，她在一家咖啡店停车时，敌机回来了。其他人试着让她待在里面，但是“我无法忍受把脑袋放在屋顶下面的想法，所以，我跑了出去，坐在我心爱的劳斯莱斯车里……当我开始启动车子时，我发现它已经停在了一片血泊之中”。另一位救护车司机凯瑟琳·霍奇斯（Katherine Hodges）补充了一些细节：伯克贝克车上载有大量的手榴弹和填充物，然而却没有受伤。开车的俄国医生相当害怕。[②]

苏格兰女人们抵达前线后两周，防线就瓦解了，她们加入了向加拉茨（Galatz）、俄国边界雷尼（Reni）甚至更北地方撤退的队伍。伊冯·菲茨罗伊的队伍面临着掉队的威胁，不过她们幸运地遇到了正在为俄军效力的查尔斯·布莱森（Charles Bryson）上尉，也是“一位从贝尔法斯特过来的爱尔兰人”。战后，他因

① Diary entry for 13 Sept. 1916（Fitzroy，*With the Scottish Nurses in Roumania*，15）.

② Moir letter，6 Oct.；Birkbeck diary，14 Oct. 1916（以上全部引自 Cahill（ed.）, *Between the Lines*，chs 2-4）.

自己以查尔斯·贝利（Charles Barry）为笔名写作的侦探小说而声名大噪。布莱森受命担任她们同俄国人之间的联络官。女人们没有交通工具，而“不修边幅、非常疲惫的”乌尔斯特人却在滥用职权，对妇女们施加身体暴力，并计划征收一辆路过的卡车及其司机。菲茨罗伊写到：“我们发现自己置身于一名疯狂的司机手中，他不顾任何人地横冲直撞，撞坏难民们的马车，让一路上的马匹受到惊吓，并且不为任何人、任何事而停下。”这位疯狂司机的行为其实有一定合理之处。“因为在这位司机同意载我们所有人之前，布莱森上尉就已经把他击倒两次，”菲茨罗伊解释道，“他无疑明白，这样做是把自己东西要回来的好机会”。①

在加拉茨，伊冯·菲茨罗伊思索着她这一路所见的各个民族、各个国家的人。她觉得，这里的爱国主义一定是个非常棘手的问题。她们的房东们，虽然都曾在加拉茨住过，却都在希腊出生。可是现在，他们已经当了多年的土耳其臣民，对君士坦丁堡和小亚细亚也饶有兴趣；一个儿子有希腊护照，三个兄弟一个被扣在土耳其，另一个在布勒加斯特持有西班牙护照，第三个儿子则在第二天的空袭中丧生。他们还有两个女婿，一个是土耳其臣民，被驱逐于萨洛尼卡；另一个也是土耳其臣民，但偏要在 Arthur 港围攻战中为俄国人效力，现在是一位被扣押在君士坦丁堡的俄国军官。②

而苏格兰代表团都是些不说废话的干练女人，特别是他们的运输部门（绰号“软皮”）。她们给人一种和穆里尔·佩吉特英俄医院的女慈善家风格截然不同的感觉。佩吉特的同事西比尔·格雷（Sybil Grey）夫人虽刚愎自用，又爱关心民生，这样见过大风大浪的她还是被两名 1916 年 12 月从罗马尼亚来到彼得格勒的苏格兰女志愿者的样子吓坏了。“我想如果其中一人是女人的话”，她给在英格兰的母亲写道，“另一个我觉得就应该是个男人，或者至少是个胖孩子。她们都是女性参政论者，但是他们实在没有必要要这样做。那个姑娘是救护车的司机，她梳着短发，戴着一顶牛仔帽，将皮带绷在下巴上，穿着一件像军官一样

① Diary entry for 23 Oct. 1916（Fitzroy，*With the Scottish Nurses in Roumania*，52–3）；Elsie Inglis，‘Three Months on the Eastern Front’，*The Englishwoman*，vol. 33 no.98（Feb. 1917），115.

② Diary entry for 21 Dec. 1916（Fitzroy，*With the Scottish Nurses in Roumania*，87）.

的卡其色大衣，腰间系有皮带……小腿上有绑腿，脚穿厚底靴，一点也不像个女人”。[①]

法国和英国向罗马尼亚提供了少量直接援助。法国派出一支军事代表团，由亨利·贝特洛（Henri Berthelot）率领。他是一位喜欢暴饮暴食的乐观主义者，在布加勒斯特组织起最后一道防线的尝试徒劳无功，不过却在1917年重建罗马尼亚军时发挥了重要作用。[②]英国也派出了一支军事代表团，不过他们派出的清野专家团更加重要，他们尽其所能不将宝贵的罗马尼亚谷物和石油让与德军。这支队伍由一名叫约翰·诺顿·格里菲斯（John Norton-Griffiths）的专业工程师兼冒险家领导。他是一位典型的大英帝国式的英雄人物，曾经在布尔战争中打过仗，还是非洲和美洲的铁路工程师、一家成功工程公司的老板，也曾是一位热衷于移民的统一党议员（1910年之后）。战争爆发时，他已经自费召集了一支叫“爱德华二世之马”（King Edward's Horse）的队伍。不过后来却受到军队总工程师的重托，在西线协助组建向前挖掘地道，以便于在敌军防线下面放置炸药。在《泰晤士报》他的讣告中，人们将筹划并安排用地雷在1917年6月摧毁德军在梅西讷防线一事归功于他。[③]

1916年11月，伦敦军事情报部主任任命诺顿·格里菲斯为英国代表团团长，负责销毁粮油。诺顿·格里菲斯于11月下旬抵达罗马尼亚，他将自己的队伍兵分两路：一队在J·皮特（J. Pitts）上尉带领下把精力在粮食及其生产设备上，而他自己则专注在石油设施上。诺顿·格里菲斯在原油工业中心普洛耶什蒂（Polesti）北面展开工作，但在那里他遇到了极力反抗的罗马尼亚人；他们反对摧毁提纯精炼机器，觉得能够挡住进犯的敌军（或不久就收复失地），希望他们只破坏石油储备。

诺顿·格里菲斯无视了这些恳求，竭尽所能地开始大破坏。在特戈威斯特

① Sybil Grey to her mother，n.d. 1916（引自Blunt，*Lady Muriel*，101）。

② Torrey（ed.），*General Henri Berthelot and Romania*，xi-xxv.

③ *The Times*，29 Sept. 1930.

（Tergoviste），他的队伍毁了四家小型精炼厂，并放火烧了石油。“这些大火延烧数日，”他写道，“浓烟飘在小镇上空，照亮了周边地区，因而敌人第一次意识到了我们的工作”。英国的清野工作刚好在敌人进攻前完成。在普洛耶什蒂，诺顿·格里菲斯的工作开始于12月3日，三日之后，敌人才到达。但那时，据他估计，他的手下已经监督完成了13座精炼厂近40万吨石油的破坏工作。他估计整片地区被销毁的总吨位数大概是这个数的两倍。[①]在1917年1月他写给妻子的信中，诺顿·格里菲斯称石油工作已经圆满成功。他们没日没夜的工作，可怕的爆炸、浓烟、汽油不断制造麻烦，白天晚上都要摧毁上千吨的石油。但他们总是无法预测德国骑兵何时会抢在我们前面，因为德军不止一次这样做过。[②]

1916年12月下旬，被彼得格勒秘密情报局派到罗马尼亚的约翰·斯盖尔（John Scale），在一份多瑙河畔布拉利亚的工业设施破坏报告中表示，焦土政策在油田以外的地方也在实施。隶属英军的罗马尼亚军官G·B·比贝斯科（G. B. Bibesco）亲王组织面粉设备的捣毁工作，同时斯盖尔负责撤出并摧毁一家纤维制造厂、一家大米制造厂，以及一两处正在制造炮弹的工厂。他计划在其余的纤维被烧毁之前，搬走工厂里剩余6000吨纤维存货中的一半。接着工厂里所有发动机和反应炉都被炸药摧毁，其中有14台用来制造有毒气体的机器的工厂也被烧毁了。斯盖尔发现，这家工厂似乎“是奥资或德资公司”。纤维制造厂被烧毁后，一队俄国人在诺顿·格里菲斯的命令下用炸药摧毁了一家水泥厂，诺顿·格里菲斯还让面粉店和制造炮弹的设计局瞬间化为一片废墟。不过，和他们一起完成任务的一支俄国小队最后还是手下留情了，并没有炸毁船坞轮机和起重机。

皮特上尉详述了销毁粮食一事，他遇到了很大困难，因为罗马尼亚政府坚决反对一切坚壁清野工作。罗马尼亚勉强同意英国销毁罗马尼亚国内所有粮食。

① ‘Report on Destruction of Roumanian Oilfields’, 22 Jan. 1917（TNA，CAB 24/6 G.T. 25）.

② Norton-Griffiths to Gwladys ,19 Jan. 1917（quoted in Bridgland and Morgan, *Tunnel-Master and Arsonist*，198）.

为了防止资敌并支援罗马尼亚粮食市场，1915 年英国政府购买了 43 万吨小麦，其中 10 万吨在 1916 年 8 月送予罗马尼亚军。但是布勒加斯特当局明确禁止焚烧农场或田庄，拒绝帮助的决定，实际上给破坏工作设下了重重障碍。皮特竭尽全力将破坏限定在一定范围内，幸运的是，最终共计有大约 18 万吨的粮食被保存了下来。

1916 年 12 月间，皮特上尉在一支英勇善战的、为俄军第六军团服务的英国部队的协助下，顺利完成了任务。皇家海军航空队俄罗斯装甲车师（RNAS），一支由一位持不同意见者、也是国会统一党成员奥利弗·洛克-兰普森（Oliver Locker-Lampson）组建的 500 人悍旅。这支部队部分受乌尔斯特联合派资助（最初这笔钱收集起来，是为了支持乌尔斯特人武装反对战前自由党政府的《爱尔兰地方自治法》），1915 年 12 月被派到俄罗斯，以促进英国同东方盟友团结一致。该部队驻扎在高加索前线，早在年初，俄军就从这里攻入土耳其。虽然装甲师在此被拆散，并未被合理利用，但是洛克·兰普森希望能在更活跃的战线上打仗的愿望却实现了。他们被派往摩尔达维亚，作为俄国援军的一部分，去填补罗马尼亚军崩溃之后洞开的缺口。12 月起，他们就一直在行动。他们在 12 月 16 日驻于布拉利亚，诺顿·格里菲斯就是在这里发现了他们，并借用了一名军官和 28 名战士“协助破坏军事上重要的工厂”。皮特称，“他们的帮助至关重要”。[①] 当月下旬，英国装甲兵还帮助苏格兰女子医院的志愿者驾驶救护车，并将四轮马车运上驳船，从图尔恰渡过多瑙河。“让他们在这儿，在街角听到英语多好呀，”伊莎贝尔·伯克贝克在她的日记中写道。“他们看上去如此整洁，如此友善，并且”，她在这儿加上了一点小小的歧义，“我们对彼此都‘非常感兴趣’。他们聚集在我们的车辆周围，先听我们的故事，然后讲他们的。”[②]

在报告他做的清野工作的完成度和规模时，诺顿·格里菲斯明显感到十分自豪，同时他还回忆起在同当地的英美采油工程师合作过程中内心的矛盾和焦

① ‘Report on the Destruction of Grain and Machinery in Roumania’, 27 Jan. 1917（TNA，CAB 24/7 G.T. 140）; Perrett and Lord，*The Czar's British Squadron*，94–5.

② Birkbeck diary，18 Dec. 1916（引自 Cahill（ed.），*Between the Lines*，154）.

虑。在早期的协商中，美孚石油公司的 E·J·萨德勒（E. J. Sadler）“敏锐地感到清理工作开展的可能性，因为从一开始他们就有能力做这样的事”。诺顿·格里菲斯写道：“只有时间，才能抚平收益、损失与这次大规模破坏之间的关系。眼睁睁看着建造好的房屋、长满种植物的土地变成废墟，是一件多么让人痛苦的事情。”在一段对战争的沉思中，他认为它从上到下地揭示了“阻碍敌人”意味着牺牲个人和大地上的作物，无论付出多大代价，都要完成我们的目标。①

那么，真的是这样吗？艾伦·克莱默（Alan Kramer）认为“诺顿·格里菲斯胆大妄为的举措成了战争中一次行动规模最大的经济战”，这也许有些夸大其词，但是在罗马尼亚有大量利润的壳牌公司的官方记事员却也表明：“如果没有在罗马尼亚取得的原料和石油，德国两年前就垮了。”罗马尼亚史及石油史专家马尔奇·皮尔登（Maurci Pearton）认为，诺顿·格里菲斯估计已毁坏的 80 万吨石油，加上被破坏的油井和精炼厂，“有力地防止了将石油工业让与德国，这是战争的一个关键阶段，为时五个月”。然而，由于德国人是罗马尼亚石油业的主力军，他们有足够的熟练技术人员可以用于重建。事实上，德国已预先制定好了利用罗马尼亚石油的计划。麦肯森的指挥部下设一支叫“东方经济部（Wirtschaftsstab）”的经济参谋部，其中就有石油专家，能够快而高效地恢复生产。1917 年，他们开采出 461491 吨年产量的石油，而这还只是 1915 年年产量的四分之一，不过全部或大部分的石油都被送到德国、奥地利和匈牙利。对此一定要加以补充说明的是，同盟国还从罗马尼亚索得了大量的农产品；几年间同盟国共夺走了 2 百万吨粮食、20 万吨木材、10 万头牛以及 20 万头羊和猪，诺曼·斯通的观点认为：“这种掠夺的程度，已远超他们为使罗马尼亚保持中立所做的程度。”②

布鲁西洛夫在他的回忆录中说：“当得知罗马尼亚人对现代战争一无所知

---

① ‘Report’ as n. 34 above.

② Kramer, ‘Blockade and economic warfare’, in Winter (ed.), *Cambridge History of the First World War*, i, 477; Jonker and van Zanden, *From Challenge to Joint Industry Leader*, 175; Pearton, *Oil and the Romanian State*, 79-84; Stone, *The Eastern Front*, 265.

时，我们大吃一惊。”[①]这种错误的判断，首先证明了俄国军事情报工作做得实际非常差。大部分的评论者，都对罗马尼亚的军事能力不屑一顾。1916 年 9 月末，俄国联络官查尔斯·贝利森告诉苏格兰女子医院的玛格丽特·福西特（Margaret Fawcett）：“罗马尼亚人什么也做不好；他们唯一适合做的事情就是逃跑。”在抵达罗马尼亚几天后，约翰·诺顿·格里菲斯就得出结论（虽然那时乐观主义已盛行一时）：“罗马尼亚军的装备太差，尤其是重炮和机关枪的火力，他们必须用优秀的枪炮和战术才能和敌人抗衡，至少在一段时间内，他们只能开发适合自己的战术才能取胜。”[②]

罗马尼亚军就这样在装备低劣的情况下进入战场，查尔斯·科鲁特维尔（Charles Cruttwell）在战后写道：“人力就是 50 万结实的农民，这些人很能干，但指挥却不力。目击者称在整场战役中，大批军官漫步在布加勒斯特，和戏子、揽客的妓女走在一起，或有时拉帮结伙地走着。”化妆品是他们谈话中反复出现的主题。1916 年 12 月，护士埃塞尔·莫伊尔（Ethel Moir）认为尽管只要指挥得当，普通罗马尼亚士兵就会把仗打得很好，但他们的军官是不可能的，因为他们狂妄自大，是矫揉造作的花花公子，抹脂擦粉，把自己打扮得十分华丽。他们所思所想的都是自己的容貌。诺曼·斯通注意到一则征兵命令，即“只有少校以上级别的军官才有权化妆”。[③]无论他们的军官阶级有什么样的个人癖好，罗马尼亚人实际上都处于一种窘境。国家实际上早已不堪一击。除海岸以外，罗马尼亚国界上唯一的自然屏障只剩下喀尔巴阡山，战争的重点如今都在占领山脉之外的土地。他们各自的领导人（据某些协约国的观察家平心而论）认为，只要有几支训练有素的军队，就足以让他们渡过难关。但带领他们的军官太糟糕了，他们都不适合当领导，而且有的人根本就不愿意打仗。相比之下，德军将领为同盟军准备的强化训练和精准的补给线完美结合在一起，极大领先了罗

① Brussilov，*A Soldier's Note-Book*，261.

② Cahill（ed.），*Between the Lines*，42；‘Report’as n. 34 above.

③ Cruttwell，*A History of the Great War*，293; Moir diary，6 Dec. 1916（引自 Cahill（ed.），*Between the Lines*，137）; Stone，*The Eastern Front*，264–5.

马尼亚。

东线军民

虽然在东线出现的军队数量要远小于西线(1915 年东线有 130 万同盟国军，180 万俄军，而西线则有 190 万德军和 245 万英法联军)，① 但东线受冲突影响而无家可归的非战斗人员却远超西线。士兵被俘的越多，被驱离出境或被迫流浪的平民也越多，在东欧、意大利和巴尔干战争中受影响的平民要比法国和比利时多。1917 年伊始，光是俄罗斯帝国境内无家可归的总人数总计就超过了六百万。借用彼得·加特莱尔(Peter Gatrell)富有寓意的话说，整个俄国就像是“一个在行走的帝国”。②

东线人民的流离失所始于俄国对东普鲁士的入侵，当时大约有 87 万人(大多数是日耳曼人)向西流亡。而德国随后的反击也产生了同样的后果。1915 年的胜利之后，他们占领了波兰全境和立陶宛、拉脱维亚的多个省份。随着 1915 年秋天前方战线稳定下来，德国、奥地利和匈牙利建立了正式的占领政权，并瓜分了波兰。

波兰一直都是同盟国的领土难题。18 世纪末，它被普鲁士、奥地利和俄罗斯(占领了波兰最多的领土，包括首都华沙)三国瓜分，然而战前的波兰，特别是俄属的那部分却兴起了一场民族主义运动。为寻求利用现存的反俄情绪，德国政府试图通过建立一套(原为俄国人所禁止的)波兰语教育体制来赢得波兰人的支持，他们允许在华沙大学用波兰语教学，并建立一套波兰地方政府。对于过去曾在俄国统治下受迫害的犹太人，德国还给予了比过去更大的公民权。然而，德国同样急于得到东部地带，但到底是以有自治权的邻居身份，还是以附

① Afflerbach，‘The Eastern Front’，253.

② Stibbe，‘Introduction’ to idem.，*Captivity*，*Forced Labour*，7；Gatrell，*A Whole Empire Walking*，3.

庸国的身份来对待波兰，德国还未拿定主意。实际上在1915年7月就有人建议德国应该取得波兰的一块边境地带，并将当地的波兰和犹太居民驱逐出境，让日耳曼人定居于此。1916年，柏林放弃了这项计划，但奥地利却打算建立一个“独立的”波兰王国，他们希望波兰人能直接加入到同盟国阵营。波兰传统上也是德国的工业劳动力来源；1916年春季，共有12万波兰人应征加入到德意志帝国的30万工作大军中。1916年10月，随着德国兴登堡计划的实施，华沙通过了强制劳动法令，虽然这项法令实施得零零散散、时断时续，但和比利时不一样的是，没有人被驱逐到德国。最终，德国的承诺一如他们过去一样，并没有让大批的民族主义者参与进来。1917年的俄国革命和美国参战，鼓励波兰人争取比之前给的更多的自由；许多民族主义者甚至得出结论，协约国的胜利是波兰国家独立的最好保证。①

在东部更远的地方，德国在立陶宛和拉脱维亚等地成立占领政府“东部领地”（Ober Ost，来自于兴登堡的军衔——东部最高指挥官，又称“德军东线总司令部”）。这个政府，换用维加斯·加布里贝尔·琉列维奇乌斯（Vejas Gabriel Liulevicius）的话说，就是“军事乌托邦与行政混乱”相结合的产物，它借军队来发号施令并建立一个长期的行政机构，将领土上的资源利用到最大限度。占领政权的幕后推手是兴登堡的总参谋长埃里希·鲁登道夫，他在占领的土地上推行了高效的军事殖民化，将占领区分成三块大的“军事行政区”（从北到南：库尔兰、立陶宛和比亚韦斯托克—格罗德诺），然后这些大行政区再依次细分为小行政区，各地区都由一位“区队长”领导，这些“区队长”可以对当地人行使“近乎无限制”的权力，甚至任命市长以及各个社区的行政首脑。这让许多人对前线服役不满，但又不去履行他们的新职责。一位曾在西线受过伤的年轻行政官员可能是因为责任过重，心生妄念，整夜整夜地在林中踱步，终致被人乱枪击倒。毫无疑问，这里也有暴力，也有德国官兵强奸和虐待妇女、而那些试图保护女人的男人们则被暴打、并被人以死相胁的事情发生。

① Polonsky，‘The German occupation of Poland’，113－31；Westerhoff，‘“A kind of Siberia”’.

表面上看来，德军的控制是完整而充分的，但在不同部门之间却有许多职责重叠和相互制约的地方。“东部领地”对掠夺自然资源的野心极大。为了满足德国源源不断的木材需求，大片大片的森林被砍倒；除此之外，据战后统计，光是立陶宛就被征用了 9 万匹马、14 万头牛、76.7 万头猪。为了召集可用劳动力，战俘和难民也被征召入伍。终于到了 1916 年中，这种征召也不够用了，“统治法令”（该法令宣布东部最高统帅部享有“完全的立法、司法以及行政上的国家权力”）开始对该地所有的成年男性和女性实行强制劳动。①

德国人相信他们的统治是一种文化使命。例如鲁登道夫就表示：“在这些贫瘠的、爬满虱子的立陶宛小镇，德国的法官将司法判决付诸实施，并实行和柏林一样客观而严肃的司法判决。”或许，受到中世纪曾试图统治该地（却失败）的条顿骑士的激励，鲁登道夫一直在推动着他雄心勃勃的计划：将日耳曼文化永不磨灭地烙在当地现有的种族身上。德国人在当地创办了一家德语报社以及致力于将当地各语言联结到一起的翻译机构，可以将波兰语、俄语、白俄罗斯语、立陶宛语、拉脱维亚语以及意第绪语都翻译成德语，以让所有人都能适应德语命令，这些都体现了强制、武断的官僚主义以及国家霸权。

意第绪语以及许多德语词汇，在征服者和他们的新犹太国民之间产生了想不到的联系。由于“东部领地”行政当局打算对所有国民一视同仁，他们的管理被许多犹太人视为是对过去反犹政权的改善，因而大受欢迎。曾在“东部领地”出版部门工作过的记者兼自由主义学者维克多·克伦佩勒（Victor Klemperer）观察到：“犹太人能亲近我们了并且说着德语，他们至少看起来像半个德国人。”虽然一些犹太团体准备要同“东部领地”合作，但在犹太人和德国占领者之间也还有太多的反犹主义情绪作祟，任何意料之外的亲密都会导致其他民族的怀疑——特别是俄国人，他们相信犹太人不可信。1916 年 5 月，一份有关民族状况的德文秘密报告称“将俄罗斯的犹太人当作德国的挚友是一种普遍的误解”，

① Liulevicius, *War Land on the Eastern Front*, 54–88。对于“东部领地”我又做了一些重要的研究。

因为实际上他们没有“国家政治，只有经济利益”。[①] 如果他们亲近我们，他们该死；不亲近我们，也该死——这是犹太团体的窘境。1916 年夏，俄国再次推进，此时各地的犹太人无论真的是否通敌，都无一例外地遭到了指控。

“战争中的关键转折点”

在对布鲁西洛夫攻势进行整体反思时，学者蒂莫西·道灵（Timothy Dowling）认为这场进攻是“战争中的关键转折点”。原因有三个：首先，俄国的进攻“一劳永逸地”摧毁了奥匈的军事力量。哈布斯堡王室此后只能彻底地依赖德国。其次，攻势使罗马尼亚参战，这似乎是协约国的暂时胜利，然而罗马尼亚的迅速崩溃却让巴尔干半岛的优势天平暂时倒向了同盟国，并让他们在该地区的“一战”优势得以再维持一年。第三，俄国在攻势中所投入的巨大精力（和他们所给予罗马尼亚的支援）连同他们所遭受的伤亡，使他们持续作战的能力在士气以及物资方面都受到极其严重的损伤。因此，这场攻势标志着俄国在 1916 年 6 月和 7 月战时成就的最高点，同时也让俄军走上了革命之路。[②] 但是，诺曼·斯通称之为“战争中最辉煌的胜利”的这场战役，[③] 产生了始料未及，并且对于俄国人来说也是绝不能接受的结果。罗马尼亚的崩溃帮了同盟国大忙，它使奥德两国有关东线各自议和的想法（本可能使沙俄避免崩溃与革命）有所减轻。霍尔格·阿夫勒巴赫（Holger Afflerbach）认为，东线的妥协和平在 1916 年 10 月之时仍悬而未决。[④] 自此之后，各国只得决一死战。

1916 年东线上的事件也极大加速了俄罗斯和哈布斯堡帝国的政治和社会不稳定，无法控制的种族和民族运动打破了中东欧三大帝国之间（长达四十年）稳

① Liulevicius，*War Land on the Eastern Front*，76；113-50.

② Dowling，*The Brusilov Offensive*，176.

③ Stone，*The Eastern Front*，235.

④ Afflerbach，‘The Eastern Front’，262.

定的边界假象，“一战”更是加快了这一进程。在回顾这场冲突对帝国主义的影响时，我们可以发现，除了东普鲁士最初的几场战役外，前线地区所有的战争都位于东欧的殖民化地带，在某些地方居民会甚至认为他们处于外国人的统治之下。这场战争(例如在爱尔兰及其他地方)促使民众中的各个群体起来挑战帝国现状并申明“民族自决”的权利。这段历史的研究者桑伯恩讽刺地说：“这无疑对当代产生了重要影响。因为今天东线战场上的观光客几乎不需要为俄罗斯、奥地利、匈牙利以及德国的签证而苦恼，而这些烦恼如今主要集中在在波兰、乌克兰、白俄罗斯、立陶宛、拉脱维亚、亚美尼亚、格鲁吉亚、土耳其以及罗马尼亚。”①

① Sanborn，‘Unsettling the empire’，302.

第七章

亚 洲

第一次世界大战在亚洲的影响远不止发生在有限区域的几场战斗——这其中包括1914年对德国在华北属地青岛的占领战，还有在中东及高加索地区对抗奥斯曼帝国的那些战役。1916年7月，中亚地区爆发了一场大规模起义，这场起义是因为沙俄对新近殖民地的居民实行征兵而引发的。起义不仅体现了战时暴动的普遍特征，还在其他地方产生了连锁反应。由于该殖民地的人以穆斯林为主，它还引起了世界其他受战争影响地区的种族—宗教冲突，比如巴尔干半岛。全世界伊斯兰群体名义上的领袖、奥斯曼苏丹在战争开始时就签署了伊斯兰裁决（fatwa），竭力号召穆斯林对俄、英、法的异教徒们发动圣战，这令三国对国内的穆斯林的忠诚度深感担忧。这对英国来说尤其如此，它的600万穆斯林子民大多数居于英属印度帝国的土地上，这片土地要比整个欧洲大陆（除去俄国）还要大，是一片由孟加拉、印度、缅甸以及巴基斯坦等现代国家构成的领土。从一开始，英国麾下的印度军队就被迫卷入了战争，在整个战争期间，印度也是一个巨大的人力资源和物质资源的储备库。而亚洲的其他地方也在为协约国的战争行动做贡献，这些地方包括法属印度支那、英属马来亚以及中国——它为欧洲和其他地方提供了数千工人，均以非战斗人员的身份工作。

俄属中亚的叛乱

中亚叛乱是由1916年6月25日俄军最高统帅部（Stavka）的一个决定引发

的，即对高加索和中亚的“土著”居民实施劳动力征召制度。俄国总参谋长米哈伊尔·瓦西里耶维奇·阿列克谢耶夫（Mikhail Vasiliyevich Alekseyev）将军宣布，在一个月内，他需要50万人弥补陆军的损失，而这远超陆军部长所能提供的兵力。俄国当局同意从7月15日起从中亚19岁至43岁的男性中招募25万人，来接替一直在从事战争工作的强制劳动力。[①] 虽然中亚的本土居民直到那时仍不能参与军事活动或大量的劳役，但他们早已在不同程度上受到战争的影响。比如当地人组成的“土耳其斯坦军团”（Turkestan Corps），同奥斯曼人在高加索的战斗中表现十分出色。虽然从理论上来说他们都是志愿兵，但很多人是被当地人强行拉入伍的，并且许多新兵并非心甘情愿地奔赴疆场。在该地区，战争时期的赋税也在日渐增加，当局为了作战，还要求实物贡赋（如圆形皮帐篷等）。他们还要求中国边境七河州（Semirechye Oblast，今哈萨克斯坦）的吉尔吉斯与

◎ 弗洛伦斯·法恩伯勒摄。传说中的俄国“压路机”，农民士兵的供给仿佛用不完——但是也只是到1916年为止。

① Sokol, *The Revolt of 1916*, 77–8. 这本论著是该研究目前唯一延伸到英文世界的论著，以下的叙述正是基于此研究。

哈萨克游牧民提供农业劳动力，以代替奔赴前线的俄国农民。

在某些观察家看来，战争中俄国加紧招募新兵是一种巩固帝国统治的手段。“一战”头两年中待在巴库的英国副领事雷纳德·麦克唐纳（Ranald MacDonell）认为“大规模的动员，并且将几百万讨人厌的家伙们召集在一起，是一项经过沙皇政府深思熟虑的政策”。因为他们普遍认为穿制服的农民，哪怕没有武器和弹药，也不会成为颠覆性宣传的温床，这比他在田间耕耘并将食物免费供给军队要好得多。然而实际上它却产生了反作用；军营里不满者要比田边勤勤恳恳的个人更容易被煽动。1915 年，麦克唐纳注意到军队已经开始对被派往前线产生了巨大的抵抗情绪。他讲述了在他同妻子前往主干线车站时，看到大批军队正要离去。“他们的妻女排成一列，阻挡列车离开；士兵也不想走，但还是被哥萨克骑兵粗暴地带走，这景象真令人生厌。”麦克唐纳在他的回忆录中回忆道：“随后我们回到家中，津津有味地读着路透社新闻，而窗外的‘俄国蒸汽压路机’（Russian Steam Roller）正开足马力、轰轰隆隆地向战场进发。”①

中亚的大部分地区都是新近才被殖民的领土。和白人对北美大草原的征服异曲同工，俄罗斯帝国的武装力量自十八世纪末起，就逐步地蚕食着中亚的“边沿地区”。殖民随之而来，大批俄罗斯和乌克兰农民涌入了这片直至那时仍只有游牧民居住的空旷地域。中亚的情况同北美有着惊人的相似，殖民者都是以武器和“现代文明”的工具——火枪、农业机械、电报线、铁路等等，将本土人民赶出了他们的土地，颠覆了现有传统的社会基础构成。

然而两者之间也有些明显的不同。中亚的土著居民要比北美多很多，他们不可能被人逼到“灭族”的绝境。穆斯林—突厥人自身就具有强大的宗教联系，还是广泛的跨国性宗教共同体的一分子。尽管政府曾做出一些努力保护柯尔克孜游牧民，然而丰饶的、可利用的农地与资源诱惑却使得移民潮日益升温；自 19 世纪 90 年代起合法或非法的殖民者就不断涌入这里。对殖民者的数字估计各不相同。索科尔（Sokol）认为，直至第一次世界大战，仅七河州的“俄国人

---

① MacDonell，“*... And Nothing Long*”，175.

（含乌克兰人）”就有 30 万。在一份更晚近的研究中，丹尼尔·布劳尔（Daniel Brower）引用 1911 年塔什干行政部门的统计数据表明，“总的来说，在 100 万突厥游牧民之间大约有 15 万从事农业的殖民者”。但是有的地方的殖民者密度就很高，在皮什彼克和普尔热瓦尔斯克（Przhevalsk，1916 年暴乱最严重区域）之间的七河地区，在 32.5 万柯尔克孜人中约有 8 万殖民者。①

1914 年，俄国控制下的中亚成为帝国境内最富庶、最高产的棉花种植区。在别人看来，这里似乎没有受到战争的影响。美国外交官蒙哥马利·斯凯勒（Montgomery Schuyler）在布哈拉为《纽约时报》撰写 1916 年 5 月 6 日文章时写道：“终于，他发现了一个对“一战”几乎一无所知的国度，平淡笼罩着一切，生活如同两千年前一般，丝毫没有被正发生在它身上的战争所撼动。”在妻子的陪伴下，他第一次到地方行政首府塔什干旅行，然后朝中国边境向浩罕和安集延（Andijan，1916 年 7 月，穆斯林学生在此以武力反抗征兵）进发。他在这里看到，殖民农业工作者在肥沃而高产的棉田中劳作，土库曼人、吉尔吉斯人“四处游荡”，他们组成的居民全体放羊并织造出当地著名的“特克”毛毯。不过，近些年，织工开始使用人造染料，导致织就的毛毯不再适合斯凯勒的口味。但是他在这里发现了一个因战争而造成的意外好处。“艺术爱好者要感谢这场战争的原因之一在于”，他写道，“现在所有的德国染料都停止进口了，因此织布工被迫停止使用那种廉价染料，重新启用富有魅力而柔软的植物色”。

斯凯勒观察到，在塔吉克斯坦有一支强大的俄军武装，但是就维持相关秩序而言，自战争爆发以来又有些很不必要。环绕里海南面的库尔德群体有可能制造麻烦，但是他们无疑只会站在山背面的波斯（伊朗）一边，而不会试图利用战争条件。斯凯勒用一种令人心寒的、影射种族问题的立场解释道：“事实上，库尔德人显然会在屠杀阿美尼亚人上意气相投、互相吸引，他们没有空闲时间来做其他事。”延着撒马尔罕和布哈拉向里海的克拉斯诺伏斯克（Krasnovodsk）西行，他偶然看到穿着浅蓝色军服的奥地利战俘，他们当中有近千人被押送到

① Sokol，*The Revolt of 1916*，73；Brower，‘Kyrgyz nomads’，47.

该地区。他们住在俄国军营里，相当自由，特别是那些斯拉夫族的人，除了在街上有给每名战俘配的俄国下级官员外，几乎可以不受限制地四处走动”。大体上，战争本身几乎没有影响斯凯勒在该地区长达三周的逗留，也没有在他的抒情游记中出现。在“布哈拉埃米尔”（Emir of Bokhara）用来酬宾的宫殿里的一顿丰盛的晚餐成了他旅途中的最幸福的时刻。“周边景物”，他写道，“让人情不自禁地想到《一千零一夜》，我无法想象在20世纪、在世界大战时期竟还能有如此良辰美景”。[①]

这是斯凯勒第二次访问该地。一年以前，他被美国驻彼得格勒大使乔治·T·迈尔（George T. Mayre）派往这里报告俄国手中的战俘待遇。作为最强大、最受尊崇的中立国，美国起初对俄怀有敌意，因为它试图保护德国和奥匈在俄国的权益。除了其他方面外，这种保护包括了对空前庞大的战俘群体的待遇予以监督。1914年8月至1917年9月间，据俄国政府统计，他们俘获了超过196万敌军士兵(尽管这些数据低于实际数字)，其中有15.9万德国人和174万奥匈人。双方的战俘都被当成劳工使用(理应如此，但并不总是这样，他们也会收取一定的报酬)。1917年春，据俄国统计有超过100万的战俘被这样雇佣，他们当中有百分之四十三用于农业，百分之二十七用于矿场和工厂。他们经常在极其恶劣的条件下工作。1916年，约有2.5万战俘死在修筑摩尔曼斯克(俄罗斯北部通往北冰洋的港口城市)铁路的途中。俄国人还在不同的族群间大搞种族歧视，(斯凯勒在1916年5月提到)他们褒扬奥匈军中的斯拉夫人，在很多场合下希望斯拉夫人加入俄军，同他们原来的哈布斯堡主子战斗。1915年4月在向迈尔汇报工作时，斯凯勒写道“虽然奥地利俘虏——尤其是斯拉夫人受到了意料中的对待”，但德国人却在许多小事上“屡受骚扰和侮辱，这是俄国人在向新闻报道中俄国在德战俘所受待遇的抗议”。[②]俄国对哈布斯堡帝国内部各民族之间

① *NYT*，18 June 1916.

② 见 Speed，*Prisoners*，*Diplomats and the Great War*，监视战俘的安排以及俄国的数据统计；Schuyler to Mayre，5 Apr. 1915，引自 ibid.，117。有关概览 Heather Jones，‘Prisoners of war’，in Winter（ed.），*Cambridge History of the First World War*，ii，266–90。

分歧和争端（因战争而日益尖锐化）所做的煽动工作，对包含各种少数民族的帝国来说都是一把双刃剑，这在它的边缘地带尤其如此。

斯凯勒在 1916 年 6 月对该地区的描述尽管浪漫，但还是太过于自鸣得意。他根本没有理解战前就存在的经济上的不满、社会上的紧张以及族群间的敌意，也不理解所有这些是如何被战争所激化，并为了列强间的战争将日益繁重的要求强加在人民头上的。战时赋税的增加以及军用物品的征用（马匹、骆驼、圆顶帐篷和各种货物）经常按照低得不现实的固定价格结算——随着物价通胀，特别是食品价格上涨，这些都成了压在人民身上重重的负担。例如 1916 年，谷物比 1913 年贵了 400 倍。地方官僚间的普遍腐败意味着征用物品的结算经常低于政府价格，他们甚至没有付款。[①] 斯凯勒的看法显然和当地的俄国官僚相同，他们没有预见到在下达劳动力征召制度命令时所遇到的难度。他们的决定是多么错误。

1916 年 7 月 2 日至 3 日期间，当地的俄罗斯人和官员召开会议，决定通过地区配额的方式推行征兵。这意味着这些前线官员将要在民怨面前首当其冲，然而他们实际上还要利用自己的优势巧妙地处理征兵。由于行政事务几乎都通过当地现存的等级制度来解决，因此有权有势的人可以逃避征兵，而将其重担转嫁在民众中最穷、最没有权势的人身上。实施政策的时机也非常不讨巧，它正好赶上人们全力收割的时候。尽管政府对重要的棉作物有某种补贴，但其他地方更重的负担却导致了各地的不满。政府最后的一个误判是，事先都没有试图找时间解释新政策或征兵的具体目的；结果流言四起——人们以为实际上是军事上的义务征兵制或者劳工们其实会被派到非常“前线”的地方挖战壕，而这激起起了人们原本就有的不安感。

7 月 4 日，政府宣布实行征兵的四天前，撒马尔罕省的苦盏（Khujand）爆发了第一场暴动，士兵驱散了敌对人群，造成两死三十伤。两星期后，更大规模的骚乱发生了，人们目标直指警察宿舍，企图消灭已经制定好的征兵名单。7 月 11 日，塔什干的数千名抗议者被当局镇压，付出了 12 人死亡的代价。两天以后，

① Pierce，*Russian Central Asia*，267–8.

在撒马尔罕东北边的吉扎克(今乌兹别克斯坦)，当地的宗教领袖正式宣告要打一场圣战，不仅要停止义务征兵制，还要在阿富汗和帝国(可能的)援助下脱离俄国寻求独立。俄国的军事指挥官和警察局长被杀，在一起遇难的还有一名翻译和两名警察。暴动进而摧毁了火车站和电报线。在农村，一帮叛乱分子掀翻铁路轨道、破坏大桥，沿途还杀害了 16 名俄国铁路工人。在吉扎克(Jizzakh)，超过 80 名俄国人被杀害，70 人被捕，“还有大量妇女被强奸”。俄国的报复雷厉风行。他们从塔什干和撒马尔罕派出一支大军，由帕维尔·伊万诺夫(Pavel Ivanov)上校指挥(俄国革命后，他因成为一名强硬的白军军官而臭名昭著)。

伊万诺夫决定对叛乱施以严惩。一周之内，他恢复了秩序并修复了电话线和铁路交通。城镇周围半径十英里内的乌兹别克村落全部被毁；82 名领导者迅速被捕并被判处死刑，不过许多人的罪行后来有所减轻。但是焦土政策给当地居民造成的损失极大。据一位幸存者说，伊万诺夫下令开枪、纵火、没收家用物品和农具。他的部下“见人就杀，强奸妇女，甚至还进行兽交”。在农村，他们烧毁正在生长的粮食拿走快成熟的粮食。吉扎克城内的老乌兹别克区被俄国人洗劫一空并夷为平地。奥地利战俘弗里茨·威尔福特被困于城中，他估计有一千名当地人在骚乱中丧生，虽然另有人表示丧生的有四千人。①

最剧烈的冲突发生在 1916 年 8 月七河地区的吉尔吉斯居民中间。在这里，几千叛乱者被动员起来，结队向该地区所有的俄国殖民地发起进攻。1916 年 10 月，在对叛乱爆发进行汇报时宪兵队长容迈斯特说：“各地的进攻几乎都不相同——吉尔吉斯人(这一时期描述突厥游牧民的通称)的装备是长矛和少量来复枪，他们袭击殖民地，屠杀男子。”年长的妇女和孩子也惨遭杀害，许多战俘被带走。他证实了有关女性战俘惨遭强奸的报道。殖民者的牲口被拿走，一起被拿走的还有其他战利品。“七河州最富庶的地区普尔热瓦尔斯克”，容迈斯特报告道，“几乎彻底被摧毁。只有普尔热瓦尔斯克城和附近的村落还保持原样”。②

---

① Pierce，*Russian Central Asia*，273–8；Sokol，*The Revolt of 1916*，82–96.

② Iungmeister 引自 Brower，‘Kyrgyz nomads’，43。

这里的路面、桥梁和电话线也被毁掉，叛乱分子将注意力集中在一切有关可恶的殖民者的表现形式上。俄国有 52 名军事人员和 14 名公务员被害，然而这些数字同普通殖民者的伤亡相比简直相形见绌：2025 人被害，1088 人失踪，他们无疑是最大的受害群体。①

和各地一样，俄国在七河州很快进行了残酷的报复。叛乱分子并不是全副武装的俄军的对手，九月初，大部分的叛乱都已平息。但就在此时，俄军露出了最残忍的一面。在迎战叛乱分子时，整座村庄都被炮击轰平，7 月 21 日被仓促任命为土耳其斯坦总督的库洛帕特金将军下令“不留子弹”。一群俄国殖民者组成“惩戒队”，七河州军政长官福尔德鲍姆（M. A. Fold'dbaum）将军明令要求“彻底摧毁叛乱者的定居点，烧毁牧民的帐篷，赶走牲畜”。库洛帕特金的属下参与了杀害吉尔吉斯人，毁坏和劫夺他们财产的行动。容迈斯特队长因此断定“俄国人和那些吉尔吉斯人一样残忍”，亚历山大·克伦斯基（二月革命至十月革命之间的俄国总理）受国家杜马之托调查叛乱及其后果，他报告称：“婴儿已被杀光，老头和老太太也一样。”总而言之，数万当地居民被一种既有组织又成体系的方式赶尽杀绝。尽管如此，还是有许多人还是翻山越岭，逃亡到中国新疆，这些人大约有 30 万。至于叛乱的影响，据苏联一位人口学家统计，从 1914 年到 1918 年土耳其斯坦的人口下降了 123 万（占总人口的百分之十七），他将大部分的损失归因于 1916 年的骚乱。②

尽管库洛帕特金将军和镇压叛乱的人一样残忍无情，但他也认为光凭镇压无法解决长期问题。他巡视七河州，旨在让俄国殖民者和心怀不满的人安定下来，他安抚当地居民，强调好处，比如和平、农业发展、现代交通；他说是俄国的统治将这些好处带到了这片土地。在强调俄国人一直居于优越地位的同时，他在当地成立了委员会以改善沙俄行政部门同当地居民的关系。他坚持认为劳动力征召制度必须先行，但是又否认这项制度现行实施政策的失败，并承诺在

① Sokol，*The Revolt of 1916*，120–4.

② Ibid.，127；Brower，‘Kyrgyz nomads’，44；Holquist，‘To count，to extract’，121；Pierce，*Russian Central Asia*，293.

未来它将更公平地推行它，不会不成比例地征召人群中最穷的那些人。9 月中旬，他实际上已经能调遣一千名塔什干工人，到了 1917 年 2 月，超过十万人被派往俄国的欧洲部分。根据理查德·皮尔斯对叛乱的描述，甚至在七河州，库洛帕特金还采用恩威并施的办法，希望流亡的吉尔吉斯人能够重返七河州同俄国人和平共处。[①] 虽然有很多人回来，但是 1916 年该地区族群间的冲突后来还是暴露出来了。它经过革命时期以及内战，直到那些本土的民族主义在 20 世纪末苏联解体后再次显露出来。

在俄属中亚几乎没有什么关于此事的消息传出来。《纽约时报》从柏林发来的一则日期为 8 月 24 日的四行报道对此事毫无解释，冷冰冰地写着“土耳其斯坦局势正在恶化”。[②] 根据《曼彻斯特卫报》记者摩根·菲利普斯·普莱斯（Morgan Philips Price，后来成为工党议员）回忆，他在 1916 年曾数度到访高加索，在那里听到了叛乱的消息，“因为我碰巧和土耳其斯坦的难民们一直寻求的穆斯林难民团体有些来往”。他听到谣言说这场叛乱是由于俄国的强制征兵令而引发的，在俄国驻军、乌兹别克农民以及吉尔吉斯族牧民之间的战争断断续续，后者伤亡很多。他汇报给他的编辑（著名的 C·P·斯科特），但后者却建议他在收到一些更生猛的信息前不要发表，但这样的信息却往往随着整件事情被“盖住”而难以获得。

斯科特热衷于进行报道。倾向自由主义的《曼彻斯特卫报》素来有同情弱势群体的传统；开战以来，《卫报》对民主国家英法和军事独裁俄罗斯帝国之间的战时同盟的态度则转为含糊。（在《卫报》看来）战争的中心点在于捍卫自由民主价值反对暴政（“普鲁士军国主义”），俄罗斯是否在改革并将自己变成一个民主国家（正如英法官方宣传说声称的那样）是一个需要调查的大问题，也是斯科特起初派菲利普斯·普莱斯去俄国的原因之一。现在，菲利普斯·普莱斯发现，在土耳其斯坦的整个事件揭露了俄罗斯帝国的情况，正在加快速度地

---

① Pierce，*Russian Central Asia*，283-6.

② *NYT*，25 Aug. 1916.

越变越糟”。[①]

就在普莱斯开始将有关叛乱的所有报道汇总起来之前，1917 年的二月革命似乎让俄国的宪政改革成为现实。就在他将报道发表出来的一年前，恰逢十月革命，而当他把报道发表出来时，革命的影响已显而易见。在一部完成于 1917 年 5 月，但却直到 1918 年才（以书的形式）出版出来的作品中，普莱斯言简意赅地总结了叛乱。“在疯狂的压迫中”，吉尔吉斯鞑靼人“将法律紧握在自己手中，受到甚为可怕的惩罚”。普莱斯对叛乱的起因总结得大体正确。吉尔吉斯人被俄国殖民者夺走了土地，额外的军役负担现在突然施加在他们身上，根本没有询问过他们的意愿，这样的军役负担迫使他们反抗。七河州的全体穆斯林已经消灭了哥萨克守军，并把 5000 名俄国殖民者当成囚犯关在山里。他断定，“叛乱定会被习以为常的残暴镇压下去”。

当这部作品出版的时候，他已经在一份 1917 年 11 月的报纸上发表了有关叛乱的文章，并称这是“亚洲俄罗斯与革命”系列的一部分。对《卫报》来说，这是一则优秀的独家新闻：“他的文章是英文出版界第一篇有关该事件的新闻报道。”就我们所了解，这场吉尔吉斯人暴动与屠杀没有在美国或敌国的报纸上报道过，也没有出现在中国的新闻报道上。然而，菲利普斯·普莱斯就在现场，他了解真相，因而他的记叙无疑具有权威性。事实上，在“1916 年叛乱：50 万游牧民遭屠杀”标题下面，这篇报道只占了六行的篇幅。而且，这篇报道甚至有些言过其实：“约有 50 万吉尔吉斯人被杀害，据传有 100 万人在今年初逃到中国边境。”五十多年后，当普莱斯想起 1916 年的叛乱时，他认为此事已经表明俄罗斯帝国开始崩溃，不过，对于那些像他一样当时既在俄属中亚也曾在圣彼得堡待过的人而言，当俄国革命发生时，他们还是大吃了一惊。[②]

---

① Price，*My Three Revolutions*，46-7

② 同上，第 75 页；idem，*War and Revolution*，272；*Manchester Guardian*，28 Nov. 1917。

中国与印度

1916 年 8 月至 11 月，几十万难民（可能并不是菲利普斯·普莱斯说的百万难民）从七河州进入中国西部的新疆，这说明无论离主战场多远的地方，都不能避免第一次世界大战的影响。俄军穷追不舍，许多被追赶的难民因路上所遇到的险阻而丧生。幸存下来的处境让人惋惜，他们在 1917 年春就被遣送回国。他们的俄国俘虏大部分都是妇女和儿童，她们所遭受的苦难也十分相似。在穿过中俄边境时，他们释放了一些俘虏；而另一些人则打算趁机逃跑到俄国在喀什的领事馆。①

当 12 年后回想起 1916 年的起义时，曾就任英国驻喀什总领事的乔治·马嘎尔尼（George Macartney）爵士对吉尔吉斯人的行动作了比菲利普斯·普莱斯更详尽的描述。他认为吉尔吉斯人是被俄国殖民者和暴虐的沙皇政权逼上绝路的。吉尔吉斯人利用俄国守军因战争被派驻前线而人数减少的机会发动了奇袭，他们洗劫了俄国人的房子，屠杀见到的每一个俄国人。他们把边境附近的俄国妇孺带走，然后以闪电般的速度散开，将自己藏匿于天山附近的中国吉尔吉斯人中。在 20 世纪 20 年代的文章中，马嘎尔尼回忆道："后来有一些俄国妇女来到喀什，她们衣衫褴褛、脚着敝履，憔悴不堪，体弱多病；她们被俘虏她们的人抛弃，一路长途跋涉从天山迂回到吐鲁番，最终在俄国领事馆得到庇护②。"

从战争一开始，遍布各地的英国办事处（如喀什领事馆）就一直监视着敌方特工的活动。许多土耳其人和德国人潜入新疆，这坐实了马嘎尔尼和他同驻在喀什的俄国对手的怀疑——敌人正在寻找利用泛伊斯兰主义来对付协约国的机会。1916 年 7 月到来的德国外交官维尔纳·奥托·冯·亨蒂（Werner Otto von Hentig）就是这样一位特工。冯·亨蒂是一名普鲁士职业外交官和波斯语专家，战前他曾被派驻北京，还曾在波斯服役。1915 年 4 月，他率领一支代表团

---

① Sokol，*The Revolt of 1916*，129–37.

② Macartney，'Chez les Soviets'，102.

◎ 摄于1916年5月。英国的噩梦（从左至右）：土耳其上尉卡西姆·贝，印度革命家马亨德拉·普拉塔普和穆罕默德·布拉卡杜拉，特工维尔纳·奥托·冯·亨蒂，奥斯卡·尼德曼耶尔。从这里开始，德国希望穆斯林发起反对敌人英国、法国的圣战。

到阿富汗，企图煽动那里和印度的反英势力。一批印度民族主义革命者在他左右：左翼拉杰普特贵族马亨德拉·普拉塔普（Mahendra Pratap）；以及天赋异禀、曾在英、美、日三国大学执教的知识分子穆罕默德·布拉卡杜拉（Mohammed Barakatullah）。实际上，当 1916 年 12 月约翰·杰里科向戴维·贝蒂爵士抱怨日本对印度叛乱者过于纵容时，他也在毫不怀疑地认为布拉卡杜拉是一名“印度叛乱者”。1915 年，一份英国报道将他称为“三个不同运动间的交界点：泛伊斯兰运动，‘亚洲是亚洲人的亚洲’运动以及印度革命”。[①] 对英国在亚洲的统治者而言，宗教—民族主义—革命的结合是他们所最可怕的噩梦。

实际上，德国所希冀的亚洲民族主义和泛伊斯兰主义力量是不可靠的。虽然布拉卡杜拉在 1915 年 12 月的流放期间被任命为“印度临时政府”总理，但

① Ramnath，*Haj to Utopia*，222.

印度却丝毫没有任何要求革命的反应。德国也未能说服阿富汗的埃米尔站在他们一边参战。他们试着让波斯参战，然而由于 1915 年俄军进逼波斯北方，德国功亏一篑。[①] 冯·亨蒂在阿富汗受挫，他北行进入新疆，在距喀什 120 英里的莎车停下来，他的行踪让马嘎尔尼和俄国领事梅彻斯基亲王惊慌失措。8 月，冯·亨蒂的数百德军已经抵达阿富汗的消息加深了他们的恐惧(经证实为假消息)，他们呼吁中国当局将他驱逐，而中国当局此时也担心新疆占多数人口的穆斯林从事颠覆活动。冯·亨蒂现身新疆的传闻被夸大，这体现出马嘎尔尼等人诚惶诚恐的程度，当冯·亨蒂离开莎车去喀什时，只有三个连的人跟着他，地方官员出动了全部的军力逮捕冯·亨蒂并将他拘禁，由一百名警卫看守他。马嘎尔尼最终说服中国方面将冯·亨蒂送到上海，从那里他搭乘一艘美国船到达檀香山并被关在美国。他最后回到柏林，但是一只小小的德国代表团的出现所引发的过激闹剧，以及他们对亲德的瑞典代表团和 1916 年两名自称挪威采矿工程师的到来所表现出的猜疑，充分反映出英俄领事对德国支持泛伊斯兰起义反抗协约国一事害怕到了何种程度。[②]

约翰·巴肯的惊险小说《绿斗篷》(*Greenmantle*)的发生地点就在中亚这里。这部作品第一次连载在 1916 年的月刊杂志《地与水》(*Land and Water*)上，当年十月以书的形式出版。[③] 巴肯的虚构小说只是他战时新闻宣传工作的一部分。据医学诊断，他不适合从军，于是他在战争初期成为了一名《泰晤士报》的战地记者；1916 年中他一度在法国的盟军统帅部(GHQ)任职情报参谋，并在 1917 年 2 月被任命为英国情报部长。他将小说的背景设置在当代。小说的主人公，理查德·汉内(Richard Hannay，曾在巴肯的战前畅销小说《三十九级台阶》的中间章节中出现过)当时是一名英军少校，1915 年 9 月，他因在卢斯战役中受伤在伦敦休养。汉内被外交部召见，一位高管要求他去执行一项事关重大的任务：发现并破坏德国在中东的计划——怂恿穆斯林世界发动针对协约国的圣战。伊斯兰

① Strachan，*The First World War*，770–91.

② Skrine and Nightingale，*Macartney at Kashgar*，250–4；Hughes，'The German Mission'.

③ 该故事在报纸上有所叙述，见 Land and Water，6 July–9 Nov. 1916。

“唯一的战斗信条”，汉内观察道，“就是将分崩离析的帝国统一起来”。一旦这样的“地狱”在奥斯曼土耳其帝国被释放出来，它就会传播到波斯和印度，而这对协约国来说这非常危险。汉内和一些老朋友其中有美国人布伦基伦，一位倾向协约国的“中立者”，从他在南非勘探与狩猎的时候起就开启了一场不可思议的冒险。他们穿过敌人的领土（汉内将自己伪装成亲德的布尔人，一度被引见给德皇）到达君士坦丁堡，向东到安纳托利亚东北部的土俄战场。他们在这里发现一位新先知——“Der Grüne Mantel”，由一个阴险狡诈、懂得催眠术的德国女人希尔达·冯·艾内姆（Hilda von Einem）假扮而成。在那里，她既是一个恶魔，也是一位女王。

汉内冒险的主要任务就是破坏绿斗篷和冯·艾内姆的计划，小说在高加索的土俄战场埃尔泽鲁姆（Erzerum）达到高潮。汉内孤身在外，像他的创造者一样是个十分爱国的盎格鲁—苏格兰人，他感到十分孤独：“在远离我的朋友，远离真正的战场的地方战斗。这就像是一场余兴表演，无论它有多重要，都不能让人感到高兴。”不过，它对被卷入其中的军队来说意义重大。在小说的一个分支章节中，汉内盗取了德国人的埃尔泽鲁姆防御计划，他打算将它交给俄军，这样他们就能攻克这座城市（事实上俄军在 1916 年 2 月中旬攻克了这座城市）。

整本书传达了汉内的思想，即这场战争体现为一场世界体系之间的斗争——被善良的协约国统治还是被邪恶的德国人统治，在“庞大而嗜血的世界主宰面前”，巴肯在《绿斗篷》中展现了一群正派君子——英国人、南非白人和美国人团结起来打败敌人的过程。汉内和他的同道们都十分正派（《泰晤士报文学增刊》写道），“他们从来没有考虑过行便宜之计，在敌人（如冯·艾内姆及其部队）无还手之力时杀死他们”。但是，在被南德森林中一名善良的德国农妇保护后，巴肯的主人公同样也意识到了战争的疯狂和荒诞。这位农妇并不是野蛮人，汉内过去曾认为除非给这些野蛮人一点教训，否则战争不会结束，但现在他意识到，我们应该感谢上帝没有让我们犯下弥天大错，疯狂的德国人在她身上所犯下的正是这些错误。[1]

帝国内穆斯林臣民的忠诚一直是协约国的一个问题，特别是在开战以来，奥斯曼皇帝－伊斯兰世界名义上的领袖发布教令、要求穆斯林向协约国发动圣战之后。在俄国，国家控制的奥伦堡议会的穆夫提是俄罗斯帝国境内大多数穆斯林的权威，他以个人的名义号召穆斯林精忠报国。“俄国啊”，他赞扬道，“是我们的祖国，它离我们的内心又亲又近，所有穆斯林的内心，也离所有生活在它里面的人又亲又近”。俄军动员了一百多万穆斯林，他们在各种混合的作战部队中效力，对抗德军、哈布斯堡和奥斯曼军队。毛拉们担负起随军牧师的责任，沙皇尼古拉二世本人虽然信仰东正教，但当他在 1914 年检阅军队时，不光参观了东正教的教堂，还参观了清真寺，在这个多元宽容的帝国家庭中扮演了一位“父亲”的角色。[2] 当蒙哥马利·斯凯勒在 1916 年春天到访中亚时，他认为在战争初期，政府担心会和伊斯兰教徒发生纠葛，因为活跃的德国特工已经在波斯及邻国展开反协约国的宣传工作。然而，当地的穆斯林对他们的命运非常满意，没有改变的意愿。他对此的观点很有可能受到了允许他参观(并配给他一位乐于助人的军官)的俄国军方影响，但是他还是大体描述出了事实：在土耳其斯坦，俄国的间接管理体制让当地社会享有地方自治上的自由。“在一般事务上，”他说道，“这里的领土管理和俄国人统治之前没有什么区别”。[3] 然而，这种幸福的局面却在 1916 年 7 月劳动力征召制度被推行的那天被打破了。

在战争开始时，英国对印度穆斯林的忠诚度也有着类似担忧。然而，在某些情况下那些以为同情英国会显得很不自然的穆斯林领袖们，还是团结起来支持英国。战争爆发时，全印穆斯林联盟（Muslim League）委员会主要的集体代表群体都通过了忠于政府的决议，虽然某些乌力马（ulama）——伊斯兰教的学者与教士——仍强烈反英。虽然如此，英国人仍对普通民众有所顾忌。“老印

---

① Buchan，*Greenmantle*，12，20，107，236，242，108，91；*Times Literary Supplement*，26 Oct. 1916.

② Crews，*For Prophet and Tsar*，351－2.

③ *NYT*，18 June 1916.

度通”兼阿里格尔穆斯林学院前校长的西奥多·莫里森（Theodore Morison）在1915年3月评论当前形势时警告道：“印度的穆斯林对土耳其人抱有强烈的同情，英国如要将一切顾虑搁置一边可能会有些风险。”穆斯林友人告诉莫里森：“他们看到英国攻打土耳其时的痛苦是他们从英国统治印度以来所经历过的最痛苦的折磨。”莫里森认为印度穆斯林最好的出路就是和土耳其各自保持和平。他保证印度的领土完整和国家作为“伊斯兰堡垒”的延续。其次的出路则是打造一个不但包括阿拉伯，还包括叙利亚及美索不达米亚在内的穆斯林“阿拉伯王国”，这是因为阿拉伯自身太贫穷落后，甚至“连一个四流国家的内政和军事力量都不具备”所致。他认为这些处在欧洲控制下的地区将会引起各地穆斯林的憎恨，但是这个由伊斯兰教发源地构成的国家，将会和穆斯林历史上最光辉的历史时期紧密联系在一起。①

不过，和土耳其单独媾和绝无可能。1916年6月，英国利用当地人实现民族—国家独立的野心策动了阿拉伯叛乱。这件事虽然没有进一步解决印度穆斯林的主张，像普拉塔普和布拉卡杜拉这样的印度独立派政治家仍朝着印度民族大革命的方向做出努力；但在战争期间，英国的统治却没有碰到重大阻力。实际上，印度仍充当着“英国人在东方海洋上的堡垒”，索尔兹伯里在19世纪80年代曾这样称呼它。

自战争开始，由英国指挥的印度军队便在西线、埃及、东非以及波斯湾（主要是保护英国-波斯石油公司的设施）为提供服役军队发挥了重要作用。在“一战”期间，有近120万印度人入伍，此外还有24万人早已在印度军中服役。这样做需要更多的金钱、装备和战争物资供应。②根据一份庆祝“印度在‘一战’中贡献”的文献（1923年出版）记载，从1914年8月到1918年11月，印度各港共运送走172815头动物和3691836吨的货物。后者的数据可以用某些惊人的

① Hardy, *Muslims of British India*, 185-7; Policy of H. M. Government towards Turkey: Position of the Musulmans of India', 16 Mar. 1915（TNA, CAB 37/126/8）.

② Jeffery, '“An English barrack'”; 'Total contribution in men made and casualties suffered by India during the war', 21 Nov. 1918（TNA, CAB 24/70 G.T.6341）.

数字加以说明：8074500 袋沙袋，10000000 英寻的棉绳和 3789062 剂霍乱疫苗。[①] 印度部队主要在中东发挥作用。“一战”末期，在美索不达米亚（伊拉克）超过一半以上的部队是印度军队，而在巴勒斯坦这一数字则超过了三分之一。在整场战争中，印度专门负责为美索不达米亚的英印军队提供所需的全部补给物资。

通常认为，第一次世界大战期间印度派出了当时最大规模的志愿军。[②] 从技术上看这的确是真的在印度实行义务征兵制度，实际上这种情形在其他欧洲国家的殖民地也十分常见，那里士兵或劳工的招募通常交由当地的代理人和社会贤达，他们很少会咨询个人的参军意愿。由于战争期间对人力资源的需求不断增加，征兵方法也变得更加干涉主义，有时甚至是高压。1920 年在回顾战争时期的新兵招募时，印度国务大臣埃德温·蒙塔古（Edwin Montagu）跟他的内阁同僚说：“印度士兵被说动了，他们更坦率地面对战争，在某些地方，如旁遮普（有 13.6 万穆斯林在这里参军），人们以更大的热情加入国王陛下的军中。”然而，在征收战时公债时所使用的粗暴手段却激起了旁遮普人的不满。1972 年萨蒂延德拉·德夫·普拉丹（Satyendra Dev Pradhan）在同一位锡克老兵的访谈中谈及战时的新兵招募政策，他认为在战争后面的一段时期内，政府的确为了得到兵源而施加压力。1916 年 12 月，旁遮普推行了一种强度更大的征兵制度（后来该制度推广了到印度其他地方），他们给当地公务员下定征兵配额，经常以“恩威并施”的方式让他们满足自己。到 1918 年时，新兵招募的要求迫切到要采用更苛刻的手段，才能在一些地方更有效地强征人们入伍。1918 年 4 月，旁遮普政府正式提出了推行义务征兵的方案，但是在德里的中央政府却否决了该措施，他们对“严重的政治后果”和可能的动荡局面感到害怕。[③]

---

① Government of India，*India's Contribution*，78，118，121，137.

② ‘Asians in Britain/world wars’ in the British Library ‘Learning’ pages：http：// www.bl.uk/learning/histcitizen/asians/worldwars/theworldwars.html（accessed 3 Sept. 2014）.

③ Dodwell，*Cambridge History of India*，vi，481；memo. by Montagu，15 Oct. 1920（TNA，CAB 24/112 C.P. 1987）；Judith Brown，‘War and the colonial relationship：Britain，India and the War of 1914-18’，in Ellinwood and Padhan（eds），*India and World War I*，28；S. D. Pradhan，‘Indian Army and the First World War’，in ibid.，60；Yong，*The Garrison State*，115-19，134-7.

大体上来说，印度军队在战争期间保持了相当的韧性，虽然个别士兵和部队曾遇到了许多现代工业战争所带来的挑战。由两个步兵师、两个骑兵师组成的印度军团在1914年9月被派往西线，在那里，步兵师度过了一段惨淡(也是代价高昂的)岁月，然后被派到中东。而骑兵师则一直留在法国，一直服役到1918年3月。

邮件审查报告的证据表明，印度士兵曾经历过一些波动。1916年3月，在英格兰医院的贾特人老兵抱怨，“他们这儿的厨房既给印度教徒煮肉，也给伊斯兰教徒煮肉。煮肉的人还负责给我做薄煎饼”。一位在埃及的印度人承认，他和他的印度同胞甚至要从他们原本在国内会拒绝的“清洁工人”手里拿到食物。他说：“如果我们不这么做的话，我们除了饿死别无其他选项。”7月，一名锡克教骑兵称，在巴黎他经常需要吃给穆斯林准备的食品和茶，他心平气和地总结道，“如果你看一下这个国家的状态，你只会看到，上帝面前人人平等”。但是依然有一些士兵墨守成规。虽然危险，但许多锡克教徒仍然拒绝戴上钢盔，拒绝放弃他们神圣的头巾。1916年6月，一位说印度语的穆斯林称，法式钢盔已经下发到全团。“锡克教徒们”，他写道，“拒绝戴上他们，但是印度贾特人和穆斯林却在重新考虑此事”。到1917年3月时，军中普遍都接受了戴钢盔。一名帕坦骑兵说，头盔提供了良好的保护，很适合身强力壮的男子汉，即便是在留长发的人中也很受欢迎。他接着说道：“贾汉·汗大叔留着长发，身体又壮实，带着一顶头盔的他看起来神采奕奕，欧洲人从远处根本认不出来是印度人。”①

最令人担忧的颠覆活动并没有在印度出现，而是出现在新加坡。1915年2月，一支被误导的印度团，本土第5轻步兵团发生兵变。士兵们由于要同中东的穆斯林教友作战而心绪不宁，一些被拘禁的德国水兵使他们相信，他们所捍卫的“英国”正在输掉这场战争。2月15日，当殖民地还在因中国农历新年而庆贺时，四百名左右的叛乱者全副武装，袭击欧洲官员与民众。兵变持续了不到一周，

① Dewitt C. Ellinwood，‘The Indian soldier，the Indian Army and change，1914–1918’，in Ellinwood and Padhan（eds），*India and World War* I，189–90，196；Omissi，*Indian Voices*，198，280.

在此期间，有三十多人被杀。英国人、马来人和中国的志愿兵组成一支混合军队，在来访的俄国、日本和法国海军的帮助下恢复了秩序。兵变平息后，48 名叛乱者被行刑队处决，在公众场合被一同枪毙的就有 21 人。第 5 轻步兵团余部被派往非洲参加喀麦隆战役。1916 年间，他们服役于德属东非。①

中国政府虽然一直到 1917 年 8 月仍保持中立，但从 1914 年秋起，中国领导人也试图从这场冲突中尽可能的获得机遇。革命党人孙中山将这场战争视为中国的机会，因为当时欧洲诸强的注意力在其他地方。他写道："欧洲将没有时间来侵扰东方……这是我们起义的良机，我们深信不疑。"1914 年 8 月，大总统袁世凯向英国驻华大使、英国贝尔法斯特女王大学毕业生、乌尔斯特人朱尔典提供了 5000 中国军队，助其拿下德国飞地青岛。然而朱尔典却拒绝了这项建议。徐国琦在其中国与"一战"关系的研究中认为，这个提议虽然在史料中着墨甚少，但可以被当成是"中国参战的第一次主张"。不过，与其说中国在 1914 年 8 月 6 日就放弃了中立地位，不如说中国在那时就希望能够参与将德国从中国领土上驱逐的行动，确保收复青岛。这件事让日本卷了进来，而英国则让中国国际地位受损。日本热衷于寻求一切机会扩大他们在东亚大陆的影响，反对中国参与此事。实际上，他们只勉强接受英国参加作战。朱尔典的回绝严重地冒犯了中国人，这也表明参战列强并没有把中国当回事，这进而也让中国领导人更加想要借助"一战"提高中国国际地位。②

日本则有着更大的野心。1914 至 1915 年间，日本决定利用"一战"攫取在华权益。1915 年 1 月，他们对中国政府提出了臭名昭著的"二十一条"，要求巩固日本在山东和满洲的影响力，强迫中国政府在警政部门任用日本顾问，旨在使部分中国地区沦为日本的附庸。日本人苛刻的要求让英法两国震惊不已，但他们却爱莫能助，在 5 月 9 日，中国政府实际上同意了"二十一条"。这种公开的国家耻辱激起了人们对中国世界地位的普遍思考，进而加强了中国领导人利

① Harper and Miller，*Singapore Mutiny*.

② Bergère，Sun Yat-sen，262；Xu，*China and the Great War*，81−91.

用战时局势提高国家竞争力的愿望。人们普遍认为中国应该参战（他们只要求在和会讨论中日问题时保有一席之地），但要加入哪个阵营却还有争议。虽然协约国的优势经常要大于德国。1915 年 11 月，中国正式照会英国，如果英、法、俄要求中国参战，他们准备加入协约国，但是日本却因一些模棱两可、荒唐可笑的理由提出参战会“让中国陷入混乱和灾难之中”，反对中国参战。1916 年 2 月，朱尔典爵士向英国报告称中国愿意加入协约国，但日本和其他盟国至少应以国家平等原则接纳他们的同伴，而这恰恰是日本所拒绝的。①

面对日本的反对，袁世凯最亲密的幕僚梁士诒提出了“以工代兵”政策，就是通过向交战国提供非战斗人员的方式参加“一战”。这有点像泽雅博廷斯基及其在加里波利服役的锡安骡子军团。中国虽然没有全面参战，但却用一种合情合理的方式表达了政治目的。虽然早在 1915 年年中，梁就已经开始试探英国招募华工的可能性，但这一年却发生了太多的事。

1916 年年初，英国在军事和国内战时生产方面遇到了严重的人力短缺。作为一种政策上的应对，1 月英国推行了义务征兵制。7 月初，索姆河的大进攻使形势更加严峻。8 月，基钦纳死于赴俄途中后新任英国陆军大臣的乔治·劳合同意在法国和其他地方使用华工，以便让英国男性从国内的农业工作或军工厂的工作中解放出来。招募机构被建立起来了，在亚洲有着长期工作经验的铁路工程师托马斯·J·伯恩（Thomas J. Bourne）在 1916 年 11 月到达英国的华北属地威海卫。靠近香港的广东也被当成一个招募基地，但是相比于从更热的南方来的人，北印度居民更适合当兵（通常认为萎靡不振的气候会滋生堕民）。华北人最适合当工人。招募开始进展缓慢，但是到了 1917 年底，已有 3.5 万人前往欧洲，到战争结束时，英国招募的华工已达 10 万人。②

1916 年 1 月被法国招募的劳工还比较少——但这也只是相对而言，因为他们当中毕竟也有 4 万人被法国招募。为了按中国的目标执行计划，同时保持中

① Xu, *China and the Great War*, 92–113.

② Ibid., 114–30.

立的假象，中国实业银行（Chinese Industrial Bank）行长与梁士诒组建了私营的惠民公司（Huimin Company）掩人耳目。他们同法国退役上校乔治·特鲁普尔（Georges Trupil）接洽，他表面上是一名来到北京的私营企业家，但实际上却是法国政府的官方代表。这种私人企业的幌子可以让中国政府无视德国驻华使馆的合理控诉，由于中国将法国（和英国）的男性从繁重的军事责任中解放出来，中国也违背了中立原则。大部分援英或援法的华工被横跨太平洋的船运到加拿大，走陆路到哈利法克斯，然后再乘船去欧洲。这趟旅程已足够危险。据徐国琦统计，至少有 700 人在到达法国之前丧生，他们大部分死于被德国潜艇击沉的船上。①

由于和其他的非欧洲工人在一起，当华工到达欧洲时，他们受到了严密的监管，虽然这种监管在法国或在英国的控制下会有所不同。那些被法国招募的劳工待遇和薪资都比较好，可能是因为"在法国军营中种族主义并不明显"。1918 年美国的一篇华工报道写道："在英国工作的人受到严格纪律约束，但是在法国工作的人却很自由，实际上他们下班之后就不受约束了。"然而英法两国都要工人们服从军事化管理；他们要穿制服，一般都住在军营。华工从事各种工作：从码头苦力、工厂作业、修路、一般基础设施维修到手工制作军火。中国人要比其他族群更适合在战场工作，虽然英国人曾承诺过他们可以不用参战，但许多人还是被用在离前线非常近的地方并经常在炮火或敌人的空袭下工作。关于中国人的伤亡没有可靠数字，但是估计大约有 3000 名中国人在欧洲或途中因敌人的炮火、疾病或受伤而失去生命。②将近 2000 名中国劳工团成员在法国（1864 人）、比利时（85 人）和英格兰（20 人）的战争公墓里任人凭吊。虽然他们有名字和番号还可以被人悼念，但关于他们的其他事情，如后代，甚至年龄，我们都一无所知。③

中国并不是西线非欧劳动力的唯一来源。战争末期，英国工党理事会就有 20 万劳工登记在册，其中大概有 9.6 万中国人，4.8 万印度人，2.2 万南非人和

① Xu，*Strangers on the Western Front*，38–54.

② Ibid.，80–102；119–22.

③ 数据取自联邦战争公墓委员会网站 www.cwgc.org（accessed 11 Sept. 2014）。

少数埃及人、西印度人、马耳他人等。[1] 大城市和殖民地的管理者常年担心出国服军役或出苦力可能会对有关个人产生不良影响。1916 年 5 月，法国马赛的邮政审查官转引了一名在(越南)东京的法国人对招募“安南志愿兵”的担忧。他认为这件事一无是处，最终只会造成不满和革命，并将我们美丽的殖民地弄得乌烟瘴气。当他们在法国看到了许多他们不必看到或听到的事情时，他们就不会想在农田中种植稻米。在法国，白种女人的恶劣境况简直要颠覆人们的观念，这和劳工们在海外所见大不相同。一位在图卢兹的马达加斯加工人写道：“你会相信在国内让我们服侍她们的那些白种女人会和男人一样在这里工作吗？在车间里，她们人数众多，和男人一样卖力。”殖民地的工人也存在自视甚高的危险。1916 年 8 月，多尔多涅省的法国官员看到印尼工人和法国工友在当地酒吧一起喝酒，他感到震怒不已并对未来感到担忧：这些劳工可能被欧洲人的民主心态和工人的激进主义所感染。[2]

美索不达米亚和高加索

英印两军 1914 年秋在波斯湾湾岬的布防发展成为印度军队单方面的最大义务。[3]1914 年 11 月 25 日，巴士拉被攻了下来；两周之后，底格里斯河和幼发拉底河汇流处的古尔奈(Qurna)也被占领。在“任务蜕变”(或西里尔·福尔斯称之为“狡诈地又向前迈进政策”)[4] 的经典战例中，远征军轻而易举地就让当地将领和他们的印度主公们考虑，在该地区展开更大规模的征服行动。1915 年 4 月，一支 9000 人的纵队从巴士拉被派往波斯的阿瓦兹(Ahwaz)，保护从油井到波斯

① Summerskill，*China on the Western Front*，163.

② Stovall，‘The color line behind the lines’，746-7。

③ 有关战役比较可靠的军事史是 Barker，*The Neglected War*。这本书还可以用另一本书加以补充 Townshend，*When God Made Hell*。

④ Falls，*The First World War*，143.

湾 80 英里长的输油管。5 月底，第六印度师（由 3500 名英国士兵和 8600 印度兵组成）在查尔斯·汤森德（Charles Townshend）上校的指挥下开始从底格里斯河下游的古尔奈向阿马拉（Amara）北推，6 月 3 日，阿马拉陷落。一支 3000 人的纵队由幼发拉底河前行，在炎热的天气下打败了强硬的敌军，在 7 月 25 日占领了纳西里耶（Nasiriyeh），进而确立了英国对整个巴士拉省的统治。

同年夏天，印度总督提议：作为一种策略上的需要，英军应向底格里斯河北面 120 英里开外的库特—阿尔—阿马拉一带前进。因发烧和腹泻（将官中的流行病）而在印度休息一阵过后的汤森德再次担负起这一重任。他再次完成了目标（还用了一些瞒天过海之术），在离库特不远处打败了土耳其人，并在 9 月 28 日占领了该城。这场胜利鼓舞了印度和白厅的士气。1915 年秋，任何对战土耳其的胜利都受到极大的欢迎，因为当时加的里波利战役实际上已趋于停顿。进攻的势头使对上游 100 英里外的另一座城市——巴格达的进攻备受期待；占领巴格达如果取得巨大的成功，将有助于恢复英国在中东的地位。汤森德对子物资的匮乏和漫长的补给线深表担忧，但他还是行进至库特和巴格达之间的阿济济耶（Aziziyah）。伦敦略施压力后，美索不达米亚全军指挥官们野心勃勃，意气风发；在这种情况下，约翰·尼克松（John Nixon）爵士和汤森德在为重新补给而稍事停留后，继续向上游进发；汤森德到达距巴格达 20 英里外的泰西封，他的军队在这里被以逸待劳的土耳其军彻底击败。汤森德退至有足够吃两个月的食品补给、有望待援的库特，他让军队挖壕固守，击退了来犯的土耳其军。

随后的库特围城战（1915 年 12 月 7 日至 1916 年 4 月 29 日）是“一战”中中东地区最大规模的定点进攻战之一。汤森德麾下有 3000 名英军和 8000 名印度军，还有印度军营地里 3500 名没有战斗力的随从，包括劳工、厨师和看护。城中大约有 6000 名阿拉伯平民。一些印度部队实力不济，土耳其人在泰西封让师团的军官们伤亡惨重。317 名英国军官中，有 131 人阵亡，受伤或失踪；在 255 名印度军官中，同样的数字是 111 人。[①] 这种情况让印度军队在战争期间所

---

① Moberly，*The Campaign in Mesopotamia*，ii，484，487.

遇到的普遍问题更加严重。在战场上，有经验的军事指挥官是一种损耗性财产。接替者，无论多么热情澎湃，都会缺少有效指挥非欧战斗部队所需的专业技术或语言技能，而随着有能力的下级印度军官的相继阵亡，则更加剧了这个问题，他们过去曾是普通士兵间的纽带。军官的阵亡转而对士气产生影响，随着围城的持续，士气跌落得更加严重。

美索不达米亚的英国将领们担心印度军队会萌生异心。1916 年 2 月，第 15 枪骑兵团的 400 名穆斯林拒绝从巴士拉前往底格里斯前线，因为从信仰上来说，他们非常忌惮在巴格达和卡尔贝拉圣地附近战斗。戴维·奥马西（David Omissi）在他的印度军队研究中认为，这个问题主要是宗教性的，没有太多的政治内容。士兵们宣誓效忠，但却恳求道，他们愿意同任何敌人作战，包括阿拉伯人、土耳其人，但是要在阿拉伯斯坦以外的地方打，因为这里是宗教圣地。[①] 类似的宗教—文化因素也影响了在库特的军队，粮食短缺在库特变得严重，新鲜果蔬以及充足蛋白质的匮乏严重地危及士兵的健康。到 1 月下旬，鲜肉和腊肉的储备实际上已消耗殆尽，守军开始吃驮畜。英国军队尽管最初很不情愿，但还是靠着吃那些大多数印度人拒绝食用的马肉活了下来。汤森德认为 1857 年的印度兵变在某种程度上至少是由于触犯食物禁忌而触发的，他最初不愿强迫他的印度士兵们吃马肉。但等到他让他们吃的时候（1916 年 4 月时，每人每天只有 7 盎司定量的大麦等主要粮食），为时已晚。事实上，许多人已经虚弱到无法消化肉类了。[②]

当 1915 年 12 月汤森德的部队打退一连串的土耳其军进攻时，英国正努力从巴士拉派出一支解围纵队。1916 年 4 月上旬，解围近在咫尺，但土耳其人却击退了援军。为什么奥斯曼军，那些在 1915 年底看起来不堪一击的对手，到了 1916 年就变得令人如此敬畏呢？从某种意义上讲，这可能是由于民族构成发生变化的结果。奥斯曼军中的主力部队由安纳托利亚土耳其人构成，这些人曾经是（加里波利战场上）坚毅果敢的士兵，对他们的土耳其军官有着狂热般的忠诚。

① Omissi，*The Sepoy and the Raj*，136–40.

② Gardner，‘Sepoys and the siege of Kut-al-Amara’.

在战争初期，奥斯曼土耳其军中主力都是由不愿打仗的阿拉伯壮丁组成，他们训练随意，领导无方，根本不是英印军队的对手。在1915年的大多数时间里，奥斯曼土耳其都在全力同安纳托利亚东北方的俄军交战；尽管4月英法在加里波利登陆，但是到1915年底，土耳其人却已能够向美索不达米亚战场调遣更多兵力。1915年12月，前奥斯曼土耳其帝国军事顾问德国老将克马尔·冯·德·格尔茨（Colmar von der Golz）将军替代小心谨慎的努雷丁帕夏指挥土耳其第六军。1916年，协约国从加里波利撤退让在各地作战的奥斯曼军如释重负。格尔茨虽因霍乱而死于4月19日，但他在去世之前已将库特的日常指挥权移交给了哈利勒·贝（Halil Bey）上校；上校保持着沉着冷静，直至最终汤森德的部队因饥荒而投降。基钦纳勋爵认为1916年4月29日汤森德在库特的投降是一场堪比1781年英军约克镇投降的大灾难。尤其是相比于英军在加里波利的成功而言，（按爱德华·埃里克森的话说）它简直是“土耳其军的巨大战果”。[①]

在围城期间，俄国进攻波斯的好消息不断传来，人们对俄国能够转移库特土耳其军的注意力满怀希望。波斯中央暗弱，军事力量也不足，一直是各交战国的猎物，这正如英国在1914年占领阿巴丹时所表明的那样。1914年1月，野心勃勃的土耳其仅凭一支弱旅入侵了波斯的阿塞拜疆，他们希望从侧翼包抄俄军并煽动俄国治下高加索地区的土耳其人起来反抗。土耳其军被入侵波斯的俄军打退并让俄军反攻了过来，他们企图弹压土德特工的活动——据传这些特工企图让波斯参战。到1915年底，俄国占领了波斯东北部的大部分地区，1916年3月到达巴格达130英里外的卡林德（Karind），他们在那里驻扎，为6月向美索不达米亚前线哈尼金（Khanikin）做更远的推进积蓄力量。他们实际上却从未帮助过库特的英国人，虽然在库特陷落之后，伦敦的观察家们还抱有希望：俄军和英印军队能偶联合起来对抗土耳其人。1916年5月，一支一百多人的哥萨克劲旅穿过多山的边界，跋涉200英里抵达库特下游65英里处的阿里盖尔比（Ali Gharbi）英军大营。

① Erickson, *Ordered to Die*, 110–15, 149–51; Townshend, *When God Made Hell*, 259.

俄军的到来让英国国内感到兴奋。“俄军将帮助底格里斯河的英军渡过难关”,《每日镜报》(Daily Mirror)用了一整页的篇幅吹嘘道。俄军在美索不达米亚驻留了两周，在此期间，英王乔治五世下令授予每一位军官军功十字章，表彰其功绩，并借此唤起一百年前英俄在战场上第一次相遇作为盟友共同对抗拿破仑的记忆。然而在战场上，实际的英俄联合作战要比伦敦的业余战略家们用微型地图指指点点难得多。库特城陷落之后，土耳其人已能够集中兵力。当俄军继续向前时，他们遭到土耳其军的痛击，被迫撤回到哈马丹(Hamadan)，去往德黑兰的中途地点。由于先遣部队大部分都靠山吃山，因此当地的波斯人苦不堪言。据记载，当军队于 1916 年底离开该地区时，那里已是一片荒芜。①

土耳其人不能把握库特的战果，因为在高加索的俄军给了他们很大的压力，这片战场上的战争已开始有利于俄军，他们在 1915 年时就已固守阵地。② 1916 年 1 月，俄军指挥官尼古拉·尤邓尼奇(Nikolai Yudenitch)发起大规模进攻，率领全军攻入土耳其腹地。2 月 16 日，埃尔祖鲁姆陷落，4 月 18 日，黑海的重要港口特拉比松也已被占领。7 月 27 日，尤邓尼奇夺取埃尔津詹(Erizncan)——西里尔·福尔斯后来写道，这是一座“古老而美丽的城市”(该城市在 1939 年的一场地震后不久重建)，③ 在这一过程中消灭了奥斯曼土耳其第三军。8 月，土耳其第二军在战线的南端发起反攻。在某些战区，由加里波利老兵组成的一支部队在穆斯塔法·凯末尔的领导下取得了一定战果，但全军的战绩却寥寥无几，战败让奥斯曼帝国付出了 3 万人死亡，因受伤而造成的战力损失达 10 万人。高加索战役的战史学家，威廉·艾伦(William Allen)和保罗·穆拉多夫(Paul Muratoff)将土耳其人在这里所用的战术同 1917 年春法国将军尼维尔在埃纳河的进攻相提并论(这一点还可以推广到西线的其他战役中)。“在这两个战例中”,

① Barker, *The Neglected War*, 166-73; *Daily Mirror*, 22 May 1916; Moberly, *The Campaign in Mesopotamia*, iii, 13.

② 有关这条战线上的战斗情景最好的论著是 Allen and Muratoff, *Caucasian Battlefields*, *book four*。

③ Falls, *The First World War*, 228.

他们写道，“在组织进攻计划时都缺少弹性，相应的参谋人员同样都缺乏想象的能力，不能无视眼前困难”。这些案例经常如此的不幸，无论在哪条战线上，将军们的决策都导致了一场场不顾一切、毫无希望的“冒险”。[①]

奥斯曼土耳其对亚美尼亚人的粗暴待遇，是这场高加索战争的悲剧副产品。和其他地方一样，这里的战争给相争的列强和被压迫的少数民族带来了利用民族主义的可能。各地种族和宗教上的紧张关系都在加剧，从战争初期起，许多地方都爆发了团体暴力事件。对亚美尼亚民族主义者而言，奥斯曼帝国的绝境就是亚美尼亚的机遇。许多亚美尼亚年轻人逃入俄国，受到俄军欢迎，并加入了俄军。俄国人煽动起民族主义者的野心，而君士坦丁堡政府却对轻易地将亚美尼亚人视为一个整体，对他们产生了最为严重的怀疑。激进而暴力的计划随着将亚美尼亚居民赶往美索不达米亚和叙利亚的集中营而展开，很快变成了大规模的屠杀与暴力拆迁。1916 年 7 月伦敦的《泰晤士报》报道，1915 年初，奥斯曼帝国的亚美尼亚人总数超过 200 万。到年底，有三分之二的人在当地的城镇上被杀害，或“被驱逐到”，而他们之中半数人都未曾到过的目的地都消失了。[②]随着战争的旷日持久，暴力的程度似乎让事态变得危如累卵，即便如此，参与屠杀和驱逐的土耳其人仍坚信杀戮、横征暴敛和放逐是非常合理的。

据艾伦和穆拉多夫统计，在 1915 年 11 月到 1917 年 3 月间奥斯曼土耳其损失了约 40 万军队(占奥斯曼军力半数)。其中四分之三的伤亡(包括战俘和因流行病和逃亡的士兵在内)发生在同俄军的作战当中。结果就是，尽管俄国在 1917 年退出战争，奥斯曼土耳其的兵力也已经减少到不能有力抵抗 1917 年和 1918 年英国发动的新攻势。[③]虽然库特之战发生逆转，但 1916 年依然是英国的转折点。在这一年的年底，充足的人力资源、团体组织，领导力和物资都已经就位，这将在余下的战争时间里支持英国继续前进。1917 年 3 月，巴格达被英军占领。尽管在 1917 年到 1918 年间，英军的主要注意力集中在巴勒斯坦，但到了 1918

① Allen and Muratoff, *Caucasian Battlefields*, 429.

② *The Times*, 25 July 1916.

③ Allen and Muratoff, *Caucasian Battlefields*, 439.

年底，摩苏尔市也被占领；半独立的英印部队从美索不达米亚向前推进，将英国的统治带入北波斯、特兰斯卡斯皮亚和高加索，但是从长远来看，英军对捍卫中东、中亚和印度权益的希望只不过是种妄想。①

帝国主义的全球化危机?

蒂姆·哈珀(Tim Harper)认为，在亚洲，1914年至1918年的战争是一场延伸至内陆的各帝国——俄罗斯帝国、奥斯曼土耳其帝国、大清帝国以及从开罗到九龙形成一道巨大弧线的大英帝国，为了各自未来所进行的斗争。战争引起了“一场帝国主义全球化危机”，第一次让亚洲各地的欧洲统治者对他们长期而有弹性的殖民地统治感到普遍担忧。全面战争的需求远远得不到满足，它还明显地向殖民地社会经济提出了许多额外要求；政府变得更加容易介入，相比以往，他们更加强调帝国属民的忠诚。与此同时，许多欧洲人自愿参战并返回国内。例如在马来亚，五分之一的殖民地公务员都离职了，他们余下的同事们则要接下他们的工作，但是种种过分要求却暴露出制度潜在的弱点。②

甚至在中立的荷属东印度群岛也有类似的情况。在荷属东印度群岛，战争放大了各种流言蜚语，让反荷兰的民族主义势力深受鼓舞。战争初期，荷兰军队为了防守爪哇从西里伯斯撤退，有谣言说荷兰要一起放弃西里伯斯岛。1916年8月，整个苏门答腊岛爆发了反荷起义。在占碑的穆斯林群体中广为流传着一件事：土耳其已经承认这场起义并将派兵支援。在爪哇，荷兰政府为了加强战争时期岌岌可危的殖民地防御，下达了强征当地民兵的命令，这引来了人们的普遍反对。此外，使殖民地的出口因1916年协约国的封锁受到限制，咖啡、橡胶以及烟草等殖民地经济所依赖的热带作物价格暴跌，造成社会经济危机。战争时期的状况颇

① Jeffery, *The British Army*, 133-54.

② Harper, ‘Singapore, 1915’, 1786-8.

为矛盾地将荷属东印度隔绝在广阔的世界之外，又将它与这个世界融为一体。但是当面对日益不满的人群时，战时管理又渐渐让那里的社会政治不满得以加强，使可能革命的不安全感和战争所引起的改变得以持续下去。[①]

战争的情况和（双方）民族权利、自由甚至民主的措辞都提高了人们的期望，并为亚洲各地及世界其他地方的民族主义者提供了机遇。这段动荡年代的表现之一就是起义和叛乱从遥远的中亚直到印度支那和新加坡。对爱德华·斯科尔而言，1916 年的土耳其斯坦叛乱预示着即将发生之事。它以一种或另一种方式影响了俄属中亚的 1100 万当地人口，并发出了 1917 年二月革命和十月革命的第一声轰鸣。“1916 年叛乱”，他写道，“既是俄国境内革命的前奏，也是一支催化剂，它使得该地区的武装力量迅速拉帮结派，更加明确地要求人民投入一个或另一个不会发生叛乱的阵营”。[②]

在中国通爱德华·曼尼格·古尔（Edward Manico Gull）的宣传作品中，有一篇作品体现了中国劳工为西线所做的贡献，它发表于 1918 年，写道：“从山东半岛来的移民应在历史上占有一席之地，他们与众不同，十分有趣，这可能是欧战中最为重要的一方面。在这以前东方从未在任何一件事情上向西方提供过同样规模的人力资源。”[③] 古尔的叙述稍带夸张，他明显地将来自“东方”的英属印度（又或者他可能觉得军事上的新兵招募与之不同）和法属印度支那的人力资源排除在外。成千上万人从亚洲赶来，为了支援欧洲的军事而在欧洲和中东工作，这件事本身就进一步地说明了第一次世界大战的全球性影响。成千上万的人在这一过程中死亡，让整件事增添了悲剧色彩，它让无数的亚洲家庭为在“一战”中丧子、丧夫和丧父而哀恸不已，对于他们许多人来说，这是一场彻彻底底的灾难。

---

① Dijk，*The Netherlands Indies*，vii-xiii，429–31，453–5，523–4.

② Sokol，*The Revolt of 1916*，13.

③ Gull，‘The story of the Chinese Labour Corps’, *Far Eastern Review*, 15/4（Apr. 1918）（引自 Xu，*Strangers on the Western Front*，53–4）.

第八章

非洲战争

非洲被卷入战争与其说是由于自身的原因，不如说是因为各殖民帝国控制非洲的结果。从1914年到1918年(以及19世纪的大部分时间内)，非洲在某种程度上只是诸欧争霸、所谓“大国”实现其称霸全球野心的场所。争霸总是以非洲原住民的自由和生命为代价。1914年，“被瓜分的非洲”只剩下两个独立国家：埃塞俄比亚和利比亚。其他非洲大陆上的各国早已被法国、英国、葡萄牙、比利时、德国、意大利和西班牙列强瓜分完毕。在北非，奥斯曼土耳其帝国名义上还保留着埃及的宗主权。在战争期间，19世纪列强争霸的局面又重新上演。从1914年8月到1918年11月，贯穿“一战”始终的非洲战争披着“帝国主义的新外衣”。胜利的大国赢得了被再次瓜分后的热带非洲，他们瓜分了以前德国人的殖民地。[①]

战争所释放出的力量很快巩固了列强在非洲(和亚洲)的统治并引起当地人民的反抗。坦噶尼喀(坦桑尼亚)史学家约翰·伊利夫(John Iliffe)从全球的角度总结，第一次世界大战是欧洲帝国主义的顶峰和它衰落的开始。为了确保胜利，殖民政权收紧了对属民的控制，对他们的要求日益苛刻，但是在同时，作战需求和战争所带来的机遇却激发了政治意识和殖民地属民的团结。[②]

---

① Digre, *Imperialism's New Clothes*.

② Iliffe, *Modern History of Tanganyika*, 240；见 Gallagher, *The Decline, Revival and Fall of the British Empire*, especially 86-99.

莫罗戈罗

1916年8月26日星期六的下午，由在津巴布韦的白人殖民者组成的第二罗得西亚团和两个印度连、第130俾路支团占领了德属东非的中心城镇莫罗戈罗。英国东非总指挥简·斯穆茨将军和陆军总指挥部一起于次日抵达该地。自1914年12月以来，莫罗戈罗就一直是德国殖民地政府的所在地。1914年德国殖民政府从易受攻击的海滨城市达累斯萨拉姆迁过来，它坐落在从沿岸到坦噶尼喀湖的基戈马的铁路干线上，攻占这里是英军的一个重要战果。“莫罗戈罗”，《泰晤士报》于9月4日写道，“阿斯卡瑞俘虏这样称呼它，它是殖民地德军的大本营，德军指挥官保罗·冯·莱托-福尔贝克（von Lettow-Vorbeck）上校本打算在为德意志殖民帝国战到最后的地方，现在落入我军手中”。在引用一则来自路透社的报道时，《泰晤士报》又写道：“莫罗戈罗这座城镇道路虽好，但房屋肮脏，在艳丽的红木、松树、悬铃木以及棕榈树的掩映下，街道长而幽暗。德国的妇女儿童从山中高处的避难所下来，充满恐惧，但却惊喜地发现英国与印度士兵谦恭有礼，军纪严明。”①

一些人对此地印象不深。剑桥圣三一学院的伯蒂·克兰沃思（Bertie Cranworth）曾在20世纪初于此经营农场，服役于此的他认为莫罗戈罗不过是一座不起眼的小城，但是由于它是方圆300英里以内所能见到的唯一一座镇子，他们（指炮兵们）还是认为莫罗戈罗令人感到振奋。当接近莫罗戈罗时，他们发现德国人正试图让铁路无法使用。在写于20世纪30年代晚期的回忆录中，克兰沃思回忆起当他们在距离莫罗戈罗镇不到6英里时卧在倾盆大雨中的情景：他们听到碰撞声，从横跨深深的峡谷的断桥两侧，看到德国人发动引擎与全部铁路车辆所升起的火焰。英国炮兵指挥官约翰·克劳（John Crowe）与斯穆茨同乘，他发现敌人匆忙撤退的痕迹随处可见。货栈仍在燃烧，货运站的站台上满是他们没来得及毁掉、现在又被上百名本地的妇女捡到篮子和麻布袋里的咖啡豆。

① Hordern, *Military Operations: East Africa*, i, 359–60; *The Times*, 4 Sept. 1916.

大段路轨已经被毁，而德国人在修筑铁路时所带来的大批印度人（主要来自旁遮普）则被他们留了下来。“我们的到来令他们欢欣鼓舞”，克劳写道，“反正他们都是这么告诉我们的”。[①]

在克兰沃思的描述中，这座城市由一些还算看得过去的平房、一座军营和旧政府大楼组成。他在这里见到了德国人内心中低级趣味的一面。在情急之下，军队被迫在短时间内离开，但是他们却有时间发布撤离的命令后还在每一件家具上留下人类排泄物。克兰沃思认为这件恶心至极的事情显然令他们开心，但毕竟我们没有受伤。因此这件事给他留下了“德国军国主义低俗无趣”的印象。这是敌人仓促逃遁、军纪败坏的证据之一，斯穆茨在官方作战报告中报告他在莫罗戈罗的所见所闻时写道。[②]

8 月 29 日，一位其部队曾于 1916 年 2 月离开英国的炮兵丹·菲斯特（Dan Fewster）中士到达了莫罗戈罗，这是从他们离开蒙巴萨（Mombasa）以来所待过的最大的城镇(他们此前曾在肯尼亚驻留 5 个月)。在他的日记中，菲斯特注意到两旁有树的宽阔街道。“商店和集市大多由印度人经营，”他写道，“不过也有许多希腊人和葡萄牙人”。在中央广场，他见到一群人聚集在一起：“似乎有一名本地人要被枪毙。他被判了死刑，在掘好坟墓之后，他就要被带到那里枪毙。”宪兵司令用英语、德语、荷兰语和当地语言分别读出他的罪行和判罚。行刑队从国王非洲来复枪团中挑选出来。罪犯靠墙站着，在子弹齐射过后，他伫立良久以至于他以为整个行刑队都对他心软了。接着他的膝盖弯了下去，缓缓地坐倒在地。他以为这相当奇怪。因为他也曾见到过许多中枪的人，但是他们都死得甚为匆忙。显然，这件事以后，他知道并不是所有的情况都这样。

英军趁火打劫是一件非比寻常之事。菲斯特对随后执行的趁火打劫没有任何明显的讽刺，他进而写道，从属他的部队的南非司机“发现”了一大堆德国烟草，足以装满一辆福特汽车。这是上天赐给我们的东西，我们已经好几个星

---

① Crowe，*General Smuts'Campaign*，190－1；Cranworth，*Kenya Chronicles*，230.

② Ibid.；230－1；Hordern，*Military Operations*：*East Africa*，360。

期没有烟抽了……菲斯特的记述也体现出一种不同的英国人道德上的优越感，他描绘了莫罗戈罗城镇（白人）居民所受到的待遇。“德国妇女在街上走来走去，好像什么也没有发生，”他写道，“但没人会去骚扰她们。考虑到我们已经将近四个月没有见到一个白人女人，我想这充分说明了我军军令的严明。当然，我军也绝不是‘军国主义者’”。①

英军在莫罗戈罗建立了自己的指挥部并安顿了下来，以一种他们大概认为更为轻松的英式统治取代了德国人的市政条例。由于有台被征用的印刷机没有被撤退的德军所破坏，因此一支罗得西亚人团队开始在德属东非发行了第一份英语报纸《莫罗戈罗新闻》（*Morogoro News*）。这份报纸尽管寿命短暂，只存活了5期，但它却通过一些轻松愉快的文章将当地和战争的新闻结合在一起，这些文章对于那些受欢迎的“战地报纸”读者来说十分熟悉。战况报道涵盖了索姆河与凡尔登会战、俄国前线、巴尔干盟国、意大利和罗马尼亚与战争等内容，它提醒东非要塞里的读者注意他们是一项世界规模事业的一部分。一篇名为《占领莫罗戈罗》的文章采用了一种不同以往的长历史时段视角，它以特洛伊的陷落开篇，声称在被攻打的城市陷落以后，一般而言都会“血流成河，狼烟四起，烧杀掳掠”。许多莫罗戈罗的德国居民就是预见到这样的命运才逃到周边山中，但令人高兴的是，当他们回来时，英军实际上只不过本着足球或板球比赛中对待失败的对手那样的态度对待战败者。在取代了恃强凌弱、耀武扬威的德军之后，英国长官、士兵和其他人的彬彬有礼好得简直令人难以置信。

该报纸的第一期的最后一页（共四页）刊载了一些笑话，不过这种笑话索然无味，如“通知：在莫罗戈罗地区宝贵的射击权利如今让……佃农胡恩先生在上个季节进行了优秀的体育表演，据称胡恩先生猎获了许多鹬（作者意在表示一语双关，明指鹬，暗指英国狙击手士兵，在英文中鹬和狙击为同一个词——snipe，译注），还有许多‘约翰’品种的牛”。还有一则“二等兵斯蒂金斯”的故事：二等兵斯蒂金斯服役于东非，但却总梦见家里，他觉得“这场战争不会没完没了”，

① Fewster，‘A Hull sergeant's Great War diary’，entry for 29 Aug. 1916.

他还想到了老婆、孩子与他们攒的钱。但是此时此刻，斯蒂金斯夫人却在伦敦东部霍斯顿一家不怎么时尚的酒吧里饮着第十杯金酒，她在想能否从她丈夫那里多榨一盎司的离婚补助，新生的婴儿能否足够像他而不让邻居说闲话。[①]

夺取莫罗戈罗是东非战役中的典型情况。战后，英国装作若无其事，它毫不含糊地宣称莫罗戈罗战役是一场胜利。威廉·惠特塔尔（William Whittall）中尉曾指挥劳斯莱斯连皇家海军航空队在南非–西非和东非的装甲车，他说："我们非常自信地以为敌人会在莫罗戈罗顽强抵抗……但是由于德国人再次依赖大迂回战术，他们在此全身而退。"[②]惠特塔尔的报道初次发表于1917年，它是描写英军不断推进，德军步步后退的报道之一。实际上，真实情况更为复杂。德军诚然在后退，但他们却巧妙地设法避开了英军的牵制，直到战争结束前，他们都给占优势兵力的敌人制造了大量的麻烦。

莫罗戈罗占领军证明了战场上的大英帝国（及其他殖民国家）军队的多样性。这整体体现在东非战役上。贝蒂·克兰沃思认为德军的优势因素之一就是指挥层的团结，这与协约国军明显不同的构成截然不同。"可能没有地方比这里的军队更加多样化了，"他认为，"他们从全球各地而来，操着不同的语言，吃着不同的食物，穿着不同的装扮在不同的指挥下打仗"。他试图列出构成英军的一些民族，其中有英国正规军和非正规军；肯尼亚、乌干达、尼亚萨兰、黄金海岸（今加纳）、尼日利亚和比属刚果的非洲部队；从南非来的英国军、荷兰军和海岬"男孩"（由混血者组成的海角殖民地有色人种军队）；罗得西亚、比利时、印度许多部落和许多种族的正规军和非正规军、西印度群岛和葡萄牙军。[③]从英属加勒比属地赶来的志愿军可能是这些军队中最不同寻常的军队。1916年6月，驻扎在埃及的英属西印度团的三个营调出五百名官兵加入东非远征军，表面理由是他们能够比其他白人军队更能在热带气候中生存。他们大多数虽然和派到法国、埃及的部队一样负责劳役，但理查德·史密斯（Richard Smith）却认为当他

① *Morogoro News*, vol. 1, no. 1, 16 Sept. 1916; Mwakikagile, *Life in Tanganyika*, 55, 57.
② Whittall, *With Botha and Smuts*, 275.
③ Cranworth, *Kenya Chronicles*, 182.

们被安排到前线时，他们的表现和英军中其他部队一样优秀。[①]

征服德国殖民地

当德国于1914年8月参战的时候，它的四个非洲殖民地多格兰、喀麦隆、德属西南非和德属东非实际上也卷入了战争。这对英法（即使不包括葡萄牙，随后还有比利时）而言是一件好事，因为这些非洲殖民地的参战，让英法等国消除德国在非洲大陆上殖民地和自己获得额外领土的可能性大大增加。实际上，非洲和各地一样，正如杰克·加拉格尔（Jack Gallagher）所言，战争为帝国的建设者们提供了讨价还价的基础。[②]小小的多格兰如同三明治一样被英属黄金海岸和法国属地达荷美夹在中间，绝不会存活太久。8月12日，德国殖民地的首府洛美被当地人组成的英属黄金海岸团的两个连（不足500人）占领。在多格兰，英法军队的主要目标是德国在海外最重要的无线电台，它在向内陆100英里的卡米纳。无线电台体现了在第一次世界大战时，科技如何让世界变得更小；它提供了一条从柏林到它所有非洲殖民地、南美、德国海军各部队以及在南大西洋上航行的商船上的重要通讯线。随着英军从西面和南面、一支法军纵队从东面合围卡米纳，德国人摧毁了无线电台并于8月26日投降。[③]

德属西南非洲（今纳米比亚）花了更长的时间才屈服，这里面无疑有法国的参与，因为除了北面的葡萄牙殖民地安哥拉外，德属西南非已经完全被英国控制下的属地所包围，这其中包括了刚建立的南非联邦。南非人实际上也参与了征服德国殖民地的大部分行动。同多格兰一样，基本目标也是战略性的：夺取

---

① Howe, *Race, War and Nationalism*, 95–6; *Smith*, *Jamaican Volunteers*, 82–9.

② Gallagher, *The Decline, Revival and Fall of the British Empire*, 87.

③ Strachan, *First World War*, 505–9。这本书（495–643页）提供了有关下撒哈拉战争的一般性论述。此文重版在 Strachan, *The First World War in Africa*. Killingray, 'The war in Africa', in Horne (ed.), *Companion to World War I*, 112–26，它提供了一份非常有用的信息。下列叙述就是基于这些论著完成的。

殖民地的两个主要港口(斯瓦科普蒙德和吕德里茨)，摧毁斯瓦科普蒙德的无线电台和内陆首府温特和克(Windhoek)。南非承诺参战，但却不是全面参战。许多在1899年至1902年布尔战争中战败的阿非利卡人(南非白人)仍不服从英国在该地的主权。一些人从联邦迁走并定居在西南非洲。和帝国的其他地方一样——如爱尔兰和魁北克，有限的忠诚，随着大英帝国于1914年8月的宣战而迸发出的团结一致，激发了反对力量和诸如“不应在一场英德间的帝国主义战争中让阿非利卡人流血”的抗议。[①]

在西南非洲，这种反对力量最初比其他地方走得更远。1914年10月，为攻克西南非洲而部署的南非国防军纵队三位指挥官之一，梅米·马里兹(‘Manie’ Maritz)发动了叛乱。此前1916年的都柏林起义，其最初目的是要宣布独立并建立一个临时共和政府。但是这项缺乏周密组织的计划，在一名领导者被枪杀以后被彻底打乱。而且，他被杀的地方恰恰就是这位领导者为了抓捕持枪罪犯而设立的警察检查站。马里兹举起叛旗之后，数千布尔人部队加入他的队伍并置于克里斯蒂安·德韦特(Christiaan de Wet)将军的领导下。不能协调一致的叛军远远不是3万政府军的对手，这些政府军大多数都是阿非利卡人中的亲英派。到1915年1月，叛乱已经结束，马里兹逃到西南非洲加入德军。

在“一战”中，阿非利卡人中的共和派怨声载道，他们同其他反英帝国主义者惺惺相惜。叛军将军之一的简·肯普(Jan Kemp)不仅将他们的行动比作一场有“爱尔兰精神”的民族起义；还将它同1912年至1914年爱尔兰自治危机中乌尔斯特联合派对英国政府的准军事抵抗相提并论(虽然这种类比可能会令1914年8月后的乌尔斯特人很不高兴)。1914年至1915年的阿非利卡人叛乱被视为爱尔兰复活节起义的“温和版本”。实际上爱尔兰共和派受到了南非事件的鼓舞。罗格·凯斯门特欢迎南非的叛乱，而1916年复活节起义中一些爱尔兰志愿军则称呼自己为“德韦特”并戴着布尔军人的三角帽招摇过市。内森同样注

① Nasson，‘War opinion in South Africa’，261.

意到，相比较而言，阿非利卡人的“叛国罪”是被宽大处理了。[①] 与1916年爱尔兰起义的处理方法形成鲜明对比的是，这次叛乱过后缺乏任何系统的处决。这意味着战败的阿非利卡人不会（和爱尔兰所发生的情况一样）成为“烈士”，并在未来成为持续的政治反对力量的象征。

随着德韦特叛乱被镇压，南非政府（由阿非利卡人中的亲英派领导，尽管首相路易斯·博塔（Louis Botha）和国防部长简·斯穆茨曾在1899至1902年间打过布尔战争）重新开始针对德属西南非洲的攻势。在英国海军的支持下，南非军在1914年9月攻下吕德里茨，而1915年1月中旬，斯瓦科蒙德也被在沃尔维斯湾英国飞地附近集结的一支军队夺取。此后，从斯瓦科蒙德（博塔指挥）和从南边的纵队（斯穆茨指挥）一起，与从东边来的第三支部队将德军一路追到内陆。在这片战场上，两边的战争都仅限于白人。德军全军上下只有区区5000人，且全部都是白人，大部分都是本地准军事组织“舒茨鲁朋”（Schütztruppen）招募的军人。德军的主要策略是避免与人数不断增加的协约国军队正面相遇。1915年年初，南非有超过4万人在战场上，尽管他们的推进受到补给问题（特别是水）的阻碍，但他们仍势不可挡地前进，在5月13日占领了温得和克。德属西南非洲总督西奥多·塞茨（Theodor Seitz）的打算仅仅是尽可能地拖住众多敌军，并尽可能长地保持德国在殖民地的体面统治。

在温得和克停下来，为最后的推进而组织自己的军队之后，博塔于6月18日开始北进，于1915年7月9日迫使塞茨同意签署停战协定。在紧要关头，德国人并没有组织“最后抵抗”，塞茨和他的部队实际上都安然无恙。德国的预备役军人获准回到家中，德国殖民地的民政机构继续运转，只不过现在置于南非的全面控制下。停战的条款体现了双方的战斗人员仍希望保有“战争只是白人间的事情”的幻想。虽然博塔和他的同僚们可能会对雇佣非白人群体感到不快，但实际上他们却无法置身事外，因为南非整个白人的统治结构都依赖于对黑人群体的全面剥削。例如在战争时期的非洲，每位白人士兵都经常有两到三名非

① Nasson，*Springboks on the Somme*，41-55；210.

战斗非洲黑人跟随，他们大多数充当搬运工或其他的运输角色。因此，不管白人是否承认这一点，非洲黑人是被卷入到战争中的。

和西南非洲之战不同，非洲黑人军队从协约国攻打德国仅存的两块殖民地——喀麦隆和德属东非——开始就参与其中。喀麦隆是一块庞大的三角形领地，它的西北是英国殖民地尼日利亚，另外两面是法属赤道非洲。在东南面是比属刚果，因此四个欧洲交战国都在打这个地方的主意。西属几内亚或喀麦隆西南角的中立小飞地穆尼（Muni）的存在令形势更加复杂。英国在这里的主要目标是占领沿岸的港口（尤其是杜阿拉），防止它们被德国巡洋舰所使用。这很快在 1914 年 10 月初完成，但是进一步的作战却只有部分成功。在尼日利亚边境附近，德国击退了英国西非边防军，但是法军却从南面和东面开进了殖民地。东面法军进展比南面法军顺利，只有一支部队在靠近穆尼的地方遭到重创，让德国人宝贵的生命线得以通往外部世界。德军通过这条线上的补给得以继续行军打仗，直至 1915 年初。

喀麦隆战役磕磕绊绊地持续到 1915 年，英法（还有比利时）之间配合不足使战役十分不利。恶劣的热带环境让人生病并影响补给，这让协约国军队及其劳工部队损耗甚多。德国人尽管也有自己的补给问题（他们严重缺乏弹药），但他们的战略地位却由于撤入内地而有所改善。他们的运输线缩短，而敌人的运输线则被拉长。这些德军也是顽强的对手并令英国人惶恐不安。1915 年 4 月，他们冲进尼日利亚，约拉埃米尔及其当地政府落荒而逃。然而到了 1915 年夏末，协约国方面人多势众已经愈发明显，尽管这时候法国仍未能封锁德军到西属穆尼的可能撤退路线。北面德军较为分散，他们耗尽了所有种类的补给后便投降了。据一位军官报告称，德军曾沦落到仅靠“非洲食物”存活，为了生存下来他们被迫吃所有的“马、驴和骆驼”。在南方，英法军队无法给有着 1.5 万士兵、码头工和随从的德军带来任何改变，他们设法在 1916 年 2 月 15 日撤退到穆尼。他们后来被转移到喀麦隆沿海的费尔南多波岛上，在战争的其余时间中，他们一直被关押在那里。[①]

---

① Osuntokun，*Nigeria in the First World War*，191–3.

在征服了喀麦隆之后，英法临时将喀麦隆一分为二，等待战后和谈处置。外交官弗朗索瓦·乔治·皮科（François Georges-Picot）领导的法国使节团借着正在伦敦的方便，于1916年2月23日举行会议对该属地做出决议。皮科曾谈过让英法分割中东各地的著名的《赛克斯–皮科协定》，这次谈判是他在帝国主义战争史上的第二次灾难性介入。英国的谈判立场体现了非洲领土经常被当作列强间讨价还价砝码的特点。尽管海军要求杜阿拉及其港口，但英方一进入会场就基本准备接受法方提出的任何要求。在就西非做出让步时，英国希望法国能够置身于中东非洲之外，因为英国在这里有着更为迫切的战略和政治利益。在一幅1：2000 000的地图上（1英寸=32英里），皮科指出杜阿拉西边的一点（把它留在法国区域内）和东北角贝努埃河靠近约拉（英属尼日利亚边境对面）上的一点。根据英方的记载，他“接着用一根蓝笔很随意地将两点连在一起”。尽管Picot对西非所知甚少，但英方的查尔斯·斯特雷奇（Charles Strachey）却对西非非常熟悉，他力主画下这条边界线，这样喀麦隆东边通往西北方向的唯一一条道路将落在英国的区域内。

在战后的谈判中，英国要求获得喀麦隆北部更多的领土，以坚定博尔诺的舍古和佛比那的拉米多等地的伊斯兰统治者的立场，英国曾靠着他们统治整个北尼日利亚，他们也曾支持过英国的战争。然而，这种安排却成了战后分裂的基础（虽然1919年消息确定时的情况要比1916年好得多，法国已经打算找回西南的道路）。因此，皮科在1916年2月随意画下的铅笔线成了此后四十年英法在西非的国境线，主要因为它是帝国主义和宗主国的缘故，而不是对喀麦隆人民或这片领土的考虑。直到1961年英属喀麦隆的当地居民最终才能用公民投票的形式说上话。南部的人民投票表决要求重新加入新独立的喀麦隆，而北部的穆斯林则更倾向于同尼日利亚合并。①

① Yearwood，‘“In a casual way”’.

冯·莱托-福尔贝克与德属东非

在攻下西南非洲和喀麦隆之后，英军将注意力集中于攻打德属东非。[①] 战争在这里开始有利于德军。在意识到英国的主要关注点在于保护他们在印度洋上的航运，其主要攻击目标(在其他德国殖民地也一样)在于港口以后，德军的防御计划放弃了沿海并集中于内陆。尽管如此，新上任的军事指挥官保罗·冯·莱托-福尔贝克(Paul von Lettow-Vorbeck)上校仍决定采取主动。他着眼于更大的战略布局(在战后回忆录中他的表述可能有些不够真诚且带有后见之明)，希望能够尽可能地牵制英军以防这些英军用在其他地方。[②]1914年8月15日，他

◎ 在德国上校保罗·冯·莱托-福尔贝克指挥下服役的非洲士兵。保罗·冯·莱托-福尔贝克一直在同英军作战，从战争初期一直到1918年11月25日。

① 关于东非战役最好的论著是Edward Paice's marvellous *Tip and Run*。

② Lettow-Vorbeck，*My Reminiscences*，3.

的部队越界进入英属东非（今肯尼亚）北部，在边境内夺取了塔韦镇。驻扎于达累斯萨拉姆的德国轻巡洋舰哥尼斯堡号（Königsberg）离港出海，在亚丁湾击沉了6000吨吨位的蒸汽货船“温彻斯特城”号（City of Winchester）在8月6日让大英帝国遭受了战争中的第一艘商船损失。哥尼斯堡号躲避英国堵截将近一年，后来在1915年被英国发现并于7月被击沉。德国还将战火带到靠近德国西部属地的比属刚果。10月初，一艘德国炮艇击沉了坦噶尼喀湖上唯一一艘比利时蒸汽船，同时捍卫了德国对该湖的控制。

英国人也有自己的计划。他们匆忙在印度召集了一支8000人的远征军去攻打德属东非，最初在殖民地北面的坦噶两栖登陆。由于组织不当、从印度航行期间所生疾病以及指挥官的刚愎自用，11月3至4日只有两个旅安全登岸，却被德军击退。在这一过程中英军伤亡惨重，将宝贵的军事物资丢在身后，其中包括了8挺机关枪、450支步枪和超过100万发的弹药。坦噶惨败后，英军直至1916年初保持着防御姿态，而此时在征服德属西南非后的南非军队却尚可一用。此时此刻，冯·莱托-福尔贝克正在为他的军队系统地安排物资，改善交通，集中全属地的食物与军需储备。1915年底，他拥有近3000人的欧洲军队和刚刚超过1.1万人的阿斯卡里（在当地招募的非洲土兵）。当突破封锁的货船“鲁宾斯”号（Rubens）在1915年3月抵达殖民地时，德军士气为之一振；一年之后第二艘货船“玛丽”号（Marie）也抵达殖民地，两艘船所携带的武器、弹药与医疗物资大大有助于在战争的其他时间里支撑着德国。[①]

1916年2月，简·斯穆茨受命指挥集合起来准备攻打德属东非的英军。最初被委任这项工作的英国军官贺拉斯·史密斯·道伦（Horace Smith-Dorrien）罹患疾病，因此对斯穆茨的任命实际上既是政治上的也是军事上的任命。伦敦需要他从南非获得一切帮助，博塔在1915年10月的大选中刚送走阿非利卡民族主义者的政治挑战，又要着手为战役召集军队，尤其还要支持南非在该地区的

① Lettow-Vorbeck, *My Reminiscences*, 67–72.

领土诉求。[1]斯穆茨打算集结一支人数占优的南非军，在1916年速战速决地打败德国人。但是这个乐观的计划失败了。兵力不是问题。为了战胜冯·莱托-福尔贝克的3000欧洲兵和1.1万非洲兵，到1916年3月时，斯穆茨拥有2.8万英国和南非兵，1.4万印度兵，7000国王非洲来复枪团的当地土兵(从中东非洲召集的)，还有他向比属刚果请求的由600欧洲兵和1.4万非洲兵组成的“公安军”(Force Publique)。尽管斯穆茨取得了一定成功，但他的军队准备不足，机智狡猾而神出鬼没的德军赢得了彻底的胜利。

战况急转直下。在到达英属东非刚刚一个月之后(在斯穆茨本人抵达殖民地之前)，第二南非旅就已经投入战斗。1916年2月12日，他们奉命进攻从战争初期就已被德军占领、固若金汤的德军据点塞利塔(Sailita)，此地位于乞力马扎罗山西南德属东非边境对面。南非的三个旅在德军的沉重打击下被迫撤退，威廉·惠特塔尔的装甲车和第一东非旅派来的几个久经沙场的营使他们免于全军覆没：英国正规军第二皇家北兰开夏团，印度第130俾路支团，后者击退了敌人的一次反击，包括一次致命的刺刀冲锋。爱德华·佩斯(Edward Paice)将这次令人蒙羞的经历描述为“南非人的坦噶”，冯·莱托-福尔贝克“欢迎(他们)来东非”。[2]第138南非团在这一次作战中的伤亡相当于他们在整个西南非洲战役中伤亡的三分之一。

斯穆茨的广泛战略是要军队从北面的英属东非和乌干达、西面的比属刚果、西南的北罗得西亚(今赞比亚)攻入德国属地。从1916年5月起，北面的部队开始向中央铁路稳步推进，于7月末达到多多摩(莫罗戈罗内陆)，一个月之后到达莫罗戈罗。1915年12月起，在两艘四十英尺武装摩托艇的协助下，英军如同《陆上行舟》(译注：一部英国电影)般经由2400英里的陆路从开普敦北上，从德国人手中夺取了坦噶尼喀湖的控制权。湖北面一支比利时军队在查尔斯·亨利·唐博尔(Charles-Henri Tombeur)将军的指挥下于1916年4月下旬进攻卢旺

① Hyam, *Failure of South African Expansion*, 23–46.

② Paice, *Tip and Run*, 183–4.

达和乌隆迪，向中央铁路上的塔波拉开进。比利时希望利用战争的机会巩固他们在非洲的既得利益，并称这是“我军在非洲军事努力的目标之一”。比利时殖民地大臣朱尔斯·林金（Jules Renkin）在1916年告诉唐博尔“如你所知，是要确保拥有一块德国属地做担保”。他们不仅想要得到在和谈中讨价还价的筹码，还想获得实际上的领土。1916年10月比利时的一份备忘录写道：“如吸引人的卢旺达等地，土地肥沃，牛羊成群，非常适合白人定居。”①

西南面的军队——尼亚萨-罗得西亚野战军受爱德华·诺泰（Edward Norhtey）将军指挥，他是少数连德军也认为不错的英军东非指挥官之一。诺泰从国王非洲来复枪团（只是常规军）、南非来复枪团的两个营（许多人来自西南非洲）、北罗得西亚和英属南非（从南罗得西亚调来）的警察部队中聚集人马，组成一支小而精悍的武装力量。1916年5月，诺西开始前进，他在8月底夺取了莫罗戈罗西南120英里外的伊林加（Iringa），切断了敌人的退路。尽管诺西对德军不断施压，德军还是逃到了该领地的东南角，他们在那里可以坚守到第二年。

在1916年4月写给一位南非朋友的信中，服役于第5南非步兵团并经历过1916年2月塞利塔大败的莫洛伊（A. J. Molloy）上尉对这支有争议的军队及有关各团体进行了一些敏锐的观察。令莫洛伊最震惊的是，“在灌木丛战斗方面他们还有许多要向我们的黑人敌人学习的地方，虽然所有的人的讨论都与之相左，但我们还是认为他们是一群敌人需要认真对付的人”。阿斯卡里虽然足智多谋、勇敢并在这种战斗上受过良好的训练（这在欧洲对非洲战争的记载中很普遍），但莫洛伊也注意到了他们在战斗中“粗鲁”的一面。非洲人，他补充道“没有一个不是畜生，他们毫不犹豫地残害并杀害所有的伤员或犯人”。在塞利塔，一些英国方面的伤员实际上（或至少某种程度上）是因为组织不当而受伤的。担架和医疗设备供给严重不足，第7南非步兵团在战场上留下了三十名死伤者，他们没有一个人活下来。莫洛伊注意到，德军不容小觑，他们“教会了我们隐蔽和防御的艺术”。此外，东非战役令曾在西南非洲战斗过的老兵大开眼界：“他

---

① Digre, *Imperialism's New Clothes*, 113-14.

们在这里一天内教导的要比整个西南非洲战役发生的还要多。”

我们应当考虑到许多南非士兵深受被东非的英军歧视——他们迅速而成功地征服西南非洲，同北边的混乱与僵局形成了鲜明的对比，但我们更要记得印度营第130俾路支营曾帮助南非人在塞利塔的一次撤退中免于溃败，莫洛伊因此而向其他大英帝国的军队称赞不已。他写道：“印度孕育了配得上那个（指印度）名字的军人，他们保有英军最光荣的传统，本地师团国王非洲来复枪团不愧为杰出的军人。”莫洛伊最后断言南非军队没有准备好（“经过训练的军队，我们有一半的伤亡是不该有的”），他们忍受着缺少马克西姆机枪及如何使用它们的痛苦。[①] 总之，莫洛伊接着写道，南非军队在训练和装备上准备不足，他们依赖着其他英国军队，而德军却战斗素质高且对非洲地形十分掌握，尤其是这后一项因素，它是冯·莱托-福尔贝克幸存到战争结束的秘诀。

在威廉·惠特塔尔对战役的充满钦佩（一定程度上也是自满）的记载中，1916年9月4日占领达累斯萨拉姆，9月19日英国和比利时联手拿下塔波拉，夺取整条中央铁路标志着“战役关键阶段”的结束。因此到9月底，斯穆茨任务中的基本部分已经令人满意地完成；德国殖民地的所有已是“既成事实”（un fait accompli）。他说道，随后的作战“将只有次要意义”。[②] 这份记载写于1916年底或1917年初（该文献以引用斯穆茨1916年10月27日的一份派遣令作结），它乐观得有些不合常理。无论在何种情况下，斯穆茨都用非常正式的口吻充分总结道，他于1917年1月出发，去“扫荡”德军余部。这就像十五年前罗伯特勋爵在布尔战争中所做的一样，当时在他（认为）已经在战场上打败阿非利卡人并拿下比勒陀利亚之后，他将余下的事情交给了赫尔伯特·基钦纳爵士。率领游击小分队苦战到最后一刻的斯穆茨，无疑会感激这场可能会没有功劳且旷日持久的东非残局。他在伦敦还要捞取其他的政治资本，在那里，某种程度上，

① Molloy to ‘Middleton’, 7 Apr. 1916 (quoted in Bisset, ‘Unexplored aspects’, 59); Paice, *Tip and Run*, 184. For his part, von Lettow-Vorbeck noted reports that orders to ‘take no prisoners’ had been issued on the British side (*My Reminiscences*, 104-5).

② Whittall, *With Botha and Smuts*, 276-7.

以一名军事指挥官所不应有的名誉为基础，斯穆茨被帝国高层决策者认可，自1917年6月后成为乔治·劳合战时内阁中的一员。

斯穆茨通过包围冯·莱托-福尔贝克以打败他的计划，因后者拒绝坚守战而受挫。福尔贝克凭借着杰出的能力控制着军队，他们一直在移动。1917年以来，福尔贝克一直抢在追击的英军之前先行一步，他向南撤退到葡属东非（今莫桑比克），然后又向北向西进入北罗得西亚，坚持到1918年11月11日欧洲达成停战协议。11月25日，他在坦噶尼喀湖南边的Abercorn（今姆巴拉）正式投降。他还有30名欧洲军官和125名其他军官，1168名阿斯卡里和1522名搬运工以及1726名其他追随者（其中有427名妇女）。《布拉瓦约纪事报》（*Bulawayo Chronicle*）充满同情地描述道："排成长长队伍的欧洲兵和阿斯卡里混杂在一起，所有身经百战的老兵与曾和丈夫共度这些峥嵘岁月的女人们带着大量的东西，他们有一些人和在这场战争中出生的孩子们一起，搬运工欢快地唱着歌，一想到他们的劳役最终结束，他们的脸上就露出笑容，不加丝毫掩饰。"① 德军和一些其他的军队被船带到基戈马，从那里又用中央铁路上的火车带到达累斯萨拉姆。路上他们曾在莫罗戈罗停下来。冯·莱托-福尔贝克回忆，他们不止一次看到那些两年前被他们留下来的德国女人。英国人留下来的战利品保存完好，他们准备好茶和咖啡，摆好桌子，烤好蛋卷和蛋糕。这是一次对德国国内好客传统的接触，它令人感到舒服，有助于支撑着他们走完返回欧洲的漫漫长路。②

东非的战争无疑对周边国家的属地产生影响，这包括了西边的比属刚果（今刚果民主共和国），南边的英国保护国尼亚萨兰（今马拉维）和葡属东非。在对比利时帝国进行某种保护后，比利时军的军事动员随之而来。从19世纪90年代起对比利时国王利奥波德二世的私人封地，"刚果自由邦"的剥削就已经成为一件国际丑闻。英国激进派记者莫雷尔（E. D. Morel）在罗杰·凯斯门特的英国官

① Iliffe, *Modern History of Tanganyika*, 245; *Bulawayo Chronicle*, quoted in Mosley, *Duel for Kilimanjaro*, 223. A search in the *Bulawayo Chronicle* for late 1918 and early 1919 has failed to turn up the original of this quotation.

② Lettow-Vorbeck, *My Reminiscences*, 320-3.

方报道的支持下，揭露了橡胶业工人的恶劣生活环境，这篇文章影响如此之大，以至于 1908 年自由邦被比利时废除并由比利时国会直接对该属地负责。为了反驳“阴险小人凯斯门特和莫雷尔”对比利时人民的中伤，1917 年为比利时战时改革政府辩护的查尔斯·斯迪亚侬（Charles Stiénon）描述了刚果现在所受到的优待。他写道，在战役期间，没有一个女人被凌辱，征用任何牲畜都会付给赔偿金，比利时政府对殖民地人民如此之好以至于当地的图西人都乐于支持协约国而不是他们从前的主人德国。马修·斯坦纳德（Matthew Stannard）认为，比利时在欧洲所遭受的苦难，以及它在非洲与德国的争斗（虽然它的参战并不是最重要的），实际上有助于通过卸掉利奥波德时代的负担来重塑比利时帝国主义形象，让比利时最终在 1919 年的和会上列席“正义的帝国列强之中”。[①]

对在欧洲统治的重担下一直斗争的尼亚萨兰非洲人而言，战争中的紧张和抵抗大体还是要高过信任。这体现在他们战争中的主要经历上，他们称“一战”为“坦噶他战争”，齐切瓦语意为“帮助”。但是，在殖民地的情境里它却并非表示“帮助”，而是欧洲人强加给非洲人服役要求。起初，这些要求是要他们加入当地的国王非洲来复枪团，梅尔文·佩奇（Melvin Page）的研究成果表明，新兵入伍的动机各不相同，这同其他地方情况一样。例如在欧洲，殖民地和各群体的领袖都会用“大字眼”说服个人参军。他们会说，如果不能让敌人停下，德国人就会来到尼亚萨兰，夺走土地，奴役或杀害非洲人民。一些人入伍仅仅是“遵从他们传统的领袖”。但是也有其他的因素。例如，无论对哪里的年轻人来说，军事冒险的诱惑都是重要诱因。一名退伍的士兵在 1972 年告诉佩奇，“我们加入战争是因为我们是男人”。当然，这里也有一些经济上的奖赏。“我需要钱”，另一位老兵回忆道，“所以我急忙跑去登记入伍”。[②]

战争期间劳工的辛劳程度远超军人，招募也相当不同。它很少带有与军旅中人相关的（经常过于浪漫的）尚武之美。尼亚萨兰当局从一开始就遇上了招募

---

① Stiénon，‘L’effondement colonial’，669－70；Matthew G. Stannard，‘Digging in：the Great War and the roots of Belgian empire’，in Jarboe and Fogarty（eds），*Empires in World War I*，26，29.

② Page，‘The war of thangata’，87－9.

困难，那些“搬运”工作极其不受欢迎，以致他们在 1914 年 12 月被赋予权力推行义务兵役。战时的人力需求引起了抵抗，这包括 1915 年约翰·奇伦布韦（John Chilembwe）所领导的一场失败的起义。1916 年东非的协同进攻加紧了劳工招募，将某些欧洲人比喻为“拉壮丁”。一位目击者说“他们用挑鸡的方式挑人”，非洲人将它同英国殖民政府早已打算终结的抢劫奴隶联系在一起。在整场战争中，大约有 20 万男性当兵和劳工，代表了尼亚萨兰超过三分之二的成年男性人口，这种情况严重破坏了社会与经济生活，让人们对造成这种窘境的政局更加痛恨。梅尔文·佩奇认为在尼亚萨兰，战争形成了殖民统治的两个特点：赋税和坦噶他。他还认为这比过去更加现实。尼亚萨兰非洲人第一次得到了政权的赏识，同时也得到了欧洲太上皇们的缺点。这场战争是尼亚萨兰历史上的重要分水岭，它最终摧毁了欧洲人在这片土地上的统治。①

法国在塞内加尔的招募办法同英国十分类似，这也坐实了当地人将其比喻为“收税”的说法。对于那些称为新“血税”（tax in blood）的新兵招募，法国辅助部队抓捕男性并且按征募新兵人头付给当地的代理人金钱，被征新兵的脖子经常被绑上绳子，这种方式会令人想起悲惨的奴隶贸易。正如乔·鲁恩（Joe Luun）所说，塞内加尔人的反应夹杂着“逃亡，遗弃和偶尔的武装抵抗”。②

当“一战”中的白人们(在或不在非白人的协助下)为控制非洲而打仗时，一些本地的非洲势力抓住机会表明自己的立场并为他们自己开疆拓土。像在 1915 年至 1917 年在利比亚起兵反意的赛努西教团（Senussi）一样，他们常常被卷入更大范围的冲突中。在世界规模的大战持续不断的背景下，任何的挑战，诸如对在非洲的协约国列强的挑战，都不仅仅会被视为一件地方事务，而且还有可能会被视为配合敌方进攻的一部分。由于当地的反叛势力一般都乐于接受来自“敌人的敌人”的帮助(因此赛努西教团接受了德国和土耳其的武器和资金)，这形成了一种自我满足的看法并影响到了后续回应的严重程度。如在 1916

① Page，*'The war of thangata'*，89-100.

② Lunn，*Memoirs of the Maelstrom*，39-45.

年的都柏林复活节起义中，英国当局不再将起义仅仅视为“地方上的一点小难题”，而是一场受到柏林（或其他地方）鼓动和资助的进攻的一部分，这种看法可能会加剧政府对挑战回应的严重程度。

双方自然会在各自所能之处召集盟友。在1915年，有人报称土耳其特工在西苏丹的达尔富尔活动，希望能促使苏丹迪纳尔参加反英的战争。英国人破译了一封由阿里·迪纳尔写给一位志同道合的穆斯林领袖的信，在信中迪纳尔要求其发动反抗异教徒英国政权，此事令英国人大起疑心。在战前，被夹在乍得的法国人和苏丹的英国人之间的阿里·迪纳尔打算获得一定程度的独立，同时理论上仍承认英国在喀土穆的主权。由于战争爆发，喀土穆担心反英宗教势力的宣传会煽动穆斯林团体，他们打算对该地区实施比过去更全面的统治。苏丹总督雷金纳德·温盖特（Reginald Wingate）爵士担心反抗当局的危险影响会扩散到达尔富尔以外地区。1915年7月，他告诉伦敦：“实际上，无论阿里·迪纳尔吸收了多少来自土耳其和德国的‘毒药’他都完全背弃了对苏丹的忠诚。”温盖特虽然希望避免“实际上的敌对”，但他也担心阿里·迪纳尔的持续反抗对他们在达尔富尔边境上的各部落会产生不良影响。[①]

达尔富尔附近的科尔多凡总督罗伯特·萨维尔（Robert Savile）希望动用武力迅速解决阿里·迪纳尔，但是温盖特（他显然想到了英国远征苏丹的混乱历史）却对“派一支由基督徒领导的小部队，进入一个所知不多的国家，迎战具有狂热倾向（如果军事作战突然成功，这股狂热还可能向东蔓延）、不能确定对来犯之敌态度的人民”的情况感到非常担忧。在埃及的英国当局和伦敦都反对在该地区采取如此冒险、可能代价很大的政策。但是在毗连达尔富尔的利比亚，阿尔及利亚人和赛努西教团在1915年底的结合却给了喀土穆鹰派他们需要的证据，并让他们于1916年3月发动了达尔富尔远征。在跨过边境占领了一系列城镇后，由于法国将其顾虑传达给伦敦，远征受到了阻碍。法国一直被北非属地上因义务征兵和“搬运工”而引发的一连串抵抗运动忧虑不已，他们害怕英军的前进

① Daly，*Empire on the Nile*，176–7.

会把阿里·迪纳尔赶到西方，扰乱他们的领地秩序。法国最后被说服派兵封锁阿里·迪纳尔的退路并由温盖特发起了最后的总攻。阿里·迪纳尔的军队在5月2日被击溃，次日英军就占领了他的首都埃尔法舍尔。阿里·迪纳尔逃入苏丹西南的偏远荒漠，但却被抓捕并于1916年11月6日被杀害。

远征阿里·迪纳尔是一场彻底的胜利，但有关谁该支付战争费用的问题却随之而来。即便是在战时各国都不加选择地签发大量空头支票的时候，官员们仍然紧盯着支出不放。温盖特认为，英国应该支付这笔费用，因为这场战役是世界大战的直接结果和它的一部分。英国陆军部却一口咬定这笔费用该由苏丹支付。最后英国从1915年12月找到了对策，在苏丹产生的费用“由于是现存的战争状态造成的”，应当算在埃及账上(因为从严格的法律意义上讲，苏丹是被埃及和英国联合统治、共同管理的属地)，但当时英国财政部实在找不到“充分理由说明为什么要向英国国库求助，而不是向埃及寻求资金援助；因此埃及买了单。马丁·戴利(Martin Daly)对此尖刻地写道：“埃及付钱，伦敦定音。”[①]

从大英帝国的角度看，1916年的达尔富尔是一种战时普遍现象的范例：一块领地同一个更强大的、宣称具有最终政治统治权的遥远政权在战前保持着相对宽松的关系。但随着战争的爆发，这个政权为了保卫领地或从中攫取资源，对领地加以比从前更大规模的控制。这种举动反而刺激了属地上的反对派。挑战与回应的模式就这样被建立起来，它很容易逐步升级为暴力冲突。

列强同属地关系的另一个范例是“伏尔特-巴尼反殖民战争”，一场发生在今西非布基纳法索共和国境内反对法国义务征兵的起义。1914年，欧洲官员和当地法国散兵因法国战事而撤退，这让当地人相信帝国主义法国陷入麻烦，此时正是挑战殖民地当局的最佳时间，也是反殖民主义者的机遇。此外，法国在1915年需要征兵看起来也仿佛是某种绝望的举措。起义大部分被平息之后，塞内加尔总督拉斐尔·安托内蒂(Raphael Antonetti)上尉在反思起义原因时认为，意外的征兵运动向当地人“再次证明我们再也没有任何士兵，武装力量已土崩

---

① Daly, *Empire on the Nil*, 177-87。

瓦解”。在这场战争里最大规模的非洲抵抗运动中，反殖民主义者在1916年2月至6月间聚集了1.5万和2万人。法军派出5000人镇压起义，造成约3万非洲人伤亡。在5月6日博博-迪乌拉索的一次作战中，大约3000非洲人（男人、女人和小孩）牺牲（反观殖民者这边只有10人死亡，70人受伤）。法军事长官的指令暗示了法国的“安抚手段”实际上相当严厉，不过法军并没有忽略维持殖民地必要的经济生产活动。他写道：“投降需要完全解除叛乱者的武装，囚禁或处死领导者，摧毁防御用的墙，收回房屋，回归农业生产。”为了让叛军就范，在一些地方，法军将他们的老人和妇女扣押做人质，并且只有在叛军伏法之后才肯放还这些人。[①] 因此这是一场压迫在西非沃尔特地区人们身上的“文明的世界大战”。

黑军（Forces noires）

“黑军”是法国人充满野心的概念——实际上，非洲的确能够提供取之不尽的战斗人力补充，而且可以在任何战场上充当战斗力量，且不会和英国人共享。英国人在非洲大陆以外雇佣非洲土著和将非洲人用于战斗两个问题上踌躇不定。1916年，人力资源的持续枯竭让某些英国决策者们开始考虑在英属非洲的领地上招募新兵、使其在其他地方作战的可能性。当这件事在1916年6月的伦敦被提出来的时候，没人会想到让非白人群体参加战斗。就算他们要被任用，非洲黑人也只能在劳工营或类似的机构中工作。从战争一开始，南非白人就强硬地反对将非白种人当成军队使用。当时黑人政治家沃尔特·本森·鲁本萨那（Walter Benson Rubusana）提出组建一支5000人的部队参加战争，但国防大臣却回复道，“政府无意在当前敌对的形势下利用非欧裔公民的战斗能力”。由于当前的战争源自欧洲白人之间，政府希望避免“在战争中雇佣有色公民反对白

① Şaul and Royer, *West African Challenge*, 1-22, 107-8, 230, 267, 311.

人”。这种拒绝的背后是明显的忧虑，非洲黑人的参战会引出非洲的政治期许并颠覆现在南非盛行的种族等级秩序。[①]

南非白人曾因英国打算在战争中使用印度军队而感到惶恐。“如果印度人被用来对抗德国人”，1914 年《东兰特快报》(*East Rand Express*)写道，“那么他们会回到印度，扭转他们本应对白人的尊重”。该报认为，大英帝国必须坚持原则，一个有色人种的人决不能动手打一个白人，即使在印度、非洲或大英帝国其他白人统治着一大群有色人种的地方有某种法律或政令。所罗门·普拉特(Solomon Plaatje，1912 年非洲国民大会创始人之一)带着十足的讽刺意味，他沉思着说：“南非政府可能太爱本地人了，以致他们谨慎到唯恐本地人会在现在的战争中烧伤到一根头发，只有白人才会彼此开枪，互相杀害。”[②]

实际上，在战争的头两年中，超过 5 万名非白人南非人在德属西非和东非作为非战斗人员服役，在 1916 年，英国曾打算将这种情况拓展到欧洲的兵役上。由于英国承担着巨大的战争损耗，南非首相路易斯·博塔没有将这件事情提交给南非国会做决定(此事会在国会遭到相当程度的反对)。1916 年 9 月，为了所谓的“南非本地劳工团”(South African Native Labour Contingent)，南非政府开始招募新兵。计划受到了受过教育的黑人精英们的普遍支持，这些人虽然反对服兵役，但仍将此事视为推进黑人群体政治目标的好机会。1916 年 10 月，祖鲁报社《伊兰加报》(Ilanga lase Natal)认为，白人对组建劳工团的反对恰好给作为国王忠诚子民的黑人提供了一个获得公认地位的机会。最终(就像其他地方在战争期间的志愿兵招募一样)，人们因各种各样的原因，包括经济的、社会的、情感上的以及政治上的原因，加入到劳工团的队伍中。布莱恩·伟伦(Brian P. Willan)认为自 1917 年起，“南非政府似乎通过(非洲)酋长们的帮助施加了一定强度的强制措施”。[③]

劳工团的头两个营在 1916 年 11 月到达法国。全团共有 2.5 万南非黑人登

---

① Plaatje，*Native Life in South Africa*，281.

② Plaatje，*Native Life in South Africa*，283，267。

③ Willan，‘South African Native Labour Contingent’.

记，有2.1万人离开南非。并不是所有人都安全抵达欧洲。1917年2月，运输船蒙迪号（SS Mendi）撞上英格兰海岸而沉没，超过600名非洲人死亡。八十年后对此事的纪念活动仍提醒着公众注意南非黑人在第一次世界大战中扮演的角色。在法国，人们混住在一起，这既是为了方便，也是为了尽可能让他们不受其他战时工人（这些工人不熟悉南非社会和政治制度上的种族隔离）的不良影响。但是非洲黑人新兵的反对者们一开始就作出可怕的预言，这令南非黑人们防不胜防。许多非洲黑人发现自己在白人当中工作，后来的政治活动家杰森·姜戈斯（Jason Jingoes）在回忆自己在法国的工作时略带感情地说："这是我们第一次在一个没有种族歧视的社会中生活。"当劳工团的人们抗议自己的生活和工作条件时发生了一些意外，其中一起事件由于白人军官和士兵开枪造成13名非洲人死亡。

虽然1917年1月伦敦要求劳工团人数增加到5万人，但南非政府还是决定在1918年1月（根据）结束"这场实验"，大部分人5月就已经被遣返回国。在回国路上，杰森·姜戈斯在鲁昂码头讲述的轶事说明了他们在欧洲体验到的可怕种族平等理念传到南非的过程是怎样被缩短的：在一家由法国女志愿者经营的餐厅里，一位阿非利卡上校被令他不堪的事实触怒；服务员在他之前先给非洲人倒茶，并且他们还用着一样的茶杯。另一位白人军官（不是阿非利卡人）告诫他："黑人和白人都是上帝创造的，他们的差别只在于肤色不同。"这位上校不以为意，他毫不客气地告诉在场的黑人："当你们回到南非时，不要开始以为自己就是白人，因为这个地方已经把你们宠坏了。你们是黑人，以后还是黑人……"①

在非洲，当地人力资源的动员几乎毫无节制。许多有关第一次世界大战中非洲的记载都强调非洲的边缘性。在"一战"诸多的"余兴表演"中，非洲战役被认为是所有战役中最次要的战役之一。征服少数德国属地没有任何引人瞩目的战略价值，只牵涉到少量作战士兵，只有人们出于对历史的好奇时，才会注

① Willan, 'South African Native Labour Contingent'. Nasson, *Springboks on the Somme*, 168-9, 246; Jingoes, *A Chief is a Chief*, 92-3.

意到这场战争。这是一场白人的战争（正如许多欧洲帝国主义者所想象的那样），它发生在异域他乡，发生在对局势缺乏基本了解也不参与其中的本地人中间，这场战争可能更适合被画成虚构漫画，而非被严肃的历史学分析（正如威廉·博伊德著名的《冰淇淋战争》）。[①] 大众和严肃的历史学家对“一战”非洲的记载反而通过将战争描述成“未透露或被遗忘的”方式，强调了它的次要性。[②] 从一位欧洲人的角度看，这可能确实是事实，但就非洲自身而言，并非如此。发生在非洲的平民大规模动员和欧洲的动员一样显著。

支持战斗部队而不参加战斗的劳苦大众人数众多。乔弗里·霍奇斯（Geoffrey Hodges）估计光是在东非就有98.9万非洲人同英军并肩作战。在这些人中，有5.7万人是军人，大约93万人是“追随者”；他们是枪炮搬运工、医疗人员以及临时劳工等。戴维·克林格雷（David Killingray）虽然认为不可能得到准确数字，但他说：“在第一次世界大战期间，非洲出现了最大规模的劳工动员”，他认为东非的数量要更高一些，大约动员了100万人。在英国殖民地的其他地方也出现了类似的大规模动员。在埃及，应募从事军事劳役的人有32.7万人，占了征兵总人数的四分之三。[③] 法国招募战斗人员的比例要高于英国。在法属西非，17.1万人被登记成为列兵，许多人“被奴隶贸易时代残存的高压手段”强迫入伍[④]。由于缺少大战期间非洲动员总数的确切数字，我们在此只得留下休·斯特罗恩（Hew Strachan）谨慎的近似数：“大约200万非洲人在‘一战’中以军人和劳工的身份工作，至少有20万人在战争中死去或被害。”[⑤]

英国对非洲人力资源的动员尽管最后规模很大，但完全不能满足某些评论家的胃口，他们不合时宜地将英国的态度和法国进行比较。爱尔兰出生的老兵

① Boyd，*An Ice-cream War.*

② As in Paice，*Tip and Run*：*The Untold Tragedy of the Great War in Africa*，*or Samson*，*World War I in Africa*：*The Forgotten Conflict among the European Powers.*

③ Hodges，*The Carrier Corps*，110–11；idem.，‘African manpower statistics’，116；Killingray，‘Labour exploitation’，485.

④ Echenberg，*Colonial Conscripts*，42–6.

⑤ Strachan，*First World War*，497.

德·布雷泽·达恩利－斯图亚特－斯蒂芬斯（De Brézé Darnley-Stuart-Stephens）少校有着在西非和好望角殖民军丰富的作战经验，1916年10月，他满腔热情地认为，英属非洲应当从南非的祖鲁、巴苏陀、马塔贝列、西非的阿散蒂（他们过去都是敢于同英国交手的劲敌）等战斗民族中组建一支“百万黑军”。有计划地利用“西非无限制的招募资源”。他认为，法国已经动员了3万非洲士兵在法国和其他地方作战。斯蒂芬斯困惑于英国为什么对这种宝贵的人力资源视而不见，尤其是在只有通过消灭（德军）才能抵达长久和平的时候。“消灭”，他补充道，“唯有投入压倒性规模的兵力才有可能”。斯蒂芬斯认为自己可以在西非召集2万军队：“充分召集豪萨人、约鲁巴人和费里尼人。”他真诚地相信这些士兵的潜力，他认为，他们不需要过多现代战争上的技术训练。由于西线上的“成功主要靠短兵相接，射击的精准不是第一要紧之事，从中西部非洲来的这些野蛮人娴熟使用刺刀的天性可以进一步弥补他们射击术上的不足”。斯蒂芬斯大胆地说：“几十万非洲军人（当然，他们由白人军官领导）经过六个月的训练之后，就可以在向德军战壕冲锋的过程中铤而走险，派上用场。”[①] 实际上他们看来就像是炮灰。

在写下这些内容的同时，曾在西南非洲和东非打过仗的威廉·惠特塔尔还高度赞扬了本土士兵的优秀品质：“无论他是国王非洲来复枪团的还是德国的阿斯卡里人，他都是一个你可以让他在狭窄街角里同你站在一起的优秀战士，或者是一位脾气暴躁的人也会十分敬佩的劲敌。”惠特塔尔对阿斯卡里人的男子汉气概和好战品质非常自信，他从未动摇过，也十分确信这点。他说：“虽然非洲士兵不善射击，但他们是杰出的刺刀战士。我们可以对他们充满期待，要记得他们天生手中就有一柄长矛。”惠特塔尔例证了那个时代非常典型的家长式作风，“这些勇敢的人们”，他说，他们有着一颗“赤子之心”，他们一直需要理解和思考。他们需要妥善安排，所以那些欧洲列强可以无限攫取非洲黑人的人力资源

① Major Darnley-Stuart-Stephens, ‘Our million black army!’, English Review, Oct. 1916, 353-60.

的说法实际上是无稽之谈。“放出百万黑人，凭借他们的绝对数量让德国人陷入困境”，他写道，“这是一种不负责任的说法。如果可行的话，那当然是好的。然而它并不可能”。惠特塔尔说，问题不是人力的供给，而是在于合适的（白人）军官。即便他们符合资格，又具有必备的语言技巧，但还是需要花费两年时间来让一支全新的部队变得更有工作效率。①

在德属东非的一份当代史料中，“一战”大多数时间内都在殖民地的英国圣公会传教士约翰·亨利·布里格斯（John Henry Briggs）认为，对大量本地人的征召，甚至包括了女人，他们从事着运输或者其他工作。上千人被强行拖入地方军队，他们被带走的粗暴方式实际上让这个国家倒退回奴隶制国家。他抱怨德国之外欧洲男女的境况，种植者、矿工、商人或者传教士的待遇：这些人（像他自己一样）被扣押在集中营里；受到德国守卫的侮辱，而那些东非土著士兵也非常乐意降低东非白人的威望。布里格斯进一步认为，“一战”最严重的灾难是对当地人民道德上的影响。至少有 5 万人应征入伍，他们接受武器训练，学会如何“屠杀白人”。此外，他们还看到白人急切地寻找每一个能够杀死其他白人的办法。“全体白人的威望”，他总结道，“在德属东非被严重贬低”。②

布里格斯的观点体现了殖民地的秩序由于战争而发生“天翻地覆”的程度（米歇尔·佩谢克语）。在一部有关英德两国东非战俘营的研究著作中，佩谢克描述了白人的英国战俘（包括）、传教士和他们的家人是如何被当成俘虏在当地人面前游行的场面。一名传教士事后写道，在去往达累斯萨拉姆北岸巴加莫约俘虏收容所的路上，喧闹的人群聚集在一起，在街边排成两行，一直盯着俘虏看。俘虏们“被人展览了一个半小时……周边都是些本地人和阿拉伯人，他们自由地自娱自乐，争着辱骂彼此”。尽管许多战俘最初被关押时还被允许保留非洲佣人和厨师，但他们也不得不从事体力工作，并在非洲人的命令下完成这些工作。

① Whittall, *With Botha and Smuts*, 184-6.

② Briggs, ‘German East Africa’, 196-9.

◎ 在英国传教士欧内斯特·斯潘顿的回忆录中，他抱怨德军有意通过让他们打扫茅厕的方式羞辱他们的俘虏。

皇家海军医生欧内斯特·霍尔顿（Ernest Holtom）在1914年11月被俘，他愤慨地抱怨道，在建设塔波拉警卫室的过程中，白人被当成没有任何技巧的工人对待。他写道："当地的工匠们从事着实际上的建筑工作，我们的人为他们搬运石材和水——实际上，做着苦力。"其他俘虏们自行携带水补给，收集做饭用的柴火，亲自清洗阿斯卡里人也会上的茅厕——这可能是所有工作中最有失身份的侮辱性工作。一位名叫欧内斯特·斯潘顿（Ernest Spanton）的传教牧师因神职人员级别等同军官而免于从事卑微的工作，他写道，为了让白人在当地人眼中丢脸，清理过的茅厕要被计数，而且还要很仔细地计数。在英国和比利时联军于1916年9月占领德属东非中部的塔波拉，解放被德军关押的大部分欧洲战俘后，他们又以其人之道，还治其人之身。德国战俘现在要在非洲人面前游街，他们也一样要携带自己的水和柴火，清理茅厕。[①]

① Pesek，'The colonial order upside down?'；Holtom，*Two Years'Captivity*，150；Anon.，*British Civilian Prisoners*，7；Spanton，In German Gaols，63-4.

“还有102名阿斯卡里人……”

一块为当时的北罗得西亚（今赞比亚）而建立的“一战”纪念碑坐落在高处，它俯瞰着赞比西河维多利亚瀑布赞比亚的一边，上面刻有铭文：“纪念在‘一战’（1914–1918）中为帝国捐躯的北罗得西亚人。”有三十几个白人的名字列在这块纪念碑上，名字下面还有几行字：“还有102名阿斯卡里人，他们的名字被记在利文斯敦的N.R.（北罗得西亚）警察纪念碑上。还有许多其他当地人的名字缺乏完整记录。”于是，在“一战”中战死的非洲本土人沦为了纪念碑上的一段脚注。

英联邦战争公墓委员会为著名的列文斯顿敦纪念碑上的名字登记造册，其中就有在维多利亚瀑布纪念碑上被提及的102个人的名字。此事非同寻常，因为绝大多数战死的非洲人并没有被记住名字。委员会网站上的释文解释为“死于‘一战’，其姓名和葬身之处可能不为人所知的北罗得西亚土著搬运工们”，他们被共同纪念于这块和其他两块分别位于哈拉雷和姆巴拉的纪念碑上。[①]战后，各地刻画搬运工和阿斯卡里人的雕像被立了起来，分别在肯尼亚的蒙巴萨和内罗毕、（坦桑尼亚的）达累斯萨拉姆以及尼日利亚的拉各斯。在蒙巴萨，和其他地方一样，这里有一块由联邦战争公墓委员会的创始人之一鲁德亚德·吉普林（Rudyard Kipling）写的铭文：“此文以纪念曾战斗过的阿拉伯人和非洲土著军队，纪念那些是军队手与足的搬运工，纪念为国王和国家效忠，最后死于“一战”东非战场上的所有人。如果你为你的国家而战，即便你死了，你的子孙仍将记住你的姓名。”[②]

非洲可能会有种所谓的“记忆障碍”。吉普林显然很在意那些服役并战死、但却没有被记录在案的名字。他在铭文中所能做的一切只是一份保证，向死者

① CWGC website：http://www.cwgc.org/find-a-cemetery/cemetery/142301/LIVI-NGSTONE%20CAMP%20MEMORIAL（accessed 30 June 2014）.

② Barrett，‘Death and the afterlife’，306. The discussion following draws on this important essay.

的家人们保证对死者的记忆将一如既往。在欧洲(以及其他一些地方)，战争公墓委员会采取了备受赞扬的平等原则。大英帝国的战争中的战死者将以个人名义被纪念，他们被平等对待，无论军衔、种族或信仰。因此那些极其美丽的战争公墓以及与之匹配的墓碑间，只有部队番号和个别铭文细节上的区别，而那些葬身处不为人所知的战死者，则只好在如索姆河的蒂耶普瓦勒或伊普尔的蒙宁门的“失踪纪念碑”上才能被列出姓名。①

但是在非洲纪念形式则有所不同。公墓委员会令人十分失望地在这里采取了熟悉的种族等级制度来纪念英帝国的战死者。他们在20世纪20年代中期出台的一般处理办法是，所有欧洲人都会以个人墓碑或将其名字刻于永久性纪念碑上的形式受到纪念，但是非洲“土著”则没有这样的待遇。1925年11月，委员会的首席助理秘书长亚瑟·布朗爵士(爱尔兰人，后来继任第8任斯莱戈侯爵)规定，即便是埋于特定的公墓的非洲人已经被辨认出来，也不要在公墓登记册上将其姓名登记在案，因为这么做“我们将不必要地注意到一个事实，就是我们漏了一块墓碑纪念”。非洲人的墓地，无论是士兵还是搬运工的，实际上没有被保留下来，而是“回归到大自然里”，这些死者被简单地记成了“失踪”。②

英联邦战争公墓虽然拒绝给予非洲当地的死伤者公平的待遇，但一些搬运工和士兵们还是有自己的墓地。在莫罗戈罗的英国墓地里，曾在海角有色人劳工团服役的“追随者”雅各布·特罗·特霍特尔勒迈耶(Jacob Tro Tlhotlhalemaye)和他三十多个劳工兄弟安眠于此。尼日利亚兵团的二等兵也在这里；乔治、哈利、卡梅提尼和亚伦，他们都是东非运输军团的司机；黄金海岸兵团的列兵贝·萨拉·伊冯也安眠于此，他死于1916年11月29日。他有些与众不同，因为他尚有一条基本个人信息——“阿伯莫的丈夫”。它提醒我们这

① Crane, *Empires of the Dead*，他在此详细叙述了该政策的发展，但却没有提及它在非洲没有得到应用一事。

② Barrett，‘Death and the afterlife’，306-7.

些战死者给家人留下了丧亲之痛。莫罗戈罗的英国墓地坐落于过去的德国殖民地坟场上，它的旁边还有一座德国军人墓地。英国战死者的不远处，有180座德国人和非洲人的坟墓，人们顺着基座上的铭文找到他们、进行凭吊。铭文是“UnserenHelden die für DeutschlandsGrössestarben”，即“为伟大的德国而死去的英雄们”。[①]

① 莫罗戈罗军事公墓的图片可以在以下网站找到：http：//www.cwgc.org/find-a-cemetery/cemetery/12104/Morogoro%20Cemetery（accessed 2 July 2014）。

1916

A Global History

第九章

索姆河

对英国人而言，索姆河会战可能是第一次世界大战最具代表性的战役。这场会战始于1916年6月24日，它以（7月1日发起步兵突击前的）一场持续七天的炮击为开端，并持续了四个半月。损失起初大得惊人，整场会战中英法联军沿着索姆河旁一条20英里长的战线展开，遭受了62.3万人的伤亡，其中有42万人是英国人。德军遭受的伤亡大约在50万到58万之间。[①] 会战期间，协约国军前进不到10英里，最重要的是，索姆河会战表明了西线战斗的昂贵代价与徒劳无功。

◎《从英军旧战壕望去》（1917年），威廉·欧朋（1878-1931）绘。都柏林出生的欧朋在1917年夏天的索姆河战场上绘制了这幅画，之后，他也被任命为英国官方战争画家。这幅阳光灿烂的平和景象让人想起会战开始前甚至大战前的时刻。

西线经常被人拿来同加里波利比较，这种比较其实并不合适。1916年9月，安德鲁·拉塞尔（Andrew Russell）爵士从索姆河前线写信给曾在加里波利半岛的安扎克作战，

① Philpott, *Bloody Victory*, 600-2. 这本书是有关索姆河会战记载最全面的著作。

如今是新西兰师师长的伊恩·汉密尔顿爵士。他写道："加里波利战役，是他的师团经常会带着极大兴趣回味的一场战役。"他认为，这就像法国谚语说得那样："初恋难忘"（On revient toujours à ses premiers amours）。"事实上，"他接着说，"西线的这场战斗相比之下枯燥乏味：这是一段不时伴有 5.9 毫米口径炮和轻型迫击炮炮击的不堪历史。我们最后一年的生活实在缺乏兴奋之事"。①

从加里波利到索姆河的战争轨迹变化，是从似乎有些高度浪漫精神的战役到一场纯粹而全面的屠杀战役——这场战役耗尽了战争经历中最后一丝浪漫。1916 年的西线上，人们普遍认为战争将永远进行下去。1916 年 3 月，巴伐利亚军人约瑟夫·科勒（Josef Kohler）察觉道，"我们已彻底不再相信战争会终结；我们似乎都被生活判了刑"。在他第一次上前线的三个月后，皇家沃里克团的上尉乔弗里·唐纳森（Geoffrey Donaldson）强烈感到生活茫然无助。在 1916 年 6 月 2 日写给他母亲的信中，他感叹"打仗永远不会让战争终结"。② 法国和佛兰德斯的伤亡要大于达达尼尔海峡的伤亡。珍妮·麦克劳德（Jenny Macleod）曾提到，有 12 万英军损失在了加里波利半岛上，该战区的伤亡比例大致为 2 ∶ 9（每 9 个人中就有 2 个人伤亡），而据她观察，该比例在西线为 5 ∶ 9。仅仅在索姆河会战最初的一个月内，伤亡总数就达到了 19.6 万人。她总结道："索姆河会战是一场分水岭，它给后面的所有战役蒙上了污点。相反地，它之前的各场战役，特别是加里波利战役，还保有某种浪漫感与新奇感，而这些感觉正是第一次世界大战最初几日的特征。"③

索姆河会战在英国人的"'一战'记忆"中如此突出的原因在于，它是基钦纳勋爵的新军上阵的第一场战役。这些师由战争最初令人兴奋的几个月内参军的人组成，志愿参战的民兵构成了"不列颠民族武装"。历史学家彭内尔曾指出，所谓的"1914 年精神"，即全欧人民都狂热地欢迎战争——既非歇斯底里，也非如人们经常所认为的那样被过度简化，"战争热情"显然带有一种忧愁感：

① Russell to Hamilton，24 Sept. 1916，Macleod，*Reconsidering Gallipoli*，13.

② Watson，*Enduring the Great War*，22。

③ Macleod，*Reconsidering Gallipoli*，13.

◎ 英国指挥官道格拉斯·黑格与法国将军约瑟夫·霞飞（左二与左三）似乎有意要抵制军需大臣（后来的首相）戴维·劳合·乔治与阿尔伯特·斯坦利（左一）于1916年9月12日造访前线。其他士兵的神情中充满疑虑。

战斗可能是漫长而残酷的。[①]1916年的夏天，忧愁的人们就更多了。

1916年7月1日，索姆河会战的步兵突击的第一天，英军就遭受到单日最惨重的伤亡。官方反馈回来的报告表明总共有57470人伤亡，其中19240人战死。[②]被列为失踪的2152人极可能已经战死，而许多伤者也活不了太久。对一个世纪之后的我们而言，索姆河会战的一个难点在于，即便在可怕的第一天过后英法指挥官们仍然继续进攻。他们在随后的几天这样做可以理解，因为他们希冀取得渴求已久的突破性进展，所以加紧进攻；但是在随后的几个月内继续这样的进攻就需要更多的解释了。艾伦·克拉克（Alan Clark）曾提出英军如同“驴子领导狮子”，这种简单的归类经不起仔细推敲。[③]事实上，是各个指挥层经验丰富而睿智的军官们（当然还有些愚蠢的军官）要继续进行残忍的西线战争。在“一战”大部分时间内，普通士兵多半要在最恐怖可怕的环境下继续作战。虽然他们也有替代选项，例如1917年发生在法国和俄国军中以及1918年发生在哈布斯堡和德国军队中的兵变，但这些兵变许多都发生在国内而不是战场上。以俄国为例，伴随着军事力量土崩瓦解是国家

① Pennell，*A Kingdom United.*

② Middlebrook，*The First Day on the Somme*，263.

③ In，for example，Clark，*The Donkeys.*

自身的全面崩溃。

通过对索姆河会战中期(1916 年 9 月)的考察，我们将寻找各国所采用战术的合理性(至少在有关将领的眼中这些战术是合理的)以及冒着最大风险执行那些战术的前线军队的韧性。

吉耶蒙，然希和弗莱尔－库尔瑟莱特

爱尔兰民族主义者很少响应基钦纳的征兵号召，是贯穿卡特里奥娜·彭内尔(Catriona Pennell)全书的一个谬见。事实上，有大量的爱尔兰天主教徒和民族主义者(这两个词并非总是同义词)加入基钦纳勋爵的“新军”，他们构成了从爱尔兰全境招募而来的第 16 (爱尔兰)师主体。乌尔斯特师也是如此，它还包含了许多来自西贝尔法斯特的天主教民族主义者。[①] 这些人被称为“雷蒙德的爱宠”，是民族主义领袖约翰·雷蒙德所希望的日后羽翼丰满、同著名的加拿大军团或澳新军团不相上下的爱尔兰军团前身。不过，当时的爱尔兰军团还没能如此优秀，“爱尔兰军”的形成是爱尔兰民族主义中分裂一派努力的结果。第 16 师在西线的战斗中凭借努力为自己赢得了良好的声誉。他们于 1915 年 12 月抵达法国并在接下来的三个月内被分成数股小部队以适应前线的战壕战。3 月底，在度过了“学徒期”之后的第 16 师被分到前线，坚守卢斯附近，同于吕什相对。4 月底(都柏林复活节起义的同一周)他们第一次经受了现实考验，在 4 月 27 日和 29 日两天分别遭遇毒气进攻和炮火袭击，1162 人伤亡，其中 353 人牺牲。[②]

第 16 师驻守卢斯直到 8 月底(在此期间他们遭受了约 6000 人的伤亡)，之后他们北上索姆，向吉耶蒙推进。吉耶蒙是一座设防的村庄，距他们出发的地

① Denman, *Ireland's Unknown Soldiers*，该著是有关第 16 师的最好作品。对于贝尔法斯特民族主义者的招募情况，见 6th Connaught Rangers, *The 6th Connaught Rangers and Grayson*, *Belfast Boys*。

② Edmonds, *Military Operations France and Belgium*, 1916, i, 195-6.

方有 2.5 英里，英军从 7 月 30 日以后就一直试着攻下此地。9 月 3 日，第 16 师的第 47 旅接受了拿下该村的任务。即便是到达前线那片反复争夺了一个月以上的土地都是一场噩梦。第 6 康诺特游骑兵团的中尉布莱克·欧苏利文（Blake O'Sullivan）在索姆河会战后给他的母亲形象地描述道，“在接近跳出点的地方，膨胀的尸体散发着令人作呕的臭气。我们缓慢地在淤泥中跋涉，被铁丝网缠住，还被一具尸体绊倒。尸体的手和腿伸到后背，就像 X 型。他实际上一半身子在泥里起起伏伏，好像是在对泥浆中跋涉的每一个人点头致意”。[①]

7 月 1 日前，第 16 师就从冗长而不充分的炮击中得到了许多教训。在 7 月 1 日正午前，英军进行了四个小时的弹幕炮击。不幸的是，英军的一些火炮射出的不够远，击中了康诺特游骑兵团，令其在开战前就损失了 200 人。这次弹幕炮击要比以往的炮击更加密集，康诺特游骑兵团早在炮弹打到敌军防线上之前就已经开始了进攻，他们令德军大吃一惊并达到了目的。在这一过程中，营长“杰克”雷诺克斯－科宁厄姆（Lenox-Conyngham）壮烈牺牲，在天主教徒众多的部队中，他是一名受人爱戴的新教指挥官。另一个负责进攻的营，第 7 伦斯特团像参加阅兵式一样准时抵达目的地，攻下了他们第一个目标。“‘冲锋’的感觉是什么样的呢？”伦斯特的马克思·斯塔尼福斯（Max Staniforth）9 月 12 日向妻子写道。“我不知道该怎么讲。我将全部的精神集中到点着的烟斗上，不知怎地，那是那刻最重要的事情”，他说：“没有想象中的那种狂野激越的冲锋，但空气中有一股很大的噪音，像是一种音响在移动。机关枪的流弹像是一群愤怒的蜜蜂在头边噼啪作响；一切都发出‘嘶嘶’和爆裂的声音。我实在不知道该怎样形容它。”[②] 该旅的另外两个营，第 8 皇家明斯特燧发枪团和第 6 皇家爱尔兰团穿过伦斯特团，拿下了第二个目标。吉耶蒙就这样以一种计划周全、执行果断、干净利落（并且有限）的作战方式被攻占了。

六天以后，整个师都参加了攻克 1.5 英里开外的然希（Ginchy）的战斗，在

---

① 引自 Denman，*Ireland's Unknown Soldiers*，80. 以下对会战的描写主要基于这本书，第 80 页－第 103 页。

② Grayson（ed.），*At War with the 16th Irish Division*，127.

那里，德军击退了英军从西面发起的一系列进攻。爱尔兰人接受了从南面进攻的任务。9 月 9 日，该师的两个旅在战争中有着截然不同的体验。在当天下午 4 点 47 分之前，第 47 旅接到命令要停止行军两分钟左右，以便让英军向敌军发射最后一轮炮击。但是等到他们进攻时，他们却发现英国的炮击并没有摧毁德军的防线，这让他们伤亡惨重。另一方面，第 48 旅则根本没有收到暂缓进军的命令，他们抢在英军炮击之前就轻装前行，尽管因此而受到一些伤亡，但最后却让他们在同德军的作战中有些优势，他们在会战开始的一小时内就占领了村庄。爱尔兰士兵十分疲倦，营一级人员不足，但是他们却将战壕迫击炮和刘易斯式机关枪成功地整合在一起，有力地前进。然而，前进的代价是高昂的。9 月的头十几天，第 16 师损失了会战开始时 432 名军官中 240 人，以及 10410 名士兵中的 4090 人。超过一千人壮烈牺牲。

托马斯·凯特尔（Thomas Kettle）中尉殁于此役，他是第 9 皇家都柏林燧发枪团一个连的连长，其后任是艾米特·道尔顿（Emmet Dalton）中尉——此人人称“然希”，在这场战争中曾获军功十字章，后来成为爱尔兰共和军的军需部长，差一点就能成为独立爱尔兰军的将军。凯特尔是从前的爱尔兰议员和都柏林大学的国民经济学教授，战争开始时他正在比利时为爱尔兰国民军购买军火。他参军入伍，认为这是一场代表比利时、塞尔维亚和爱尔兰等弱小民族的战争。然而，都柏林的复活节起义却让他心灰意冷。他不同情叛乱分子，不过他也准确预料到后世之人对他及 1916 年起义领导者们的评价。他写道，“这些人将会作为英雄和烈士载入史册，而我——如果我后人真的会记住我——将只会被当作一名血腥的英国军官”。① 凯特尔不是西线战争上唯一一名爱尔兰议员。约翰·雷蒙德的弟弟威利·雷蒙德（Willie Redmond）也在第 16 师服役，但是由于他年龄较大(54 岁)，第 16 师的师长于 1916 年 9 月将他从前线换了下来。雷蒙德十分恼怒，扬言有办法回到前线，但很遗憾后来他于 1917 年 6 月在梅森附近的作战中牺牲了。

① Jeffery，*Ireland and the Great War*，10-12，61.

第16师在1916年9月的伤亡并非全都是在战场上造成的。约瑟夫·凯里（Joseph Carey），都柏林人，第8皇家爱尔兰燧发枪团的二等兵，因脱逃被军事法庭判罪，于9月15日被行刑队枪决。凯里是战争期间因脱逃而“在黎明被枪毙”的300名英国士兵之一。他的故事是一个令人悲伤的个案。1915年4月，35岁的他应征入伍，当1916年4月英军进攻于吕什时，他正在军中。5月4日，他未经请假就自行离开，很快就被逮捕，被施以战地第一号处罚（Field Punishment No.1）——每天要被绑在车轮或木桩上两个小时。他曾在6月两度脱逃，但却在阵线后方被人偶然发现。后来他被指控两次脱逃。在8月21日的法庭审判中，凯里辩称无罪，他告诉法庭：“在战壕里我头脑发昏，一点也不知道我做了什么。”他告诉法官他的家族有精神疾病史，他的父亲和兄弟都曾自杀过。虽然如此，他还是被法庭认为有罪并被判死刑，不过法庭认为罪行可“根据凯里的‘心智缺陷’适有所减免”（事实上，医学委员会在审判前就已声明他“心智健全”）。

按英军惯例，死刑需要指挥系统高层总司令本人道格拉斯·黑格元帅的确认。凯里的旅长建议应执行死刑，因为相关营曾有过不良的军纪记录。师长威廉·希基（William Hickie）将军比较有同情心，他提议“应当减刑并给犯人一个挽回自己名誉的机会”。但是希基的提议被拒绝了。军长和黑格在9月12日都确认了法院的判决，死刑将在三天后执行。军事纪律的惩戒需要压过了法庭和希基建议的减刑，后者理解凯里的行为是受其心理健康影响而导致的。[①] 像这样心理创伤压力对人产生影响的案例在许多材料中均有记载。英军在这件事情上的历史记录如此令人不安，以至于2006年一场广受群众支持的运动成功地让政府赦免了这306名士兵在“一战”中因怯敌或逃跑而被处决的罪名。

就在约瑟夫·凯里被枪决的同一天，9月15日，弗莱尔-库尔瑟莱特战役打响。在此战中，坦克第一次投入作战使用。这是以新技术打破战壕僵局的一次尝试，也是未来战争的先驱。英国人在1915年改进了坦克，或者说是“陆地巡

① Walker, *Forgotten Soldiers*, 98-102.

洋舰”——一种装载履带的武装载具。马克 I 型坦克在 1916 年初投入生产，在最大限度的保密条件下，第一辆坦克于 1916 年 8 月抵达法国。[①]1916 年 2 月，军方向英王乔治五世进行了演示，国王在其日记中写道，他看到“一辆带有装甲的履带车，这辆车可以越过战壕，冲破铁丝网，用我们所希望的方式向德国人进攻”。在英格兰，坦克的支持者担心：如果“少量”坦克在战争中投入使用，它会失去出其不意的效果，他们认为坦克最开始应该一次大批量上战场。然而，黑格却认为，如果几辆坦克能取得宝贵的战果，那么大量坦克的上阵就不是问题。他最后得到了 55 辆坦克，这比他想要的要少，而且其中只有 36 辆坦克没有发生机械故障并在会战中投入使用，这些坦克被分成小股投放在进攻路线的各段上。

这些早期坦克十分笨拙，它们高 8 英尺，宽 14 英尺，总重达 28 吨，可以装载 8 到 9 人。它们一点也不完美，平均速度只有每小时 2 英里，比行走的步兵还慢；它们很容易就发生机械故障并遭到敌军炮火的打击。不过这些坦克给予了西线防守的一方一个扭转战局的机会，它们在 9 月 15 日的初次登场虽然喜忧参半，但毕竟证明了让坦克上场并让英军进一步地改进它们的合理性。在英军 11 个师的参与下（7 月 1 日时已有 14 个师），弗莱尔-库尔瑟莱特推进成为整个索姆河会战第二大战果。虽然黑格还希望能有更大的进展，但英国军中已普遍相信，“两个半月后德军预备役和士气将消耗殆尽，会战将达到高潮”。[②]英军历时三天的炮击弹药量是 7 月 1 日炮击的两倍。在一些地方，它颇具成效，英国的空中侦察提高了炮击准度，这是那时另一项技术革新。在英军阵线左翼，最初的炮击之后，徐行弹幕炮击进展顺利（索姆河会战中得到改进的一项重要技术），这让第 2 加拿大师在开战后一小时内就完成了他们的第一目标，库尔瑟莱特南的一座糖厂。加拿大军配有 6 辆坦克，这些坦克都取了开头字母为“C”的法国酒名：如夏布利酒（Chablis）和白兰地酒（Cognac）；这些坦克用来支援

① 关于第一次使用坦克的情况，描写最详细的是 Pidgeon，*The Tanks at Flers*，我在下文的叙述主要基于这部著作。

② Philpott，*Bloody Victory*，361.

步兵肃清残敌，不过有两辆坦克还没出发就已经坏了，还有两辆在前进时不幸抛锚。

在其他战区，坦克还被部署在步兵前面前进。为了防止步兵遭到英国自己的徐进弹幕射击，坦克和步兵之间大概间隔100码。坦克被设计专门用来对付敌军据点，这意味着敌人的那些阵地将会在遭到英军炮击的同时也会遭到步兵的进攻。第14师和3辆坦克接到任务，要他们去削弱一座名为夸德雷拉特尔（Quadrilateral）的德国据点。这座据点没有被当作目标，即便是在刚开始的炮击中它也没有受什么大伤。步兵突击那天早上，两辆坦克在出发前发生故障，只有第三辆坦克到达了夸德雷拉特尔并遭到迎头痛击。步兵在没有坦克或徐进弹幕射击保护的情况下伤亡惨重。

不过英军也有进展顺利的地方。从隆格瓦勒（Longueval）向北进攻弗莱尔的第41师有10辆坦克支援，最后有4辆抵达弗莱尔。他们刚好达成了目标，一辆坦克压倒了村口的铁丝网并为后面跟上来的步兵提供了火力掩护。“弗莱尔在战争中的情况完全在意料之外”，英国的正史写道，它为弗拉尔的战事增添了一点细节。“坦克在主干道上一边颠簸前进一边射击，身后跟着一群群欢呼的步兵”，坦克上的军官斯图亚特·黑斯蒂（Stuart Hastie）中尉事后回忆，“当坦克走上村中的主干道时，机枪手正向躲在屋檐下或屋舍窗户后面的人射击”。后来他环顾四周，“看不到任何英军跟上来的迹象”。[①] 不过，即使步兵没有公开欢呼，他们实际上也在清理街道两旁的残破建筑，当天上午10点，弗莱尔被占领。

在弗莱尔-库尔瑟莱特作战的精锐警卫师向然希以北推进，它在第14师东边，也有10辆坦克支援。不过很不幸的是，他们只有两辆坦克幸存下来成为战场上的帮手。在这场战役中，由于坦克的缺乏，坦克给步兵留下来让其前进的空隙让敌军的防御力量毫发无伤，并且让他们的机枪手给前进中的警卫师造成沉重打击。在战死的人中有首相儿子雷蒙德·阿斯奎斯中尉，他服役于英国近卫

① Miles, *Military Operations France and Belgium*, *1916*, ii, 323; Pidgeon, *The Tanks at Flers*, 169.

步兵第一团。三位未来的保守党议员和政府阁员，老伊顿公子哥都在近卫步兵团服役。在混乱的进军过程中，未来的英国首相（1957 年至 1963 年在任）哈罗德·麦克米伦首先膝盖受伤，然后屁股左边也中了一枪。他躲在弹坑里，服用吗啡镇定，后来他声称自己在获救前靠阅读埃斯库罗斯用古希腊文写成的《普罗米修斯》消磨时间。未来的卫生大臣兼掌玺大臣（1951 年至 1954 年在任）哈利·克鲁克香克（Harry Crookshank）就没那么幸运了。他的腹股沟被一枚流弹所伤，睾丸被割。后来出任生产大臣（1942 年至 1945 年在任）和殖民大臣（1951 年至 1954 年在任）的奥利弗·利特尔顿（Oliver Lyttelton）居然毫发无伤，他后来将当时所有的困惑与恐怖感写成了文章。“我只有一点模糊的杀戮印象”，他写道。“我看见 10 个德国人在弹坑底部像篮子里的鳟鱼一样痛苦地扭动，我的战友们酣畅淋漓地向他们射击。一两把红刺刀。”不过他还表现出一种对奇迹般毫发无损的陶醉感。“15 号是我一生中最奇妙的日子”，他告诉他的母亲，“我将一切思绪一饮而尽，喝得大醉。一切真令人兴奋”。[①]

有时英国人会忘记索姆河战役起初是一场英法联合会战。开始它主要是法国人的事情，英国只是提供支援，但是凡尔登会战改变了一切。[②]法军尽管有点稚嫩，但在一些地方他们比英军还要成功。会战一开始，南线上的法国第六军在埃米尔·法约尔（Emile Fayolle）的指挥下英勇作战。炮兵们准备好一切的惩罚手段，集中了全部的愤怒，企图以一种英军都没有做到的方式（至少 7 月 1 日那天如此）摧毁德军防御阵地。在第一天的会战中，沃尔特·康格里夫（Walter Congreve）将军的英国第 18 军团在所有的英军部队中表现最佳，某种程度上是由于创造性地使用了徐进弹幕射击。然而，无论相邻的英法部队如何成功，他们都没有做到真正的协同作战。在索姆河会战中，英法两国实际上各自为战，没有联合起来，这体现在 7 月 22 日英军开始的攻势上。当时英军攻势混乱不堪，

① Ball, *The Guardsmen*, 57-64; Macmillan, *Winds of Change*, 88.

② The Allied dimension of the battle is well covered in Greenhalgh, *Victory through Coalition*, 42-74.

同法军不相协调，而此时法军也徒劳无功。

9 月上旬，一支法军的攻势与英军第 4 军对吉耶蒙的进攻同时发生。法国和法国殖民地部队横跨索姆河，取得一定的地方性进展，他们一度深入德军防线两英里处。法军的反弹幕炮击十分有效，复杂的战地通讯系统包括信号旗、罗马烟火筒、电话机和通讯员，这让现场指挥官可以控制徐进弹幕射击。足够多的先头部队让法军总司令福熙考虑用骑兵突破的可能。在索姆河南岸，法国第 10 军在约瑟夫·米歇尔勒（Joseph Micheler）将军领导下取得了“低调的成功”（菲尔伯特语）——这是一种付出沉重代价的适度进军，人们早已司空见惯。米歇尔勒的机枪手没有法约尔多，他们在瞄准精度上也不够准。在这一战中，我们再次感受到凡尔登会战所带来的影响。枪炮数量不仅有限，而且米歇尔勒军中相当一部分人刚从前线调来，他们还没有时间休整或为攻势进行更多的训练。

英军计划在 9 月中旬发起弗莱尔-库尔瑟莱特攻势，它认为那时右侧翼的法军将进行助攻。但是早在英军行动的三天前，法约尔以 5 个师的兵力就向孔布勒发起了主攻。进攻开始很顺利。法军到达德军第三道防线以及一些更远的地方，但是正面太过狭窄，只有 2000 码宽，这让法军的侧翼暴露在敌人的炮火之下。在经过三天的恶战之后攻势停顿下来，而这时英军却开始进军。为了支援盟友，福熙坚持要法约尔继续进攻，虽然事后他说：“这一天的时间都被浪费掉了，伤亡毫无意义。”法约尔注意到了坦克的部署（同时他也高估了它们的影响）。“英国人已经攻下马坦皮什和弗莱尔”，他在 9 月 15 日写道，“新的战争机器似乎正在制造奇迹。最后，在长期准备下他们同新来的部队一起发动了联合进攻，当然获得了胜利”。[①]

威廉·菲尔伯特反对索姆河会战是一场胜仗的主流观点，他认为 1916 年 9 月是会战的一个“转折点”。他这样讲的原因在于，9 月法军进攻上的成功是被英文史料忽略的一项成就，它将会战拓展到索姆河南岸，给已经被两个月的炮

① The Allied dimension of the battle is well covered in Greenhalgh, *Victory through Coalition*, 65-6; Philpott, *Bloody Victory*, 349-57.

击削弱的防御方不断增加压力。“法军在 9 月所做的努力要比英军做得更多更好”，他写道，“它是索姆河拼图中缺失的关键一小块”。不过他们实际上也并没有获胜，他认为“在消耗战中战略性胜利无疑是一头奇美拉——人们盼望着，为之计划着，甚至有时迫在眉睫，但是却从来没有实现过”。尽管会战减轻了凡尔登的压力，恢复了盟军的主动权，消耗了敌军的人力和士气，作为协约国总攻的一部分，它还消耗了德国岌岌可危的资源，但是它最终还是失败了。[①] 考虑到伤亡，如果我们要说是一场胜利的话，它无疑也是一场惨胜。

帝国记忆之场

杰·温特在其富有智慧的著作中探讨了世界大战对欧洲文化的影响，他借用了法国历史学家皮尔斯·诺拉（Pierre Nora）“记忆场所”的概念，他注意到在 1914 年至 1918 年的战场上，充斥着“多民族记忆与哀悼的场所”。[②] 对英国和英帝世界而言，没有什么地方比索姆更真实，这里的战场遗址、墓地和纪念碑为“白人的”大英帝国各个地方而存在，也为一些非白人帝国的地方而存在。塞尔河、博蒙特—哈默尔、蒂耶普瓦勒、德维尔伍德、波济耶尔和隆格瓦勒这些地方同世界不同地方遥相呼应。联邦战争公墓细心地将英帝国的战死者和不列颠、爱尔兰的战死者收容在内，有时还会有令人心酸的“失踪者纪念碑”，上面罗列着成千上万的名字，他们的墓地还不为人所知。

在塞尔河、博蒙特–哈默尔和蒂耶普瓦勒，公墓和纪念碑象征着在步兵突击头几天的阵亡者。这三座村庄全都在德军手上，它们固若金汤，是 7 月 1 日那天要攻占的目标。塞尔河山上的村庄在协约国进攻方向的北边，所谓的“阿尔伯特会战”便是以英军前线后方的这座法国小镇得名。为了发动攻势而聚集在

① The Allied dimension of the battle is well covered in Greenhalgh, *Victory through Coalition*, 350, 383–4.

② Winter, *Sites of Memory*, 10.

这里的英军是东兰开夏团第 11 营，他们俗称“阿克宁顿伙伴”。他们是基钦纳的人，这支部队的形成的过程对我们颇有启迪作用。[①] 东兰开夏团第 11 营的形成反映了一个事实：并不是所有人在战争一开始就应征入伍。直到 1914 年 9 月上旬，阿克宁顿市长约翰·哈伍德（John Harwood）上尉才组织本地部队。招募新兵 9 月 14 日才开始，不过在两星期内部队就已经招满了 1100 人，进来的人不仅来自阿克宁顿，还来自伯恩利、乔利和布莱克本等兰开夏郡各镇。

伙伴军队由当地政府、雇主或普通公民委员会召集，从某一特定的地区挑选，是新军中一个重要的组成部分。近百分之四十的部队是在 1914 年 8 月至 1916 年 6 月之间在本地召集起来的，他们明显带有英国大城市新兵的特点。他们的到来让军队中社会与地方间的结合变得比以往更强。公民的自豪感与归属感给与之相关的部队注入了一股独特的精神。曼彻斯特商会会长赫尔伯特·狄克森想要征募一支“曼彻斯特职员和仓库管理员的军队”，但他却不得不面对军队主管部门的不情愿。他抱怨道：“当地的征兵官员们不理解问题关键，换句话说，就是那些彼此熟悉、一起共事的人才具有的团队精神。”彼得·西姆金斯（Peter Simkins）写道，在伦敦，“伙伴军队中的一些人是当之无愧的社会精英”。作家、艺术家、牧师、工程师、演员、建筑师、大型动物猎人、足球运动员、板球运动员和划桨运动员组成了一支“运动员营”（后来的第 23 皇家燧发枪团）。贝尔法斯特出生的画家约翰·莱弗里（John Lavery）时年 58 岁，他参加了“艺术家来复枪团”（属伦敦团第 28 营）。他在伯灵顿宫的四方形院子里同各个年龄段的画家、雕刻家、演员、音乐家、美发师和布景师一同受训，十分寒酸。有一天他受训迟到，无意间听到围观者的谈话，他们对这些受训的艺术家们感到困惑。“他们是谁？”有人问。“你不知道吗？他们是德国战俘。”[②]

伙伴军队中的人们一同参军，一同受训，一同服役，许多人也一同战死。

---

① 信息来自“阿克宁顿伙伴”网站（www.pals.org.uk（accessed 19 Nov. 2014））and Simkins，*Kitchener's Army*，79–103。

② Simkins，*Kitchener's Army*，85，92；Lavery，*Life of a Painter*，139.

在部队成编制之后，“阿克宁顿伙伴”有四个月左右的时间驻扎在离家很近的地方，1915 年 3 月，他们和其他部队一起编入由伙伴军队组成的第 35 师。“阿克宁顿伙伴”是第 94 旅的一部，这个旅还包含了来自谢菲尔德和巴恩斯利的伙伴军队。12 月中旬之前，他们一直待在英格兰，后来被匆忙调往埃及，增援那边正在抵御土耳其进攻的守军。当他们到达埃及时，威胁已经消除，他们在埃及经过不到两个月的军事训练并在苏伊士运河防线上劳动，1916 年 3 月 2 日他们乘船前往法国，六天以后抵达马赛。“阿克宁顿伙伴”被派往北边的索姆战区，于 4 月 28 日的下午被第一次部署在塞尔河附近的战线上。次日晚上 11 点 30 分，他们第一次遭受重大伤亡，来自伯恩利的 20 岁二等兵杰克·克拉克死于炮击。

伙伴军队在战线上的初体验持续了九天，在此期间两人战死，一人死于重伤。他们休整了两周，之后在前线又待上了十天，遭受到第二次更惨重的伤亡。从 3 月 31 日到 6 月 18 日，他们用了十八天时间为接下来的会战进行“特别训练”——反复越过用旗子和带子标记的德军据点。他们回到前线之后的头五天，战事开始有点吃紧，这段时间里又有 12 人阵亡。在那之后，他们又有六天留在后方，直到 6 月 30 日他们再次集结准备进军。“一天在前线，两天在后方”这种时间特点以及由此引发的不时伤亡，是西线上英国人每天的典型经历。1916 年 6 月下旬之前，索姆河战区实际上是一片寂静地带。进出战场的规律性“换班”（就像凡尔登会战中的法军一样）向我们解释了部队和士兵们如何生存并保持战斗部队的韧性。[①] 前线上的轮班制给部队提供了“特别训练”的时间，当然，它可以让人们对“真正的进攻”中要面对的大量的恐怖场景做足心理准备。

主流观点认为当 1916 年 7 月 1 日早晨 7 点 30 分，军号吹响索姆河会战步兵突击的那一刻，英国士兵离开战壕向着（一些文献记载当时指挥官命令他们以步行速度冲锋）德军阵地冲去。而与此同时，德军的防守阵地还尚未被协约国持续一周的炮击彻底摧毁，这些阵地上的敌军现身出来，安排好机枪手，让稳步前行的英军士兵遭受到了惨重的伤亡。罗宾·普赖尔（Robin Prior）和特里弗·威

① 见 Sheffield，*Forgotten Victory*，148–54，书中对战壕生活有一段比较简明扼要的描述。

尔逊(Trevor Wilson)在其有关索姆河会战的考据中认为上述情形是7月1日当天的“主导范式”，但这种说法有待商榷。尽管在一些地方确实发生了上述情况，但由于在那天各部队的具体经历各有不同，不能一概而论。通过严谨的分析，普赖尔和威尔逊认为有80个营参与了第一轮进攻，“53个营匍匐进入德军铁丝网附近的无人区……同时还有10个营从自己的护墙冲向德军阵地”。而另外17个营中，有12个营以“比较稳定的速度”前进，剩下的5个则没有充分的佐证。一些营之所以要稳步前进是因为他们要跟在徐进弹幕射击的后面，他们是当天进攻最顺利的部队。英军虽然使用了各种战术，但普赖尔和威尔逊却总结道，“代价过高的伤亡模式适用于前线大多数地方”。他们接着写道：“理由非常明了。由于德军的机枪手和炮兵大多在英军的炮击中幸存下来，无论英军采用何种步兵战术，进攻部队都会惨遭屠戮。”[①]

这段话让我们认识到6月24日在索姆河会战中开始使用炮击的重要性。在工业化、机械化和技术先进化的新型战争中，火炮是胜利的关键。据统计，在第一次世界大战期间火炮所造成的伤亡占全部伤亡总数的百分之六十七，到了1916年，人们普遍相信唯有通过扩大炮击规模，增加炮击时间和加强炮击强度的方式才能彻底打败敌人。人们将注意力集中在摧毁德军的铁丝网和战壕上，淡化了反弹幕炮击在削弱敌军火炮力量上的重要性。在一些地方，这种忽视付出了惨痛的代价。所用炮弹的类型也是一个重要因素。7月1日以前，炮弹主要用的是榴霰弹，它适合在露天消灭敌方士兵，但在切断铁丝网或摧毁混凝土炮台上作用不大。[②]

对7月1日的过度关注让我们差点忽略了对更大的历史背景的思考。进攻实际上早在一周前就已经开始，这种情况误导了我们对会战的正确理解。在当时及随后的(特别是非专门)文献中，我们有很多理由“重点关注”7月1日攻势，其中之一就是这场战役中有绝地英雄般的传奇故事和毁灭性的伤亡，这些经历

① Prior and Wilson, *The Somme*, 112–18，值得批判的一章见‘Reflections on 1 July’。

② Beckett, *First World War*, 223–5; Prior and Wilson, *The Somme*, 55–6, 67–9.

让人忍不住去关注这一天。然而讽刺的是，现代战争中最重要的部分虽然早已不再是士兵间的肉体对抗，但残存的战斗冲动仍让人们对战场中央的个人故事情有独钟。现代战争毫无“浪漫”（如果确实有过的话）和“人情味”可言，机枪手们躲在前线后面几英里处，流着汗重复着他们的工作，他们无情地将死亡与毁灭分给每一个还没见到的目标和对手。我们只得继续关注那些人在战壕中的经历，此刻他们正等待着关键时刻的来临——后来我们都知道，那是一场可怕的灾难。鲁德亚德·吉普林文字一针见血，它再现了1915年9月卢斯战役的一幕——他的独子约翰就是在这场战役中牺牲的。“任何人都没有想到”，他写道，“在九十分钟炮击——经过了一代人的思虑与先见，从大量劳动和应用科学中积累起来，原本为这九个月中一切突发情况而准备的战术——之后，步兵直接的突击没有带来令人欣喜的结局”。[①]

在索姆地区，有些事情要比“九十分钟炮击”更加严重、持续的时间也更长。炮击仍然不足，尽管索姆河战役进行了当时最猛烈的炮击，但它太过分散，无法摧毁德军的防御阵地。英国人同样也没有重视反弹幕炮击，这让大多数德军火炮毫发无伤，并将火力集中在英军被认出来的阵地上，尤其是前线和预备役战壕。这些缺陷和进攻时间上的错误结合在一起在塞尔河之战中充分表现了出来。“阿克宁顿伙伴”和谢菲尔德城营受命成为第94旅的进攻部队，“巴恩斯利伙伴”营为后备部队。先头部队小心翼翼地在总攻发起前（7点30分）十分钟进入无人地带，匍匐在英军战壕前方100码处。但是当他们开始进军的时候，他们发觉由于英军（在接到军团的指令后）将炮击敌人前线的时间提前了十分钟，德军机关枪手有了现身并布置好武器的时间。许多人在发起总攻前阵亡，而会战实际上在最初的半个小时内就已经结束。在参与这次进攻的720名“阿克宁顿伙伴”中，77人阵亡，463人受伤，81人失踪。[②]更糟糕的事情是，由于德军炮兵瞄准英军前线和后方战壕，当时正在后方战壕里准备进军的后备军队伤亡

---

① Kipling，*The Irish Guards*，28.

② Casualties from the Brigade War Diary（TNA WO 95/2363），quoted in www.pals.org（accessed 23 Nov. 2014）.

惨重。

今天，如果你到访塞尔河畔英军的原始阵地，你会发现一段前线战壕遗址，它就在谢尔伍德公园里霍洛伍德铁路（Railway Hollow Wood）边上，1991 年，人们在公园里建造了一座“阿克宁顿伙伴”纪念碑。抬头向曾是无人地带的缓坡望去，你会看到在 100 码处有一座小型的联邦战争公墓，大多数的阵亡“伙伴”就葬在那里。

向南不到 1 英里处，是博蒙特—哈默尔，曾在加里波利半岛战至最后才离开的第 29 师 7 月 1 日就部署在这里。这支师有当天唯一一支英国本土之外的帝国作战部队，是“由来自纽芬兰海岸的倔强渔人们组成的纽芬兰团”。[①] 和其他地方的部队一样，这支进攻部队似乎既乐观又有些自然而然的忧伤。会战前夕，纽芬兰中尉欧文·斯蒂尔（Owen Steele）在日记中写道，“我们整天都在为今晚去火线而准备，我们将发动全世界历史上最大规模的进攻……每个人都心情愉悦，真是出人意料”，他继续写道：“然而这无疑是许多人的最后一天了。”[②] 当时有一封过于乐观、充满战术性错误的报告抵达师指挥部，它报称一些部队已经突破敌人阵地，纽芬兰团和埃塞克斯团第 1 营都准备好去支援第 29 师第 87 旅所发起的首攻，他们在接到这份报告之后就出发了。由于“战壕被死者的尸体堵塞”，埃塞克斯营放慢了进军速度，这使得纽芬兰营独自行进至开阔地带。“纽芬兰营的大多数人还没有离开英军铁丝网多远就被子弹击中”，英国官方历史学家写道。[③]

6 月 30 日，纽芬兰团共聚集了 25 名军官，776 名士官及士兵。只有 68 人在 7 月 1 日快要结束时点名答到。官方的最终伤亡数字可能是索姆河会战第一天各支部队伤亡中最惨重的一组数字：234 人阵亡，386 人受伤，91 人失踪。这支部队实际上象征着整个纽芬兰军，威廉·菲尔伯特认为，“同 1916 年 7 月 1 日众多的悲剧相比，它简直是一场民族灾难”。欧文·斯蒂尔实际并没有参与当天的进攻，他作为占各部队人数百分之十的后备部队的一员留在后方。7 月 7 日，

---

① Buchan，*Battle of the Somme：First Phase*，32

② Facey-Crowther，*Lieutenant Owen Steele*，191.

③ Edmonds，*Military Operations France and Belgium*，1916，i，436.

他被一枚从德军前线后面射过来的炮弹击中，第二天去世。[①]

尽管纽芬兰团遭受了毁灭性伤亡，但它很快恢复了元气并同 7 月底从国内赶来的兵源一道跟随第 29 师驻扎于比利时的伊普尔凸出部，一直在那里待到 10 月上旬。之后，他们重返索姆并在 10 月 12 日于巴波姆附近的格德库尔赢得一次罕见的胜利。在一场有限行动中，纽芬兰团在计划周详的徐进弹幕射击的帮助下，拿下并守住了作战目标，不过他们也付出了 120 人的伤亡代价。纽芬兰团继续转战各地：1917 年在阿拉斯（Arras）和马尼耶尔（Masnières，伊普尔附近的一座城市），1918 年在比利时的库特赖（Courtrai）。这些地方都有纽芬兰人的纪念碑，但是最主要的纪念碑却是在博蒙特-哈默尔。这里的纪念碑上面有一尊铜制雄鹿，它是纽芬兰团的团徽，如今，它立在纪念碑的最高处，头朝向远处众多纽芬兰士兵牺牲的缓坡。自 1949 年纽芬兰被并入加拿大以来，如今这里更多地被当成是一块加拿大人的纪念碑，很少有游客会想起，曾有英国人在索姆河会战第一天牺牲于此。

向东南再走 1 英里，就到了蒂耶普瓦勒。这里也有一片神圣之地，苏格兰宏大风格的“乌尔斯特塔”赫然耸立于此，纪念着第 36（乌尔斯特）师的功绩。在 7 月 1 日这天，乌尔斯特师取得了一些惊人的（但又是短暂的）战果。尽管左翼第 108 旅未能夺取圣皮埃尔师把守的村庄，但右翼第 109 旅却拿下了德军的重要据点施瓦本棱堡。卓有成效的火炮袭击实际上帮了第 109 旅一把，它给德军防御阵地造成很大破坏。斯托克斯迫击炮发射的烟幕弹巧妙地掩护了步兵，在烟幕弹的帮助下他们早在炮击前就已经匍匐进入无人地带。第 9 皇家恩尼斯基燧发枪团发现炮击成功地撕开了德军的铁丝网，先头部队的人潮如今可以顺利前进，且无须付出重大伤亡。乌尔斯特师在 7 月 1 日那天比其他部队前进得都远，但是由于南线上第 32 师进攻蒂耶普瓦勒失利，第 109 旅两翼的将士们均暴露在德军炮火之下。到了上午晚些时候，乌尔斯特师的一千多名士兵守在纵深

① Edmonds, *Military Operations France and Belgium*; Philpott, *Bloody Victory*, 196; Facey-Crowther, *Lieutenant Owen Steele*, 194-5.

达1000码、宽200码的凸出部上。他们的问题因某些战况而变得复杂：赶来的后备第107旅赶在了英军弹幕炮击的前面，他们暴露在外，同时遭到友军炮击和德军机关枪的扫射。下午早些时候，乌尔斯特师的前沿阵地几近失守。他们缺少弹药和各种补给，任何军队都无法穿过他们身后的炮火。只有少量残军坚守到了7月3日，但是那时整个师所能守住的防线距他们出发时的阵地已不到500码。索姆河会战的头两天，乌尔斯特师损失了5500名各级官兵，他们当中有阵亡的、受伤的和失踪的，而乌尔斯特师总人数才有1.5万人。[①]

代表着乌尔斯特新教教徒的第36师是一支伙伴军队，这毋庸置疑。人们常认为(尽管有时这种看法是错误的)这支部队几乎全部从战前的民兵组织和乌尔斯特志愿军中招募而来。约翰·巴肯称赞他们是“一支杰出部队，它由那些因其他缘由团结起来的志愿兵组成，如今为世界的自由抛头颅、洒热血”。[②]“一战”结束后，索姆河会战中乌尔斯特士兵的牺牲事迹在1921年爱尔兰分裂时成为北爱尔兰新联合派建国神话的一部分。而在爱尔兰，人们对索姆河会战、整场世界大战以及清教—联合派的认同总的来说在逐渐增长，在爱尔兰人眼中连会战时间似乎也变得意义非凡——因为7月1日也是1690年博因河战役的日子(据已废除的儒略历推算)，就在这场战争中，新教国王威廉三世赢得了对天主教国王詹姆斯二世的关键胜利。多年来，联合派对战争的选择性记忆抹杀了天主教徒和民族主义者的参与，形塑记忆的材料要比青铜更耐久，它最终同联合派新教徒的意识融为一体。索姆河会战同博因河战役合二为一，每年7月1日和11月11日对二者的纪念都明确采用新教仪式，以此使人们想起在战争中壮烈牺牲的乌尔斯特士兵，同时向联合王国和大英帝国表示继续效忠。

然而在1918年之后的几年中，乌尔斯特联合派对帝国的效忠宣言，和其他事情一样成为联合派的弱点和焦虑的原因。在战后的这几年中，这种宣言不过

① 相关的经典论著见 Falls, *History of the 36th (Ulster) Division*，也可参见 Orr, *Road to the Somme*, 140-90。

② Buchan, *Battle of the Somme: First Phase*, 33。有人对此观点做了纠正，见 Bowman, *Carson's Army*, 163-75。

是一种惯常表现，它和对索姆河战役的纪念联系在一起，来加强大英帝国的内部团结，然而不像乌尔斯特人，这些纪念物以及随后的纪念仪式逐渐被当作体现自治权与独特民族性的场合。在德尔维拉伍德的南非纪念碑就是一个很好的例子。1915 年 8 月，第 1 南非步兵旅动身前往英国，这支部队有 6000 人，其中大多数人都是英裔南非志愿兵。1915 年底，他们驻于中东并在那里看到了同西埃及赛努西教团的作战。1916 年 4 月，他们和第 9（苏格兰）师调往法国，在 7 月部署于索姆河战场。7 月 14 日，他们在隆格瓦勒首战告捷。在严密的组织下，他们发动了奇袭，四个英国师借助比 7 月 1 日更短暂也猛烈的炮击，一举攻破了德军第二道战壕防线。曾有一刻，这种突破已经充分到足以让骑兵作为骑马步兵上阵，以便快速地占领要地。（在第 2 印度骑兵师中的）第 20 德干枪骑兵团被派出来清理一些德尔维拉伍德西边的敌军据点，他们用长矛挑死了 16 个德国人，这当然是西线最古老、最不幸的阵亡方式。[①] 骑兵中有 11 人牺牲，其中包括海德拉巴的亚辛·汗、蒲那的阿巴斯·阿里·汗和旁遮普的蒂达·辛格。[②]

然而，这里的战斗也变成了一场野蛮的消耗战。7 月 15 日，南非军接到命令要他们“不惜一切代价”拿下德尔维拉伍德。他们打算将德尔维拉伍德森林的西北辟为交战地点，但是德军发起了反攻，他们坚守了五天，损失惨重。詹姆斯·爱德蒙兹（James Edmonds）写道：“虽然损失惨重，但他们顽强地顶住了德军很少松懈也从未停歇的炮击考验，并且以极大的勇气和决心派出生力军反复反攻。”德尔维拉伍德战役刚开始时，南非军共有 3150 人，等到他们从森林中出来时，共有 750 人牺牲，1500 人负伤。他们当然也给敌军制造了许多伤亡。德军的官方战役记录记载，他们的对手“部分人有英国血统，部分人有荷兰血统”，这些人让进攻者“流了许多血”。比尔·内森（Bill Nasson）注意到，“德尔维拉伍德之战为南非联邦提供了一个理想化的英雄故事……南非旅的忍耐力为南非人营造出一幅人性化、理想化的景象：在生死存亡之际，他们值得托付”，

① Nasson, *Springboks on the Somme*, 123-9; Philpott, *Bloody Victory*, 239-41.

② 信息引自 www.cwgc.org（accessed 25 Nov. 2014）。

这幅画面由此而被打上了“在战争中无私捐躯的神话符号”。[①]

战后，德尔维拉伍德成了南非国家战争纪念碑的最佳选址地。这项计划的背后推手是奢华而富有的企业家珀西·菲茨帕特里克（Percy FitzPatrick），他有一个儿子在1917年的法国战场牺牲。菲茨帕特里克被认为是“两分钟沉默”的发起人，这项运动起于战争时期南非每日的“午间暂停”活动（Noon Pause），后来被英国采纳，用于11月11日上午11点的“休战纪念日”。整个德尔维拉伍德（南非人的“神圣不朽之地”）被买了下来，赫尔伯特·贝克（Herbert Baker）还为之设计了一块精致的纪念碑（他的建筑技术表现出一种宏大的帝国风格）并在1926年献给了德尔维拉伍德。这项计划在政治上是个敏感问题，阿非利卡民族主义者指责某些支持者们希望利用这件事获得同大英帝国的特殊关系。阿非利卡裔国会议员迪尔曼·罗斯（Tielman Ross）在1920年告诉联邦议会，贝克主要对“英国的伟大感兴趣，至于那些从这里出发的众多士兵，他们的牺牲于他而言了无意义”。在纪念碑的揭幕仪式上，菲茨帕特里克宣称“南非是那些战士们的家园，但是英格兰却是（他们的）大英帝国的母国”。南非总理刘易斯·赫佐格（Louis Hertzog）在纪念仪式上同菲茨帕特里克划清了界限。他的部下事先宣布他将代表“荷裔阿非利卡民族”在德尔维拉伍德出现，他要纪念在世界大战中牺牲的、善良的阿非利卡人。赫佐格既没有说到帝国也没有提及英格兰，他反而令更多人受到更大的鼓舞。他说：“南非人已经响应了世界的遥远召唤，这个世界处在危机之中，它正寻求着帮助，以人性的名义，以民族自由的名义，以世界和平的名义。”[②]

第二次世界大战之后，南非军队再次在大英帝国的部队中服役，种族隔离时代的南非政府袭用德尔维拉伍德纪念碑，循着赫佐格的措辞纪念南非在西方冷战中对民主与自由的稳定贡献，这正和南非白人捍卫“基督教文明”同假想

① Miles, *Military Operations France and Belgium*, *1916*, ii, 108; Nasson, *Springboks on the Somme*, 129–38.

② Miles, *Military Operations France and Belgium*, 1916, ii, 108; Nasson, *Springboks on the Somme*, 219–36; *The Times*, 11 Oct. 1926.

的非洲“野蛮主义”斗争时所做的贡献一样。20 世纪 80 年代中期，在南非总统博塔（P·W·博塔）的支持下，德尔维拉伍德纪念馆于索姆河会战七十周年竣工。纪念馆的作用是展现“南非人为了战斗、为了牺牲以及为了自由世界的文明传统团结一致的决心”。为了同新的政治敏感相适应，纪念馆也为非洲黑人寻找到一块展示的空间，比尔·内森指出，“作为 1916 年南非部队的随军人员，他们赢得了后人的认可，人们向医务人员、担架手、警卫和司机这些在辅助性岗位上忠于职守的人致以诚挚的敬意”。[①] 由此可见，即便是在种族隔离时代的南非，人们对这种“一战”中十分典型的大规模参战还是肯定的。

有两个重要的澳大利亚纪念场所在索姆彼此相邻：一在弗罗梅勒（Fromelles），一在波济耶尔（Pozières），它们都在一条已废弃的直路上。这条路从英军防线后方的阿尔伯特通向西北方德军把守的巴波姆（Bapaume）。澳新军团从 1916 年春被部署在西线上，7 月 19 日，澳大利亚第 5 师在里尔附近的弗罗梅勒投入一场灾难性的进攻，他们企图牵制增援南边索姆战区的德国部队。1998 年“一战”结束八十周年之际，一座战争纪念公园在澳大利亚政府的资助下于此落成，这片令澳大利亚军伤亡惨重的战争遗址如今成了纪念场所。在公园中央有一尊“伙伴”（Cobbers）雕像——一个士兵扶着一位受伤战友，这尊雕像完美体现了查尔斯·比恩的“兄弟情谊”理念。2008 年，一座埋着 250 具身份不明尸体（其中有 203 名澳大利亚人）的大型墓地重见天日，弗罗梅勒又嵌入了澳大利亚人的共同记忆之中。随着公开的纪念活动，“弗罗梅勒失踪者”在 2010 年被重新埋入新建的联邦战争公墓。在现代 DNA 检测技术的帮助下，1916 年牺牲的 144 名澳大利亚将士的身份在 2014 年 5 月被识别出来。[②]

波济耶尔有一段更长时间的纪念史。三个澳大利亚师：第 1 师、第 2 师和第 4 师于 1916 年 7 月下旬和 8 月上旬作战于此，他们的进军付出了一系列伤亡，

---

① Nasson，*Springboks on the Somme*，237–41.

② Beaumont，*Broken Nation*，189–200；‘Faces of our dead：Australians killed at the First World War Battle of Fromelles in 1916 identified’，26 May 2014，on www.news.com.au（accessed，24 Nov. 2014）.

然而战果却很小。在8月的剩余时间里，这三个师在空费心力地攻打波济耶尔的德军据点莫凯特（Mouquet）农场，一直到9月5日才筋疲力尽地撤离阵地。查尔斯·比恩认为1916年夏天的战斗"从某种角度上而言，是他们（澳大利亚人）经历过的最惨烈的战斗"。在索姆总共有2.3万名军官和士兵伤亡。当弗罗耶勒的伤亡增加到5500人时，澳大利亚军队在法国不到7周的时间内就蒙受了超过2.8万人的伤亡。这可以同澳大利亚军前一年在加里波利的8个月中所遭受的2.6万伤亡相比。[①]

查尔斯·比恩在1917年访问波济耶尔，他预言"这块一平方英里的小地方就是澳大利亚士兵今天的坟场，也是今后永久的朝圣目标"。事情并未如他想的那样成真。加里波利如今成为澳大利亚人最想去参观的"一战"战场和最重要的朝圣地，尽管许多澳大利亚人也会参观西线。1919年，第1澳大利亚师竖立起一块简朴的方尖碑作为波济耶尔纪念碑，而温德米尔（Windmill）遗址也在1935年被澳大利亚人购买并保存了下来，它是波济耶尔山脉最高处的一块杂草丛生的高地，1916年8月5日澳大利亚军曾占领过这里。近年来，虽然索姆河战场南面维莱布勒托讷（Villers-Bretonneux）的澳大利亚国家战争纪念碑成为大多数官方纪念活动的场合，但在1993年11月，波济耶尔的土壤却被撒在埋在堪培拉的澳大利亚无名士兵墓上。琼·博蒙特（Joan Beaumont）说："波济耶尔仍然是澳大利亚国家纪念活动的中心"。[②]

新西兰和澳大利亚一样将加里波利视为最重要的"一战"战场，但是索姆河让在新西兰的纪念活动中占据着中心地位，因为新西兰的无名士兵就是从隆格瓦勒挖掘出来的，第2新西兰师1916年9月曾在这里作战，遭受7000人的伤亡，其中约1500人阵亡。一块方尖纪念碑立在换位战壕（Switch Trench）的遗址上，这里曾是第2新西兰师的最初目标。方尖纪念碑在1922年10月8日被献给第2新西兰师，[③]它只是西线风格相似的三块纪念碑之一，另外的两块纪念碑分别在

---

① Bean, *The A.I.F. in France*, 862; idem., *The Story of Anzac*, ii, 909.

② Ziino, *A Distant Grief*, 52, 161; Beaumont, *Broken Nation*, 216–17.

③ McGibbon, *New Zealand Battlefields*, 18, 31, 57; *New Zealand Herald*, 10 Oct. 1922.

伊珀尔（伊普尔）和梅森附近。纪念碑的存在提醒参观者这些新西兰士兵从多么遥远的地方赶来作战并阵亡于此，三块新西兰战地纪念碑的每一块上都写着相同的沉痛的解说词：来自地球最遥远的一头。

索姆河会战中的德国人

第73燧发枪团中尉恩斯特·荣格（Ernst Jünger）在1920年第一次出版了他的回忆录《钢铁风暴》（*Strom of Steel*），这是一本战壕战参与者的著作，是1916年9月吉耶蒙德军守军中最经典的回忆录。荣格在夜间驻防于前线，映入眼帘的是一片支离破碎的荒地。“眼睛所能见到的周边乡村都已经完全被猛烈的炮击夷为平地，寸草不生，”他写道，“被翻起来的土地令人毛骨悚然，我们才意识到这些土是叠加在一起的。”吉耶蒙村似乎不留痕迹地消失了；只有坑坑洼洼田地上的一星白点还提醒着人们，这里曾有一座石灰材料的房子被推平。村子的车站“像孩子的玩具一样”被炸毁；远处德尔维拉伍德森林附近的地方被撕成了碎片。在荣格看来，两天后的一起意外说明了德军的防御力量是多么的捉襟见肘。一天中午，战友让他过来，他向吉耶蒙火车站方向赶去，却发现了车站后面的英军踪迹。荣格看到几百名英军（可能是第16师的人）正穿过平缓的交通壕向前赶来，他们向对方发射微弱的炮火没有造成多大困扰。他认为，这表明“我们作战所需的资源很不平等。如果我们试着做同样的事，几分钟之内我军就会被击溃”。[①]

在他有关索姆河战役中德军情况的夯实描述中，杰克·谢尔登（Jack Sheldon）提到了德军如何因整个八月间的死守而在吉耶蒙蒙受了巨大损失。荣格所在团的中士海因里希·瓦耐克（Heinrich Warnecke）回忆道，在战争期间他出现在许多战场上，但是从来没有一片战场能像1916年9月3日的吉耶蒙战场

① Jünger，*Storm of Steel*，97-8，100.

这样给他留下如此深刻的印象。“我所属的第1营也于此地血流成河”。守军遭到了重创。在战役结束之后，最初有200人的七十六步兵团第2营第5连，到达附近集合点并合影的只剩下5人。七十三燧发枪团第3连全军覆没，该团在团史的相关页上一片空白，只有写史者留下的一段苍白的文字：第3连无人汇报，包括所有的军官在内全员阵亡。[①]

9月15日英军进攻弗莱尔—库尔瑟莱特时，第2野战炮兵营的骑兵上尉冯·克罗西克（von Krosijk）称：“某一炮位上发来报告，英军有一种特别载具正在推进。”他说，起初人们认为它可能是某种救护车，因为大家都看到了上面的红十字徽，但是还不能确定。后来他们打消了这个念头，因为邻近炮位又报告称这辆载具中射出机关枪子弹。克罗西克所在的炮位轰掉了坦克，“从载具中出来的英军士兵被我军机关枪射倒”。更西边，英国第150旅在两辆坦克的协助下向前进军，据第17巴伐利亚团的古斯塔夫·艾贝尔肖泽（Gustav Ebelshauser）记载，他们越来越近，“庞然大物般”的机动车发出低沉的声音，坦克无情地前进；坑道、丘陵、乱石，甚至带刺的铁丝网都变得毫无意义。艾贝尔肖泽还谈到了英国的空中力量以及空军与炮兵的作战一体化。“机械巨鸟低空飞过，他们用机关枪射击看到的每一个移动物体，”他写道，“他们还留下一些记号——不同颜色的信号弹——这些信号到很快就被炮兵收到。”[②]

“薄荷甜酒”——那些以酒精饮料命名的坦克之一——抵达库尔瑟莱特的糖厂，给当地的德国守军造成了毁灭性的冲击。据第211普鲁士步兵团的维内特军士回忆：“当时从左侧跑过来一个人，他大喊‘有条鳄鱼爬进了我们的阵地！’这个可怜的家伙已经神志不清了。他第一次看到坦克，把这个纵跃着的庞大机器想象成了怪物。”第5巴伐利亚步兵师的中尉布朗霍夫对第一次遇见新型机器时的描述较为冷静，当他叙述这些印象时虽然已是战役结束的三个月后，但是他仍清晰地传达出新式武器那令人印象深刻的威力：“在防守弗莱尔的村庄时，一

① Sheldon, *German Army on the Somme*, 277-8.

② Sheldon, *German Army on the Somme*, 293-4; Ebelshauser, *The Passage*, 86, 91.

辆坦克突然出现在我连阵地的左前方，我立即用机关枪和步枪等武器攻击，等它离近时，我又用上手雷。然而不幸的是，这些攻击并没有造成实际伤害，坦克轻轻左偏，继续前进。”坦克继续前进，他的战友对它无可奈何，后来它缓缓停靠在村庄的出口，不间断的机关枪扫射覆盖了整条街。①

德军这边的情况有力支持了 1916 年 9 月消耗战开始造成实际压力的观点。自 7 月上旬以来，英军一点点推进所造成的影响逐渐增加，给德军带来损失。7 月中旬被任命为索姆地区德军总司令的马克思·冯·贾维茨（Max von Gallwitz）写道：“诚然，接连失土并不等同土地皆失，但这样反复的作战会导致敌强我弱。想一想那些‘已经失去的事物吧!’如果这场战役持续更久，我们将无法补充必要的兵源与装备。”②我们可以看到在德国，索姆河会战被简化为难以容忍的压力以及必须避免的凶兆。德国开始考虑实施无限制潜艇战的可能，他们的讨论主要集中在限制英国所依赖的食物进口上。随着英国国内士气的低落、物价上涨和食物紧张将引发骚乱。鲁登道夫认为，无限制潜艇战将有助于减少西线的军需补给，他说：“我们必须分出军队再打一次索姆河会战。”③

索姆会战见证了持续不断的骇人惨剧，它也见证了人类彼此的尊重。根据第 164 步兵团斯瓦茨里斯维斯特·特伯（Erzatzreservist Tebbe）的描述，在 9 月 3 日吉耶蒙总攻开始前，一名在无人地带的英军士兵受伤后被前线的德军俘虏。他的胸口当时已被洞穿，但他还有意识。在经过德军的包扎后，他又“开朗了起来”。半个小时后，英军大举进攻，英军的手雷造成一起血腥大屠杀，几乎没有几个德国人逃出来。英军继续行进至特伯和他的战友以及大量伤员躲藏的掩体，无助的他们极力挤在一起，等着手雷扔进来。这时，在掩体低处那个受伤的英国士兵成了我们的救星。他爬了几步，大声告诉前进部队“掩体内的人都丧失了战斗能力。为了保护大家，他站在了先前以骑士风度待他的德军士兵前

① Pidgeon，*The Tanks at Flers*，132，172.

② Max von Gallwitz, *Erleben im Westen 1916-1918*（Berlin, 1932), 109–10（引自 Duffy, *Through German Eyes*，208–9）.

③ Kramer，‘Blockade and economic warfare’, in Winter（ed,.), *The First World War*, ii, 486.

面”。德国士兵被分开并免于囚禁。后来，他们在一条下陷的路上停了下来。英国医疗兵治疗他们的伤员并送给他们茶叶和香烟。[①]

在另一边，亚历山大·埃特肯(Alexander Aitken)详述了1916年9月25日新西兰军在弗里库尔(Fricourt)“呆鹅小径”(Goose Alley)的顺利进攻。一部分战俘、巴伐利亚人投降，他们被带到周边地区；其他的几个人，包括一名连级军官，都受了重伤。军官“仪表威严，受人尊敬，大腿上边的伤口一直在流血”。医务兵尽其所能为他包扎，但是他们却感到军官快要不行了。埃特肯记得“他脸色苍白如同死人，忍受着剧痛，然而他却没有任何怨言并用法语向我道谢。没有人可以向这样一位硬汉说三道四”。[②]

会战回响

在贝尔法斯特西南克莱噶格的近郊有一片老兵房屋是为战斗英雄配备的聚居区，它由20世纪20年代的“爱尔兰水兵与士兵”信托公司为退役老兵建造。在这片地产上，皮卡第道和巴波姆道汇于蒂耶普瓦勒道，同哈默尔车道、阿尔伯特车道以及索姆河车道交叉。这些战场名字的独特之处在于这些可怕的死亡与毁灭的场所竟以平淡无奇的家庭住址形式为人纪念。法国人有一个词来形容：平庸化(banalisation)。这个词难以准确地翻译过来，但是它具有让某些事物变得普通的意思，在这种语境下，它还有让某些事物变得极其世俗与平庸的含义。然而，即便如此，我们仍怀疑当那些从可怕战争中归来的老兵每天因此而想起那些战壕与屠杀时，会有何感想。人们去世之处不过是个地址，是人们生活之处。或许，它本来就该这样。而在北爱尔兰某地或许还存在一两个这样的拐角，它们都是“永远的法兰西”(forever France)。

① Sheldon, *German Army on the Somme*, 273-5.

② Aitken, *Gallipoli to the Somme*, 154.

第十章

东地中海与巴尔干

1916年10月18日，据伦敦的《泰晤士报》报道，两天前两艘协约国舰船载着1000名法国和意大利水兵在希腊港口比雷埃夫斯（邻近首都雅典）登陆，他们占领了雅典和比雷埃夫斯的市政厅和火车站。150名水兵带着两挺机关枪驻守在市立剧院，市内据说十分平静。尽管官方解释说这次协约国军队在中立国登陆是为了帮助希腊维持治安，为了终止那些要挑起事端的游行示威，[①] 但其潜在的动力却在于逼迫希腊站在协约国一方参战。实际上，希腊已很难逃脱一场大规模的巴尔干冲突。这场冲突某种意义上是1912年至1913年巴尔干战争的延续，它因那些导致了1914年"一战"爆发的不安与敌对而变得更加严重。巴尔干半岛上各民族和教派的激动与对立，反过来恶化了他们同统治该地区四百多年、如今已日薄西山的奥斯曼帝国的关系。在一些巴尔干国家的领导人看来，"一战"实际上提供了一个彻底消灭奥斯曼政权（和取得民族目标）的机会。在战争期间，这种情况渐渐在仍受奥斯曼帝国统治的中东和阿拉伯半岛反映出来，那些地方的原民族主义者和不满的阿拉伯属民同样将君士坦丁堡的战时困难看成一个政治机遇。

希腊大分裂与希腊记忆

协约国于1916年10月在希腊登陆是将希腊推到内战边缘的诸多干涉行为

① *The Times*，18 Oct. 1916.

之一。虽然希腊在大战之初保持中立，但其首相和国王之间却有很大分歧。首相埃莱夫塞里奥斯·韦尼泽洛斯（Eleutherios Venizelos）是个倡导进步改革的民族主义者，他倾向加入协约国参战；而曾接受过普鲁士军事教育训练、娶了德皇威廉妹妹的康斯坦丁国王却倾向于加入同盟国。韦尼泽洛斯自1910年以后就是希腊的首相，他曾在巴尔干战争后治理过战争中获得的广袤希腊领土。韦尼泽洛斯相信同盟国的战败将使重建拜占庭帝国成为可能，希腊将会进一步扩张，拿下君士坦丁堡、爱琴海诸岛以及有大量希腊居民定居的阿纳托利亚。[①]

战争开始的头一年，韦尼泽洛斯利用他从局势所能获得的一切有利条件维持着国内来之不易的和平。当时协约国正急于支援受到北方奥匈帝国威胁的塞尔维亚。在伦敦，劳合·乔治（Lloyd George）计划派一支军队前往塞尔维亚，“借此让巴尔干半岛诸国都站在他们一方参战，一同解决跟奥匈的争端”。1915年1月，英国承诺如果希腊站在塞尔维亚一方参战，将会在小亚细亚的事情上做出让步。韦尼泽洛斯回应称，如果保加利亚和罗马尼亚（这一阶段仍保持中立的两个国家）答应帮助英法两个军团（约8万人）在希腊西北的萨洛尼卡（又称塞萨洛尼基，支援塞尔维亚的最近港口）登陆，希腊也会同意；如果两国都不同意，希腊也不会同意。巴黎和伦敦的政治家们都被东边可能出现的新战线吸引住了，他们认为这将有助于打破西线僵局。[②]劳合·乔治就曾说道：“8万西方人将让80万东方人加入战争。”

这当然也是加里波利战役开战后各国的想法。在保加利亚（保加利亚一直都倾向同盟国）和罗马尼亚均表示对同希腊一起加入协约国毫无兴趣以后，加里波利战役的重要性就压倒了萨洛尼卡计划。在协约国和同盟国的宣传中，两大阵营都许诺将敌国的部分领土割让给潜在的盟友（当然这些诺言只有在取得胜利之后才会履行）。例如，让保加利亚1915年9月加入同盟国的一个重要因素就是同

① 我所采用的叙述来自 Kitromilides（ed.），*Eleftherios Venizelos*，and Dutton，*The Politics of Diplomacy*，这本书叙述了1914年到1916年间英国同希腊之间的关系。

② Lloyd George to Grey，7 Feb. 1915（引自 Dutton，*The Politics of Diplomacy*，27）；Aspinall-Oglander，*Gallipoli*，i，63–4。

盟国对希腊领土马其顿(含萨洛尼卡)的许诺。保加利亚一直希望获得萨洛尼卡这个地中海港口，并曾试图在1912年巴尔干战争期间从奥斯曼帝国手中夺取它，但是它却被希腊以微弱的优势击败了。1915年底，英国试图以塞浦路斯诱使希腊参战(英国一反常态，以自己的已有领土向希腊许诺)，不过这种诱惑此时已经不足以满足希腊了。

加里波利战役的爆发导致希腊领土开始被协约国逐步占领，这种情况得到了韦尼泽洛斯政府的默许(他们也无力阻止)。1915年2月，协约国将进攻的主基地建在利姆诺斯岛(Lemnos)上，希腊从距离达达尼尔海峡西岸只有60英里的穆德洛斯天然港撤走了他们的炮兵守军。希腊在巴尔干战争中获得的其他爱琴海岛屿，包括忒涅多斯和伊姆布罗斯岛都被英法占领。除此之外，1916年1月法国还占领了莱斯博斯岛上的米蒂利尼和土耳其西岸的迈伊斯蒂岛。由于土耳其并没有正式接受希腊对于这些岛屿的声明，所以协约国的占领从技术上来说并没有破坏希腊的中立地位。

对许多协约国士兵而言，这些东地中海上的小岛为历经过恐怖的加里波利战役的他们，提供了一片如田园诗歌般宁静的绿洲。1915年圣诞节时克莱门特·艾德礼正在穆德洛斯岛，他和南兰开夏团的战友们将轻度军事训练同在塞尔玛泡热水澡结合在一起。塞尔玛这里有天然温泉、大理石浴缸和一些古典时代的遗迹。他们急需洗澡，因为大多数人或多或少身上都有寄生虫。希腊浴场的管理人员还递给他们鸡蛋饼、甜饼干和沙丁鱼。曾在皇家海军陆战师服役的爱尔兰记者伊凡·希尔德(Ivan Heald)也登上了穆德洛斯，“此刻这里的生活真是惬意，”他写道，“太阳升起时你可以在海水中沐浴，每一晚你都可以睡足”。两周后，他来到距达达尼尔南20英里、土耳其海岸5英里的忒涅多斯岛。“这里的生活太妙了”，2月3日他向母亲写道，“我几乎不敢相信自从我们被榴弹炮整日轰击以来，已经过了一个月。这里才有当兵的样子”。那一周，希尔德所在连队负责警卫工作，天际线处风景如画，而哨兵就沿着海岸排开巡逻。“我继续每天的参观访问，翻山越岭，穿过葡萄园去探望他们，”他写道：“在我们的后方，只有一些戴着红毡帽、穿着松垮裤子的欢快佐阿夫老兵。我们相约在一家塞尔维亚人开的小餐厅，他们唱着一些外籍兵团的歌曲。”两周以后，他同一位同僚到米蒂利尼进行八天的访问，他们乘坐汽艇向南开了七个小时。作为“仅有的”英国军官，他们引起了很大轰动：“我们同领事夫人一同饮茶，和海军军官候补生打闹，跟法国军官唱歌。一天晚上，一个希腊人在咖啡馆里偷了其他军官的手帕，第二天向导就将这个人带到我们宾馆，并当着我们的面把他痛打一番。”①

1915 年 4 月，韦尼泽洛斯试图向加里波利派遣希腊军队，但是却遭到了康斯坦丁国王的反对，首相辞职。在随后的国会选举中赢得多数席位之后，8 月，韦尼泽洛斯又再度执政。当保加利亚在 5 月加入同盟国时，韦尼泽洛斯认为希腊应该履行 1913 年同塞尔维亚签署的共同防御同盟，必须马上参战。国王勉强同意了韦尼泽洛斯的提议，于是韦尼泽洛斯很快动员希腊军队并邀协约国出兵萨洛尼卡。10 月 5 日，第一批英法军队开始抵达希腊，此事引起了希腊国内韦尼泽洛斯党和王党两派间新一轮激辩，王党不相信希腊有参战的必要。韦尼泽洛斯虽然凭借微弱的优势在国会赢得了信任票，但他还是因国王拒绝放弃中立立场而辞职。

12 月，在经过另一场大选之后（韦尼泽洛斯放弃参选），一个所谓的“举国团结政府”在资深政治家斯特凡诺斯·斯库鲁迪斯（Stephanos Skouloudis）组织下成立。斯库鲁迪斯对协约国采用“善意中立”政策。不到一年时间，这种“国家分裂主义（ethnikos dikhasmos）”使希腊的国内政治陷于瘫痪，尽管斯库鲁迪斯明显对协约国很亲近（事实上，他的政府班子并没有阻止英法在萨洛尼卡安营扎寨），但国内亲德势力依然强大，协约国和同盟国暗中操纵着理论上保持中立的希腊政治格局。

32 岁的爱尔兰作家康普顿·麦肯齐（Compton Mackenzie）目睹了局势的变化。由于年龄和先天身体条件（持续性坐骨神经痛）的限制，麦肯齐无法接受严格

① Attlee typescript war memoirs（Lancashire Infantry Museum），p. 15；Heald，*Hero and Humorist*，179-81.

军事训练，在战争一开始就被认为不适合服役。然而他十分渴望参战，他利用其优秀的社会关系骗到了一个加里波利英军总司令伊恩·汉密尔顿爵士身边军事参谋的职位。[①]1915 年 5 月，他在伊姆布罗斯岛汉密尔顿的指挥部担任情报官。他在这里一直待到 8 月，之后便请病假(除了坐骨神经痛，他还患上了痢疾和膀胱炎)到了雅典。在雅典，麦肯齐不用再为负责间谍和反间谍战、并向英国秘密情报局汇报的里斯·桑塞姆少校（Rhys Sansom）工作。桑塞姆的部门收集经济和封锁区的情报，已得知土耳其人伪装成了从土耳其和小亚细亚逃难过来、装作请求救济金的难民。然而，他的主要目的在于跟踪敌人行迹以及如有可能，反制敌人在希腊的阴谋诡计。

希腊继续保持中立。尽管它稍微偏向协约国，但中立状态意味着同盟国在该国仍可以有外交代表以及一些间谍。英国萨洛尼卡战役的官方历史学家西里尔·福尔斯（Cyril Falls）写道，协约国军队刚抵达萨洛尼卡，德国领事馆的工作人员便站在码头上计算军队和弹药箱的数量。敌对的四个国家的领事当时还在码头，而这简直让他们无法忍受。这些领事搞清楚了协约国军队的数量和配置情况后，通过定期电报将具体情报发往柏林、维也纳、索菲亚和君士坦丁堡。城市里面到处都是间谍。但是一旦萨洛尼卡变成了一座协约国军营，军方就出手解决了这个问题。虽然遭到了希腊的抗议，12 月 30 日下午，法国展开了逮捕四国领事的行动(这些领事后来被驱逐出境)，同时还逮捕了许多特工。[②]

围捕敌国特工的行动并没有对雅典的英国人公开。1915 年 10 月中旬，在雅典的麦肯齐被安置舒适的英国考古学院中，并以代号“Z”为名，受命从事反情报工作。这份工作令他十分忙碌，1916 年底，他所在的部门，“英国公使馆附属情报局”已经完成了一份有 1.2 万嫌疑人名字的卡片索引。1916 年初，他被任命为“军事管理官”，负责监控交通并为打算过境的旅行者办理签证。

麦肯齐同一个规模更大、设施更加完善的法国“情报局”保持着密切联系。

① 有关麦肯齐的军事情报生涯的细节都来自他的回忆录：*Gallipoli Memories*, *Greek Memories and My Life and Times*。

② Jeffery, MI6, 124-6; Falls, First World War, 120; idem., Macedonia, 99.

这所情报局成立于 1915 年 12 月，位于一所法国人开的考古学校。英国人对法国情报局充满了羡慕之情，他们认为那里有“一间照相馆、一间化学实验室、六辆汽车和无限的资金”。法国人同样也在从事反间谍活动，他们的主管工兵上校里科（Ricaud）惊讶地发现麦肯齐缺乏资金的反间谍工作竟也毫不逊色。里科是一位堪称典范的同行，然而麦肯齐却无法授予他一枚英国战争勋章（他自己反倒被法国授予了一枚荣誉军团勋章）。55 年后在他出版的回忆录中，麦肯齐恨恨地说：“英国政府没有给他任何认可，哪怕像授予一条像婚礼中五彩纸屑一样的绶带。”

英法之间划分了反情报工作，麦肯齐谨慎地将德国公使馆留给了自己，因为他已经买通了使馆内的希腊搬运工，一个被他称为戴维·琼斯（Davy Jones）的人。据麦肯齐回忆：“我一见到他就觉得他是个真正的间谍，一个天生的间谍；他的淡蓝色眼睛里闪烁着猜忌和狡诈，就像一个看得见的白内障患者。”琼斯是麦肯齐的王牌特工，甚至他都有些难以驾驭。

麦肯齐认为：“特工就像是知道顾客想要什么的算命人。”既然如此，情报官就应该避免问任何对回答有诱导性的问题。他的办法就是从来不让琼斯知道“（他）对一些而非另一些情报更感兴趣”。琼斯在六个月的时间里提供了大量的情报，其中许多情报都能被麦肯齐拿来同法国人交换并证明“我们设备不足、地位不明确的英国分局对于新成立的法国局而言不可或缺”。①

在萨洛尼卡和雅典的法国人都无法控制希腊局势。协约国固然都明确支持韦尼泽洛斯并希望希腊参战（这也是麦肯齐强烈支持的立场），但法国先行一步的策略却令英国感到十分不安。法国似乎对该地区有更大的图谋。康普顿·麦肯齐相信，法国海军使团有海军部长撑腰，就根本不在乎韦尼泽洛斯先生和康斯坦丁国王，他们野心勃勃地想要在近东建立起自己国家的主导权。1916 年夏天，法国越来越担心希腊武装力量捉摸不定的忠诚度，特别是在雅典政府下令萨洛尼卡东北、东马其顿的重要据点鲁佩尔要塞向保加利亚—德国混合军投降之后。

---

① Mackenzie, *My Life and Times Octave Five*, 29-49; idem., *Greek Memories*, 50

法国提议协约国应沿着希腊海岸，实施某种程度的封锁并要求希腊遣散军队，重返和平。希腊刚一遵从法国的提议，雅典就出现了反协约国的示威游行。同时在 8 月，韦尼泽洛斯党士兵在萨洛尼卡发起反对王党政府的起义。韦尼泽洛斯本人同意组建临时共和政府，9 月 26 日，他在法国的保护下同自己最亲密的支持者离开雅典，在老家克里特岛建立反对党政府。韦尼泽洛斯在克里特岛宣布希腊将加入协约国参战，不过希腊最终的参战却发生在 1917 年 6 月康斯坦丁国王让位给儿子亚历山大之后。①

1916 年 9 月的韦尼泽洛斯党起义使希腊陷入混乱，并导致协约国军队 10 月 16 日在塞浦路斯登陆。康斯坦丁国王大为震怒，他将韦尼泽洛斯比作爱尔兰共和派的罗杰·凯斯门特(他已于 8 月 3 日以叛国罪处死)。他告诉英国大臣弗朗西斯·艾略特爵士(Francis Eliot)："如果他抓住韦尼泽洛斯，他将用和英国对待爱尔兰叛军一样的方法处决这位前任首相。"在王党和韦尼泽洛斯党军队发生冲突后，11 月中旬，协约国强行在萨洛尼卡外东南方开辟了一块中立区，使得国王同意将忠于他的部队撤到这里。但是当法军认为由于希腊军已经遣散，希腊人不会要军需品，并要求希腊军交出这批军需时却被国王断然拒绝。12 月 1 日，几队法国水兵、三个连的英国海军陆战队和一支意大利分遣队在塞浦路斯登陆，进而占领了雅典周边的所有据点。在经过几场激烈的陆战和一场短暂的法国海军炮击之后，双方结束了敌对状态。最后这场短暂的战役中也造成了 191 名法国士兵和 21 名英国士兵伤亡。国王同意放弃一部分军火，协约国军队撤出雅典。②

由于王党趁机攻击韦尼泽洛斯党，雅典城出现了大规模骚乱，充满敌意的群众在协约国使馆外聚集起来。法国开始疏散他们的工作人员。康普顿·麦肯齐跟同事们(还有 200 多名寻求庇护的韦尼泽洛斯党以及两名被希腊人逮捕后来又被释放的法国特工)发现自己被困在公使馆内自己办公室所在的侧楼里。满城都是枪声，不时传来协约国外交官和韦尼泽洛斯党的房子被洗劫一空的消息。

① Mackenzie, *My Life and Times Octave Five*, 343; Falls, *Macedonia*, 124, 131–3; Kitromilides (ed.), *Eleftherios Venizelos*, 124.

② Falls, *Macedonia*, 218–24; *The Times*, 4 Dec. 1916.

麦肯齐对此并不感到惊讶。一个月后，他告诉在伦敦的首脑曼斯菲尔德·卡明（Mansfield Cumming），他一直记得12月1日，使馆武官走进档案馆并告诉他“现在一切都很稳定”，结果他刚说完这句话，一场大战便在使馆窗户外边打了起来。

英国人被困在公使馆侧楼两天两夜。第一天晚上，这里的气氛因一场包括神父在内的意外的婚礼而变得活跃起来。据传，几天以前，两位希腊青年将一位姑娘引诱至雅典城郊外的一间偏僻屋子，其中一人强暴了她。姑娘的母亲来到麦肯齐办公室，向著名的“英法秘密警察”（显然，麦肯齐的情报部门还不够隐秘）寻求帮助，还她女儿清白。一群受雇的当地工作人员抓住了强奸犯，把他带到侧楼并对其肆意殴打。后来，有罪的一方强烈表示想尽可能地娶这位姑娘，他辩称要不是他们没有订婚，要不是她的母亲不喜欢那些家具，他也不会强暴她。姑娘母亲随即坚持婚礼应该在侧楼举行，麦肯齐通过了她的提议。随后的婚礼派对使得侧楼在两阵枪炮齐射的空隙里出现了片刻的宁静。麦肯齐获赠了几箱后来派上用场的杏仁糖，除了一些橄榄油，少量面包和奶酪外，这些杏仁糖就是他们后来几天能吃吃的全部食物。①

人们认为雅典对于麦肯齐的工作来说太过危险，12月5日，麦肯齐和100名工作人员（含特工）同150名韦尼泽洛斯党难民一起迁移到雅典东南方80英里的西拉（锡罗斯）岛上。在岛上，麦肯齐占据了从前的奥地利和土耳其领事馆并且在那里度过了非常惬意（也是高效）的八个月，期间他一直在管理兼具情报搜集及反情报活动的“爱琴海情报处”。相比于在雅典时的拮据（某种程度上也是因为他不断提供有用情报），这边财力充裕，每月可以有5000英镑的预算（相当于今天20万英镑）。②

麦肯齐后来将自己的雅典经历写成了一篇略带讽刺的小说《物极必反》

① Mackenzie, *Greek Memories*, 473-81; Mackenzie to ‘C’, 1 Jan. 1917(Mackenzie papers(Harry Ransom Humanities Research Center, University of Texas at Austin), Works I/Aegean Memories folder, fol. 78).

② Ibid., Eliot to Mackenzie, 27 Dec. 1916 (Mackenzie papers, folder recip. E.); Jeffery, *MI6*, 127-8.

（*Extremes Meet*），这篇小说发表于 1928 年。小说中的主人公罗格·沃特洛（Roger Waterlow），是战时在希腊的英国情报机关头目。他努力搜集有关土耳其和敌人阴谋的情报，经常被来自马耳他、开罗、马赛的各种愚蠢问题所困扰。他手下有一名“效率奇高”的特工，代号“济慈”，此人有着一双淡蓝色的眼睛，是德国公使馆的搬用工。沃特洛相信最好的特工总是会带来乐观的情报。他告诉他的胖助理：“一个好特工会告诉你，缺少咖啡和避孕药的土耳其人会在不到一个月的时间内求和，那些战斗武器，胖小子们一直渴求睿智的声音。那就是秘密情报部门要给我们的东西。”沃特洛还对英国的希腊政策感到怀疑。他不理解：“那些当地人，为什么要受法国吝啬鬼和英国足球迷挑唆而加入战争呢？”①

这种事情虽然没有让麦肯齐受到从前情报机关内同事们的喜爱，但他们也没有对一部虚构化的小说做什么评价。然而，向来惜墨如金的麦肯齐却不明智地私吞了他的战时公函，将这些公函写在 20 世纪 30 年代出版的三卷回忆录内。在回忆录的第二卷《雅典初忆》中，他披露了 1915 年在雅典的情报工作。他虽然没有给出所在组织的大量具体细节，但谈笑之余还是对情报工作颇为不敬。例如回忆录中的一个章节名字就叫“情报机关早期的奇言怪行”。不过最令他的同事们忍无可忍的是回忆录的第三卷《希腊记忆》。这本书涉及他在雅典和西拉的大量情报工作，并且还说出了战时情报机关首脑曼斯菲尔德·卡明的名字（和他在信件中使用大写字母“C”的习惯）以及许多当地工作人员的姓名。麦肯齐还通过罗列大量信件和电报文本的方式，以增加小说的逼真程度。《希腊记忆》所泄露出的信息无疑引起了公众的关注。“秘密情报局的神秘首脑”，《每日邮报》的报道中写道，“头字母‘C’的身份已被人揭开”。②

秘密情报局当时的首脑，海军上将休·辛克莱（Hugh Sinclair）当即采取措施封杀这本回忆录。他告诉外交部，“从国家利益的层面看，这本回忆录的所有材

---

① Mackenzie，*Extremes Meet*，21，23，60，70.

② *Daily Telegraph*，27 Oct. 1932.

料都可能会引起异议”。他控诉这本回忆录搞砸了战时和当下的情报工作，它不仅写出当时情报局成员的姓名，还写出了那些已经离开情报局的老成员姓名——这些老成员有可能在未来被重新雇佣，因此情报局需要保持他们同相关秘密情报的联系。对于即将离开情报局的现成员以及想出版回忆录或类似东西的作家来说，这本书同样开创了“一个非常危险的先例”。根据《官方机密法案》(*Official Secrets Act*)，任何人禁止未经授权就公开在政府工作时获得的官方信息，麦肯齐因此而受到起诉。他欣然承认该回忆录的大部分内容均基于公函写成，麦肯齐别无选择，只得伏法。然而，(他在下一本回忆录中写道)诉讼过程和随后的审判却如同一出滑稽戏剧。在诉讼的过程中，听证席上的一位军情五处官员对回忆录所揭露内容表示尴尬：在麦肯齐书中被认出来的情报局官员中，克利福德·希思科特·史密斯(Clifford Heathcote-Smith)，英国驻亚历山大里亚总领事，被麦肯齐列在了“1915—1918年爱琴海情报官”的条目中；另一位专业考古学者艾兰·韦斯(Alan Wace)，从来就不是任何情报机关的成员；第三位，克里斯特马斯上尉早已去世，因此根本不可能受情报部门雇佣。①

审判时，许多人都出现在现场的照片中。麦肯齐从前在加里波利的老上司伊恩·汉密尔顿爵士和驻雅典的海军武官威廉·赛尔斯上将(William Sells)都为麦肯齐的优秀人格作证。赛尔斯告诉法官，麦肯齐不管怎么说都是一个令人尊敬的男子汉，一个忠于国家的好公民，他的战时工作具有很大价值。尽管麦肯齐最终被判有罪，但法庭仅仅判他100英镑的轻微罚金并令他再支付100英镑的起诉费用。这惩罚虽然轻微，但麦肯齐却为自己的辩护花了大笔费用并推迟了在最后一卷战争回忆录中(1940年出版)继续披露事实。在最后一卷回忆录中，他写道：“我压着大量有关间谍活动的有趣材料没有写出来，尽管22年后这些材料可能不会伤害任何人或任何事，但我已不想再因情报工作而招致麻烦了。”②

---

① Jeffery，*MI6*，Mackenzie，*My Life and Times Octave Seven*，80-100.

② *The Times*，13 Jan. 1933；Mackenzie，*Ægean Memories*，vii.

塞尔维亚和萨洛尼卡

塞尔维亚一直被奥匈帝国当作弗朗兹·费迪南遇刺罪魁祸首，它是哈布斯堡军的首要目标，然而竟在 1914 年的秋天出人意料地击退了奥军的入侵。到了 12 月中旬，交战双方陷入僵持状态。早期战役付出了高昂的代价。军队、平民和农村刚刚从 1912-1913 年巴尔干战争的困难中恢复过来，又要遭到现代工业化战争的摧残，这场战争本身正因该地区众多的民族与教派对立而变得更加激烈。塞尔维亚 1914 年的胜利连同 1912 年至 1913 年打败宿敌奥斯曼的胜利，都大大地增加了塞尔维亚人的民族自信心。然而 1914 年的战役却令他们付出了昂贵代价；战争造成塞尔维亚 16.4 万人伤亡（全部战斗人员共 25 万人），同时也给敌军

◎ 《欧洲1916》，博德曼·鲁滨孙绘。作为一名加拿大出生的反战主义者，他同美国作家约翰·里德在1915年一同游历了中东欧及巴尔干半岛。后来他返回美国参加反战运动并于1916年10月在社会主义者的月刊《大众报》上发表了这幅画作。

造成27.3万人的伤亡(全军共45万人)。在所有死伤者中,大约有6.9万人死于战场受伤或疾病。[①] 奥匈军队针对平民的暴行同在比利时的德军都被媒体大范围报道。尽管这些不人道行为早在巴尔干战争中就出现过,但它们还是标志着战争行为的升级——如今各国已普遍认为平民和非战斗人员也可以成为军事行动的合法目标。

在1915年间,美国左翼作家约翰·里德(John Reed)同加拿大裔插画家博德曼·鲁滨逊(Boardman Robinson)一同游历了中东欧及巴尔干半岛,两人均希望能够见证世界大战的"戏剧性高潮"。里德神色里有些失望,后来他写道,"我们真是非常幸运,所到之处都处在战争状态下的一种短暂宁静中"。里德很快便随遇而安,说道:"这种宁静让我们能够更好地观察长期战争中的东欧民族日常生活。"这是一次揭示战争真相的观察,当他在1916年3月写下新书的引言时,他想到这场战争已经十分罕见地持续了十八个月。里德写道:"人们已经安下心来把战争当成一份工作,他们开始调整自己适应新生活方式。"[②]

在他的旅行过程中,里德在1915年春天和秋天两次访问塞尔维亚。在第一次访问过程中,他将所写文章的两个章节标题拟为"死亡国度"和"毁灭之国",这两个标题准确地总结了他看到的绝望处境。1914年战役结束不久,一场可怕的霍乱和斑疹伤寒尾随而至。瘟疫造成35万人死亡(塞尔维亚共440万人)。里德发现这个国家的士兵"两颊凹陷……穿着肮脏不堪,面黄肌瘦",残余军队还要忍受跟世界上最强军事力量进行可怕战争的痛苦(这有一点画蛇添足的感觉,因为侵略者全都是哈布斯堡军),另外还要遭受瘟疫的打击。[③]

当1915年里德第二次短暂地访问塞尔维亚时,他从索菲亚路过,在那里他听到人们谣传保加利亚很快将加入同盟国参战。在两国交界的皮罗特州,当地

① Mitrović, *Serbia's Great War*, 102。这是有关塞尔维亚与"一战"的最好的英文论著,我基于此写成了塞尔维亚的部分。

② Reed, *The War in Eastern Europe*, v-vi,

③ 同上,29,35-6,43,87;Yovanovitch, *Les effets économiques et sociaux de la guerre*, 5, 200。

的塞尔维亚人充满自信。“保加利亚要参战了吗？”塞尔维亚报关员问道，“它最好不要这么做——因为我们只用两天就能开进索菲亚”。但是，里德问道，万一塞尔维亚受到奥地利和德国攻击怎么办？“呸，你让他们再来试试！让他们一起上！塞尔维亚将鞭打整个世界！”[①]然而对塞尔维亚人而言，悲哀的是，情况并不是这样。塞尔维亚的资源在 1915 年已经日益稀少，在这个阶段塞尔维亚动员了大约 70 万人服兵役，占塞尔维亚总人口的六分之一，整个国家都严重缺少食物和军事物资。1915 年 4 月协约国军在加里波利半岛登陆以后，德国开始担心奥斯曼友军的承受能力，并开始为重新进攻塞尔维亚，打通最快到达土耳其的交通线制定计划。德国以塞尔维亚、希腊以及罗马尼亚的一部分领土为保证，诱使保加利亚加入了同盟国，和协约国交战。此时此刻，为了增援塞尔维亚并促使希腊加入协约国，法军（英军紧随其后）开始在萨洛尼卡登陆，然而这种部署兵力太少，且时间太晚，没法给塞尔维亚任何帮助。

1915 年 10 月 5 日，保加利亚军攻入东塞尔维亚。两天后，德军和奥匈军从北面来犯。塞尔维亚虽然也采取了一些孤注一掷的防御措施，但很快就被敌人压倒性的力量击溃。与此同时，保加利亚军向南推进，切断了协约国军从萨洛尼卡支援的可能性，11 月底，军事形势已无法挽回。塞尔维亚宁可试图保留军事实力，也不愿意投降。塞尔维亚最高指挥部决定撤到西边的亚得里亚海沿岸，在那里，他们希望协约国能够提供一些实际援助。

这场撤退被称为塞尔维亚版的“各各他”，他们在 1915 年 12 月奇寒天气里翻越阿尔巴尼亚和黑山（旧译黑山）荒凉的群山，成为第一次世界大战中最为惊人的壮举之一。开始行军时，大约有 25 万士兵和平民难民，然而据估计有 7 万人牺牲。随军的平民人数至今仍然不明，一份战后的统计数据大胆猜测共有 14 万平民在这次“阿尔巴尼亚撤离”中遇害或去世。[②]英国记者戈登·戈登-史密斯（Gordon Gordon-Smith）报道了行军过程中的恶劣处境。在利欧姆-寇

① Reed，*The War in Eastern Europe*，331.

② Yovanovitch，*Les effets économiques et sociaux de la guerre*，304.

拉（Lioum-Koula，靠近塞尔维亚西南普里兹伦），他所跟随的部队在那里停留了一整天："我沿着马路徒步走了 5 英里。每隔 500 码左右，我就会看到一些死于严寒或疲惫的死者尸体。"在一篇宣传类报道中，戈登·史密斯将翻越阿尔巴尼亚山脉的撤退比作拿破仑穿翻越阿尔卑斯山；不过，拿破仑是在经过长期周密的准备后才行军的，而不幸的塞尔维亚人出发时，军队已经处在弹尽粮绝的最后阶段，他们没有食物、衣服褴褛，还缺乏运输工具。行军的最后阶段最为艰辛，牲口的饲料和人的食物都已很难获得。在靠近普卡（今普克）的群山中，戈登-史密斯看见狼群在撕咬马的尸体。他们在山中极寒的条件下侥幸生还，之后还得前行大约 20 英里，穿过"又深又险的泥潭"才能到达靠近亚得里亚海的斯库台。从那里，他们继续向南来到海边的都拉佐和沃隆（Volonë）。①

聪明过人的塞尔维亚第 2 步兵团护士弗洛拉·桑德斯（Flora Sandes）也随同塞尔维亚军一起前行，不过她走得更往南一些。作为一位爱尔兰家庭出身的姑娘，桑德斯很早就会骑马、射击和开车。她在自己的自传中写道，当她还是一个小女孩的时候，"每晚我都会祈祷：当天亮我醒来时，会发现身边站着一个男孩子"。她接着写道，有时造化弄人，在战争期间，她猛一下子投入塞尔维亚军中，此后七年实际上都过着和男人一样的生活。1914 年 8 月，39 岁的桑德斯被英国陆军部拒绝参战后，她跑到塞尔维亚，在当时援助该国的众多协约国及美国的人道主义传教组织中当一名护士（像埃尔希·英格利斯一样）。1915 年 11 月，她正在塞尔维亚西南部，那里的塞尔维亚军在人数比他们多四倍的保加利亚军的进攻之下，节节败退。桑德斯写道："在接下来的六周内我们实际上一直在打后卫战——由于持续数周的战斗、饥饿、生病和缺少大炮支援，剩下的少量部队已疲惫不堪。"②

在撤退期间，素怀理想常女扮男装的桑德斯宣誓加入塞尔维亚军，成为一名正规军士兵。"回想过去，"她回忆道，"我似乎只不过是顺其自然地从护士逐

① Gordon-Smith, *Through the Serbian Campaign*, 164–74.

② Sandes, *Autobiography*, 9; *eadem*, *An English Woman-Sergeant*, 63; MacMahon, 'Captain Flora Sandes'.

◎ 弗洛拉·桑德斯出生于一个英国的爱尔兰家庭，起初她作为护士工作，后来在塞尔维亚“受难之旅”中——1915年年间向阿尔巴尼亚亚得里亚海海岸的撤退——当兵。

渐转变为士兵。”“其实女人参军也没有什么好奇怪的，因为塞尔维亚的农家姑娘们偶尔也会在军中服役。”事实上，她自己的团中就有一位这样的农家姑娘。桑德斯并没有被当成一名传统意义上的士兵，团中军官给了她一匹马，她自己有一名勤务兵负责照料她的生活所需，晚上还可以睡在自己的行军床上。虽然如此，桑德斯还是很快就加入了战斗，向赶来的保加利亚军射击：“有时我们只是随性打打伏击，有时又要按副排长命令开枪齐射……我很幸运一直能使用步枪，有了它，作战非常顺利。”1916 年 8 月，在桑德斯离开伦敦两个月后路过土伦时，法国《晨报》(*Le Matin*)报道了她的事迹。这些报道的标题分别为“塞尔维亚军中的爱尔兰女人”“作为一名普通士兵，她的英勇让她赢得了军阶”，它们讲述了桑德斯如何奔赴塞尔维亚成为一名护士，又如何在向都拉佐艰难撤退过程中成为军人的经历。①

塞尔维亚军的撤退让 1914 年 8 月就参加协约国作战的黑山暴露在敌人的兵锋之下。1916 年 1 月，面对寡不敌众、武器也不如人多的局面，黑山在强大的奥匈攻势面前宣布投降。不过，黑山在 1916 年最初两周内的抵抗，却保护了

① Sandes, *Autobiography*, 12; eadem, *An English Woman-Sergeant*, 140–51; Le Matin, 7 Aug. 1916. 该报道也出现在 *the New York Times*, *8 Aug. 1916*。桑德斯挑战陈规故事的相关讨论见 Lee, ‘A nurse and a soldier’。

1915 年 12 月抵达亚得里亚海沿岸的塞尔维亚军。1916 年 1 月，在希腊抗议、英国和意大利勉强默许的情况下，法国占领了希腊岛屿科孚岛（Corfu）作为塞尔维亚军队的避难所。为了证明希腊违反中立原则是合理的，法国错误地宣称该岛曾是奥地利潜艇的补给站。2 月末，大约 13.5 万塞尔维亚人撤退到科孚岛，另有 1 万难民撤退到法国北非属地突尼斯的比塞大（Bizerta）。塞尔维亚军刚刚恢复活力并被重新补给，协约国又计划将他们部署到萨洛尼卡前线。1916年3月，协约国计划让塞尔维亚军前往希腊本土并在那里乘火车前往萨洛尼卡，该计划被急于维持中立表象的希腊政府明确否决，最后他们直接乘船前往萨洛尼卡。6 月，15 万塞尔维亚军在萨洛尼卡集结。①

在1916年至1918年敌占军领期间，塞尔维亚和黑山的日子都不太好过（1914年哈布斯堡最初进攻后也是这种情况）。特别是 1916 年夏天过后，这里的生活相比于比利时和法国占领区要更加艰难。例如，在比利时和法国的占领区内，民族主义武装团体可以在偏远山区内集结起来，筹划反抗占领区的抵抗运动。关于东塞尔维亚的保加利亚政府强征塞尔维亚人参军的谣言让更多的年轻人逃往农村。1916 年 9 月，驻贝尔格莱德的德国领事向柏林报告称，罗马尼亚在 8 月底的参战向塞尔维亚人中注入了“新的希望”。他还报告，有一名塞尔维亚东正教牧师，因为一直为抵抗者祈祷而被奥匈当局绞死。在尼什附近的保加利亚统治区域内，同时还出现了零星的战斗。在同一个月的月底，还有一场行动昭示了未来第二次世界大战期间欧洲占领区的抵抗。塞尔维亚军官科斯塔·米洛瓦诺维奇·佩察内克中尉（Kosta Milovanović-Pećanac）乘坐从萨洛尼卡起飞的飞机在尼什西南登陆。他联系上当地的游击队，告诉他们：协约国正安排发动塞尔维亚攻势，他们要准备好“切特尼克行动”，去袭击铁路线和桥梁。佩察内克准备了一份（协约国攻势到来时就会签署的）公告，宣布“在被奴役了一年后，从德国—保加利亚的枷锁里解放的时刻已经到来，勇敢的战士们正向我们走来”。

12 月 15 日，塞尔维亚非正规兵团（comitadji，即游击队）在布拉泽沃

① Mitrović, *Serbia's Great War*, 154–64; Tounda-Fergadi, ‘The Serbian troops on Corfu’, 29–40.

（Blaževo，位于尼什以东）附近袭击了一队奥匈宪兵，杀死了其中八人。此事引发了整个地区的军事大扫荡。房屋遭到搜查，50多间房子被破坏，在布鲁斯（Brus）附近，有30人因被怀疑是游击队员而被立即处死。在普里什蒂纳（Prishtina）东南的科索沃米特罗维察（Kosovska Mitrovica），占领区当局在新年之际对可能发生大规模叛乱有所警觉，特别是他们在一名嫌疑人家中发现了佩察内克的公告之后。"如果我们现在不设法扼杀起义"，当地的军事指挥官在1月11日写道，"我们将不得不在春天去对付一场浩大的非正规兵团运动"。占领区当局因此很快采取严厉措施。一百名嫌疑人被捕，其中半数被判以各种刑罚。29人被判死刑，其中13人被处死。[①] 这种袭击与报复在战争期间的占领区里持续不断，使整个国家的物质以及精神层面遭到严重破坏，它给后世留下了对立与仇恨，昭示着未来该地区族群关系的恶化。

与此同时，在萨洛尼卡的塞尔维亚军答应为协约国效力。大卫·达顿（David Button）对"一战"时期英法两国在巴尔干半岛的历史进行过研究，他认为"萨洛尼卡战役似乎有悖常理"。[②] 在最初使塞尔维亚免于在1915—1916年冬天全线溃败的目标失败之后，一度总数超过一百万的协约国军竟然因没有明确的军事目标而陷于颓废，战事如西线一般呈现静态。造成这种情况的原因在于疟疾肆虐；在这里，医疗上的伤亡人数远远超过在实际战斗中的死伤人数。从战略和军事上看，萨洛尼卡的保证主要是出于法国对该地区的关注和野心。尽管法国参加加里波利战役，主要是由于不想将这片地区完全让给英国；但在萨洛尼卡，情况恰恰相反。萨洛尼卡战役主要是法国投机，英国勉强参与，以免得不到胜利后的奖品。由于加入了协约国，从1915年到1918年，萨洛尼卡一直是"一战"期间最具代表性的战场之一，来自法国、英国、意大利、俄国、塞尔维亚、黑山以及（最后的）希腊的战斗部队对阵来自德国、奥匈帝国、保加利亚和奥斯曼帝国的同盟国军队。和其他地方一样，为了增援战斗部队，相当

① Mitrović，*Serbia's Great War*，245-77.

② Dutton，*The Politics of Diplomacy*，14.

数量的非战斗人员被编入新兵，他们很少有史料留存下来。据英国方面称，到1918年1月，这里有超过1.6万希腊人，2400名土耳其人，2000名国籍不明的女性和2000名马耳他人。24所马其顿劳工营中混杂着希腊人、塞尔维亚人、土耳其人、保加利亚人和犹太人。[①]

1915年10月，第一批到达萨洛尼卡的是法军第156师和英军第10（爱尔兰）师。他们都是从令协约国高层（在达达尼尔作战）信心减退的加里波利撤下来的部队。第10师的将士们并没有对萨洛尼卡过于迷恋，虽然在几个月的军营和战地生活过后，一座港口大城市相当吸引人。第一批抵达萨洛尼卡的约翰·麦基文（John McIlwain）中士写道，当地居民一开始“温文有礼”，但是很快就意识到了赚钱的机会。成百的小商贩穷追不舍，战友们从他们手里购买科涅克酒并同他们“情投意合”，丑态毕露。另一名士兵回忆道：“当地人起初怀有敌意，有几名士兵被人用匕首刺中肋骨而死！”他又沉思了一会儿，说：“很难想象，早在1912年，萨洛尼卡还是土耳其人的领土，而且土耳其人还占相当大比例。”[②]

法军首先从萨洛尼卡移兵北上，越过塞尔维亚边界，进至瓦尔达尔河谷地，他们在那里很快与来犯的保加利亚第二军接触。[③]第10师还在加里波利作战时战斗力就不强，不过在经过了短暂的休整之后，在11月底被部署在边境线上。英法联军在严冬中遭受了很大的损失（因为许多人并没有做好充足的准备），他们在12月6日至8日的科斯图里诺战役中遏制了保加利亚军的强劲推进，但是随后又被迫撤回到保加利亚军无法跨越的边境线上，最终在萨洛尼卡再次集结。“保加利亚人就像苍蝇一样过来”，在第10师服役的爱尔兰诗人弗朗西斯·路德维奇（Francis Ledwidge）写道，“尽管我们按逐条防线陆续后撤，但他们仍坚持

① Starling and Lee, *No Labour, No Battle*, 169–72.

② McIlwain diary（IWM）and ‘First to land in Salonika’ in *The Mosquito*, *Dec. 1934*（均引自 Sandford, *Neither Unionist nor Nationalist*, 178–9）.

③ 这段叙述来自 British Official History, Falls, *Macedonia*，对此最好的英文版著作是 Wakefield and Moody, *Under the Devil's Eye*。

不懈地顽强抵抗，最终还发起刺刀冲锋，取得了胜利”。[①]

驻守萨洛尼卡的协约国军队是东方军（Armée d'Orient）。这支军队组建于1915年年底，由5个英国师和3个法国师构成，后者还包括了占相当大比率的非洲殖民地士兵和一些小规模的分遣队（包括3000人的塞尔维亚分遣队），总兵力大约15万人。在1916年，在萨洛尼卡的部队数量迅速增长，截止到当年12月，这里已有20个协约国师，其中包括了意大利师、两个俄国旅和希腊国民军（韦尼泽洛斯党）的两个团。萨洛尼卡城变成了一座用来对付保加利亚人进攻的军营，它附近70英里处皆有带刺铁丝网环绕，固若金汤，号称“鸟笼”。

事实上，据英国官方历史学家西里尔·福尔斯（Cyril Falls）描述，在1916年最初的几个月中，萨洛尼卡城的生活波澜不惊，有时也会有有趣乃至诙谐的一面，唯一的不便就是有时突如其来的空袭。他写道，当地居民十分乐意向守军提供补给品来获取利润，食品、饮品供应商以及娱乐节目的贡献者们都会获得一份丰厚的“战利品”。福尔斯对萨洛尼卡颇为不屑，甚至有些纡尊屈贵地说：“艳俗大行其道。”他写道：“萨洛尼卡无疑充满乐趣，但是艳俗要比欢乐明显得多；快乐的女性是爱神最后一支后备军。”[②]令战后一些评论家困惑不解的是，同盟国迟迟不愿进攻萨洛尼卡基地，尤其是在1916年年初，萨洛尼卡的防御体系还尚未完成的时候。德国将军马克思·霍夫曼（Max Hoffmann）事后承认，这也是众多“错失的机遇”之一。他认为，在萨洛尼卡的协约国部队牵制了马其顿的保加利亚军（和其他同盟国军），它们本可以在东线其他地方派上用场，并且促使罗马尼亚加入同盟国，或至少保持中立。除此之外，萨洛尼卡还成了协约国在1918年打败保加利亚的重要基地。[③]

在1916年的前三个月里，萨洛尼卡的法国指挥官莫里斯·萨哈（Maurice Sarrail）正迫不及待地准备发动新攻势。然而英军根本不热衷于此，他们认为

① Curtayne，*Francis Ledwidge*，139.

② Falls，*Macedonia*，104–5.

③ Hoffman，*The War of Lost Opportunities*，123–8.

虽然军队规模够大，但在发动攻势之前还需考虑增援问题。当时没有部队可以增援；法军需要和凡尔登同样的兵力，但在何种情况下都不可能有多余的运兵船，因为它们正被用来将士兵从中东运到法国，或将塞尔维亚军从科孚岛运往萨洛尼卡。1916 年 3 月 12 日，在尚蒂伊会议的一次讨论会上，英国总参谋长威廉·罗伯森（William Robertson）提出的反对意见更进一步地说明了“一战”的全球性影响。他说，在萨洛尼卡的英国师想要转移，需要骡子，可是当前的船只不足，使得我们无法从南美洲进口它们。据英军在萨洛尼卡的高级将领布莱恩·马洪（Bryan Mahon）计算，除了他们已经有的驮兽外，每个师还需要 1676 头驮兽以及 1232 名司机（这些人中包括来自马耳他和塞浦路斯的志愿者以及在当地雇佣的司机）。虽然如此，尚蒂伊会议仍同意在 1916 年发动一场总攻并让萨哈将自己的部队带出大营，前进至北边的瓦尔达尔河流域以及东北方向的斯图曼流域[①]。

1916 年 5 月，鲁佩尔要塞的希腊军向保加利亚军投降，这让萨洛尼卡的指挥层处于高度警戒状态，进而派出军队保卫城市。第 10 师在 6 月上旬被部署在斯图曼。在经历了去年 12 月的严寒后，如今他们又要被炎热的初夏袭扰。“行军很残酷，天热得像地狱一样”，皇家爱尔兰燧发枪团中尉大卫·坎贝尔（David Campbell）写道，“我们勉强度过了一段非常可怕的日子，在我们的团中有 27 人离队，伦斯特团有 60 人离队，康诺德游骑兵团有 80 人，汉普郡团有 119 人”。他们刚在疟疾盛行的村子里安顿下来，又要遭受蚊虫的折磨。坎贝尔写道：“那个夏天我们所遭受的折磨难以言表。”一天早上在检查前哨时，坎贝尔发现自己的战友身体浮肿，皮肤发红……他几乎认不出他们了。他们整晚都被蚊子袭击，几乎被它们活吞。尽管军中准备了大量的防范措施——各师都发放了捕蚊网、手套和奎宁，但士兵们仍然饱受折磨。在 1916 年 7 月至 10 月间，有近 2 万例疟疾报告，其中许多人反复患病，造成 296 人死亡。疟疾是当地的流行病和社会气氛沉闷的主因，非战场上的伤亡人数是整个萨洛尼卡战役伤亡总数的二十

① Falls，*Macedonia*，107-12.

倍。在 481262 名非战场死伤者中，有 162517 人是由疟疾导致的。[①]

8 月初，当 15 万塞尔维亚军抵达萨洛尼卡时，萨哈将军正准备让英法联军向西北方向的莫纳斯提尔（Monastir）发动攻势。然而，对面的保加利亚军却抢在他前面于 8 月 5 日越过希腊边境，于 8 月 17 日发起总攻。在经过两周的苦战后，保加利亚军被证实是作战果决的对手，协约国停止前进。由于英军在斯图曼流域牵制住了保加利亚军和德军，萨哈在 9 月 12 日又发起进攻。在再次回乡前景的激励下，塞尔维亚军承担了主要负担，他们于 9 月 30 日又回到了自己的家乡。尽管德军曾赶来增援前线，协约国在 10 月下旬仍在继续向前推进。11 月 19 日，塞、法两国骑兵进入莫纳斯提尔，法、俄两国步兵紧随其后。随着进攻势头的减弱以及补给线的延长，协约国部队不再前进，前线在莫纳斯提尔以北稳定下来，保持了几乎整整两年。但是这场攻势代价很大，塞尔维亚军损失了 2.7 万人，法军损失了 1.4 万人，而敌人可能损失了 4.5 万人。

对于更东边的英军而言，他们在斯图曼流域的增援战中遭受了 5000 人的伤亡。同样，这里的前线自从 1916 年秋天以后就大体保持在静止状态，直至 1918 年底英国才向保加利亚进行了一次小规模的进攻，而与此同时塞尔维亚、法国和希腊的胜利给人的印象才更为深刻——是他们让保加利亚在 1918 年 9 月 30 日投降。随着保加利亚的投降，塞尔维亚军高歌猛进，解放了自己的国家和黑山，从而为崭新的“南斯拉夫”奠定了基础。

苏伊士防御战与阿拉伯起义

在“一战”期间，为支持战争目标而进行意识形态动员的做法被广泛采用。同盟国与协约国都试图将民族、国家以及宗教信仰当成在特定地点对付敌人的

① Campbell diary（引自 Johnstone，*Orange*，*Green and Khaki*，259-60）; Mitchell and Smith，*Medical services*，187，194。

一种武器，或者更多地是当作一种“力量倍增器”。然而，它也以其他的形式起到了相反作用。列强们的困境似乎是所有人的机遇。由于当时的某些国家会提供国际性报酬——通常都是领土报酬，一些民族和其他利益团体便将为一方或另一方效力当成一个获得好处的机会。诚然，这种谈判或者钻营并不是全基于对物质利益的利己计算。许多相关人士也是理想主义者，他们仅仅是想同战时云谲波诡的国际政治进行交涉，而不要过多地牺牲自己的主张。这可以在中东地区得到证明，在那里，交战双方都相信穆斯林的忠诚可资利用，英国人尤其相信，阿拉伯人对从奥斯曼统治者处赢得自治权的渴望可以被调动起来，使形势有利于协约国。

中东同样也符合欧洲各国对帝国（或国家）利益的长远考虑。从西欧或北欧的角度看，中东地区诚如19世纪中叶的A·P·桑顿（A. P. Thornton）所言，不过是“欧洲外交的一张棋盘”。[①] 在非欧世界的其他地方，列强们企图沿着大国政治所划定的界限瓜分地盘（通常这种工作都在小比例尺地图上进行），不会考虑当地居民的利益。因此，在1914年至1918年的中东，某种程度上讲，由于战时的情况，一些当地的受压迫群体同样打算获得好处，然而在残酷的战后世界里，他们的成就在许多情况下只是流于形式。

英国在中东的主要目标在于保护印度以及从经过苏伊士运河的帝国交通线。自1882年起，英国实际上已经统治了埃及，尽管直到战争开始前，土耳其苏丹仍保有名义上的宗主权。1914年11月后，英国已经全面控制了埃及并让埃及成了协约国同奥斯曼帝国作战的大型军事基地。奥斯曼帝国在参战以后，还想着要重新征服埃及——即便没有成功，至少也要收回1912年战争中输给意大利的利比亚、昔兰尼加和的黎波里塔尼亚。与此同时，德国想要让埃及的民族主义者举行反英起义。奥斯曼帝国虽然对埃及人的独立没有兴趣，但他们无疑欢迎阿拉伯志愿者来到他们的军中，他们希望这些人同样可以煽动运河沿岸印度和埃及军队中的穆斯林士兵。1915年2月，一支兵员不足的土耳其军队（1.9万人，

① Thornton，‘Rivalries’，567－8.

他们依赖的补给线不但很长，而且时常危机四伏）行军几百英里，穿越西奈沙漠，抵达运河，然而却被数量占优的英国和印度军队击败。土耳其人对埃及没有任何民族起义的迹象感到失望（这正是他们依赖的），他们撤回了巴勒斯坦境内。在 1915 年其余的时间内（4 月以后，英国与土耳其的注意力都集中到了加里波利半岛），这片战区不再有进一步的行动，只有少数土耳其人不时会对运河进行小规模袭击。[①]

在加里波利取得胜利之后，奥斯曼最高指挥部再次准备攻击苏伊士运河。1915 年期间，他们完善了巴勒斯坦的基本交通设施。11 月，土耳其的铁路直达距边境 30 英里远的贝尔谢巴（Beersheba）。在巴勒斯坦的奥斯曼第 4 军指挥官杰马勒·帕夏（Cemal Paşa），创建了由德国上校克里斯·冯·克雷斯施泰因（Kress von Kressenstein）领导的“沙漠部队指挥部”。1916 年 4 月，克里斯率领一支偷袭部队穿越西奈半岛，破坏了距运河 20 英里的卡提亚英军前哨。8 月上旬，他率领 1.2 万人（含德、奥两国炮兵）向卡提亚以西的毕尔罗姆（Bir Romani）发起一场更为实质性的进攻，然而这场进攻却被英国军队和澳新军团所击退。据土耳其人自己形容，他们的损失“比较轻微”，总共有“1000 人战死或受伤”。[②]

在这一战之后，主动权转移到英军手中，他们在 1916 年的大部分时间里都在为如何向巴勒斯坦进军想尽了办法。他们修建了一条铁路，从运河向东铺设了一条供水管道。1916 年 10 月，埃及已有 15 万英国军队和 6000 印度军队。和其他战区一样，战斗部队也有得到了非战斗人员的后援。除了几千名在当地雇佣的临时工人外，英国守军还得到了 1.3 万人的埃及劳工团的支持，他们当中有许多人都曾在加里波利服役过。1915 年 1 月，由于骆驼运输兵团的创立，辅助部队的人数迅速增加；到当年年底，这支兵团总共有 2.5 万名司机和 3 万头骆驼。[③]1916 年年末，一支包括澳新骑兵师在内的英国军队，占领了土耳其在西奈的最后一个重要据点美吉多（Magdhaba）；此次战役的胜利让英军为 1917 年向

① Bruce，*The Last Crusade*，此书对苏伊士河战役与巴勒斯坦战役做了简要描述。

② Erickson，*Ordered to Die*，155.

③ MacMunn and Falls，*Military Operations Egypt and Palestine*，23，247.

巴勒斯坦缓慢行进做好准备。

杰马勒帕夏对正在进行的进攻行动保持着审慎的态度，某种程度上是受到了辖区内治安情况的影响。在战争初期，“大叙利亚”（叙利亚、黎巴嫩和约旦）的阿拉伯居民没有对他们的奥斯曼主人表现出丝毫的不忠。由于奥斯曼军队按地区进行组织，1914 年年底，杰马勒所领导的部队主力都是由叙利亚和伊拉克的阿拉伯士兵组成，他们大体上支持奥斯曼帝国的事业。除了这些事情之外，拉希德·哈利迪（Rashid Khalidi）还注意到，大多数穆斯林群体四个世纪以来对最大的伊斯兰国家的忠诚，极大地增强了他们的归属感。[①] 虽然进步民族主义者主张政治分权、地方自治以及文化权利（如阿拉伯人的教育），但人们的普遍态度却认为：公共权利与个人主张应当同渐进的政治制度改革相适应。然而，在奥斯曼帝国（和其他帝国）内部，战争却让有限的忠诚处于高度紧张状态，有时甚至将其逼到了临界点。参战的实际决策是由主张适度现代化、土耳其人控制的联合与进步委员会制定的，在战前的几年，他们对奥斯曼帝国的政治和政府造成了很大影响。随着“青年土耳其”运动的出现，联合派逐渐倾向于土耳其民族主义和帝国的“土耳其化”。帝国加入战争的同时，帝国资源的动员也在进一步强化帝国的土耳其特质（Turkishness）和土耳其民族情结。

这上述现象在杰马勒帕夏的叙利亚政策中可以看到。法国人在这片地区有传统利益，法国总领事弗朗西斯·乔治-皮科（François Georges-Picot）一直在暗中推动马龙派基督教领袖举行反抗土耳其人统治的武装起义。在土耳其参战以及皮科被驱逐出境之后，土耳其政府在领事馆发现了与起义相关的文件，这让某些阿拉伯人的领袖被卷入外国阴谋中。自 1914 年 11 月起，英法两国频繁同叙利亚接触，企图煽动反土骚乱。这足以让杰马勒利用捕获的文件宣判一些黎巴嫩人，叙利亚人和巴勒斯坦人的领袖（包括政治家、记者、律师和士兵）叛国罪。亲法的黎巴嫩马龙派牧师约瑟夫·哈耶克（Yusuf Hayek）于 1915 年 3

① Khaldidi，‘The Arab experience’，647，我引用了此文。Strachan，*The First World War*，*chap. 8* 在此也有讨论。

月22日在大马士革被公开绞死。8月21日，又有11名受害者——10名穆斯林和1名基督徒——在贝鲁特的中央广场被同时公开绞杀。一系列的公开处决都发生在1916年。4月5日，一名贝鲁特基督徒被绞死，5月6日又有21人被处决，其中7人在大马士革，14人在贝鲁特。在他们之中有一名参议员，三名议会代表，一名地方官员，一名军官和一名报纸经营者。17个人是穆斯林，其余都是基督徒。在公开处决的同时，沉重的赋税也加在了当地居民的身上，几百名嫌疑人被捕入狱或遭流放。考虑到部队中的逃跑程度，1916年，杰马勒帕夏在雅法同时处决了一名穆斯林、一名基督徒和一名犹太人逃兵，作为对其他人的警告。他还逐渐将阿拉伯部队调离自己的指挥部，改换更为可靠的安纳托利亚部队。①

在战前和战争初期，许多巴勒斯坦犹太人怀揣在帝国里求得一席之地的政治目标投身奥斯曼帝国军中。在"一战"以前，非奥斯曼人可以通过长期的妥协保留他们的外国国籍，并从外国领事馆的保护中获得补偿——例如俄国使馆就保护了许多从19世纪末以来陆续来到巴勒斯坦的犹太移民。1909年的青年土耳其宪政规定公民权和宗教信仰自由并为招募非穆斯林新兵打开通路。在土耳其加入同盟国之后，让步体制就此失效，男性移民们面临一个艰难的选择：要么"奥斯曼化"，即获得奥斯曼帝国国籍(并承担义务兵役)要么离境。对于女性而言，她们的选择比较随意，尽管一些政治活动家和他们的男同僚们欢迎她们成为"新奥斯曼人"。1914年毕业于雅法希伯来高中(Gymnasium)的犹太青年协会领袖巴鲁克·本·耶胡达(aruch Ben-Yehuda)写道："他们是奥斯曼化理论上和实践上的拥护者。"②

可以参军的事实并没有令多少人振奋。当奥斯曼帝国宣布战争是一场圣战时，许多非穆斯林新兵被派到了劳工队(amele taburlari)里。亚历山大·阿隆赫索恩(Alexander Aaronsohn)就是其中的一名新兵，他在1914年8月和20名犹

① Andrew and Kanya-Forstner, *France Overseas*, 66-7; Antonius, The Arab Awakening, 185-90; Abramson, 'Haim Nahnias', 23.

② Melman, 'Re-generation', 130-3.

太同胞参军，最初在一个常备步兵团里服役。在奥斯曼帝国的统治者宣布圣战以后，该团中的所有犹太人和基督徒都被屈辱地转移到了劳工营里。“我永远不会忘记那天的羞辱”，他写道，“那天，军纪最严明的我们，第一次被肩上扛枪、龇牙咧嘴的阿拉伯士兵赶着推独轮车，用铲子干活”。这种待遇自然会让与之有关的新兵受到冷落并促使像阿隆赫索恩这样的犹太人倾向协约国。阿隆赫索恩设法把自己从奥斯曼帝国军中赎回来。1915 年 7 月，他带上一本伪造的中立国护照，陪同他的妻子(实际上是他姐姐)一起逃到一艘正在收容贝鲁特难民的美国军舰上。他成了其兄长亚伦所领导的犹太情报网的一员，该情报网在巴勒斯坦的运作颇有成果，直至 1917 年秋天被土耳其当局以暴力手段解散。[①]

杰马勒帕夏在叙利亚的弹压不但是战况造成的结果，它也被战况所激化，造成了一批阿拉伯民族主义事业初期的烈士，进而导致阿拉伯温和派同奥斯曼帝国统治者渐行渐远。(阿拉伯半岛西部)汉志地区出现了不满情绪，在当地，协约国封锁中断了食物补给，差一点就通过破坏当地经济的方式摧毁了前往伊斯兰圣地的朝圣活动。这一切都有利于协约国煽动叛乱。从 1915 年夏天开始，埃及高级专员亨利·麦克马洪（Henry McMachon）爵士便在同哈希姆家族领袖，麦加谢里夫侯赛因·伊本·阿里（Husayn ibn Ali）商议，他许诺英国支持阿拉伯人自治，以换取反土起义。9 月，穆罕默德·谢里夫·哈-法鲁奇（Muhammad Sharif al-Faruqi）中尉到达开罗的消息令英国人信心倍增，法鲁奇是一名在摩苏尔出生的阿拉伯步兵军官，在加里波利时他曾从部队中脱逃。法鲁奇声称早在部队进驻达达尼尔以前，他就已经是一个阿拉伯军官团体的成员，这个团体一直在奥斯曼第 4 军中鼓动人们对奥斯曼帝国的不满。他向英国呈现了一幅诱人图景：如果协约国可以利用一个强而有力、分布甚广的组织，它将发挥很大作用。麦克马洪受到了鼓舞，他向侯赛因保证，作为后者领导反奥斯曼帝国起义的交换，英国将“承认并支持”阿拉伯人在阿拉伯半岛全境、巴勒斯坦以及叙

① Abramson, ‘Haim Nahnias’, 18–21; *Aaronsohn*, *With the Turks*, chs 2, 4 and 11; Jeffery, *MI6*, 132.

利亚部分地区的独立。[①]

麦克马洪刻意模糊了与之相关的具体领土，他还用一些措辞对自己的承诺加以限定："在不损害当前盟国利益的范围内，英国可以自由行动。"这句话实际上指向法俄。法国的利益一直体现在从1915年11月到1916年5月一连串的谈判中，这些谈判最终形成了比战争中任何一次军事进展都更能奠定现代中东政治轮廓的"赛克斯-皮科协定"(Sykes-Picot Agreement)。[②]这份协定是纯大国外交的一次直接行动，它丝毫没有考虑到当地居民的意见。尽管法国急于保护他们在该地区的势力，他们大部分的精力自然都集中在同德国的艰苦战斗上。这暗示了我们，法国对于中东的政策优先权其实很低。皮科不但是一名狂热的帝国主义者，还是一名资历较浅的外交官，他被提名处理法国方面的事务，同时还被允许为其目标撰写简报。皮科随后告知自己要尽其所能谋求领土，他坚称法国在大叙利亚的势力范围应从向东拓展到摩苏尔，向西南拓展到埃及内陆。

相比于皮科，法国政府实际上并没有多少扩张的意愿。实际上，它不太愿意获得叙利亚境内的领土。这令皮科在谈判进行过程中宽容大度地将自己的主张减少至黎巴嫩、叙利亚的地中海沿岸以及安纳托利亚东南部的吉里吉亚，这实际上是皮科想要的最小成果。英国方面的主要谈判者马克·赛克斯(Mark Sykes)爵士，他是一名保守党国会议员，他曾因撰写有关该地区的一系列游记而被过誉为中东专家。他决定要保证英国在埃及和波斯湾的地位。

赛克斯和皮科两人私交甚好，在1916年，他们起草了一份瓜分中东的有颜色标记的协定。法国分配到"蓝区"，包括黎巴嫩和叙利亚海岸线，吉里吉亚以及北美索不达米亚的摩苏尔省——赛克斯在这里做出让步，以便在北边的俄国的势力范围和南边的英国势力范围之间留出一片缓冲区。皮科同意英国"红区"包括美索不达米亚中、南部，紧贴埃及国境的巴勒斯坦南部，阿克里和海法的地中海港口。叙利亚和约旦内陆被指定为"独立的阿拉伯国家或阿拉伯邦联"，

---

① 麦克马洪与侯赛因的通信见 Kedourie，*In the Anglo-Arab Labyrinth*。

② 《赛克斯—皮科协定》在此书中有详细论述，见 Andrew and Kanya-Forstner，*France Overseas*，*87–102*，and Barr，*A Line in the Sand*，*7–35*。

这些地方将分区而治，英法在该地区各自享有任命政治经济顾问的专有权利。两人唯一没有取得一致的地方是巴勒斯坦中部，这个地方他们标为“棕区”，将会在将来某时由一个非指定的国际行政机构加以管理。

这份草稿还有两个附加条件。第一个（英国坚持）是只有当阿拉伯人宣布起义时，该协定方可生效。第二个条件是，两国均需征得盟友俄国同意。赛克斯和皮科两人因此前往彼得格勒。在经过一阵有关其他民族的领土变动（俄国用土耳其的亚美尼亚换巴勒斯坦边界上的土地）以及俄国同意了巴勒斯坦的特殊地位（尽管俄国向法国秘密保证他们将支持各自的领土宣称），协议终于通过。它在1916年5月15—16日的信件交换中被正式批准。

谢里夫·侯赛因对“赛克斯-皮科协定”一无所知。如果他知道协定内容，肯定不会同意发动一场由英国人支持的阿拉伯起义。英法两国对“一个独立的阿拉伯国家”的自治程度心知肚明，它们总是对阿拉伯人所希望的事情加以限制。与此同时，阿拉伯人只能将希望寄托在麦克马洪的保证上。1916年6月5日，侯赛因之子费萨尔在距离麦加250英里的麦地那发动了起义。阿拉伯人还袭击了麦加以及吉达的红海港口，占领了这些城市。可是，1916年的这些成功起义过于分散，持续时间不长。例如，费萨尔一直未能拿下麦地那，这座城市直至战争结束仍掌握在土耳其人手里。

英国对起义的支持大多是通过军需品和现金的方式，1916年10月，英国还派遣了一支军事顾问团到汉志，其中就包括了魅力非凡的T·E·劳伦斯（T. E. Lawrence），一位在余下的战争中扮演联络人角色的年轻阿拉伯学者。不过，起义的政治意义一直大于它的军事效果，它标志着阿拉伯人已经收回了他们对奥斯曼土耳其帝国的忠诚。尽管1917年以后阿拉伯人还取得了一些成功，但在巴勒斯坦的奥斯曼人的失败却最终归因于传统的英国、印度和其他英帝国的军队，而非侯赛因和他的各级领导者陆续召集的大批非正规军。事实上在20世纪30年代中期，退役的土耳其将军麦赫迈德·杰马勒·帕夏（Mehemed Jemal Pasha）告诉乔治·安东尼（George Antonius），英国的政治战要比阿拉伯起义更有效。“在他看来，”他说道，“由于英国和阿拉伯的宣传，在叙利亚传播的不满情绪比让阿拉伯人直接参战所造成的军事损伤更能伤害奥斯曼帝国。”[①]

“赛克斯–皮科协定”与现代中东

“赛克斯–皮科协定”是协约国各国（尤其是英国）在对中东和奥斯曼帝国的未来做出大致设想诸多无法调和的矛盾之一。除了1915年4月的《伦敦条约》（条约规定英法俄三国保证，如果奥斯曼土耳其帝国被瓜分，他们将支持意大利对土耳其南部地中海沿岸的领土要求）和麦克马洪同侯赛因的协定外，这些矛盾中还有1917年10月英国同意犹太人在巴勒斯坦建立“民族家园”的《贝尔福宣言》，宣言既没有给出这种“家园”的准确地位（是一个自治国家呢，还是其他？），也没有讲清“家园”的地理范围。这些承诺的歧义性，或许可称为创造性的、利己性或者为了实现其外交目标的必要性，在战后的许多年里都引起了许多政治纠纷和政治交易。在一段时期内，革命使得作为玩家的俄国直接出局，这意味着所有涉及这个旧政权的协约国协定都可以弃之一旁、置之不理。而强权政治在小亚细亚的显示情况是，特别是在加利波利的英雄下的强烈民族主义土耳其共和国的出现，实际上废除了与意大利（和以后的希腊）关于前奥斯曼领土分配的安排。这使得对中东的安排变成了英法两国间的竞争，而与之相关的阿拉伯人和犹太人大多只能绝望地扮演看客角色。

赛克斯和皮科在1919年重新谈判，最终商定给予英国摩苏尔省，以此交换法国开采那里的石油储备并给予英国在叙利亚的行动自由。[②]在由美国接管巴勒斯坦的提议被华盛顿断然拒绝后，英国以防卫埃及及苏伊士运河作为战略上的借口，成功地争取到这块地盘，而它要这么做的原因实际上是为了维护国家威望并阻止法国插手。战后唯一出现的独立阿拉伯国家是阿拉伯（Arabia），不过

① Antonius，*The Arab Awakening*，227–8.

② 关于战后中东划界比较可靠的著作有：Andrew and Kanya-Forstner，*France Overseas*，164–208，and *Darwin*，*Britain*，*Egypt and the Middle East*，143–242。

即便在这里，英国也依然是最重要的国际政治力量。阿拉伯人对民族自决的渴望因英法分赃而受到了挫折，法国得到了叙利亚（含黎巴嫩），英国得到了伊拉克、外约旦和巴勒斯坦，赛克斯和皮科两人在 1916 年 5 月最初划定的边界就此固定下来，成了现代中东政治地图的边界线。严格说来，英法是在国际联盟的监督下以“委托管理”的形式获得这些领土的，而国联本应对实现每一个国家的完全独立负有责任。侯赛因之子费萨尔和阿卜杜拉虽然各自成了伊拉克国王和约旦国王，但建立在托管制度下的这些本土政权却像殖民地一样，没有多少自主权。促成 1916 年阿拉伯起义的“阿拉伯独立”直到第二次世界大战后才得以实现，而巴勒斯坦／以色列的独立，至今仍不可期。

萨蒂亚·普利亚（Satia Priya）认为，对英国（也是对法国）而言，阿拉伯沙伯和阿拉伯世界在他们的计划及战略中只是一片“空白地带”。极富个性的欧洲政治家们——诸如亨利·麦克马洪、乔治·皮科、马克·赛克斯和后来的 T·E·劳伦斯——均在此地活跃一时，宣传自己的战略。[①] 然而，这里也有自己的居民和历史，它们已经受到了 1914–1918 年及以后的帝国主义战争影响。“一战”中的交战国使中东地区充满了不合理的政治边界和各种彼此冲突的区域诉求，它们遗留下来的敌对状态和无法实现的政治野心至今仍令该地区深受其害。

① Satia，*Spies in Arabia*，这本书对英帝国主义在中东地区的文化环境进行了有价值的研究。

1916

A Global History

第十一章

美 国

1916年11月7日，星期二。民主党候选人伍德罗·威尔逊（Woodrow Wilson）在大选中再次当选总统。尽管他的宣传口号是“他让我们远离战争”，但“一战”的全球性影响其实早已通过各种方式将美国卷入其中。到1916年秋天，美国的工业已经在向协约国这边供应大量战争物资，其中许多物资都由美国银行提供资金。许多美国人早已投身于人道主义救援中，他们大多也作为积极的参与者，为协约国作战。北美大陆并非如许多观察家所认为的那样置身于“欧战”之外，没有多少人注意到这样一个事实：美国的北邻（它们共有一条不设防边界）从战争开始就是交战国。战争也来到了美国人的家园。在德国秘密特工对协约国的军火补给进行破坏活动的同时，英德两国特工也为了获得对各自目标的援助，发起了宣传战。美国的中立空间同样也为反英活动家们提供了机遇（和同情者）；对他们而言，英国的参战为他们进一步的行动提供了可能。爱尔兰共和派已经在美国活跃了很长时间，特别是在1916年都柏林的爱尔兰复活节起义之后，他们重新振作，打算攻击英国人在美国的势力以及亲英势力。而印度的颠覆分子，企图颠覆英国人在印度统治的加德尔（“叛乱”）党也蠢蠢欲动，企图对美国西海岸构成威胁。

威尔逊的1916年大选

1916年，伍德罗·威尔逊轻松赢得了普选的多数票（他得到910万票，对手只有 850 万票）和总统选举团的多数票（277 票对 254 票），然而，由于美国选举制度的特性，他实际上只因为在加利福尼亚州微弱优势而获胜。如果他的对手查尔斯·埃文斯·休斯（Charles Evans Hughes）在加州的 100 万选票中再多得 3774 票，威尔逊就会输掉大选。而国内问题影响甚大（帮助他赢得 1912 年大选的信誉也很重要），总而言之，威尔逊的再提名和竞选结果都决定他对战争问题的处理方式。

1914 年战争爆发时，美国的反应夹杂着惊讶、同情和一丝伪善。人们普遍认为西欧先进而“文明”的国家间不可能发生战争。《哈珀周报》（*Harper's Weekly*）传达了一种普遍看法，该报纸认为，如果文明的欧洲是在抵抗印度的话，那么在这种情况下的战争“还情有可原”。可是，如果是德国和法国，这两个公认具有最复杂和最精致文明的国家，使用大规模死亡机器残杀人民又摧毁城市的话，一切就不堪设想了——我们将失魂落魄，并十分希望能够从这最可怕的噩梦中醒来。[①] 然而，没有被卷入其中的宽慰感仍然是大多数人的真实情感。“这个国家爱好和平的公民们已经站了出来，”《芝加哥先驱报》（*Chicago Herald*）表示，“为感谢哥伦布发现美洲投出了衷心的一票”。《沃巴什老实人报》则写道：“从来没有这样诚挚地感谢先祖从欧洲移民过来的先见之明。”[②]

威尔逊是长老会牧师之子，在他成功竞选成为新泽西州州长以及后来在 1912 年成为美国总统之前，他曾任普林斯顿大学校长。威尔逊本人将自己复杂的感情投入与超然的理性归因于苏格兰与爱尔兰民族背景。他从 1911 年到 1921 年的私人秘书约瑟夫·图梅尔蒂（Joseph Tumelty）记得，在一次谈话中，威尔逊说：“一方面，我体内有爱尔兰血统：敏捷、慷慨、冲动、热情、总是乐于帮助和同情那些处于困境中的人；而另一方面，我也有苏格兰血统——节俭、顽强、冷漠，也许还有一些专断。”[③] 在对待战争的态度上，威尔逊从自己的宗教和学术背景出发，结合高度的正义感和对美国利益的理性认识，他明白美国人民内心

① 12 Sept. 1914（quoted in Thompson，*Woodrow Wilson*，99）.

② 均引自 Brogan，*Pelican History of the USA*，481-2。

③ Tumelty，*Woodrow Wilson*，457.

◎ 伍德罗·威尔逊，第28届美国总统，一位苏格兰、爱尔兰混血的道德家。威尔逊决定让自己的国家尽可能远离战争，他认为自己体内有爱尔兰血统："敏捷、慷慨、冲动、热情、总是乐于帮助和同情那些处于困境中的人"，他的苏格兰血统也混在其中——"节俭、顽强、冷漠，也许还有一些专断"。

深处希望美国不要被欧洲战火波及。他挚爱的第一任妻子于1914年8月6日撒手西去，此事令他深受重创。两周之后，他写出《向美国人民呼吁》一文，在文中他要严格公正地对待交战双方，宣称美国可能要扮演调停者的角色。他写道，美国是"唯一处在和平状态下的大国，它的人民正时刻准备着在公正的调停工作中发挥作用，以朋友而非党徒的身份谈论和平与和解的建议"。然而，威尔逊同样也敏锐地注意到在国内不同移民族群间派系纷争的危险性，他担心那些来自许多国家，主要是来自于现在正在交战国家的美国公民的同情心出现分歧。[①]

根据美国1910年的人口调查显示，在9200万人口中，有250万人在德国出生，其次是"俄国和芬兰"有170万；爱尔兰和意大利各有130万人，奥匈帝国120万。这些数字体现了20世纪初，中、东、南欧移民的多数地位，但并不代表"归化"群体的总体规模(例如，1914年爱尔兰裔美国居民据统计就有450万人)。不过，也暗示了在面对战争时，他们可能会保持对家乡所属的国家的忠诚。不过国家来源当然不是唯一的原因。例如，美国的犹太人群体总共约400万人，其中就包括了那些为了逃避迫害离开俄国的和强烈反俄的人。

芝加哥的经历表明，战争的爆发以种种意料不到的方式激发了人们对国家

① 'An appeal to the American people', 18 Aug 14 (Link (ed.), *Papers of Woodrow Wilson*, vol. 30, 393–4).

最原始的忠诚。一名爱尔兰裔美国爱国者招募1000名爱尔兰人，组成两个团和一个医疗队，只要都柏林一传来讯息，他们就随时准备同英国作战。塞尔维亚示威者在南芝加哥向德国人寻衅滋事，9月初，艾拉·法格（Ella Fagg）夫人下达指令，禁止交战国家的孩子们在城市的运动场地上打架。甚至连芝加哥交响乐团也牵连其中。在拉文纳公园北湖畔举行的夏季音乐会上，乐团因预先安排的计划陷入分歧。为了表示公平，乐团计划演出不同国家的乐曲。然而，乐团中的大多数人都是德裔，他们的法国、比利时和俄国同事拒绝演奏《保卫莱茵》，而他们也在演奏法国国歌《马赛曲》时故意跑调。最后，演奏者们只得同意绝不演奏任何爱国曲目。①

尽管威尔逊有意恪守中立，但美国精英阶层的意见已经倒向协约国。共同的文化价值观、源自早先英国的政治制度、效仿牛津、剑桥的顶级学府以及紧密而大量的经济联系（尤其对英国而言），都促使人们倾向协约国这边。协约国的封锁以及对海上贸易的支配都使得最后一种因素大为增强。1914年年底，美国同同盟国之间的贸易往来实际上已经荡然无存，但是这个缺口却被不断增长的协约国贸易填补。美国对英法的出口总额从1914年的7.5亿美元上涨到1916年的27.5亿美元。英国一直注意尽可能地不疏远美国。当法国想要将（南部各州繁荣所系的）

◎ 在美国，反战情绪体现在1916年这首直击人心的歌曲（与新媒介唱片）上：《我不想让孩子去当兵》。

① Pacyga，*Chicago*，193.

棉花列入禁运清单时，英国同意以稳定价格购买剩余棉花。[①]“航海自由”——或者说，是美国不受损失横跨海洋、随意航行与贸易的自由，成了保持中立的重中之重。这也是德国的无限制潜艇战政策具有如此煽动性的原因所在。

然而公众的整体意见仍坚决反对参战。这生动地体现在1915年最畅销的歌曲《我不想让孩子去当兵》（I didn't raise my boy to be a soldier）上。苏珊·兹格（Susan Zieger）认为，这首歌是大众反战情绪的象征，以及免于亲军方者批判和平运动的“避雷针”。“千万将士上战场，没有一个回家乡，”歌中唱道，“千万母亲心欲碎，千万将士徒阵亡”。在合唱中的副歌部分，一位母亲谴责国家征募儿子们参战，她认为，母性的普遍力量可以被调动起来，用其他方式消除国家分歧：

> 我不想让孩子去当兵，
> 我把心肝宝贝抚养成人。
> 谁敢将枪架在他的肩上，
> 让他去射杀其他母亲的可爱孩子？
> 让国家去终结他们那些大麻烦吧，
> 现在该把枪、剑埋葬。
> 今日将不会有战争，
> 如果所有的母亲都说，
> “我不想让孩子去当兵”。

这首歌体现了活跃在美国的妇女和平运动的愿望——该运动发起于1915年1月，到1916年2月，妇女和平党（Women's Peace Party）已经有4万名成员。歌曲同样也催生出效仿作品，诸如“我不想让孩子当懦夫”，但是这些歌远未能体现出自然而深刻的人文关怀——这种关怀正是威尔逊的反战政策中所强调的

① Thompson，*Woodrow Wilson*，104–5. 这本书对威尔逊的战争政策做了比较集中的论述。

东西。[①]

1915年5月7日下午卢西塔尼亚号被德国U型潜艇击沉，这一事件在美国引起了轩然大波，公众对其惨烈的程度感到十分吃惊。在2000名乘客和船员中，1200人死亡，其中有128名美国人。威尔逊一如往常，没有立即表态；几天以来，他一直在认真考虑这件事。5月10日，他向在菲律宾新入籍的美国公民发表预先演讲，并利用这个场合重新思考美国的理念。他讲道："美国应当做出一个不同凡响的榜样，这便是和平的榜样。这种和平不仅仅是不打仗的和平，而且是一种医治战争创伤、扩大世界性影响的和平，是一种不冲突的和平。"他进而用一段很容易让人产生共鸣的话语表达了他对战争的立场："人会因高傲而耻于争斗，国家也会因一贯坚持正义，而不必用强迫手段使别国心悦诚服。"在此处，威尔逊无疑抢占了道德制高点，并根据自己的基督教信仰表达了一种信念：强权并非公理，在暴力面前，宽容是最高贵的方式。对一些没有同情心的议论家(特别是在英国的议论家们)而言，这番"因高傲而耻于争斗"的话意味着胆怯与自负，它暗示美国自认为在道德上比交战中的欧洲各国更加优越。[②]

威尔逊以一系列对德照会的形式对卢西塔尼亚号的沉没做出正式回应。第一次是在5月13日，他谴责使用潜艇打击贸易，要求德国为攻击非武装商船的行为道歉，为所造成的损失进行赔偿并采取措施以防悲剧重演。德国宣称(可能是正确的)卢西塔尼亚号载有军火，因此是合法目标。威尔逊无视这种辩解，6月7日在第二次照会中重申他的要求。德国私下里通过警告指挥官们不要因袭击了中立国船只或大型客轮而改变了潜艇政策，但在公开场合他们依然命令潜艇不要攻击标有特殊记号的美国客轮以及飘着美国国旗的中立国客轮。然而，6月28日，德国潜艇依据制定了袭击商船的"巡洋舰制度"，在发出警告后击沉了从康沃尔出发、载有1400头骡子的英国商船亚美尼亚号(Armenian)。尽管据传有20名美国人同船一起沉没，但事先警告的行为还是令威尔逊立场变得较为温和。

---

① Zieger，'She didn't raise her boy to be a slacker'，9-12.

② Devlin，*To Proud to Fight*，288-9.

在7月21日发出的第三次照会中，威尔逊总统认为过去两个月的事情已经说明"只要符合规定好的、公认的战争行为"，潜艇战就可以受到控制。他希望德国政府现在可以为袭击卢西塔尼亚号的行为道歉，他表明：若再次发生类似行为，美国将会当成是"故意不友好"的表现。[①] 美国渐行渐远以致会参战反德的可能令德国人惊慌失措，9月，他们同意搁置无限制潜艇战，这样就证明了威尔逊政策的正确性并使他的主张更具说服力，即无须牺牲荣誉，也可使美国远离战争——更具说服力。《纽约晚报》(New York Evening Post)称："(威尔逊)不费一兵一舰，凭着对公理矢志不渝地坚持，他使大多数傲慢无礼、兵强马壮的国家俯首听命。他不但凭借着完全的自我克制，还凭借对美国理念完全的、爱国的奉献完成了使命。"[②]

1915年，威尔逊开始重新审视美国的国防力量。除了战争之外，美国还同1910年以后就历经革命骚乱的墨西哥有许多矛盾，这几乎威胁到美国利益并在1914年引来了对韦拉克鲁斯(Veracruz)的实际干涉。1915年年底，在贝努斯蒂亚诺·卡兰萨(Venustiano Carraza)的领导下，一个大致稳定的政府成立了，但是派其奥·维拉(Pancho Villa)控制下的激进军队却还在这个国家的北边继续活动。考虑到美国已经强大到足以郑重介入国际事务，在1915年的夏天，威尔逊让战争部长和海军部长准备扩军计划。将这些计划在秋天公布，并在12月提交国会。他提出了一个大规模的海军建设计划，在五年之内建造16艘主力舰，陆军扩建百分之四十(至14万人)，预备役40万人。

扩军计划引来了许多孤立主义者的反对。因第二次卢西塔尼亚号照会而辞职的前国务卿威廉·詹宁斯·布莱恩(William Jennings Bryan)宣布："这个国家不需要偷盗工具，除非它打算以偷盗为业。"于是，在1916年初，威尔逊奔走于几个州进行演说，强调"做好准备"的必要性。他在匹兹堡告诉听众，"这个

① Devlin, *To Proud to Fight*, 283–315; *NYT*, 1 July 1915; Evening Post 引自 Thompson, *Woodrow Wilson*, 115.

② Devlin, *To Proud to Fight*, 283–315; *NYT*, 1 July 1915; *Evening Post* 引自 Thompson, *Woodrow Wilson*, 115.

国家应该为自己做好准备，不是为了战争，也不是为了任何具有侵略迹象的事情，而是为了充足的国防力量”。在1916年1月31日芝加哥的演讲中，他认为在一年以前，美国人似乎还可以安然自若并想当然地认为美国不会被卷入这场可怕的大漩涡内，但如今没人可以自信地说美国会（或不会）卷入冲突中了。在克利夫兰，威尔逊向一位听众发出警告：会有这么一天，美国不能维持他所谓的“双重义务”，即一方面“使民众远离战争，另一方面使这个国家的荣誉保持不坠。在托皮卡，他说后者可能包括动用美国军队维护各地美国公民的正义，并让其享有国际法的保护。[①]

威尔逊的准备提案在某种程度上暗合了干涉主义者的批判，如泰迪·罗斯福（Teddy Roosevelt）就认为没有强大而可靠的武装力量，美国会暴露在一个日益危险的世界中。女性同样也决定做好准备。1916年初，一部分著名妇女参政论者在缅因州成立“女子国防俱乐部”，这个俱乐部主要用来教会美国女性瞄准和射击。《纽约时报》称，该组织的目标是：一旦受到召唤保卫她们的家、她们的孩子和他们自己，她们不会像比利时妇女一样无助。俱乐部的成立者露拉娜·希尔顿·弗里斯（Lurana Sheldon Ferris）认为，与其被疯子强暴或杀害，她和她的同事们宁愿准备在“必要时刻去杀敌”。震动于传闻中的“比利时暴行”，美国妇女自卫联盟在纽约组织起步枪训练和其他军事上的操练。到1916年4月，她们招募到300名新兵，其中包括了牙医、律师、外科医生、部门主任、教师、私人秘书以及速记员。[②]

在捍卫国家“荣誉”和巩固国防的同时，威尔逊还在研究可以让美国结束战争的方式。尽管他的最亲近的政治顾问爱德华·豪斯（Edward House）明显倾向协约国（并相信美国肯定会参战），并希望美国能有助于建立更好的世界秩序。然而，威尔逊却派他出任密使，到欧洲试探和谈意向。1915年，豪斯和英国外交大臣爱德华·格雷交换意见，格雷提出“国际联盟”的概念来帮助解决国际争端。

① Link（ed.），*Papers of Woodrow Wilson*，vol. 36，33，64，47，92.

② Jensen，*Mobilizing Minerva*，41−3.

豪斯制定的方案是：在私下征得协约国同意之后，美国将提议“和谈应在双方都裁减陆海军军备的基础上开始”，并建立一个包括美国在内的国际组织。[①] 协约国按照预先说定的那样接受提议，迫使同盟国要么参加(或接受合理的条款)，要么面对美国参战、同他们打仗的可能。尽管豪斯在 1916 年初游历欧洲各国，在伦敦、巴黎和柏林讨论和谈的可能，但他发现各国对于和谈实际上没有热情，尤其是因为威尔逊拒绝美国承诺任何具体的领土变更——他对这些“地方决议”置之不理，但各国——比如法国，却认为收回他们“失去的省份”阿尔萨斯和洛林应当是任何和谈都没有商量余地的先决条件。豪斯僭越了他的使命，2 月 22 日，他同格雷达成一份备忘录，概述了他的计划并表明他对协约国领土要求的支持，其中包括了收复比利时，以及将那两个省份移交给法国。但是格雷这边却说，他不能替英国政府承认该计划。他补充道，在任何条件下，没有协约国各国的同意，什么事都办不成，他进一步考虑到，“内阁可能会认为，目前局势并不能说服他们在此刻向其他协约国提出这个计划”。[②] 实际上，他拒绝了美国的提议。

威尔逊这个时候正执迷于战后成立国际组织，他决定把公开号召和谈会议以及由美国成立组织的计划放在一起解决。很快，威尔逊逮到了一个机会，5 月 27 日在纽约举行会议的强制和平同盟会(League to Enforce Peace)向他发出了与会邀请函。这个组织由前总统塔夫特成立于 1915 年，它为建立一个让所有大国一致行动，通过可能的协商或必要的制裁来解决国际争端的同盟而进行活动。同盟会由塔夫特和许多著名的亲协约国共和党员支持，这一事实让此次会议成为威尔逊争取 11 月大选(再选时)需要的中间派选民的良机。派崔克·德芙琳(Patrick Devlin)认为，他的演说破天荒地打破了美国长期坚持的国际不干涉政策。威尔逊认为战争的规模与影响意味着美国无法不被卷入其中。“我们作为国家的权力，人民的自由、权利以及财产都深受影响”，他说道。“我们绝不仅仅是不相干的旁观者；无论我们是否参战，我们都是所生活的这个世界的参与

① 该计划的过程在这本书中有详细叙述：Devlin，*Too Proud to Fight*，376–492。

② Devlin，*Too Proud to Fight*，437 页。

者”。他认为，世界各国都必须以某种方式团结起来，一同见证公理在同某些损人利己的侵略斗争中大获全胜。他保证美国“愿意成为任何切实可行的国际同盟的一员”，致力于所有国家的主权自由以及“所有小国”的安全。他还强调，世界有权从破坏和平的骚乱中解放出来，这种骚乱源自侵略和对人民、国家权利的不尊重。①

军备充实、道德高尚与和平这几个元素的结合，令威尔逊顺利度过了 1916 年大选，这同他允诺在农村信贷、女工补贴和童工问题上采取的进步措施效果一样。8 月，面对着全国铁路大罢工的威胁，他果断强迫立法通过 8 小时工作制的法案，化解了纠纷，并巩固了他的进步立场。6 月中旬，在圣路易斯召开的共和党全国代表大会上，肯塔基州参议院奥利·詹姆斯（Ollie James）凭借对总统巡回演说的辩护词，打动了场下的听众。他说道：“没有一个美国孩子会变成孤儿，没有一个美国母亲会成为寡妇，不用开一支枪，也不用流一滴血。威尔逊迫使那些笼罩在战场上的战斗精神承认美国的权利，同意美国人的要求。”② 他的共和党对手查尔斯·埃文斯·休斯虽然没有遇到什么潜在的挑战——他从国防鹰派、极端干涉主义者、前总统西奥多·罗斯福处得到了提名，但他的竞选活动却因缺乏重点而处境艰难。他向美国德裔和爱尔兰裔群体发出的呼吁（后者因残忍的英国人镇压了复活节起义而异常激动）反而令他处于不利，而威尔逊却通过对美国无差别的忠诚进行辩护作为还击。当爱尔兰裔的美国真理会会长耶利米·欧莱瑞（Jeremiah O'Leary）强烈谴责威尔逊亲英时，总统却一针见血地回复道：“我对有你或像你这样的人投票给我而感到蒙羞。鉴于你可以接触到其他不忠诚的美国人而我接触不到，我想请你将这条消息传达给他们。”③

无疑，威尔逊付出了他所能拥有的一切，而他对美国权利以及美国中立地位的捍卫也让他安全地在第二任期入主白宫。归根到底，前一点要比后一点更

① Link（ed.），*Papers of Woodrow Wilson*，vol. 37，113–16.

② Baker，*Woodrow Wilson*，253.

③ O'Leary to Wilson and reply，29 Sept. 1916（Link（ed.），*Papers of Woodrow Wilson*，vol. 38，285–6）.

加重要。德国于1917年重启无限制潜艇战的糟糕决策令美国的权利及其人民自由贸易与游历的权利受到威胁，最终从根本上迫使这个国家于次年4月站在协约国一边参战。与此同时，大选的胜利重新鼓舞了威尔逊在各交战国之间调解的斗志，在这一年远去之前，他又提出了和平倡议。

战争中的美国人

在战争初期，美国全国上下的政治意见都反对参战。甚至后来的强硬干涉主义者泰迪·罗斯福也支持威尔逊宣布中立。虽然如此，还有部分美国人渴望参战。对某些移民，依然是交战国的公民（以及第二、三代移民）而言，这仅仅是他们的爱国义务。当美国志愿者卡罗尔·温斯洛（Carroll Winslow）1916年春天报到加入法国空军时，他对法国警卫说他英语地道而感到吃惊。他原来在纽约住了12年，但是当战争爆发时，他便立即返回国内，为国效力。[①] 其他人则是受到一些关系重大问题的鼓舞：自由、民主、自决等等。战争不仅为那些幸运的士兵、那些因战争机缘而经营商业的人，也为许多其他人提供了各行各业的就业及经济机会。医疗和医疗辅助人员的就业机会无疑因战争而迅速增加。同样的，对许多年轻男子（以及女子）而言，战争本身的刺激就是让他们参战的动机。对更多的人而言，他们参战的动机更多还是因为人道主义精神而非其他原因。还有一小部分人是因为好奇，在一则有关一位专门给美国人理发的理发师故事中，战前曾住在巴黎的艾伦·拉·莫特（Ellen La Motte）写道："有些有勇无谋、只知冒险的人，也有些一心猎奇的人，这些留在巴黎的猎奇者目睹了战争，或者至少是他们所能目睹的大部分，就足以丰富他们的阅历。"成立了最重要的志愿救护组织——美国战地服务团（American Field Service）的皮亚特·安德鲁（Piatt Andrew）则写道："1914年，许多年轻的美国人都已经被参加这场世界大

① Winslow，*With the French Flying Corps*，8.

戏的欲望煽动了起来。”①

最早参战的都是已经在欧洲的美国人。诺曼·德尔（Norman Derr）女士就是这样一位美国人，她是亚特兰大一位退役海军医生之女，时年24岁，1910年跑到巴黎和罗马学习艺术。1914年8月时她恰好在卢塞恩，在那里，她注意到英国人和美国人对战争的不同反应。当时英国人都十分平静，他们相信自己安全无恙，而美国人却“几乎在恐惧和争吵中丧失了理智”。德尔决定帮忙，她首先在里维埃拉的一间法国医院里找到一个岗位，后来又在芒通的英国医院里找到了工作。在取得红十字会的资格证明后，她加入法国军事护理服务团，军衔是中尉。1916年为了给美国援法伤患基金筹款，亚特兰大的朋友们发表了她写给她姨母的一系列书信，在信中，德尔叙述了自1915年9月起她在巴黎附近马恩河谷维特利市一间医院的工作经历，在那里，她被人称为“法国小姐”（Mademoiselle Miss）。她仿佛到达了一个可怕的新世界，一股冒险的刺激感在她心里油然而生。德尔写道：“天啊，我无法表达第一次听到枪声时的感觉！这种感觉突然如此巨大、孤独、拥挤，又那么空旷，这个世界似乎进入了一种新的存在状态，过去感觉事物的方式已经不再管用。”德尔在手术台帮忙，尽管有时一天工作14个小时，有时超过三十多台手术，她仍然将这段经历描述为“一段精彩的生活”。她在10月写道：“像一场奇异的梦，在秋天的星空下，有笑声（那些士兵纵情的笑声）、鲜血、死亡、趣闻轶事以及高尚的精神。”②

德尔叙述了法国士兵路过她的医院时的情景。有一名北非的阿拉伯人，一个“沙漠里的可怜野孩子”，从医院渐渐远去时伤心欲绝；还有一位采珠人（a pead pisher），也是一位优秀的天主教徒和勇敢的战士，来自阳光明媚的瓜德罗普岛，准备为法国而死。一位法国牧师负责重伤者的临终祷告，当他祷告时，脸上会出现了一丝惊人的变化，仿佛变得“圣洁并发着光”。德尔，这位来自佐治亚州亚特兰大的有钱白人小姐，居然握住了一位垂死黑人士兵的手，接着唱

① La Motte，*Backwash of War*，148；[AFS]，*History of the American Field Service*，i，18.

② Letters of 20 Sept.；2，8，and 27 Oct 1915（[Derr]，*Mademoiselle Miss*，12，19–21，23，27）。传记信息引自 http：//mademoisellemisscontinued.wordpress.com（accessed 11 Oct. 2014）。

起了柔弱而甜美的《哦，我的上帝》(*O mon bon Dieu*)，当曲子唱完，士兵的脸上流露出微笑。“我曾怀疑过自己会如何死去，”德尔写道，“因为从瓜德罗普岛来的采珠黑人向我展示了死亡。”这类沉痛的、几乎有些夸张的场面只是这本书中三段临终床前的场景之一。在每一段场景中，德尔都将结局描写的十分祥和。然而，1915 年 10 月一封信中的几行字：“这天没有一个死亡记录”却提醒我们，死亡已是一种持续出现的状态，德尔明显在她的信件中有选择性地叙述了法国战地医院工作的真实情况。[①]

艾伦·拉·莫特的著作《战争逆流》(*The Backwash of War*)则充满愤怒，直言不讳，与德尔的书十分不同。她的副标题就说明了一切：一位美国护士经历的战场灾难。在战前，拉·莫特曾在圣路易斯和巴尔的摩当专门照顾结核病人的护士，1913 年她移居巴黎并通过朋友格特鲁德·斯泰因(Gertrude Stein)的介绍结识了作家兼医疗志愿者玛丽·鲍敦(Mary Borden)，之后前往鲍敦在伊普尔东北的鲁斯布吕赫战地医院工作。[②]这本书在 1916 年的纽约出版，不过在美国参战后第二年就遭到了政府审查官的封杀。这本书包含了从 1915 年 12 月 18 日到 1916 年 6 月 27 日期间的十三篇“速写”，其中第一则题为“英雄”的故事上来就奠定了全书的基调。故事以一位企图自杀的士兵(由于“被左轮手枪射穿了上颚”)被带到医院开场，这位士兵原本是一名逃兵，他需要被悉心照料并恢复健康，直到有能力靠在墙上站起来被人枪毙。“这就是战争”，拉·莫特冷嘲道，“像这样的事在和平年代也会发生，不过不会这么明显而已”。在另一则故事中，一位名叫马吕斯的法国兵身受重伤，他在吵闹与异味(粪便、尿液和气性坏疽的味道)中忍了三天才死去。在拉·莫特的书中，没有祥和而超然的死亡。在 1916 年 5 月的速写中，拉·莫特提到了“女人和妻子”。“你知道”，她写道，“他们不会让妻子来到前线的。女人可以用各种借口进入战争区域，但是妻子却不行。妻子，似乎对军队的士气不利”。她注意到，医院里大部分已婚的工作人员都和当

① Letters of 16 Jan. 1916 and 27 Oc t. 1915 ([Derr], *Mademoiselle Miss*, 61–7).

② Hallett, *Containing Trauma*, 13.

地女人有关系。护理阿南德和年轻的外科医生西蒙都光顾过村里的姑娘，穿着卡其色衣服的"胖主管，医院的伙食供应商，愿意开车20英里到乡下去睡一个女人，即使老医生已经64岁，还有一个孙子，也要为了一个14岁的姑娘进村。拉·蒙特补充道，"几天之前他才被授予荣誉勋章"。①

在战争结束十年之后，拉·蒙特在鲁斯布吕赫的老板，玛丽·鲍敦对她的叙述进行了补充。鲍敦是一个出身于芝加哥大富之家的小说家，曾在印度同一位传教士有过一段不成功的婚姻，1913年定居伦敦。在伦敦，她进入激进分子和艺术家的圈子，并且还和英国"漩涡派"作家兼画家温德姆·刘易斯（Wyndham Lewis）传出了绯闻。战争爆发时，鲍敦自己出资在鲁斯布吕赫成立了一间医院，之后又在索姆成立了一间。从1915年到大战结束，她一直在这两间医院当护士。鲍敦本人称自己1929年插曲式的诗歌回忆录《禁区》（*The Forbidden Zone*）是"一堆混乱的碎片"。在这本书中，她不知不觉中模糊了那些事实上最露骨的恐怖，并柔化了真实情况。并不是因为她希望这样做，而是因为她无法接触到更近的真相。鲍敦也讲述了一位送进医院的自杀者的故事。"为什么要自杀呢?"她问外科医生。"恐惧"，法国医生简单答道，"他想自杀，这样就可以不用害怕被杀。而他们时不时就会自杀"。

她问医生，自杀的人会不会活下来。"也许吧"，医生回答。"那么之后呢?""他会被军事法庭审判，然后被枪决，夫人，因为他试图自杀。"鲍敦跑去为自杀者的性命向将军求情。然而将军却告诉她："在战壕里，自杀很普遍。恐惧攫住了将士们。他们在恐惧中把自己的脑袋打爆。"为了制止此类事情发生，以重罚相胁很有必要，否则的话，他说道，"我们死去的将士就太多了。"②

自杀的故事表明，拉·莫特和鲍敦都理解这种反讽：她们悉心的照料工作只是为了治好将士们，让他们再次面对死亡。"一切都被安排好了"，鲍敦写道，"将士们会受伤，他们将会痊愈，这些都安排好了。就像你把衣服送到洗衣房，

① La Motte，*Backwash of War*，*iii*，3-4，15-32，93-111.

② Borden，*The Forbidden Zone*，v，96-102. For Borden，see Conway，*A Woman of Two Wars*.

然后等它们送回来时再修补它们一样，我们将将士们送上战壕，然后等他们再次回来时给他们疗伤”。就像对待袜子和衬衫一样，只要还能用许多回，就会继续用下去，之后就会把它们丢掉。鲍敦对自己让垂死的士兵接受治疗的决定陷入沉思：“了解哪些伤患可以等待、哪些等不及是我的份内之事。”将士们有时会因无望而退缩不前。鲍敦耐心地进行验伤，她声称自己可以说出活人和死人的区别。“当他们到医院时，几乎都冻得半僵，但是活人冻僵躯体上的凉意和那些过世者体内的寒冷是不一样的。我的手能马上分出寒夜之冷和死者身体之冷的区别”。有时，工作人员试图终结病人的生命。面对一名身受重伤、双目失明的伤患，主治医师告诉鲍敦：“给他吗啡，双倍剂量。你想打多少就打多少。”之后他从口袋里掏出一根烟，继续说：“像这样的情况，如果我不在场，就使用足量吗啡，你知道的。”他之后像幽灵一般消失了。[①]

这些女人的服务理由无疑反映了她们那些男同胞的想法。在美国参战以前，爱国主义很少会成为因素。他们公开的解释经常言过其实。诺曼·德尔在1916年10月告诉《亚特兰大宪政报》(*Atlanta Constitution*)时说，对法国文化的欣赏是服务重要因素：“在艺术的每一个分支，在文学、绘画以及戏剧上，法国都为文明贡献了自己的知识。”德尔从宣战那一刻起就对她那高贵的法国精神迷恋不已。而且，她还进而描绘了帮助勇敢的法国人时所获得的精神回报：“为这些人服务让护士们发现了最好的报偿，即当她们进入工作状态，法国人的英雄主义精神让每一位同他们接触的有心人都感到，援助并非巨大的牺牲。”[②]

诺曼·德尔战地医院里的许多伤员都是被美国战地服务团提供的美国汽车带到医院里来的。[③]美国战地服务团(AFS)如其名称一样，在巅峰时曾有2000名志愿者。它基本上是皮亚特·安德鲁(Piatt Andrew)个人凭脑力创造的产物。皮亚特毕业于普林斯顿和哈佛大学，曾赴德法学习经济学。1910至1912年间，他曾任塔夫特总统共和党内阁的财政部长助理。战争爆发时(同时也是他失业时)，

① Borden，*The Forbidden Zone*，117，145-6，140-1.

② 引自 http：//mademoisellemisscontinued.wordpress.com（accessed 12 Oct. 2014)。

③ Letter of 27 Oct. 1915（[Derr]，*Mademoiselle Miss*，26）.

他决定前往法国，他告诉父母，是为了成为“历史上最伟大事件中最微不足道的一部分，在危难之中提供一些服务的机会，以及抓住为法国尽绵薄之力的机会”。[①]战地服务团开始于一群“想要助人”的志愿者们在巴黎郊外纳伊一间现有的美国医院聚集之时。在1914年秋天马恩河会战期间，美国志愿者们一直忙于将伤者带到临时的流动医院，然后带到纳伊医院或其他地方的医院。在战线逐渐形成西线的战壕以后，他们将受伤的士兵移交给远离战场的英法医院。安德鲁写道：“这份工作并不能吸引那些有热情的美国年轻人，他们在物质上和精神上都要（或愿意）分担战争的困难与危险。”[②]

在同法国政府协商之后，安德鲁和他的同事们在1915年4月做出保证，他们的设备可以被法军收编并部署在“法军军区，作为法国军队不可或缺的一部分”。由于法军担心志愿者们（作为中立国公民）的忠诚，AFS做出担保，志愿者们至少需要三封可以“证明其品性以及对协约国绝对忠诚”的介绍信才可以被接纳。这些美国人很明显没有做到中立。除此之外，他们还同意“要遵守法军军纪”，尽管安德鲁认为这其实没有执行力，因为志愿者一直在呼吁美国政府提供必要的保护。“幸运的是”，安德鲁写道，“他们的忠诚不再受到考验。在服务团的三年时间里，我们的志愿者没有出现过一次谍报或不忠的问题，也没有出现过任何严重违反军纪的状况”。志愿者们几乎都是大学生，大多来自狭窄的上流社会圈子。人数最多的代表学校是哈佛（325人），其次是耶鲁（187人）以及普林斯顿（181人）。1915年年底，AFS已经形成了4个完整的服务区，每区有30名志愿者和20辆救护车，各支队伍都“足以处理法国四个师的卫生运输工作”。[③]

机动运输工具的使用给照料战地伤患的工作带来了巨大变化。在第一次世界大战之前，法国和美国军队中都配备有移动缓慢、需要马牵引的救护车以及

① Hansen，*Gentlemen Volunteers*，39-40.

② [AFS]，*History of the American Field Service*，i，18. 下列有关AFS的论述引自这本1920年出版的精美而详细的三卷本史书。

③ [AFS]，*History of the American Field Service*，i，19-20，24；iii，440.

受过训练、可以在途中进行治疗的医务人员。1914 年，法国人发现，如果提高机动救护车的速度同时修整好前线附近的路面交通，可以让伤员更快、更舒适地转移到战地医院并“在更有利的条件下获得治疗”。他们认为，救护车不需要医疗知识而是需要专长的技术，比如司机、驾驶技术等等。法国人认为，让医生或者临床医师去完成这份工作，就像“让一个驾驶高手去医院里做手术”一样不合逻辑。①

在 1916 年，AFS 的许多服务区都设在凡尔登，服务团的历史包括了取自日记、回忆录以及家书中的大量个人经历。后来成了作家及博物学家的哈佛学生亨利 · 贝斯通 · 希恩（Henry Beston Seahan）起初也在凡尔登，在他最初所在的医院里，被脸色苍白、神色倦怠的护理员清洗身体，洗净血迹、泥浆摘下残布、布料和绷带”。在攻势开始的第一周内，他每天平均要奔波 200 英里。“战争的声音就是炮弹的声音”，他写道，“你会听到最恐怖的声音：天好像是用布做的，魔鬼撕裂了它，一阵恐怖而猛烈的爆炸过后，尖啸声起伏不断”。希恩同样也对战争本身的意识进行了反思。“天啊，这一切究竟该怎么结束？”他问道。“在经历过这种惨绝人寰的大混乱之后，世界将会变成什么样？”然而，希恩并不是一位和平主义者，因为他明白，战争是“生活之网”的一部分。他认为“竞争就是战争的本质，它不会被消除”，而威尔逊的观点也对此有所呼应——“直到国际竞争都能置于某种严格的、集中的控制之下。可是这样一种国家专制主义将如何实现呢？又谁来实现呢？”从现实出发，他认为：“人们双手合十，期许未来更好，可是战争却不会从文明进程中消失。”②

有大约 150 名服务团的志愿者在战争中牺牲。威廉 · 德 · 福特毕格罗（William de Ford Bigelow）详细描述了爱德华 · 凯利（Edward Kelley）葬礼上的情景，他于 1916 年 9 月 25 日在凡尔登 8 英里外的马尔不幸被火炮袭击所杀。管理救护车工作的法国督察 M · 古奇（M. Gouzi）呈上悼词，其文如下：“安息

① [AFS]，*History of the American Field Service*，i，28.

② [AFS]，*History of the American Field Service*，i，221－6. Sheahan 在回忆录中也有一些相同的理由，*A Volunteer Poilu*（Boston，1916）。

吧，凯利，你的鲜血圣化了这片土地，请你于此安息：你的死既是象征，也是榜样，关于你的记忆将万古长存。”凯利的战友们分别“将一些土撒在棺材上然后转过脸去，他们双眼干涩，喉咙发紧——他们还要急忙赶去执行当天的服务工作”。

驻扎在凡尔登非常具有挑战性。来自亚特兰大的威廉·比勒·西布鲁克（William Bueller Seabrook）战后因装神弄鬼、自称吃过人肉而声名狼藉，他说“三周已经是人类忍耐的极限……真的很难描绘在凡尔登的服务。那些曾在危难关头放声大笑的人们也停止了笑声”。圣公会牧师、哈佛毕业生莫尔伯恩·亨特·伯克黑德（Malbone Hunter Birckhead）在1916年6月从凡尔登写给母亲的信中写道，他“厌倦了恐怖的死亡，异味以及战争景象”，不过还是“很有幸能一尝真实战争的滋味，哪怕只是知道战争到底意味着什么”。[①]

在战争之初，还有其他美国人也想一尝“真实战争的滋味”，不过他们想当全方位的战斗人员而非救护车司机。一些美国人沉醉在战争的浪漫里（后来大家才对战争有了更多的了解），他们加入法国军队中，最后到了外籍军团，不过他们当中最浪漫的人当属加入空中战斗的飞行员。天空是“一战”中将浪漫保持到最后的唯一战场。萨缪尔·海因斯（Samuel Hynes）是这些飞行员的记录者，他本人在“二战”中也是一名战斗机飞行员。海因斯很好地描绘了这些热情洋溢、冲劲十足的飞行员以及他们在“空幻的天空中”的冒险经历。他把目光放在了7名年轻的美国新兵身上，他们是法国空军拉法耶特中队（Escadrille Lafayette）的第一批成员。他们当中有6个人是大学生，同AFS志愿者的背景很相似，也有着许多共同的参战动机。基芬·罗克韦尔（Kiffin Rockwell）是华盛顿与李大学的文科毕业生，他出身军旅世家，将战争看成一次“好机会”。他从法国写道“如果我会在战争中牺牲，我至少会死得像个男人”；弗吉尼亚大学的詹姆斯·麦康内尔（James McConnell）同样也将战争当作千载难逢的机会。他同朋友讲“北卡罗林的沙丘永远都会在那里，可是战争却不等人，所以我要参战”；有两个有

① Ibid., i, 420-2, 448-9, 456. 关于食人的说法见 Seabrook, *Jungle Ways*。

法国血统的人——耶鲁大学的威廉·索(William Thaw)和哈佛的诺曼·普林斯(Norman Prince),自认同这个国家有特殊联系;毕业于圣保罗高中、哈佛大学的维克多·查普曼(Victor Chapman)是一名在巴黎的艺术生,他率先加入了外籍军团,然后成了一名飞行员;伯特·霍尔(Bert Hall)是海因斯队伍中唯一的非大学生,他曾是巴黎的一名出租车司机,自认参军是因为“如果一个国家值得你生活其中,它也值得你为之战斗”。[①]

飞行中队原名为“美国中队”(Escadrille Américane),后来由于美国(在德国的提示下)向法国抗议这件事违反了美国的中立性,才改名为“拉法耶特中队”。1916年春天,中队驻扎于凡尔登附近的巴勒迪克(Bar-le-Duc)。在这里,来自一支不同部队的飞行员卡罗尔·达纳·温斯洛(Carroll Dana Winslow)同他们相遇。在此后第二年出版的一本书中,温斯洛认为,这些飞行员都仅仅“因

◎ 詹姆斯·麦克尼尔回忆录《飞向法国》中提到的美国飞行员。飞行员的死亡率非常高,在图上九人中有三人“牺牲”,在1917年这本回忆录出版时,麦克尼尔(最右边)本人也牺牲了。

① Hynes, *The Unsubstantial Air*, 1-12.

各自的缘由而受了爱国主义精神”的刺激。温斯洛同样也意识到飞行员的伤亡率非常高。他曾同维克多·查普曼、诺曼·普林斯、基芬·罗克韦尔一同进餐，“这三位刚刚从天上降到‘荣誉之地’(champ d'honneur)上”。上午进餐过后，温斯洛的部队即将开拔，这时他的一位同事由于滑行距离过短，起飞时机翼刮到了帐篷，不幸逝世。不过温斯洛也有意表明战争中的一些愉快的事。抬头朝莫特-奥姆(Mort-Homme)战场天上看去，“天空仿佛满是萤火虫”——实际上那些都是爆炸的炮弹。双方的火炮闪出怒火。探照灯照射着每一个方向，此时此景虽堪称雄奇，但也十分可怕，如同地狱。温斯洛本人毫发无损。他的中队受命侦察并给火炮定位，他觉得这份工作枯燥无聊，毫无意义。他写道：“我的座机绝不会被弹片击中，也不会被敌军攻击。”①

萨缪尔·海因斯认为“乐趣”是一个主要动机。他表示“在许多军事职业中，飞行是唯一一个可以给正在做这件事的人带来乐趣的工作。”② 在詹姆斯·麦康内尔死后出版的回忆录中，麦康内尔谈到：“会战的咆哮声——我们听不到。”“对我们来说”，他写道，“会战在寂静中进行，飞机的引擎声削弱了一切杂音”。沿着一条棕色的战壕向下俯视，会看到无数的微光——它们表明了那些火炮的藏身之处，光以及炮弹爆炸的烟雾，构成了他们所看到的全部战斗景象。从空中看去，凡尔登战役不可思议地结合了寂静与毁灭。10月，飞行中队转移到索姆，麦康内尔在家信中写道，他“无缘在此一睹世界上最大的会战”。因为他们飞得很高，看不到地上的细节。不过，他也表现出对蒙受火炮轰击的部队的巨大同情。“一旦想到在钢铁洪流中蜷缩在简陋掩体中的可怜家伙们，我就渐渐对那些现代男性的耐力肃然起敬”。③

在拉法耶特中队博得“精锐部队”的大名同时，某些美国人部队也以各种不同的形式存在。1914年，浮夸又充满争议的军事大臣山姆·休斯(Sam Hughes)提出了一个非常欠缺考虑、可又充满野心的计划——招募美国人加入加拿大远

① Winslow, *With the French Flying Corps*, 145, 151, 197.

② Hynes, *The Unsubstantial Air*, 96.

③ McConnell, *Flying for France*, 55, 130.

征军（Candian Expeditionary Force）。在起初的战争中，他首先向英国提供了一支由旅加美国公民组成的连队，用于海外作战，后来又提供了一支由“6万邻国人组成的军团”。伦敦的反应颇为冷淡，他们认为这会触犯美国1818年的《外国服役法》以及英国的《陆军军法》，因此，该计划被搁置下来，直至第二年秋天，休斯以一个新计划的形式重新启动——让“美国军团”同加拿大远征军一同作战。1916年年初，一支1200人的队伍被指定为加拿大远征军第97海外连，他们集结于多伦多，置于迅速晋升的查尔斯·西摩尔·布洛克（Charles Seymour Bullock）上校麾下。这支军队表面上只在加拿大行动，实际上布洛克的新兵已经成功进入美国北部拉拢兵员。然而，新兵的素质参差不齐。大量的雇佣兵加入军队，据说一同加入的还有一位墨西哥革命时逃亡的将军。部队经常毫无军纪，多伦多警察局长称之为“城市中表现最差的部队”。

面临英美两国的批评，休斯加紧推行他的计划。然而他想要通过“加拿大海外军”“美国军团”将枫叶跟乔治·华盛顿纹章联系在一起的计划，实际上却遭到了否决。美国驻加拿大领事馆抱怨加拿大在新兵招募站使用美国国旗和其他标志，1915年下半年，有两名“英国特工”在华盛顿被捕，据传他们企图诱使美国公民加入加拿大军队。1915年5月，美国连被派到新斯科舍省的奥德尔西肖特营，他们在那里待了大概一年。由于开小差、酗酒以及其他军纪问题，军队进一步瓦解，期间还发生了一名军士携中士存款潜逃事件。在1916年9月，这支部队被免去一切可能暗示其美国来源的徽记后被派往英格兰，在那里他们被拆散加入其他加拿大部队，直至其他人都抵达西线。即使美国军团的前军医、伊利诺伊本地人贝伦顿·哈奇森（Bellenden Hutcheson）上尉在1918年获得了维多利亚十字勋章，查尔斯·布洛克的个人命运还是更多地同他那运气不佳的部队连在了一起。布洛克抵达英格兰后，便对外宣称他曾于前线服役并受过伤。事实或许真是如此，可现存的史料却表明，他其实是待在英国期间因手掌意外中枪而受伤的。①

① Haycock，‘The American Legion’.

美国国内的战争

美国既是中立国又是协约国军需品及其他物资重要来源的事实，意味着在战争最初的两年半时间内美国成了交战双方重要的活动区域，在这里，协约国与同盟国之间的暴力对抗以种种不同的方式上演。无论美国公众在思考什么或希望什么，中立都无法使这个国家彻底置身于战争之外。美国(尤其是它的经济条件)太重要了，它无法保持孤立状态，而这里也没有任何可以让美国免于被全球冲突波及的外交、政治封锁线。

交战双方都采用了政治宣传。德国人在纽约成立一个资金充裕的“宣传内阁”和德国情报部门。该部门所资助的一本杂志——《祖国》(*The Fatherland*)在充满活力的乔治·西尔维斯特·菲雷克(George Sylvester Viereck)编辑手中据说卖出了 8 万份，它在报纸的报头打出口号：“为了德国与奥匈的公平竞争”，菲雷克想要“在美国人民面前，开诚布公地站在备受争议的德国人一边”。被动员起来的还有当时已有的德美联盟(the Deutsche-Amerikanischer Nationalbund)，1914 年，该联盟号称在全国 40 个州有 200 万成员以及分支机构。为了抗议对协约国的武器运输，联盟制作宣传小册子，赞助巡回演讲并组织集会。在 1916 年总统大选期间，他们强烈支持威尔逊的对手查尔斯·休斯。为了抵消斯图亚特·哈尔西·罗斯(Stewart Halsey Ross)所谓的“暴行负担”——卢西塔尼亚号、布莱斯报告(该报告详述了德军 1914 年侵略比利时的暴行)和残杀护士艾迪斯·卡维尔事件，德国人付出了大量努力。他们当中最杰出的宣传者伯恩哈德·戴恩堡(Bernhard Dernburg)在为卢西塔尼亚号沉没做了过度的辩解后，被迫离开美国，他后继者，德国商务参赞海因里希·阿尔伯特(Heinrich Albert)则通过秘密的经济手段损害协约国在美国的经济利益。他的计策之一就是成立一家虚假公司，即布里奇波特炮弹公司，买断重要器械设备、雇佣娴熟工人、磋商武器合同(不过暂时没有实现的想法)，这一切都是为了破坏给协约国的军需品生产。①

① Ross, *Propaganda for War*, 91-144，此书讲述了一些德国人的行动。

通过截获德国电报，美国情报部门察觉到了异常的金融业务并怀疑菲雷克的活动。1915 年 5 月，他们开始监视德国大使馆的工作人员以及德裔美国“嫌疑人”。7 月 24 日，在跟踪雷菲克和阿尔伯特时，特工弗兰克·布鲁克(Frank Bruke)在纽约的高架铁路旁找到了阿尔伯特的公文包。公文包中的大量文件包括了在美国杂志上刊发德国报道、资助(所谓独立杂志的)《祖国》、在组织美国军需工厂的罢工、布里奇波特炮弹公司计划等活动。所有的这些内容都泄露给了纽约《世界》杂志，他们曾发出过一系列谴责德国背信弃义的文章。战后多年以后，菲雷克将这次信息大公开称为“德国大灾难”和“阿尔伯特公文包所造成的损失”，他略带夸张地说，“好比马恩河战役所造成的损失”。[①]

德国人所采用的种种宣传手段和经济活动也明显地体现在协约国身上。在优秀的《泰晤士报》驻华盛顿记者亚瑟·威勒特(Arthur Wilert)等人的协助下英国人分发宣传小册子并向美国媒体投稿。比利时也在 1914 年 9 月派出高级别代表到美国，告诉美国人民德军在比利时的暴行。[②] 然而同盟国采取了更加具有攻击性的手段。1914 年 8 月下旬，有关在底特律的几千德国后备军即将进攻加拿大的消息流传开来。这些报道毫无根据，但是其威胁足以让加拿大在美加边界的许多聚落中安插特工。在战争开始的最初两年，对德裔或爱尔兰裔美国人从美国一边进攻的恐惧让加拿大当局在两国边界保留了 1.6 万的正规军和 3 万预备役士兵，他们准备打退任何的直接进攻。至于德国，他们命令德国驻外武官弗朗茨·冯·帕彭(Franz von Papen)准备计划袭击加拿大太平洋铁路。他们同样也计划引爆日军可能取道的巴拿马运河，但是该计划(以及对加拿大的计划)却在日军到来之前被搁置了——这些日军从未出现过。

与此同时，冯·帕彭正打算破坏从加拿大到欧洲的军事物资运输，他资助了一个炸毁韦兰运河(该运河连通安大略湖与伊利湖，绕过尼亚加拉瀑布)的计划，并且派出破坏分子袭击加拿大东部的铁路。然而唯一的成果只是 1915 年 2 月的

① 阿尔伯特事件的详情见 McAdoo, *Crowded Years*, 323–30，财政部长威廉·麦卡杜当时掌管情报工作。

② Ross，*Propaganda for War*，48–50，75–80.

一场仓促的爆炸案——这场爆炸只轻微地破坏了缅因州万斯伯勒(穿过美加分界圣克鲁瓦河)的一座铁路桥。6 月 21 日，在安大略的温莎(Windsor)发生了一起更严重的爆炸，爆炸摧毁了给英国、加拿大制造军服的皮博迪总厂一翼。同时布置在温莎兵工厂的另一枚炸弹却未能及时爆炸。①

温莎袭击是一起由底特律德裔商人艾尔伯特·科尔施密特(Albert Kalbschmidt)组织的地方性事件，而受德国政府资助的特工则参与了一场规模更大的破坏行动。德国派遣海军特工弗朗茨·林特伦(Franz Rintelen)横渡大西洋来组织行动，他是一名海军预备役军官，战前曾在美国的银行工作过。林特伦利用德裔以及爱尔兰裔的码头工人将定时炸弹安置在即将离港的军需船上。现在我们已经无法准确推算这次行动有多么的成功——据英国特工诺曼·思韦茨(Norman Thwaites)称，在战争最初的 15 个月内，有 36 艘船只被“全部或部分”摧毁。当一些未爆炸的装置在各个港口被人发现时，美国政府立即增加了港口的安全措施。林特伦还雇佣内奸在军需工厂内挑动罢工和工人纠纷，他所资助的“劳动者国家和平委员会”支持码头工人举行未经允许的罢工。德国使馆的资料表明，在 1915 年，德国使馆付给一名“爱尔兰特工”3.98 万美元(约合今天 95.2 万美元)作为罢工的直接援助。林特伦似乎有一种要吹嘘自己业绩的冲动，他对美国旧交安妮·西沃德(Anne Seward)便是如此吹嘘，但安妮·西沃德却将情报迅速传给了政府，让林特伦受到了监视。调查局(1935 年成为联邦调查局)对林特伦的活动进行了大量报告，他们还报告称林特伦曾向他们的一名特工表明他个人主导了卢西塔尼亚号的沉没。②

可能是由于冯·帕彭和伯恩斯托夫的建议——后者因林特伦不安分的举动而担忧不已，林特伦在 1915 年 8 月被柏林召回。尽管林特伦携带着伪造的瑞士护照并搭乘荷兰客轮诺丹号，但英国海军情报局还是获悉了他的行程。船刚停在

① Dimmel, ‘Sabotage, security, and border-crossing’, 407–8; Jennifer D. Keene, ‘North America’ in Winter (ed.), *Cambridge History*, i, 523; Kitchen, ‘The German invasion of Canada’.

② Doerries, *Imperial Challenge*, 176–85; Thwaites, *Velvet and Vinegar*, 134; Andrew, *For the President's Eyes Only*, 33–4.

肯特郡的拉姆斯盖特（Ramsgate），林特伦就被英国人逮捕审讯，英国人发现了大量对他不利的文件。为了免于被当成间谍枪毙，林特伦坦白自己是一名德国海军军官。英国海军情报局局长“闪光灯”雷金纳德·霍尔（Reginald Hall，因曾神经抽搐而得名）将林特伦活动的证据交给美国人，以此强调德国对美国的危险性。克里斯托弗·安德鲁（Christopher Andrew）认为，霍尔同美国驻伦敦大使馆二等秘书爱德华·贝尔之间富有成效的联络，是“英美情报同盟”的初步迹象。这种关系发展的另一个产物是英国从一位替德国效力的美国情报员身上截获了一批文件，其中发现了有关冯·帕彭活动的定罪证据。[①]

德国的破坏行动并没有随着林特伦的离去（也没有随着1915年12月冯·帕彭被驱逐）而终止。事实上，战争期间德国在美国发动的最大规模袭击就发生在1916年7月29日，纽约港黑汤姆岛的大型货运站上。一系列大爆炸摧毁了200万磅堆积起来准备发往欧洲的军需品和大量其他货物。《纽约时报》称：“在（7月30日凌晨）2点08分，100万，或许是500万居民被一场大爆炸惊醒……这场大爆炸让盖在曼哈顿岩质地基上的摩天大楼摇摇欲坠（平板玻璃全部被打碎）。”摧毁了价值约500万美元的弹药，造成2000万美元的损失。第一次爆炸一个半小时以后，烈性炸药就点燃了一辆又一辆车，一支又一支船。属于全国仓库公司（National Storage Company）的十三间货栈（里面有4万吨糖）全部被毁：“距离爆炸源最近的那些货栈荡然无存，再也无法复原。”据报道，有7人丧生（在这场意外中已属万幸），死者中包括泽西市一个从床上摔下来的两个月大的婴儿，周边还有100多人受伤。整个事件及其后续好比战场一样。扑火的消防员要在“弹雨”中工作。成百上千的人们聚集起来从曼哈顿岛南端的炮台公园观看这一奇观，在那里，他们见识到了欧洲战场最前线的真实景象。[②]

破坏行动几乎立即引起了怀疑。《泰晤士报》相当细致地写道：“警方从非常可靠的来源查明消息，爆炸是一些外国人策划的结果，他们为了外国某政府的

---

① *Andrew*，*For the President's Eyes Only*，35；Beesley，*Room 40*，229-31。

② *NYT*，31 July，1 Aug. 1916.

利益，在这个国家展开行动。”尽管那时候没有人受到审判，但混合索赔委员会（Mixed Claims Commission）的战后调查却认为美国对德国索要的赔偿来源于战争时期的事件（例如其中包括卢西塔尼亚号沉默），调查最后在1939年将黑汤姆岛袭击的责任归咎于德国特工身上。[①]

英国同样也在1914—1917年的美国进行秘密行动，不过他们将行动局限在反情报工作和政治宣传上。在战前，英国的内政部和印度事务部在北美都有针对爱尔兰和印度民族主义者的特工（这些人本身当然有共同的理由反抗英帝国主义），他们还雇佣美国侦探事务所的私家侦探。威廉·霍普金森（William Hopkinson）在西海岸具有一张情报网，他是加拿大移民部的官员，旁遮普语说得很流利。他将美加太平洋沿岸锡克教极端势力视为目标。1914年10月霍普金森死后，他的部分工作被英国驻旧金山领事亚历山大·罗斯（Alexander Ross）接手。1915年10月，他任用了一名重要特工——毗湿奴·达斯·巴该（Vishnu Das Bagai），此人得到了加德尔党领袖拉姆·钱德拉（Ram Chanra）的充分信任，甚至能够管理党的财务。罗斯却受限于他所能做的事，因为印度政府担心印度在美国所支持的间谍活动会被人发现。不过虽然如此，巴该依然是大量的情报来源，他也被认为是“印度帝国最受尊敬的特工”。[②]

美国对反帝国主义者十分宽容成了英国人的难题，美国人认为自己也具有（或至少曾经具有）同样的传统。尽管美国保持中立，但美国政府却不愿意支持任何针对这些人的合法行动。印度政府非常担心这些革命分子的潜在威胁，在1916年5月，他们派老练的印度警官罗伯特·南森（Robert Nathan）到温哥华重启情报工作。南森很快就发现了以纽约为活动中心的钱德拉坎达·查克拉瓦蒂（Chandrakanta Chakravarty）博士，他同德国人支持的印度独立委员会联系密切，被称为“德国人在美国最主要的印度籍特工”。1917年3月，查克拉瓦蒂连同一名叫艾瑞克·瑟库娜（Erik Sekunna）的德国特工一起被捕，（据思韦茨称）后者最

① *NYT*，10 Aug. 1916，16 June 1939；Doerries，*Imperial Challenge*，188-9.

② Popplewell，*Intelligence and Imperial Defence*，247. 有关前沿研究的综述见Fraser，‘Germany and Indian revolution’。

后在精神失常的状态下，向政府坦白自己是为印度革命提供德国武器计划的一分子。英国曾在 1915 年春天使美国察觉到德国人（冯·帕彭出资）将存在加利福尼亚的武器经由墨西哥运往孟加拉的计划。当时美国虽坚决不肯违背中立原则，但却让调查局开始进行调查，这就足以扰乱德国的计划，使行动流产。而到了 1917 年 4 月美国参战时，情况又有所不同，在 1917 年 11 月至 1918 年 7 月间，由于南森及其他特工所提供的情报，美国政府在加利福尼亚州围捕并审判了近 100 名印度密谋者。①

在东海岸，英国驻华盛顿海军武官盖伊·冈特（Guy Gaunt）在战争开始的第一年就组建了一张情报网，其中的部分成员来自伊曼纽尔·沃斯卡（Emmanuel Voska）领导的反哈布斯堡的捷克民族主义组织。作为同盟国的同胞，这些人深得德裔美国人的信任，他们当中的某些人还受雇为文员与电话接线员，其工作使情报搜集工作有了用武之地。冈特尽管热情，但作为一名外交官，他既不善从事任何的秘密活动，也担心秘密行动曝光会导致外交上尴尬，而当时的英国政府正希望尽量不要招惹美国。因此，到了 1915 年秋，英国情报机关首脑曼斯菲尔德·卡明向美国派出了自己的特工。威廉·怀斯曼（William Wiseman）爵士就是这些特工中的一员；他是一位男爵，其封号最早被授于 1628 年。怀斯曼受教于剑桥大学，曾在同牛津的拳击赛中赢得胜利，获得“蓝带”称号。他曾在西线作战，但是由于在伊普尔战役中吸入毒气，被迫回家休养。英国秘密情报局采用一种熟悉而特别的方式将怀斯曼招了过去，这种方式他们已用了多年，因为卡明曾和怀斯曼的父亲一同在海军服役。怀斯曼被派到一座名为悉尼·曼斯菲尔德的学校，工作地点设在纽约。②

怀斯曼等人到达美国的时候并不受冈特的欢迎，他认为自己处事得当并对自己的地位被人僭越感到强烈不满。但是让他继续从事情报工作既不明智也不安全，怀斯曼虽然只待了三周便返回英国（曼斯菲尔德比他多待了一个月），不

---

① Popplewell, *Intelligence and Imperial Defence*, 248–52; Thwaites, *Velvet and Vinegar*, 144–9.

② Jeffery, *MI6*, 110; Gaunt, *The Yield of the Years*, 172; Spence, ‘Englishmen in New York’.

过到了1916年1月，他又返回美国并让诺曼·思韦茨上尉做他的助手。他们以纽约为中心展开活动，表面上作为军需部“运输部门”的分支机构。思韦茨也是一名因战伤而被招去做情报工作的特工。对一名英国绅士来说，间谍不太像一份妥帖的职业，这份工作最常见的情况是招募不适合在战场作战的人（这些人的第一选择）让其从事情报工作。思韦茨在1914年11月受伤（下巴中弹），报纸还曾刊登过他不适合现役的消息。不过思韦茨实际上更适合情报工作。他在战前就是一名美国记者，德语流利，还曾给报刊发行商约瑟夫·普利策（Joseph Pulitzer）当过10年的私人秘书，因此他在美国有很好的人缘。

冈特虽然在自己的回忆录（1940年出版）中大言不惭地说“怀斯曼不过是在我的领导下发挥了很小的作用，而且还只是暂时的”，但实际上，怀斯曼却在战争的余下时间里承担了几乎全部英国在美的情报工作。他的首要职责是集中精力反间谍，其中包括“调查国内当局要求了解的可疑分子的情况”，还有“对美国爱尔兰运动的一般监视”和“调查印度人在美国煽动叛乱的言行”（“同印度事务部的N先生一同管理”）。他们能够利用思韦茨的人脉并从思韦茨的朋友托马斯·J·滕尼（Thomas J. Tunney）上尉处得到非常有用的非官方协助，他是纽约警察局拆弹小组组长，出身爱尔兰新教徒世家（弟弟在爱尔兰皇家警察部队服役）。①

怀斯曼的工作组刚刚建立，他们就做了一些政治宣传工作。根据思韦茨回忆录中的生动描述，他曾非常取巧地策划了一起针对德国大使的有趣的宣传行动。他和怀斯曼应亲英工业大亨奥斯卡·刘易索恩（Oscar Lewisohn）之邀共赴该富豪在长岛豪宅的晚宴。晚宴期间，同伴客人向他展示了一些在阿迪朗达克的另一场夏季派对的照片，有“拈花惹草”名声的德国大使也参加了那次派对。在那些照片中，有几张大使和其他客人穿着泳装的照片。其中一张照片上，他在跳水板上摆弄姿势，一只胳膊还挽着一名可爱的女伴。另一张照片中大使表现得更加大方，他双臂搂着“出浴仙女们”的腰，如痴如醉，好像在给她们披上

① Memo. on scope and activities of MI1（c）in New York, 27 Apr. 1918（Wiseman papers（Yale University Library（YUL）），box 6，folder 174）.

衣服。思韦茨设法盗取这张照片，制作副本并发给相关联系人，如曾在办公室内兴高采烈地展示照片的俄国大使（这曾使得伯恩斯托夫认为是俄国最先得到了照片）。为了令德国大使更加尴尬，副本被复制成数份发给了大西洋两岸的杂志社。“作为反敌宣传的一部分”，思韦茨吹嘘道，“我可以毫不犹豫地说，这起意外事件要比英国人据说在美国媒体上激发出来的几页文章有效多了”。其他人或许并不是那么印象深刻或充满欣喜。1916 年 10 月，威廉·怀斯曼自豪地向康普顿·麦肯齐（两人都在伦敦等候行动指示）展示了一张照片复印件。麦肯齐认为只有在英国或美国，这样一张照片才有望影响公众反对德国的战争目的，并说“有一阵子，我对打了一场规模如此之大的战争才保留下来的文明深感绝望”。[①]

怀斯曼最大的成就在于最初通过同总统最信任的顾问豪斯上校的联系，取得了同威尔逊总统的联系。1916 年 12 月，英国大使西塞尔·斯普林·赖斯让怀斯曼送一封信给上校，这个年轻的英国人（当时他只有 30 岁）立即给他留下了很好的印象。豪斯认为他“是我很长时间以来见过的最重要的来访者”。自此之后，两人开始经常会面。这对于怀斯曼来说刚好是个机会，他可以充当比斯普林·赖斯更有用的英美联系人，后者不但体弱多病，而且其倾向共和党的政治态度令威尔逊日益不感兴趣。由于一段时间以来，阿斯奎斯政府备受压力，12 月 6 日，劳合·乔治取而代之成为新首相。然而，豪斯上校在伦敦的主要联系人爱德华·格雷却未能进入劳合·乔治内阁，这不由得令豪斯在这时加深了如下认知：怀斯曼可以同新内阁建立紧密联系。怀斯曼给豪斯留下了深刻印象，以至于美国人意外地让人相信这个没有半点外交职业经验的英国人可以比英国大使斯普林·赖斯做得更好。怀斯曼以极大的自信告诉豪斯，他同外交部有直接联系，就连大使都没有意识到这一点。实际上，这只说对了一半。怀斯曼的确有独立于大使及其领导曼斯菲尔德·卡明的直接联系。由于外交部为康明的情报局提供资金，怀斯曼的说法并不完全错误，不过那些有关他轻易就能联系到政府

① Thwaites，*Velvet and Vinegar*，153－5；Gaunt，*The Yield of the Years*，192－3；Mackenzie，*Greek Memories*，407.

高层的推断却都是不确切的。豪斯并不知情，他过高地估计了这个英国人的地位并向威尔逊总统保证：他认为怀斯曼反映了他对政府的看法。[①]

怀斯曼得到了豪斯和威尔逊的信赖和自信心，同时他也成为英美两国政府间，特别是在美国参战前的几个月中最重要的沟通渠道。他传达给美国对战争的真知灼见，还有让他们站在协约国一方参战的可能性。怀斯曼和豪斯还签署了一份经威尔逊同意的草案，其中概述了美国的观点并提醒英国注意，任何参战的决定主要都是基于美国对自身国家利益的考虑："如果美国同德国开战——她也许会的——那也将是出于维护美国的权利和保持她的国家尊严。"[②] 这种情况一直在继续，在美国于 1917 年 4 月 6 日参战后，怀斯曼继续向伦敦汇报有关美国政治的情报，还在为英美德战时关系的顺利发展发挥关键作用。他同豪斯的密切关系让他能够(作为一名外国人)出乎意料地接触到威尔逊总统。他同总统定期会晤，甚至在 1918 年 8 月同总统、豪斯共度了一周假期。怀斯曼在取得这种联系并影响美国政府高层上的成就，使他成为英国秘密情报局历史上最成功、最有影响力的特工。[③]

---

① House diary, 17 Dec. 1916, 15 Jan. 1917; House to Wilson, 26 Jan. 1917 (YUL, House papers, diary vols 4-5; box 121, folder 4272).

② House diary, 23 Feb.; 7 Mar. (YUL, House papers, diary, vol. 5); 'Relations between the United States and Great Britain', endorsed by House, 8 Mar. 1917 (ibid., box 123, folder 4324); 这条消息通过斯普林·莱斯转给了外交部, 8 Mar. 1917 (British Library, Balfour papers, Add. 49740, fols 96-8)。

③ Fowler, *British-American Relations*; Bruce Lockhart, 'Sir William Wiseman Bart, agent of influence'.

第十二章

俄罗斯

俄罗斯帝国的末代“颠僧”格里高利·拉斯普京（Grigorii Rasputin），在1916年12月30日星期六的早上被人谋杀于彼得格勒（圣彼得堡）。[①] 这件事所带有的哥特式恐怖色彩，以及此人备受争议的名声，一并使拉斯普京至今仍然是通俗作家、电影制作人和小说家难以抗拒的题材。但是在真实战时世界中的彼得格勒，拉斯普京之死却成了俄国在劫难逃陷入混乱与革命中的重要指向标。在战争开始的那一年，出生于西伯利亚的拉斯普京50岁，他在20世纪的头几年里，作为一名魅力非凡的圣人和信仰疗愈师崭露头角。到了20世纪10年代，他成了帝国红人，由于他有能力缓解皇太子亚历克斯（沙皇夫妇唯一的儿子）的血友病而受到皇后的青睐。拉斯普京因过度放纵而出名，这种说法名副其实。他嗜酒如命，荒淫无度，因其具有先验和催眠的能力受到某些人吹捧。作为一名权力日盛影响力日渐强大的外来者，拉斯普京尽情享受着“农民圣人身份”所带来的奢华，同时也深遭沙皇宫廷中人的嫉恨和畏惧。拉斯普京反对“一战”，并从直觉上认为“一战”会让大量农民死亡。但在战争期间，有谣言传出，说他实际上支持敌人并利用他同皇后（人们认为皇后亲德，不过这从来没有得到证实）的亲密关系影响俄国教会和官员任命，扶持具有政治观点相同的人上台。对某些人而言，拉斯普京不仅是令皇室蒙羞的怪人，而且还代表着帝国由盛转衰时的一切错误。

① 有许多关于拉斯普京的文学作品，但大多良莠不。De Jonge, *Life and Times* 是其中的一部较为实际、不求轰动的作品。

拉斯普京之死发生在1916–1917年那个充满危机的冬天，那年冬天不但决定了第一次世界大战的结果，也决定了20世纪的欧洲历史。[①] 这场危机部分是由于国内和前线战场上的相互关联所致。在俄国、德国和奥匈帝国，食物短缺以及其他的贫乏问题已经在1915至1916年间非常糟糕，到了下一个冬天，情况变得更差，以至于德国政府已经开始相信后方已经无力维系战争。面对这种情况，德国政府做出了实施无限制潜艇战的错误决定，它是将美国卷入战争并最终决定了德国命运的关键因素。而在俄国，这场危机立即引起了国内的反应，它导致了1917年的革命并造成了俄罗斯帝国的崩溃。

拉斯普京谋杀案

在伦敦，第一个收到拉斯普京被谋杀的确切消息的人是英国情报局局长曼斯菲尔德·卡明——代号“C”，他从在俄国首都的部下萨缪尔·霍尔（Samuel Hoare）爵士处得到了消息。“急电。转‘C’专线：——”霍尔在12月31日的电报中写道，“新闻证实拉斯普京于12月30日早上死于彼得格勒的私宅中”。现存的霍尔电报抄本中删去了初始日期“17日”，这是因为俄国仍在使用儒略历（英国在18世纪中叶就已经放弃，俄国在1917年革命后放弃使用），他们的“老式”日期要比欧洲各地所使用的历法晚13天。在他的回忆录中，霍尔说他的妻子莫德夫人让这份电报编码的保密程度更高。虽然实际上莫德夫人可能会认为，如果让霍尔本人来编码的话，保密程度会更高。第二天下午晚些时候，霍尔给“C”发了另一封电报：“以下内容不但来自官方非常可信，而且绝对保密。拉斯普京的尸体在彼得格勒彼得罗夫斯基岛附近的冰冷河水中被人发现。有证据显示谋杀者的意图就是让人发现他的尸体。”[②]

① Lieven，‘Russia，Europe and World War I’，45.

② Hoare to C，31 Dec. 1916；1 Jan. 1917（CUL，Templewood papers，II：1（47 and 48））；Hoare，The Fourth Seal，133.

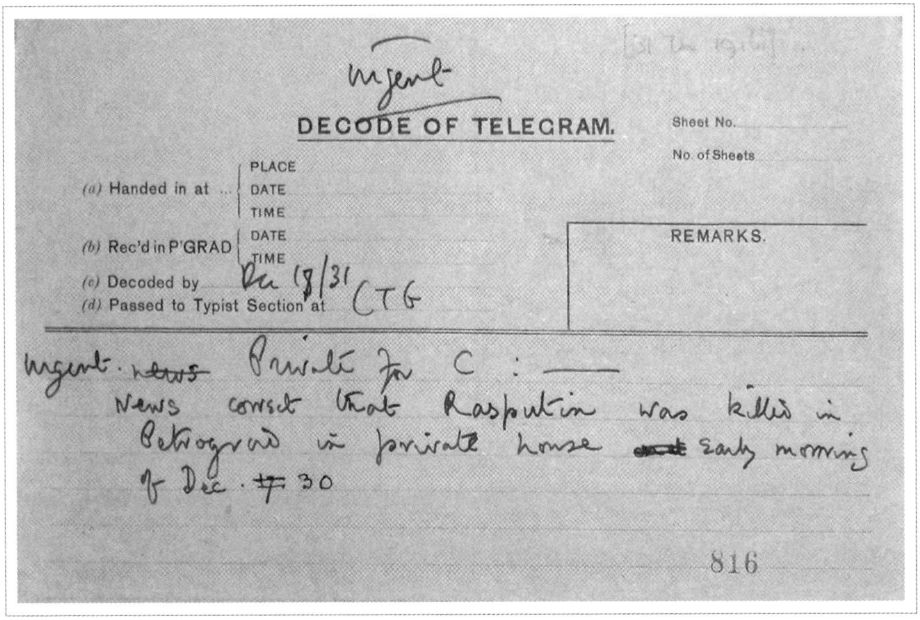

Urgent

DECODE OF TELEGRAM.

Sheet No.

No. of Sheets

(a) Handed in at ... PLACE DATE TIME

(b) Rec'd in P'GRAD DATE TIME

(c) Decoded by Dec 18/31

(d) Passed to Typist Section at CTG

REMARKS.

Urgent. ~~news~~ Private for C:—
News correct that Rasputin was killed in Petrograd in private house ~~at~~ early morning of Dec. ~~17~~ 30

816

◎ 在彼得格勒的萨缪尔·霍尔发给“C”——英国秘密情报局局长曼斯菲尔德·卡明的电报，这是第一份将拉斯普京被暗杀的消息传到英国去的电报。

霍尔早已开始着手将这一事件详细地写成报告并在1917年1月2日(尽管按旧历仍在1916年12月20日)完成了它，霍尔立即将报告送往伦敦并转交国王信使、同为保守党议员的查尔斯·伯恩(Charles Burn)上校。霍尔十分在意自己的情报官工作，这份工作和大使的工作正好相对。尽管他向伦敦的曼斯菲尔德·卡明做秘密汇报，但他在彼得格勒的行动却是公开的。实际上，他与其说是间谍，不如说是情报联络官，他仍然需要注意避免踏足英国外交官和情报人员的领域，这些人小心翼翼地保护着自己将俄国情报传到伦敦的职责。在一封写给卡明的助手弗雷迪·布朗宁(Freddie Browning)上校的附信中，霍尔说道：“大使肯定会传达(拉斯普京之死)的某些详情，而汇报这些详情并非我的职责所在。”另一方面，霍尔认为这件事“对俄国如此重要，以至于每个细节都值得记录。因此他宁愿越权去尽可能地找寻此事的来龙去脉”。但是，俄国人可能会对他的报告细节感到大吃一惊。为了保住自己同俄国人之间的联系工作，也为了保护情报任务顺利进行(这需要驻莫斯科大使和在伦敦的外交部进一步通融),他告诉布朗宁:“你应该将这件事只告诉给那一两个值得你信赖的大人物。”他认为自己在行文中已经有意将他所能得到的全部信息都写了出来。如果用《每日邮报》风格写这篇文章的话,他认为,由于整个问题太过轰动,没人能把它描绘成战争中的一个普通事件。霍尔可能太想要强调发现此事的成功(也太想提高曼斯菲尔德·卡明这个稚嫩组织的地位),他对于哪些“大人物”该看到报告有自己的想法。“我想你会发现,”他告诉布朗宁,“国王想看到这份关于拉斯普京之死的报告。据我所知,他和王后都对整个事情非常感兴趣。我建议让‘C’将报告呈给国王。”①

这份报告分为两部分,分别注明日期 1 月 1 日和 1 月 2 日。(按照霍尔设想)第一部分以一种比较通俗的新闻笔法开篇:“12 月 30 日,星期六凌晨,彼得格勒发生了一起暴行;这起暴行是众多的罪恶之一,它极大地模糊了那些意义明确的道德准则,其结果改变了整整一代人的历史。”霍尔接着继续讲道:

> 格里高利·埃菲米奇·诺维奇从这一天起支配了俄国——对拉斯普京来说,“耙子”只是其过激行为在他的村子里为他赢得的绰号。四年以前,他第一次在波兰的皇宫里展示了他为皇太子疗伤的能力。要描述他所具有的影响、描述围绕他生活的丑闻及其人生道路上的悲剧,堪比再写一篇仲马式的长篇小说。

当然,考虑到这篇报告的所有读者多少都对拉斯普京有些了解,霍尔进而讲述了拉斯普京以前如何三次成为谋杀目标的经历。第一次,来自西伯利亚家乡的盛怒的农家女刺中了他。第二次,一位僧侣在“舒适城市”彼得格勒的小房间里似乎制住了他,但是拉斯普京的大力气和及时赶来的救援救了他一命。

---

① Hoare to Browning, 1/2 Jan.1917 (ibid., II:1 (49));英国情报机构及其组织人员的详细情况均来自杰弗里的《军情六处》。

第三次，是在1916年年初，彼得格勒的一家最豪华的旅馆里，如果不是他的秘密警察密友及时出现，他早已被骑兵警卫队的军官杀死了。霍尔表明这些事情从未见诸报端，实际上，只要提及拉斯普京的名字，就会被罚款3000卢布。霍尔写道："在莫斯科有一位前禁卫军军官（现已降为宪兵）曾吹嘘自己军旅生涯中的成就就是在饮酒狂欢时鞭笞拉斯普京。还有人看见他在街头等公共场合喝得酩酊大醉"。"同他的绰号相合，"霍尔说到，"他正是在纵欲时丢了性命的。"[①]

在勾勒了一番拉斯普京的个人情况之后，霍尔又简要地概述了当时的政治背景。他提醒读者注意宪政民主党领袖帕维尔·米留可夫（Pavel Miliukov）在11月14日（新历）杜马会议上的讲话，当时他猛烈抨击首相鲍里斯·斯特默（Boris Stürmer），指责其无能怠政及其亲德立场。米留可夫提到了"为德国而战的黑暗势力以及试图破坏普遍团结"的幽灵，他指控斯特默同拉斯普京沆瀣一气。霍尔将米留可夫讲话的一份抄本传到伦敦，抄本叫"来自演讲者自己的笔记。"这是俄国的国会议员第一次"胆敢提及拉斯普京的名字"。12月29日，杜马会议在突然在法定开会时间到来前闭会24小时。霍尔在报告里写道："另一轮猛烈抨击终了，这场抨击更加非个人化、更加平淡，但也更加有力。'气氛骤然紧张'——米留可夫以此作为结束语——'没人知道不幸何时或者在何处降临）这时响起了掌声）'。"然而第二天（12月30日）早晨，那影响难以估量的不幸就悄然来临。"

霍尔接着叙述了自己得知消息的过程。在（12月30日）星期六下午，他参加对敌补给委员会会议，协助与会成员草拟协约国封锁政策所需的"俄国黑名单"。会议期间几次有人离开房间，回来时给邻桌传来小道消息，然而霍尔却没有对这些正在进行的动作起疑心，他也丝毫没有留意。等到会议结束，当他同委员会主席彼得·斯特鲁夫（Petr Struve）交谈时，一位俄国官员传来了"拉斯普京当天早晨被迪米特里大公（Grand Duke Dmitri Pavlovich）和尤苏波夫亲王（Prince Youssupoff）谋杀"的消息。斯特鲁夫比较相信俄国媒体，他命人找来晚

① 'The death of Rasputin'（CUL，Templewood papers，II：1（16））.

报。旁人带来了（据霍尔描述）“经常整版都是头条”的《证券所晚报》（*Bourse Gazette*）。报纸上头条新闻是德国的和谈提议，次条是罗马尼亚战事。接下来就是一行标题：格里高利·拉斯普京死于彼得格勒。报纸第二页上的报道简短地写道：“今日清晨6点，格里高利·拉斯普京·诺维奇在参加了彼得格勒市中心的贵族豪宅中举办的一场宴会后死亡。”

霍尔注意到，这则消息让那些在俄国只待了几个月的人大为震惊，就连斯特鲁夫也几乎不敢相信。自然而然，没人再讨论封锁了。霍尔离开会场去寻找有关这件事的一切信息。他记下了和许多不同阶级、不同立场者的谈话，将其拼接起来组成一篇报道。拉斯普京自从12月29日星期五晚上以后就不见身影，那天，他在一名官员的陪伴下离开府邸进入一辆汽车。据传，苏马罗科夫—埃尔斯顿大公（也就是尤苏波夫亲王）当晚举行了一场宴会，彼得格勒的几名大公也有出席。第二天晚上，迪米特里大公在自己的宫中举办了另一场聚会，据说这场极度混乱的宴会，一直办到了次日早晨7点30分。

城市里传出了各种消息。据传拉斯普京是在这两场聚会之间被人杀死在某处。霍尔写道：“有些人说拉斯普京被人带到一间房间并让其自杀。我听到的传闻说是他的确自杀了，我也听到传闻说他用左轮手枪开枪，一直到凌晨2点还在防卫。”广为流传的消息是当他离开屋子进入一辆汽车时被人枪杀。这辆车就是那辆把尸体运到岛上、投入大海或某条河的车。人们基本同意是巴甫洛维奇或尤苏波夫做的这件事：“许多人认为杀死拉斯普京的人是抽签决定的，本来是迪米特里大公抽到了签，但是却是尤苏波夫执行的任务。”尤苏波夫在英国名望很高，在战争前的一两年，他被英国人当作“大人物”。作为俄国最富有的人之一，他迎娶了伊琳娜女大公。无论谋杀是否真的是巴甫洛维奇或尤苏波夫做的，这场谋杀无疑经过组织，有彼得格勒上流社会的许多大人物参与。许多大公当时还在现场。巴甫洛维奇和尤苏波夫在12月31日整个晚上都待在一起，当被问及他们在做什么事情时，“他们直接公开了拉斯普京被杀的消息”，霍尔写道，“拉斯普京近来对皇室事务的频繁干涉加速了他的败亡”。

霍尔虽然承认有关拉斯普京之死的各种报道可能都不足为信，但是他深信这名颠僧的确已经死亡。他略带夸张地写道："首先，整个俄国都对此事确信无疑；其次，拉斯普京的随从明显闷闷不乐，极度焦虑，他的府邸内充满了喧闹声和哀叹声。能够进一步佐证的是彼得格勒报社的态度。《证券所晚报》从来不敢拿谣言冒险。"而在其他报纸上有大量报道间接而隐秘地指向这场谋杀。霍尔认为市民对谋杀的总体反应极其罕见。所有阶层的言语与行动都好像如释重负一般。侍者、车夫、工人，所有人都畅所欲言，谈论此事。许多人都说，这比俄国在战场上的胜利还要好。

考虑到谋杀之后的可能结果，霍尔认为秘密警察可能会丢了饭碗，同时，在接下来的几个星期内，拉斯普京那些声名狼藉的爪牙们将逐渐淡出公共领域。拉斯普京影响力最大的两个部门内务部和东正教教务委员会也将发生相应的变化。霍尔认为："这是俄国自由派的万幸，谋杀案即使不能同民主运动或革命划上等号(因为作案者都是贵族)，人们也无须对其感到忏悔。只有被拉斯普京施了催眠术的人，为了他的一己私利而任其利用的无耻之徒，因他任命进入教会和政府而感恩戴德的人才会感到悲叹。"霍尔对这位死去的颠僧毫无赞美之词，他的评论恰恰与之相反："对这样一个人，没人会说：'对于亡者，唯有赞美'。如果人们关于死者写不出好话，那么他只好说'死亡是唯一的好事。'"

在开始写报告后的第二天，霍尔借哈罗德·威廉斯之助对自己的叙述略作补充。哈罗德·威廉斯是伦敦《每日纪事报》(*Daily Chronicle*)的外派记者，他可以让霍尔同审理该案的地方法官接触。他收到确切消息，称拉斯普京的尸体在彼得罗斯基大桥下的涅瓦河中被人发现。进一步的消息证实，"颠僧"拉斯普京是在尤苏波夫宫里而非汽车或人们猜测的其他地方被人杀死的。据站在建筑外的四名秘密警察报告，屋子里枪声大作，凌晨，院子里出现了6个人和一具穿着皮衣的尸体，他们将尸体放入等候多时的车内。①

在他多年以后写就的并未正式出版的旅俄回忆录中，霍尔写道，当时的军警长官曾请他去检查尸体。霍尔拒绝了他，因为他自己的感冒刚刚好转，而当

① 'The death of Rasputin'(CUL，Templewood papers，II：1(16)).

天愁云惨淡，彼得格勒刚刚进入极夜。我认为自己不能在河边面对一具尸体。尽管此时霍尔认为自己表现怯懦，他的决定很快将被证明是明智的。几天之后，有谣言说，(作为英国情报特派团团长的)他应对谋杀负责。要不是他很快就正大光明地出现在公众的视野中，这很可能会让人起疑。[①]他策划了谋杀的谣言流传甚广，据霍尔记载，英国大使乔治·布坎南爵士不得不在再次觐见沙皇时，对此事予以郑重驳斥。[②]

在所有基于流言蜚语而写成的报道中，霍尔对拉斯普京结局的叙述基本是准确的，尽管实际上主要有三位密谋者，不止尤苏波夫和巴甫洛维奇二人。核心领导者是29岁的菲利克斯·尤苏波夫亲王，俄国最富有家族的一员。一个浪荡子、有魅力的双性恋者以及异装癖。尤苏波夫在战前牛津大学学院度过了两年时光。他曾加入极端排外的布灵顿俱乐部——一个素以放浪声色著称的餐饮团体。1914年，他娶了沙皇的侄女、伊琳娜·亚历山德洛夫娜(Irene Alexandrovna)公主。像许多接近俄国权力中心的人一样，尤苏波夫将拉斯普京视为极端邪恶力量，实际上的亲德派(尽管并不积极)与危害战争顺利进行的障碍。尤苏波夫天真地认为只要除掉拉斯普京，局势就会转变。“如果今天杀死了他”，他同杜马的宪政民主党成员尼古拉·马克拉科夫(Nikolai Maklakov)讲道，“皇后将在两周之内精神失常，退居后宫，而沙皇尼古拉将成为立宪君主”。[③]极右杜马议员弗拉基米尔·普利希克维奇(Vladimir Purishkevitch)、沙皇堂兄弟与儿时好友，曾一度公开表明想让拉斯普京保持中立的迪米特里·巴普洛维奇大公也参与了谋杀。尤苏波夫在11月告诉霍尔，他已决定除掉拉斯普京。在他的回忆录中，霍尔认为，尽管这场暗杀非常明确，但他认为暗杀更像是人们所想所言的表征，而非一个经深思熟虑后制定的计划的表现。[④]

---

① ‘A watchman makes his rounds’(TS memoir)(ibid.,II:1(34))。霍尔在自己的回忆录*The Fourth Seal*中引用了这段文本。

② Hoare,*The Fourth Seal*,157。布坎南在自己的回忆录*My Mission to Russia*中没有提到这件事。

③ Quoted in De Jonge，*Life and Times*，310.

④ Hoare，*The Fourth Seal*，68.

不过，他们确实有一个很明确的计划。尤苏波夫假借好客和让他面见自己倾国倾城的妻子（当时不在彼得格勒）的名义将其诱到自己宫中。在宫中，尤苏波夫事先准备好一间富丽堂皇的地下室供颠僧拉斯普京个人寻欢作乐。楼上播放的留声机暗示宫中其他地方也在举行宴会。为保此事顺利，蛋糕和酒都掺杂了大量的氰化钾，足以让他死好几次。尤苏波夫亲自去接拉斯普京，他似乎没有起疑（虽然后来有人说当时已有预感）。当他来到地下室，不幸的谋杀像黑色喜剧一般发生了。当时尤苏波夫的同谋者还在楼上，尤苏波夫递给拉斯普京蛋糕和酒，可毒药似乎没有起作用。尤苏波夫掏出一支小型布朗宁手枪，击中了他的胸腔，颠僧倒在地板上。

看到拉斯普京已死，三位同谋者中其中一人穿上拉斯普京的外衣，开车前往颠僧府邸，制造他已回家的假象。就在这时，尤苏波夫发现拉斯普京竟然没有死去，他恢复神智企图想要逃走。他们再次向他开了一枪——普利希克维奇事后声称对此事负责——最终杀死了他。后来，他们把拉斯普京的尸体从彼得罗斯基大桥上扔入涅瓦河（的支流）。前英国警官理查德·卡伦（Richard Cullen）的事故调查认为拉斯普京在被杀死之前受到折磨，英国秘密情报局的成员曾参与此事。[①]尸体确实曾遭毁伤，但其他资料表明这发生在谋杀之后。而英国特工参与其中的说法根本就是胡乱猜测。卡伦曾写道，霍尔下属中的低级成员、尤苏波夫在牛津时的好友奥斯卡·雷纳（Oscar Rayner）当时在场并且射出了致命的一枪。然而根本没有能够直接挑明霍尔或秘密情报局同此事相关的可靠证据。在他同伦敦"C"的秘密通讯中，霍尔一点也没有暗示自己的任何一位下属同谋杀案或谋杀者有联系（甚至是表面联系）。雷纳（如果他真的在场）只能看作尤苏波夫的故旧好友，可能还是在为俄国除去邪恶牧师计划里一个不明真相的热心人。

作为一种政治手段，暗杀对想法单纯的人们而言是个相当诱人的选择，因为它无疑是一种范式或者象征，而非实践或效力。暗杀很少会超出杀戮本身，也很少会准确地产生预期效果。拉斯普京之死也是一样。皇后并没有因神经

① Cullen，*Rasputin*。也可见于 Smith，*Six*，196–201。

错乱而退居后宫，沙皇也没有成为立宪君主。在谋杀案发生十五年之后，萨缪尔·霍尔也承认在自己最原始的报告中错以为拉斯普京之死将解放上天的力量。他那时太过自信，没有意识到突如其来的冲击竟有让政府机器摇摇欲坠的危险。政治达到一定程度，公众的意见就会变得极为亢奋，任何惊人的事件都会挑起危险的狂热，而这种狂热正是目前俄国正在遭受的。突发的拉斯普京之死动摇了政府机构的根基，就连战争的进行也受其影响，如果谋杀从未发生，战事可能会更加顺利。[①]

霍尔在他最初的报告中宣称他是用《每日邮报》的风格写作的，那么《每日邮报》实际上是如何报道这则消息的呢？如果有什么区别的话，它要比霍尔报告更加严肃。《每日邮报》第一次提到此事是在 1917 年 1 月 2 日的一篇短文中，该文隐藏在第 5 页第 6 竖栏的中间位置，下方还有一篇乔治·布坎南有关"俄国求援"的较长讲稿。"来自我们的独家记者"，文章的标题写道，"秘僧再现：拉斯普京之死的其他报道。"巴黎（报道的创作地点）收到的电报宣布了拉斯普京的死讯并声称他被同皇室有关尤苏波夫亲王所杀。在这后面还有一些有关尤苏波夫的自传式描写，其中写道："尤苏波夫外表羸弱。了解他的人都相信，如果是他杀死了拉斯普京，只能是因为某种无法抵抗的动机促使他这么做。"这则报道以一条附注的形式总结道："这已经是第三次传出拉斯普京去世的消息了。"第二天，《每日邮报》又从巴黎传出两篇短文，文中称"拉斯普京的结局同他的一生一样神秘"，基本上还是在重复早先报道的内容，只不过添加了"颠僧对高层有很大影响，不仅只限于他施加过咒语的那些女性"以及"德国人知道如何利用他"等内容。[②]

来自彼得格勒（特约记者）的第一份报道一直到 1 月 4 日才发表。《每日邮报》遇到了一旦小麻烦，他们在俄国的知名人士哈利·汉密尔顿·法伊夫（Harry Hamilton Fyfe）那时碰巧在彼得格勒以外。他在 9 月去了前线，刚好免于在罗马

① Oare, *The Fourth Seal*, 159-60.

② 《每日邮报》1917 年 1 月 3 日第二版。

尼亚军溃散之际被困在布勒加斯特，12 月底，他才返回俄国首都。法伊夫是一位经验丰富的记者，在 1907 年加入《每日邮报》成为一名巡回记者之前，他曾因成功地编辑《每日镜报》而博得阿尔弗雷德·哈姆斯沃思(后来的诺斯克里夫勋爵)青睐。1914 年 8 月，诺斯克里夫将他派往法国，10 月派到俄罗斯，在那里他待了将近三年。由于法伊夫不在场，报社只得尽力从不署名的“特约记者”的文章中拼凑有关拉斯普京的新闻。1 月 4 日，这些人的报道称人们发现了拉斯普京的尸体，“俄罗斯举国上下都因除去拉斯普京而流露出自由的气氛，他曾被认为是亲德派中的核心人物，其影响最为恶劣”。这些记者颇为拘谨地写道：“可怕的中古梦魇如今已经逝去，概述这伤风败俗的恐怖经历毫无意义。”两天之后，报纸上又报道了一些更详尽的细节。有 6 个人据称当时就在尤苏波夫宫的晚宴上。有种看法认为，不止一个参与谋杀者的话语可以证实，尸体上发现的三处伤口是由于不同口径的子弹造成的。惨案发生附近的血迹表明受害者并没有被第一枪杀死，他试图逃跑，直到第三枪让他倒了下去。[①]

汉密尔顿·法伊夫的个人记叙直到 1917 年 2 月 1 日才发表出来，这时《每日邮报》的文章才赶上了霍尔报告的进度。汉密尔顿·法伊夫在“彼得格勒，1 月 2 日，1917 年”的日期栏下面写了一篇长文(1916 年 12 月或 1917 年 1 月从彼得格勒发来的其他《每日邮报》的新闻都没有署他的名字)。在这篇长文中，他写道自己从罗马尼亚出发，在 12 月 30 日星期六的傍晚，也就是拉斯普京被杀的那天，抵达了俄国首都。在不到半个小时的时间里，他就听说了有关暗杀的消息，尽管当时的新闻被严厉的审查官压了下来(只有在一份晚报上留有两行声明，一份杂志中有些含蓄的暗示)，但到了星期日，人人都在谈论此事并为此事感到高兴。甚至连“除去”拉斯普京的细节都很快地流传开来。这是一种非同寻常的犯罪，它让人想起拜占庭帝王或中世纪意大利王子们耸人听闻的编年史，那些未经修饰的史料读起来如同廉价的“恐怖小说”。他写道，拉斯普京是尤苏波夫宫中晚宴上的常客。12 月 29 日，尤苏波夫和他的同谋者们和过去一样邀请拉斯普

① 《每日邮报》，1917 年 1 月 6 日第四版。

京一同饮酒。在向他套取俄国亲德派的情报不成之后，密谋者失去了耐心并让他在“自杀与被处决”之间自选其一。有人给他一把手枪让他自杀，然而拉斯普京拒绝自杀并开枪射向大公，他没有射中，反倒打中了一扇窗户。他很快就被人抓住，塞住嘴并被捆绑起来，过了一阵，又被人带走。法伊夫除了尤苏波夫之外没有提到任何人，他说那些参与者的姓名在彼得格勒家喻户晓，他们将被俄国历史所纪念，正如希腊史中的哈马笛斯和阿利斯托杰顿(雅典的“弑君者”)，也正如法国史中的夏绿蒂·科黛(杀死革命领袖马拉者)。

对汉密尔顿·法伊夫而言，暗杀之后的关键问题在于这场暗杀对于俄国亲德派——所谓的“秘党同盟”(Camarilla)的影响。他写道，所有正直的和爱国的俄国人都祈望沙皇能够挑起重担反对那些背叛自己以及国家利益的派系。法伊夫充满信心地断言:“这个国家决定进行战争，战争的进行方式要比过去激烈、也要比过去更充分。”这种过分鲜明的见解同霍尔最初的误判遥相呼应，即拉斯普京之死会让局势变得更有利，他尤为相信“所有俄国人的心都站在协约国一边”。同一期上，一篇社论也支持法伊夫充满信心的结论。社论认为，参与谋杀的人都一心一意地忠于俄国，忠于协约国和罗曼诺夫王朝。他们的行动是一场温和革命的关键，在这场革命中，他们希望看到沙皇和他身后杰出的军队走在他们前面。[①] 对于拉斯普京之死，一种明显又普遍的特征是：没人会认为谋杀他是一件不光彩行为。或许是战争时期的状况让所有人都被吓得目瞪口呆，毕竟上百万的人都已经在战争中遇难，以至于一个人的死无论多么令人震惊或充满戏剧性都无法引起任何道德批判。又或者拉斯普京只是一个特例。

英俄同盟的特工们

英国和俄国的战时同盟与其说是出于喜爱或互相尊重，不如说是一种基于

① 《每日邮报》1917 年 2 月 1 日。

利害关系，或者说是基于必要性的类似“形婚”的关系。因为在 19 世纪的大部分时间里，俄国一直是英国最重要的对手之一，它在中亚地区的所谓“大博弈”（Great Game）中斗得筋疲力尽，而喜马拉雅山依然掌握在英国这边，用来保护英国在印度及其周边地区的战略要点。在世纪之交，尽管英国仍然毋庸置疑地掌握着世界上最大的帝国，但它的相对衰落（这点可以用 1899 年至 1902 年布尔战争中英军在打败一群阿非利卡农民时所经历的困难加以说明）导致在新世纪的头年中对战略关系进行重新评估。1899 年 11 月，俄国沙皇有些过度乐观地扬言：只要他下令让在土耳其斯坦的军队集结起来，就能迫使英国将军队转移到西北边区，改变南非战争的进程。1902 年，据英国防务设计者统计，要防卫印度抵御俄国的入侵需要几十万军队（还有 300 万骆驼），这时外交官成了士兵的有力助手。1916 年，两国签订英俄同盟，以将波斯和阿富汗分别划入经过商议的势力范围暂时性地结束了“大博弈”。[①]

这种安排其实并没有构成任何形式的同盟。实际上，统治英国的自由党政治家们从 1906 年一直到大战爆发，都从政治和心理上反对同俄国皇族保持密切关系，虽然俄国在 1905 年向立宪民主制方向迈出的试探性步伐在伦敦受到欢迎。1904 年《英法协约》签订以后，英国渐渐向法国靠拢，连带着也同法国的盟友俄国拉近了关系。在战前的那几年中，政治同盟的关系让三国渐渐联系在一起。当日后的英国军事作战部部长亨利·威尔逊（Henry Wilson）将军在 1910 年 10 月到法国拜访刚从俄国回来的法国将军费迪南德·福熙时，他告诉福熙，俄军对德作战准备不足，法国必须“信任英国，不要信任俄国”。[②] 尽管在战前英法两国之间的军事人员会谈日益密切而频繁，但他们却并没有将这一趋势延及俄国。不过在情报工作方面情况却不一样，毫无疑问这部分是因为这样的联系保持的比较隐秘。1914 年 6 月，曾一直在巴黎访问的俄国秘密情报局局长来到伦敦，同曼斯菲尔德·卡明见面。尽管谈话细节没有记录留存下来，但他的日记中似乎

① Jeffery, ‘Kruger's farmers’, 190－1. 英国战略重估的概念，特别是针对俄国的战略重估是其弱点受到挑战的结果。见 Neilson《Britain and the Last Tsar》。

② Wilson diary，13 Oct. 1910（IWM）.

表明卡明心中有个“同法国人、俄国人合作的新计划”，不过这计划到底是齐心协力，还是撇开两国，还不明确。[①]

战争刚刚宣布，英、法、俄三国就立即结为同盟，局势为之一变。为了让俄国形象尽可能对己方有利，宣传和审查活动达到顶峰。沙俄的专制被淡化处理，而他们向议会民主制方向的所谓“进步”则被人强调。有许多文章提及“俄国蒸汽压路机”（Russian steamroller）的惊人力量和构成俄军主力的农民兵的坚忍毅力。关于帝国内侵犯人权的批评受到压制，国内的波兰和芬兰民族也受到打压。许多记者和学者被派往俄国以促进同盟的发展，伯纳德·佩尔斯（Bernard Pares）就是其中之一。他是毕业于剑桥大学圣三一学院，1914 年任利物浦大学俄国历史、语言与文学教授。凭借一连串英国官方头衔，他在俄国一直待到 1917 年革命期间。[②]

挂着“英国政府驻俄军官方通讯员”的虚名，佩尔斯同一群包括斯坦利·沃什伯恩（佩尔斯认为他“是个率真而热忱的人”）在内的外国记者安排在一起。后来他成了《每日电讯报》（*Daily Telegraph*）的记者，继续以力所能及的方式维系同盟。[③]由于在俄国人们普遍认为英国人没有在同盟中尽力，只不过扮演了一个给俄国炮灰付薪水的幕后老板角色，1915 年，在新西兰出生的英国作家休·沃波尔（Hugh Walpole）成立了“英俄局”，其任务是告诉俄国公众英国付出了多么巨大的牺牲，然而却并没有取得多大成功。[④]

在佩尔斯和他的作家同事们之后，许多军事、外交以及情报方面的英国代表随之而来。在战争开始的那几年，约翰·汉伯里·威廉姆斯（John Hanbury-Williams）被基钦纳勋爵委任率领英国军事代表团前往俄国最高统帅部。他人缘极好，曾是南非阿尔弗雷德·米尔纳爵士（后来的米尔纳勋爵）的军事部长，后来又担任加拿大总督格雷伯爵的军事部长。尽管汉伯里·威廉姆斯是个有魅力很

① 杰弗里《军情六处》第 32–33 页。

② Neilson，*Britain and the Last Tsar*，342–3.

③ Pares，*My Russian Memoirs*，276–7，343.

④ Hughes，*Inside the Enigma*，56.

健谈的人，但对他的任命方式却很不寻常。他本人也承认当他被突然调往俄国时，他对该国及其人民只有一些粗疏的概念。诺曼·斯通认为他无足轻重，他写给伦敦的报告表露出拼写能力上的不足，以及对东欧地理知识上的肤浅。他的主要优势在于能够同俄国皇室成员轻松交谈——在这方面他做得非常成功，可以通过沙皇英语说得很不错的事实加以佐证。他的任命让现存的驻外武官系统严重脱节。“乱舞”阿尔弗雷德·诺克斯（Alfred‘Flurry’Knox）上校自1911年起就驻在俄国，他是个为人能干但却易怒的乌尔斯特人，俄语流利，对俄军情报了如指掌。陆军部认为诺克斯军衔太低不足以胜任高级职务，尽管诺克斯本人认为是他相对卑微的社会背景让他不符合资格。[①]

诺克斯对战争期间其他派到俄国代表团中的某些人感到尤为不满。他认为曼斯菲尔德·卡明1914年秋天派出的宣传局和情报使团是在“兜风”，[②]他们对于英俄两国间的理解或协作没有做出一点明显的贡献。这样的批评有很多都只是同行嫉妒的结果，不过，至少在萨缪尔·霍尔在1916年到1917年工作期间，情报使团的状况还是变化无常。卡明最开始派苏格兰人阿奇博尔德·坎贝尔（Archibald Campbell）上尉赴俄，他为人粗鲁，1917年的军事情报局局长认为他相当聪明、干练又努力，但非常没有个人吸引力。坎贝尔之后来的是斯蒂芬·阿里（Stephen Alley）中尉，此人在俄国抚养长大，性格相当柔和。他们的主要任务是同俄国统帅部军官接触，处理情报事宜，以及从俄国情报部门处获得有关敌军的情报。他们两人身着军装，在俄国陆军部配有一件办公室，几乎不是一支秘密队伍。他们不明确的地位令诺克斯、汉伯里·威廉姆斯乃至英国大使乔治·布坎南困惑不解，甚为恼怒，他们均认为情报使团威胁并妨碍了他们各自的联络任务。[③]

---

① Hughes，*Inside the Enigma*，54；Hanbury-Williams，*The Emperor Nicholas II*，1；Stone，*Eastern Front*，151；Ne-ilson，*Strategy and Supply*，29–33.

② 引自 Neilson，‘Joy rides’?，885。

③ Gen. G. M. W. Macdonogh（DMI）to General Sir Henry Wilson，14 Jan. 1917（IWM，Wilson papers，HHW 3/12/59）；Jeffery，*MI6*，99–104.

1915年春末，坎贝尔被换了下来，代之以西藏出生的印度军少校卡德伯特·桑希尔（Cudbert Thornhill）。桑希尔非常引人瞩目，他是个“第一流的俄国学者”，会说波斯语和印度斯坦语，也是一名好枪手，会用步枪、弹弓和爆破管”。[①] 膝盖受伤让他从前线上退了下来。桑希尔修补了同诺克斯、大使之间的关系，但是却没能同在伦敦的卡明相处得当（原因不明）。1916年，桑希尔作为驻外武官助理被调往大使馆，他的位置由（1915年承袭其父准男爵爵位的）萨缪尔·霍尔中校接替。

1916年，霍尔36岁。他来自一个富裕的银行家庭，1910年来担任保守党议员。战争开始时，他在诺福克郡的约曼服役，1914年底因身患重病未能上前线作战，1915年之后，他闷闷不乐地当了一名征兵官员。与此同时，作为一名天赋异禀的语言学者，他开始学习俄语，希望在俄国军中找到工作。1916年初，一位在秘密情报局工作的保守党议员、前外交官约翰·贝尔德（John Baird）让他同卡明联系。1930年，当霍尔在自己的回忆录中回忆他第一次同卡明见面时，霍尔细致地注意到卡明的话非常谨慎（而多年之后的康普顿·麦肯齐恰恰没有做到这点），唯恐他会被指控泄露神圣的情报局最神圣的机密。他形容卡明为通俗小说里谍王的对立面。十分开朗，有人情味，有点虚张声势，但简单说来，他至少表面上还是个率真的人。霍尔反问道：“谁能想象得出，这个人竟是控制英国‘埃及事务’（间谍活动），雇佣世界每一个角落的特工的局长大人？”[②]

霍尔的银行背景显然是一个优势，他最初既要报告使节团的一般性工作，还要汇报经济事务。这件事他做得十分令人满意，以至于1916年5月卡明任命他接管桑希尔的事务，并将精力集中在战争贸易情报上（包括同俄国人联络协商封锁事宜），关注由于敌国企业被挤出俄国市场而给英国企业带来的机会。在他的指示中，他吩咐霍尔“在不冒险烦扰我们盟友的情况下，从俄国的非官方渠道获取情报，留意决不能表现出在做任何有损其利益的事情，或者以任何方

① *The Times*，13，16，23 Aug. 1952.

② Baird to Hoare，13 Feb.（CUL，Templewood papers，II.1.36）；Hoare，*The Fourth Seal*，8-29.

式被误认为在从事间谍活动”。霍尔同样也负责军事管理处签发去英国的护照签证。由于申请人需要仔细审查，因此这也是一项反间谍工作，卡明在伦敦的副手弗兰克·斯塔格（Frank Stagg）认为“在俄国这样一个国家，没有小任务”。斯蒂芬·阿里对这件事情负责，后来负责这件事的部门成了英国护照署。这就是英国在世界各地使馆“护照管理官”的前身，在战争期间，他们为秘密情报局及其在海外的工作人员提供掩护（以及从签证费中得到的资金）。①

英国驻莫斯科代理总领事罗伯特·布鲁斯·洛克哈特（Robert Bruce Lockhart）起初对霍尔的任命表示怀疑。他预言霍尔的任命将制造摩擦和失败，因为人们无法理解他的使团到底从哪个方面能为其他英国机构已经完成的工作再做补充。但是霍尔他成功了，他凭借机智、勤奋、向俄国人学习，以不屈不挠和谦卑的姿态完成了自己的任务。布鲁斯·洛克哈特着重指出，不像大多数的情报官员，他在从谣言中把真相筛选出来一事上表现出令人满意的鉴别力。②

1916年夏初，人们对基钦纳勋爵可能造访俄国一事给予厚望。基钦纳在1914年8月被任命为英国陆军大臣，这一任命就短期来看是一项非常成功的举措。作为当时活着的最伟大的殖民地总督将军，这一任命增加了他的权威，他的个人形象也被阿尔弗雷德·利特（Alfred Leete）描绘出来，放在20世纪最著名的海报上（“你的国家需要你”）。他实现了英国全国的战争总动员并警告这不会随着圣诞节的到来而结束，他帮助组建了英国前所未有的大量军队。玛格特·阿斯奎斯（Margot Asquith）尖酸地说道：“基钦纳是张伟大的海报，而非伟人。”基钦纳在印度以及英帝国殖民地高级指挥部的丰富经验并不能让他适合各方同意、共同负责的英国内阁。他对政治家评价不高，发现自己很难带给阁员信心；他不能理解关键概念；政治决策通常来自讨论中的妥协让步（这不是军人的传统做法）。除此之外，在军队方面，基钦纳没有理解陆军大臣并没有军事权威，他干涉了本

① Cumming and Frank Stagg（Secret Service Bureau）to Hoare, 11, 12 May; Frank Stagg（Secret Service Bureau）to Hoare，11 May 1916；‘Instructions to the Agent in charge of the Mission to Petrograd’，n.d.（CUL，Templewood papers，II.1.38–41）；

② Bruce Lockhart，*Memoirs of a British Agent*，137–8.

应是军队指挥官们负责的事情。政治上，基钦纳力有未逮；军事上，他又渐渐大权旁落，特别是威廉·罗伯森在 1915 年 12 月担任大英帝国总参谋长之后。

尽管英国本国这边将基钦纳派往俄国的部分动机只是给他找些事情做，但在俄国这一边，霍尔却认为访问将通过影响沙皇，使其发挥作为俄军最高统帅的作用而对局势产生变革性影响。在几次拜访俄军统帅部的过程中，他对沙皇的无能表现感到吃惊："我见到的是一名置身事外的学生，而非士兵们的领导者"，他一直担心沙皇会从他那只会阿谀奉承的亲信小圈子里得到错误建议。在他未出版的回忆录中(在出版的版本中他对这一看法态度略有缓和)霍尔写道，他和布坎南都"认为基钦纳可以用一种无人能及的方式影响沙皇、俄国人或者英国人。在'一战'所有的"如果"中，"如果基钦纳能在 1916 年 6 月花些时间同沙皇和俄军待在一起"的可能最富有意义。当然，基钦纳没有抵达俄国。他所乘坐的巡洋舰汉普郡号(HMS Hampshire)从苏格兰出发时在奥克尼群岛附近触碰德国水雷，于1916年6月5日沉没，只有12人生还，基钦纳被淹死在水中。"'汉普郡号'的悲剧是东线战争结束的开端"，霍尔写道，"基钦纳凭借其深厚的威望本可以阻止这场溃败"。[①] 无论这是否还有一丝可能性，其他观察家都没有因这场悲剧而动容。曾几度同基钦纳发生冲突的亨利·威尔逊爵士在自己的日记中写道："这是一件大事，尽管在我看来不会给国家造成损失。"[②]

派遣高层外交使团赴俄支持盟国，增援正勉力作战的俄军的主张并没有被放弃。1916 年 9 月，戴维·劳合·乔治(基钦纳的接任者)对俄国的亲德势力表示担心，他急忙调拨大量军需物资给俄军并打算在彼得格勒召开会议。他告诉阿斯奎斯，应当派一两个在该国有地位和影响力的高层人物。在 1916 年 12 月的尚蒂伊会议上，诚如一年之前所商定的结果一样，协约国又一次同意应当在各个主要战线发动协同进攻。劳合·乔治在 12 月 6 日取代阿斯奎斯成为英国首相，他强烈支持任何可以避免英国在西线付出巨大损失的战略。在 1916 年 12 月下旬一次

① 'A watchman makes his rounds'(TS memoir)(CUL，Templewood papers，II : 1 (34)).
② Wilson diary，6 June 1916 (IWM).

英法会议上，他认为1917年取得成功的唯一机会，在于同俄国实现彻底有效的合作。[①]

因此，协约国安排了一支由新近才升入英国战时内阁的米尔纳勋爵领导的协约国外交使节团（由英、法、意三国代表组成）在1917年初赴俄。这实际上是英、法、俄三大协约国之间的“最后努力”。使节团的目的在于展现协约国内部的团结，提振士气，同时提供经济和军需品供给方面实际的、专门的援助（俄国人对这方面最感兴趣）。由于拉斯普京谋杀案，50人的使节团推迟了两周，最后在1月19日从伦敦出发，经由摩尔曼斯克，在两天后抵达彼得格勒。从摩尔曼斯克出发的600英里车程花费了四天半的时间，每小时的平均速度只有8英里（比取道水路还慢），这让访问者们从一开始就意识到俄国战争努力所依赖的基础设施何其脆弱。[②]

使节团刚到彼得格勒就开始讨论1917年战役的战略计划，寻找协调协约国作战的最佳方式，用装备支援俄军。然而，米尔纳后来报告称，俄国人仅仅对他们所有人都相当渴求的“详细清单”非常感兴趣，并要求米尔纳等人为其付账。资历很深的英国军人亨利·威尔逊同使节团随行，他参加了基本上只限于讨论陈词滥调的军事会议：“按照约定，1917年应当是关键的一年，我们必须一同完成进攻，必须避免‘余兴表演’。”更重要的是，在英国大使馆的午餐上，他听到了许多有关革命的谈论，（他在日记中写道）甚至连俄国的官员也在公开谈论谋杀沙皇和皇后、或只谋杀皇后等人的合理性。“此事非同寻常”，他这样认为。在去莫斯科访问途中，威尔逊注意到反对沙皇、反对痛苦的面包与煤炭短缺的力量正日益壮大。他写道：“终有一天会有大麻烦。”

或许，整个使节团最具象征性意义的一幕是在富丽堂皇的沙皇村的正式晚宴，在晚宴上沙皇宫廷与协约国使节团的人全都盛装出席，但是却并没有谈及

---

① Lloyd George to Asquith，28 Sept. 1916（quoted in Neilson，Strategy and Supply，225－6）；French，*The Strategy of the Lloyd George Coalition*，45.

② 关于使节团最好的著作是 Neilson, *Strategy and Supply*, 225－48. Details of the journey from Jeffery，*Sir Henry Wilson*，184－5。

任何政治或军事事项。威尔逊记载，沙皇非常和蔼可亲，他同他们当中的每一个人谈话。访问者进入一间吸引人的豪华套房，里面有身穿古雅服饰的宫廷官员、穿着凯瑟琳大帝时期奇异服装、戴着羽毛帽的侍者。他不禁感叹：“这是个致命的遗憾，在皇后的股掌之间，沙皇如此软弱；根据我们这次的观察，我觉得他和皇后正走向毁灭。”[①]

在革命爆发多年之后，萨缪尔·霍尔和布鲁斯·洛克哈特在其回忆录中对米尔纳使节团的看法都语带辛辣、十分轻视。“在沙皇国的灯最终熄灭以前”，布鲁斯·洛克哈特写道，“最后一缕微弱的希望之火摇曳了起来，他们就是协约国内部使节团”。可是在伟大的战争史上，很少有如此之多的重要部长和将军离开各自的国家去做这样无用的一件差事。在他出版的回忆录中，霍尔称使节团为“协约国的诺亚方舟”，他认为使节团基本上是在浪费时间。俄国需要军需品和像基钦纳或福熙那样的军事顾问，但是一大群英国、法国和意大利政治家、军人和专家们除了在他们处于艰难困苦中令他们尴尬不快之外，一事无成。俄国被淹没在连续不断的宴饮与仪式性访问里。在他未出版的回忆录中，他写得更为委婉：“尽管使节团有各种缺点，但它似乎还是给西方直面俄国危机提供了最后的机会。”然而，当危机到来时，米尔纳很快就破除了好事可能随之而来的希望。他故态复萌，陷入一种宿命论者的绝望状态，无法理解这个同自己所处迥然不同的世界，也不愿相信某些文明国家竟能被如此糟糕地统治着。[②]

走向革命

劳拉·英格斯坦（Laura Engelstein）认为俄国在1917年之前的几年中，权力顶峰的乱性现象就象征了沙皇政权所犯的错误。这其中最臭名昭著的例子就

① Milner quoted in Neilson, *Strategy and Supply*, 236; Wilson diary, 29 Jan.–16 Feb. 1917（IWM）.

② Bruce Lockhart, *Memoirs of a British Agent*, 162; Hoare, *The Fourth Seal*, 203–4; ‘A watchman makes his rounds’（CUL：Templewood papers, II：1（34））.

是恣意妄为、荒淫无度的拉斯普京，他破坏了民间率真与圣洁的美德。他施加于皇室身上的暴行象征着俄罗斯帝国政权绝对秩序核心中的混乱不堪。[①]正因如此，我们才能理解为什么尤苏波夫亲王和他极端保守的密友们(还有萨缪尔·霍尔)会认为除去拉斯普京将会对俄罗斯的政体产生疗愈效果。去除了癌症，政治就会康健。让我们暂且将这个问题置于一旁，杀死拉斯普京的刺客们只是由于都想除去颠僧才团结在一起，他们没有凝聚力，除了想要恢复帝国合法权威的含糊感觉外，也没有一致的政治方案；他们似乎不太明白(如果有的话)拉斯普京只是政权机能严重失常的表象，而非造成他们的国家困境的主要原因。

沙皇本人是俄国专制政治运作的关键。许多人可以为他的个人品质、他的真挚和吸引人的亲密感作证，但是对于统治一个庞大而不安稳的帝国，他的适应能力又是另一回事情。萨缪尔·霍尔认为他最适合做一名安详的英国乡绅。乔治·布坎南尽管认为他具备许多会让他适合扮演立宪君主角色的天赋，比如才思敏捷、富有教养、在工作上讲方法又很勤勉，还有非凡的“魅力”，但他断定沙皇既没有其父的威严个性，也没有专制统治者必须具备的果断、强硬性格和能力。[②]布坎南的分析比较含混不清，他承认沙皇有作为立宪统治者的能力同时，又谴责他作为专制者的无能。他准确地指出了俄国的部分难题，即它不易将独裁与民主结合在一起。1905 年革命之后，沙皇勉强同意通过限制选举权来选举杜马，实行半民主式的宪法和限制权力。但是，他保留了法律法规和部长任免的绝对否决权——一项他在战争期间频繁、专断地运用的权力。沙皇在 1916 年任命亲德派保守主义主要人物鲍里斯·斯特默为首相，这一任命普遍受到自由派和协约国外交官的谴责。斯特默比“平庸之人”还要坏，德国大使莫里斯·帕雷奥洛格(Maurice Paleologue)这样认为。1916 年 7 月长期任职的立宪加亲协约国派外交大臣谢尔盖·萨佐诺夫的离职(斯特默继任其职务)给乔治·布坎南造成很大挫伤，他曾徒然地告诉沙皇：“我对失去一位在我们到来之前就一直处理其工

① Engelstein，*The Keys to Happiness*，421.

② Hoare，*The Fourth Seal*，177；Buchanan，*My Mission to Russia*，77.

作的好伙伴感到忧惧。"[①]所有这些都说明了皇后、拉斯普京和亲德派力量影响力的增长，米留可夫在 1916 年 11 月警告杜马时，将这些人称为“黑暗力量”。

沙皇专制政权在军事方面状况大致相当，特别是 1915 年 8 月沙皇取得军中最高指挥权之后。这种夺权同内阁整体所给他的建议相左，他后来不在前线又使得首都出现政治真空。对军事指挥权的夺取实际上体现了尼古拉把自己看成国家化身的想法，他想让自己同其臣民的勇敢努力保持一致，但是它也意味着他个人会同军事上的失利不可分割并且要为经常性的物资匮乏和士兵们所遭受的不平之事受到谴责。独裁者尼古拉虽然决定处在军队的最前头，但约书亚·桑伯恩（Joshua Sanborn）却认为，大规模义务征兵和军事动员（两者都因战争的加剧而变得规模更大）的逻辑无疑破坏了专制制度的理论基础。军队既成了国家的物质载体，也成了军民兄弟情和（有别于旧等级制度的）新归属感的象征符号。他认为，俄罗斯全民皆兵，因而具有了既能颠覆沙皇专制、也能颠覆继承沙皇的共产主义政权的能力。[②]

在战争中，俄国军队偶尔会表现得极为出色，尽管在战争中总体失利，但俄军直到 1916—1917 年的冬春之交仍保持了相当的韧性。布鲁西洛夫攻势的胜利不仅仅是由于杰出的领导和周密的计划，同样他们也证明了 1916 年俄国军需供给的进步。但是这些成功都付出了惊人的代价。1916 年 7 月末，布鲁西洛夫攻势开始后的第八周，阿尔弗雷德·诺克斯访问了在北乌克兰别尔季切夫（Berdichev）的俄国将军指挥部。他得知，据俄国统计，在攻势初期奥匈军大约损失了 80 万人，其中 32 万战俘，36 万伤者，12 万阵亡者。诺克斯认为数据有些被高估了，实际的总数应该接近 60 万，但无论怎么说，数据都是惊人的。布鲁西洛夫的总军需官尼古拉·杜霍宁（Nikolai Dukhonin）将军估计俄国曾经有 40 万预备役，但该数值如今已减少为 10 万，士兵们只经过了六周训练就被投入战斗。杜霍宁也是第一个想到他们脆弱的技术装备，可能会造成预

① Buchanan，*My Mission to Russia*，17；Paleologue 引自 Warth，*Nicholas II*，220。

② Sanborn，*Drafting the Russian Nation*，5.

备役就耗尽装备这样的恶果的俄国人。[1]尽管7月战况已经足够糟糕，但到了1916年的秋天，随着罗马尼亚的崩溃，俄国人有了更多的压力，他们让军队走到了崩溃边缘。

和前线相同，俄国的许多困难都来自于帝国人员不足、资源也不足的基础建设。食物一直是个问题。尽管粮食生产大致还可以维系，但将它们运往需要的地方却是另一回事。所有的交战国都面临食物生产和供给的挑战。1916年，国家干涉已经成为常态。英国和德国都建立起(由中央政府组织来解决结构性问题并将私人企业并入体制，由商人运作。但是这种事情并没有在俄国发生。在俄国，政府想取代现有的市场机制，代之由政府官僚、立法机构成员、为支持战争而成立的公众团体的许多代表组成的"食品供应特别委员会"。这些人来自各种战争工业委员会和当地的政府系统。其目的在于省去中间商，同农民食物生产者直接交易。因而如谷物等便可按政府定价购买，根据中央所决定的优先权公平分配。然而一连串不幸的状况破坏了该计划。生产者们不太愿意按(较低的)政府定价出售，特别是当时战争通货膨胀让货币严重贬值。军队付给军属们的钱让那些农民家庭的人有了剩余现金，因而降低了他们贩卖谷物的需求。令人讽刺的是，让政府得以干预市场的战时条件还意味着政府除了让农民精疲力竭之外，什么也提供不了(彼得·霍奎斯特语)。后来，这些一切的不满都成为了人们对国家的关注点。

芭芭拉·阿尔伯恩·英格尔(Barbara Alpern Engel)在研究为生存而发起的暴动时发现，参与这些抗议的人极其广泛，不仅有工人，也有工人的妻子，军人的妻子和母亲，农民，其他各色男女，他们加入某些团体的不同小组织中，此前从未参与反商人、反官僚、乃至最终彻底反政府的集体示威游行。这些抗议活动的特点之一在于，抗议本身所达到的程度正说明了原先被边界所孤立的产业工人阶级，是如何被卷入战争的。大规模军事动员对大后方造成了深远的影响，它加强了"索尔达蒂"(士兵的妻子)之间的权利意识。1916年下半年，托木斯克总督

① Diary entry，31 July 1916(Knox，*With the Russian Army*，460–1).

抱怨："士兵的妻子们渐渐认为自己在一切事情上都应得到认同，因为她们的丈夫被送上前线，抛头颅，洒热血。"俄国公民社会在战争中期的脆弱性不但体现在聚众抗议势头的增长上，还体现在那些会引起不满的问题变得日益平凡而琐碎上。1916 年 6 月上旬，上千名妇女在下诺夫哥罗德省的戈尔捷耶卡（Gordeevka）镇聚集，抗议牛奶、食盐等生活必需品涨价。据警方估计，在数小时之内，开始袭击供给品商店的人已经增加到上万人之多。在科斯特罗马（Kostroma）省的基涅什马（Kineshma）的另一起事故中，一场怀孕妇女同市场商贩之间围绕棉纱价格的争执演变成了一场据说有 4000 妇女参与的抗议运动。①

由于 1916 年生活处境的恶化，在这种普遍的不稳定之后，社会主义组织的传播与兴起随之而来。这些组织通过明确的政治方法强化人们的不满并将精力集中于此。由于工会活动受到限制，工人们开始用他们"战争工业委员会"的会员资格表达他们日益反对战争的主张并组织政治活动。尽管他们起初对包括罢工在内的直接行动颇为谨慎，但到了 1916 年年底，他们变得更加好斗，也开始参与 1917 年初的大规模罢工运动。②

1917 年 2 月发生在彼得格勒（促使沙皇退位）的革命事件始于一场为生存而发起的大规模示威游行，这场示威游行同 1916 年间发展起来的类似风潮只在规模和地点上有所区别。阿尔伯恩·英格尔以 1916 年 8 月顿河流域的情况为例更加明确说明了这一点，当时哥萨克骑兵制止了一名成员使用武力镇压包括士兵妻子也参与其中的食物骚乱。他们说："他没有权利在妇女面前举起利剑，因为那些妇女的丈夫们此刻正在军中作战。"1917 年 2 月示威游行表明哥萨克禁卫军不愿意用武力镇压。当然，工厂里的罢工和抗议在俄国革命时期也扮演了重要角色，但是，或许正如彼得·霍奎斯特所言，这是帝国在处理食物供应上的失败，最终导致了政权的垮台。③

① Engel，'Subsistence riots'.

② Rogger，*Russia*，257–66.

③ Engel，'Subsistence riots'，712；Holquist，*Making War*，*Forging Revolution*，36.

从加里波利半岛到冬宫

一位研究锡安骡子军团的历史学家在分析加里波利战役时明确地将这场战役的失败同俄国 1917 年革命联系在一起。像许多将“战争中错失的机遇”联系起来的此类猜想一样，[①] 这种解读取决于一种可疑的假设：加里波利战役本可以成功。即便如此，还是有人认为通过迫使土耳其撤走俄土边境军队，协约国在达达尼尔海峡所施加的压力可以保证俄国取得必要的胜利；这可以“充分提升俄军士气，减少兵变和迫在眉睫的革命危险，并确保他们将继续对德国东线发动进攻。然而，加里波利战役最后的失败让俄罗斯帝国的命运终成定局，从而间接导致了苏维埃政权长达七十年的统治。[②]

回顾 1916 年的俄国史有助于我们将 1917 年的革命置于更广阔的时间和空间环境中理解。彼得·霍奎斯特认为不能孤立地理解俄国 1917 年的经验，而是应在一个更广阔的背景下，结合俄国自身的“动乱年代”（从 1905 年革命到 1921 年苏联诞生）来理解革命。此外，革命还是从 1914 到 1924 年全欧（以及全球）动乱的一部分，这场动乱不仅包含了 1914 年到 1918 年的战争，还包括了动荡的战后时期，直至近东和中东问题最终得到解决。[③] 罗伊·福斯特（Roy Foster）将爱尔兰和俄国的“革命一代”进行比较，他描绘了二者间智识和文化发展上的共同之处并认为在这两个地方，国家间的战争都释放出一种可怕的“国内危机感”。[④] 俄国革命家列宁（V. I. Lenin）在 1916 年夏天流亡中立国瑞士时对当时的诸多大事件进行沉思，他认为是 1914–1916 年的帝国主义战争造成了一场帝国主义危机。他写道：“民族起义的火焰在殖民地和欧洲突然燃烧起来。”他注意到 1915 年印度士兵在新加坡的兵变，以及法属安南（今越南）和德属喀麦

① General Max Hoffman 的话，见他 1924 年的书《The War of Lost Opportunities》。这是从一个德国人的视角对该概念做拓展讨论。

② Sugarman，‘The Zion Muleteers of Gallipoli’.

③ Holquist，‘Violent Russia’，630.

④ Foster，*Vivid Faces*，xvi，68–9.

隆的起义企图。在欧洲，爱尔兰出现了起义，“热爱自由”的英国人不敢将义务兵役推及爱尔兰，他们用处决的方式镇压了起义。同盟国的情况也是如此，奥地利政府以“叛国罪”为名宣判捷克议会议员们死刑并在同时以相同的“罪名”枪毙了全体捷克团成员。列宁虽然欢迎爱尔兰起义，但他认为这场起义时机过早并且基本上“是布尔乔亚式的”，它发生在欧洲无产阶级具有成长壮大的时间之前。然而，他补充道：“这场起义虽然是一场不成熟的、个体的、分散的因而也是不成功的革命运动，但也是一场让群众学得经验，得到知识，聚集力量并得知他们真正领袖、社会主义无产者是谁的运动，他们将用这种方式为大规模的猛攻做好准备。”①

1917 年的俄国革命因而只是许多暴力的与投机的(可能也是最极端的)变化之一，这些变化几乎发生在这场大规模冲突带来挑战与要求的一切地方。随着战争变得日益激烈，1916 年，第一波严重的事变在远如爱尔兰和中亚等地出现了。在权力集中于个人手上的俄罗斯专制帝国，动荡与骚动即将来临的重要预兆在一场充满戏剧性意味的个人暗杀中体现了出来，这种说法或许比较贴切。也许正如尤苏波夫亲王急切希望的那样，杀死拉斯普京最终造成的全国性乃至国际性反响远远超出了这种卑劣行为所发生的豪华地下室。

① Lenin，‘The discussion on self-determination summed up’，in idem.，Collected Works，353-8.

结语

1916年里潜在的和平

到了1916年底，伦敦、柏林和华盛顿都出现了各式各样的和谈可能。它们没有一个成功，但这些方案都是战争时期特殊情况的产物，它们至少使某些政治家相信此刻去思考结束战争是有利的——甚至是必要的。

在伦敦，索姆河会战所引起的损失似乎成了资深的保守党议员、前外交大臣、现任内阁阁员的兰斯多恩（Lansdowne）勋爵强烈干涉此事的主要原因。11月13日，在回应首相向阁员们征求和谈意见及和谈条件时，他对当时的局势进行了一番比较宽泛但深入浅出的讨论。兰斯多恩虽然认为“此刻没人会相信我们将输掉战争”，但他也怀疑是否能取得彻底的胜利。他注意到英国的经济和供给问题逐渐增多，对人力资源的损失很不乐观。他认为英国已经损失了110万人，其中有1.5万军官牺牲。“我们在慢慢地消灭英伦列岛上最优秀的男性居民”，他写道（此刻，他可能想到了在1914年10月比利时战役中牺牲的次子），“能够表现盟国伤亡情况的数据不会早于我的数据。他们的总数也必定骇人听闻”。他认为，忍受战争无疑是他们的义务，但是他们应该看到牺牲有所回报。否则的话，战争同它难以言及的恐怖将会被不必要地延长，那些让战争不必要延长的人的责任不见得比那些挑起这场不必要战争的人少。

兰斯多恩提议要“彻底清点”每一个盟友，保证那些迫切需要之物不可或缺，无论他们是否准备好考虑某种妥协性的和平。此事非常迫切，因为他相信取得决定性胜利的可能性很小，可以说是微乎其微。此外，他完全不敢肯定盟友是否足以信赖。尽管法国士兵总是像英雄一样在作战，但法国的国内看法却并不坚定。意大利“总是让人烦恼，战事吃力”，而俄国的“国内局势还远不能让人放心”。兰斯多恩虽然没有提出任何实质性建议作为和谈的基础，但他认为他们至少不应该阻挡这种行为，无论是谁先发起，都应支持将意见交换作为一种可能的解决方式[①]。

兰斯多恩的话虽然相当理性并具有判断力，但他的建议书还是被那些大为震惊的失败者所拒绝。两周之前，在一次同美国记者的访谈中，陆军大臣劳合·乔治早就坦言英国将“一战到底”。在著名的“毁灭性打击政策”（Policy of a Knock-Out Blow）中，他怀疑威尔逊总统会在他们取得胜利或普鲁士军事专制主义无可救药前，就“插手”并提议停战。在没有彻底消灭这种威胁之前，无论是现在还是何时，和平对所有人老说都是无法想象的。当被问及这场战争还会持续多久时，劳合·乔治提醒采访者注意，英国可是花了二十年时间才打败拿破仑。“我们不会花二十年时间去赢得这场战争”，他说，“但是无论需要多少时间，终会赢得胜利”。[②]

劳合·乔治对和谈的强烈反对同英国战时联盟中强硬的保守党成员遥相呼应。此事为他争夺权力提供了动力。1916 年 12 月 6 日，他成功取代阿斯奎斯成为新首相。劳合·乔治上台之后，英国参与提议和谈的可能性变得微乎其微，而德国和美国所提出的建议更是立即遭到了伦敦的拒绝（英国认为德美两国是在相互勾结）。德国人意识到威尔逊总统在再选之后会试图再次提议和平，12 月 6 日对布加勒斯特的占领令他们备受鼓舞，他们认为此刻有利于提出和平。12 月 12 日，同盟国发布《和平备忘录》，他们一方面对最后的胜利抱有很大信心，另一方面又没有开出必须坚持的具体条件。这明显是受到了德国新任军事领导人兴登堡和鲁登道夫的影响，所有这些提议都体现了一种想在保证现状、荣誉和人民发展自由的条件下进行谈判的意愿。人们普遍真的相信德国会坚持保留一些战果（包括阿尔萨斯-洛林）并要求归还非洲殖民地。尽管德国实际希望协约

① Lloyd George，*War Memoirs*，862–73.

② Lloyd George，*War Memoirs*，853–5。兰斯多恩观察敏锐且富有智慧的分析见 Larsen，‘Briti-sh intelligence and American neutrality’。

国会反对(他们提出的)方案，但他们也希望该方案可以给威尔逊总统留下好印象，特别是此时，他们正在积极考虑实行无限制潜艇战。[①]

就在这个时候，威尔逊总统在1916年12月18日签署了一份和平备忘录，他促请交战各国表达“各自对于战争结束条件的看法”。和平备忘录刚刚签署，威尔逊就打算加入某些本应安排好的对话中。他对兰斯多恩的话进行回应，谈到了战争所带来的可怕损失：

> 如果冲突必须在消耗中朝着不确定的目标进行下去，直到交战国一方或另一方精疲力竭；如果必须要继续提供一百万又一百万人的生命，直到再也无人可用；如果一定要激起无法平复的怒火和难以恢复的绝望，那么自由人民对和平的希望，对世界大同的希望都只能是徒劳无益的。

在一篇令协约国大怒的文章中，他认为交战各方的战争目标基本上是没有区别的。“交战国双方政治家们在这场大战中所考虑到的目标”，他写道，“基本上是一样的，正如他们向各自的人民和世界所陈述的那样。”他认为，各方都希望让弱小民族与小国取得权利以防未来对这些权利的侵犯或剥夺，正如那些强国、大国如今在为自己的权利交战一样。各方还希望本国在未来能够受到很好的保护，同所有其他国家与民族一起，防止像这样的战争重演并防止任何形式的侵略或利己性干涉。派崔克·德芙琳认为，从纯理论意义上讲，也是从一名能够心平气和的读者角度出发，威尔逊的分析其实没有太过离谱。他实际上并没有在下定语，而是仅仅要求人们注意各方所表述的目标是一样的。但是，德芙琳又说：“在1916年12月，协约国其实并没有那么多谨慎的、能够心平气和的读者。”[②]

---

① Fischer, *Germany's Aims*, 295–309.

② The Secretary of State to the Ambassadors and Ministers in Belligerent Countries, 18 Dec. 1916 (*Papers Relating to the Foreign Relations of the United States*, 1916: *Supplement*, *The World War*, Document 132 (https://history.state.gov/historicaldocuments/frus1916Supp/d132) (accessed 1 Feb. 2015)); Devlin, *To Proud to Fight*, 578.

像以前发生过的事情一样，威尔逊苦苦渴求在调停工作上做到公正的努力起到了反作用。尽管他明确表明自己的干涉与同盟国的《和平备忘录》无关，但英法两国却认为完全不是这么一回事。各国无论如何都不肯认真准备谈判，不过协约国给威尔逊的回复也确实包含了一些比较详细具体的战争目标。这些目标包括：归还并赔偿比利时、塞尔维亚、黑山；撤出法国、俄国、罗马尼亚；从“外国人的统治”中解放意大利人、斯拉夫人、罗马尼亚人；他们还比较含混地提到归还之前违背当地居民意愿，从协约国手中夺走的领土(包括阿尔萨斯–洛林①)。同盟国由于这些目标彻底拒绝了协约国的提议，双方都认为这场战争自己会赢。对于协约国而言，这只是个坚持下去的问题，他们相信占优势的人数以及资源最终会获得胜利，他们同样也希望可以将美国拉到自己这边参加战斗；对于同盟国而言，胜利的前景只在于短期战略，比如 1917 年 2 月 1 日实施的无限制潜艇战，能否奏效，他们要碰运气看看能否在美国实际干涉前把协约国打败。最终协约国是正确的，而同盟国犯了大错。

尽管在 1916 年下半年潜在的和平很快地消失(或最终破灭)，战争又延续了将近两年，但从长远的视角看，那一年诸多事件中的某些要素后来又被用来服务于过去的交战国以及交战国内部之间的和解。关于加里波利战役的和解正是一种早期体现。1929 年 11 月，土耳其总统(也是加里波利战役的老兵)穆斯塔法·凯末尔(后来的“土耳其之父”凯末尔·阿塔图尔克)发表了一篇关于加里波利半岛上澳大利亚与新西兰战争公墓的演说，这场演说被认为是对岛上上千具协约国士兵遗体的再保证。凯末尔参观了战场，他说：“这两个国家的人民无需对澳新军团士兵的坟墓感到害怕，这些战士们所安眠的土地正是展现他们英勇事迹的地方。”尽管战争时期大家各为其主，但土耳其人民“只会对这些澳新军团士兵感到敬意。今后我军不仅要以英勇的澳新军团当作为自己所坚信的理念而战的楷模，还要做得比他们更好”。出于事后考虑，他又补充道：“我国人民也应接受并尊重那些英国及其他协约国战死者的墓地。”五年之后，在 1934

① Stevenson，*The First World War and International Politics*，136–7.

年 4 月 26 日——第一次登陆加里波利十九周年纪念日后的第二天，《悉尼先驱晨报》(Sydney Morning)发表了一篇凯末尔的“澳新军团节祝词”，他讲道这场战争向全世界展示了在此地挥洒热血人们的英雄气概。“他们国家最悲惨的事情是”，他说，“就这场战斗带来了太多死亡。”①

政治上的议程也支持了这些充满同情与和解讯息的传达。为了进一步让世俗化了的新共和国面向西方，凯末尔急于修复同土耳其之前敌人间的关系，他们不仅有大战期间的敌人，还包括国家肇建初期艰难困苦时的那些敌人。在 1922—1923 年，土耳其坚定不移地打退了英国重新发动战争的威胁并同战争时期的协约国商定了一份有利于自己的最终解决方案。一名凯末尔的传记作家写道：“军事上，他在加里波利战役中战胜了英国；外交上，他又在独立战争中战胜了英国，这两个事实让他更容易爱上过去的敌人。”②

英国也以和解姿态作为报答。一位英国官方的战史专家称凯末尔为“杰出的指挥天才”，1932 年，凯末尔收到一套战史的赠阅本，其题词为：“献给高贵而勇敢的对手”。1936 年，国王爱德华八世(在其情人辛普森夫人的陪同下，乘船环游东地中海——不过这段情报并没有被英国报纸报道)私访土耳其，标志着英土两国恢复邦交。据记载，国王参观了大英帝国纪念馆和加里波利半岛上的战争公墓，之后他发表讲话表达了一些关于土耳其对待联邦战争公墓的墓地态度的担忧。然而，他的这些担忧很快被官方保证消除掉了，土耳其政府保证将在维护、监管、参观公墓等方面，继续保持和过去一样的服务设施”。③

在凯末尔有关加里波利战役最著名的、经常被频繁引用的那份演说里，他的冷静的中立立场转化成了某种更为积极的事物。凯末尔准备将演说作为一种讯息传递给来到战场的旅行者，他意味深长地直接同失去了孩子的母亲讲道：

---

① *The Mail* (Adelaide, S. Australia), 23 Nov. 1929; *Sydney Morning Herald and The Times*, 26 Apr. 1934.

② Mango, *Atatürk*, 505.

③ Ibid.; Aspinall-Oglander, *Gallipoli*, ii, 485; *Adelaide News*, 25 May 1932; *The Times*, 4, 7 Sept. 1936.

那些挥洒热血并捐躯的英雄们……你们现在安葬在一个友好国度的土地中。因此请安息吧。在我们心中约翰尼们与穆罕默德们没有差别，他们紧挨着埋葬在我们现在的这个国家里……诸位把孩子从全国各地送来的母亲，擦干你们的泪水吧；你们的孩子此刻正安葬在我们心中并安息着。在这片土地上丧生以后，他们也已成为了我们孩子。①

尽管这种宽慰与友谊的动人表达并没有在当时引起公众的关注，但无论如何，今天它已成为加里波利战役纪念最著名的文本，甚至可能远远超过了任何其他的演说。它体现了人们天生对从可怕的战争遗产中汲取出积极意义的渴望。

第一次世界大战的其他地点也被用来作为和解的场所。1995 年 10 月 4 日，意大利总统奥斯卡・斯卡尔法罗（Oscar Scalfaro）在戈里齐亚同奥地利总统托马斯・克莱斯蒂尔（Thomas Klestil）会面，两人共同向伊松佐进献花圈，以此疗愈自开战以来残留在两国间的“最后一道创伤”。② 早在 1966 年，在凡尔登战役五十五周年纪念日上，凡尔登战役老兵查尔斯・戴高乐总统就认为这场战役是关乎相邻两国人民，以及奋勇作战并付出巨大代价的士兵间关系的重要一课。他表示：“他们作战的结果只有苦痛。”在经历了两次世界大战那些悲痛的事情后，德国和法国将在一个需要重新成为“文明中心”的欧洲携手同行。③

三十多年之后，弗朗索瓦・米特兰（François Mitterand）选择了凡尔登的杜奥蒙公墓作为会见西德总理赫尔穆特・科尔（Helmut Kohl）的最佳地点，因而 1994 年 9 月 22 日那天成了“和解日”。那一年恰逢第一次世界大战开战八十周年，尽管有些评论家认为会面是在科尔“缺席‘二战’盟军诺曼底登陆四十周年纪念后，

① 这段文字被复制在安扎克湾的土耳其纪念碑以及堪培拉的凯末尔纪念碑上。它的出处见 Jones，‘A note on Atatürk's words’ and Davies，‘Anzac Day meanings’，210–17. 关于这段话，当代政坛的引用带来了相当大的正义。例如，Peter Stanley and David Stephens 就认为“阿塔图尔克的讯息”所表达的情感令人欣赏，但却不必然是良史。（*Sydney Morning Herald*，8 Sept. 2014）。

② Schindler，*Isonzo*，347.

③ *1916-1966 Cinquantenaire de la bataille de Verdun*（souvenir brochure）.

◎ 在凡尔登，巨大的杜奥蒙要塞收纳了从战场上发现的13万遗体。法国总统与西德总理在此会面，在1994年9月22日这天共度“和解日”。2014年2月，德国士兵的名字第一次刻在纪念碑上，虽然这也引来了一些争议。

被临时安排上去的，[1]但对两次交战怀有鲜活记忆的国家领导人而言，这场会面无疑是有巨大象征意义的。一块纪念碑充分表明了他们对两次世界大战中的战死者有着一样的看法。他们献上花圈并宣称：“我们和解了。我们彼此了解。我们成为朋友。”

2014年杜奥蒙再次被用于和解仪式。杜奥蒙要塞，这座从1920年到1932年历时十二年之久才完成的宏伟建筑物，被凡尔登主教认定为纪念馆和凡尔登战役中无名死者的安息之地。这里有13万具从周边地区发现的遗体。没有人知道到底其中有多少是法国人，有多少是德国人。死者家属可以花钱将死者的名字刻在纪念馆的拱顶上，多年以来偶尔有德国人向政府请求能否让他们也建一块纪念碑，但是并没有什么效果。2014年2月9日，纪念馆第一次刻上了一名德国士兵的名字。当地的报纸认为“这是法德和解的象征”。在德国人的纪念碑旁有一个法国人的名字与之并列，两人的名字分别是彼得与维克多。彼得·弗罗因德尔（Peter Freundl）是巴伐利亚人，死于1916年5月25日；约瑟夫·维克多·玛纳斯生于布里埃，1916年6月

① *New York Times*，23 Sept. 1984.

2 日死于布里埃往东 30 英里的地方。[①]

普通的战时服役在爱尔兰也被认为具有和解的可能性。1916 年 9 月死于索姆河然希的爱尔兰大学教授兼国会议员汤姆·凯特尔（Tom Kettle）热诚地相信民族主义与统一主义的爱尔兰人可以抛开“刻骨的仇恨”，他希望在这场灾难性的战争之外，他们可以像法国与比利时一样，获得国家统一的珍贵礼物。作为一名带有欧洲视角的国际主义者，凯特尔将这场战争视为对抗蹂躏比利时的德国“铁血者”的正义讨伐战。作为英国战友一方的爱尔兰人可以取得比爱尔兰国家统一更多的战果。运用根植于血与泪的智慧，这种欧洲悲剧应该或一定会实现所有政治家所梦想的两次和解的开端：信仰新教的乌尔斯特与爱尔兰的和解，爱尔兰与英国的和解。[②]

由于参观了一名 1918 年死于西线的多尼戈尔战友的墓，爱尔兰政治家裴迪·哈特（Paddy Harte）开始关心那些服役并死于“一战”的爱尔兰人的——民族主义者的、统一派的以及那些无明确政治观点者的——命运。他同来自德里（伦敦德里郡）的保皇党成员、前民兵格伦·巴尔（Glenn Barr）提出了让跨族群的年轻爱尔兰人和乌尔斯特人一起参观“一战”战场和比利时、法国墓地的想法。“和解信任之旅”由此诞生。这趟旅程将会为会议和社会团体建立起一座爱尔兰和平塔，并在临近建立“和平村”。1998 年 1 月 11 日，比利时国王阿尔伯特、英国女王伊丽莎白二世与爱尔兰总统玛丽·麦卡利斯（Mary McAleese）参加了落成典礼。玛丽·麦卡利斯认为，这一幕应被视为对所有在第一次世界大战中战死的爱尔兰人的“记忆补偿”。[③] 这是爱尔兰总统与英国君主第一次同时出现在公共仪式上，它有力地说这两个时而敌对的国家关系正在修复。仪式的地点同样也非常重要，由于政治上的情况，在爱尔兰或英国显然不适合会发生如此一致同意的事情。“英勇的比利时”，一个合适的中立国家，再一次为协约国的行动提供了场所，不过这一次无疑是建设性与和平的行动。

---

① *L'Est Republicain*（Meuse），10 Feb. 2014.

② Kettle，*The Ways of War*，10，57，71.

③ Jeffery，*Ireland and the Great War*，138-43.

这些和解之事并非总是毫无争议，一帆风顺。作为强有力的象征的它们，本身通常会吸引公众的关注，也会为其他的政治观点创造机会。1985 年 4 月，在堪培拉阿塔图尔克纪念馆的落成仪式上，160 多人组织了大规模抗议，抗议土耳其当前的军事政权。据《堪培拉时报》(Canberra Times) 报道，他们大声呼喊“法西斯军事独裁者下台”，而那些在现场的土耳其人则以“共产党人!”“滚回俄国”作为回应。与之相比，该报道旁边却是一则 9 名加里波利战役老兵访问土耳其的报道，其标题为“旧日战争的敌人热泪相拥”。1980 年曾领导军事政变的土耳其总统凯南·艾弗伦重复着穆斯塔法·凯末尔的原话，他告诉老兵们埋在加里波利半岛的士兵是土耳其尊贵的客人，并说“我们会照顾好他们并将他们视为我们自己的烈士”。[①]

在独立后的爱尔兰，对参加“一战”的大量天主教民族主义爱尔兰人的重新关注引起了爱尔兰共和派的反对。2009 年，克里郡基兰尼将新战争纪念馆献给为英军战斗并阵亡的爱尔兰人，这让共和派的新芬党(一个反对北爱尔兰“和平进程”的分裂派别)感到是对被相同英军处决的爱尔兰人的侮辱。尽管当时爱尔兰总统也出席了落成仪式，但共和派依然主张全国所有有思想的人都应抵制新纪念馆的落成。2011 年 5 月伊丽莎白二世第一次访问爱尔兰共和国时，为了能够正视爱尔兰人对 1916 年军事镇压的反感态度，她的行程经过了慎重安排。第一天，女王来到都柏林帕内尔广场的爱尔兰国家纪念公园献上花圈，以此纪念为爱尔兰自由而捐躯的人们。第二天，女王在麦卡利斯总统的陪同下再次来到岛桥 (Islandbridge)，两位国家元首在那里向第一次世界大战中身着英军制服阵亡的爱尔兰人进献花圈。即使有这样明显的优先顺序安排——即将爱尔兰脱离英国独立的斗争放在首位，也不能让共和派的主要派别新芬党满意，他们公开抵制女王的访问。[②]

---

① *Canberra Times*，26 Apr. 1985.

② 新芬党确实进行抵制，但在2012年6月当女王访问北爱尔兰时他们又转变了立场。这些事情都在我的文章中有所讨论，见‘Commemoration and the hazards of Irish politics’, in Ziino (ed.), *Remembering the First World War*，165—85。

2014年凡尔登杜奥蒙要塞德国纪念碑的落成典礼也招来了不满的声音。退休市长伊夫·亚都（Yves Jadot）对整件事都感到非常愤怒。他说："这种姿态背叛了所有在凡尔登战役中战斗过的法国士兵。"[①] 尽管在今天和解与和平的主题占据着第一次世界大战纪念活动的中心位置，但零星的反对意见并不能（也没有必要）被简单当成某些老朽的沙文主义或某些偏见。这些观点体现了战争期间就具有的某些强硬主张与战斗理由，它们不仅是某些残存的历史遗迹，还体现了深深镶嵌在民族、群体与个人情绪中的力量——这种力量在今天依然维系着武力冲突的理念与实践。对现代国家而言，战争可能依然是一种政治选项，关于过去战争的纪念仪式没有一次是彻底实现和解的。如今，对战争的纪念几乎一定会伴随着有关和解与和平共处的言论表达，但在这十分令人羡慕的言论表面下，只要国家仍然拥有武力并准备使用它们，就会有一些微弱的声音不时提醒我们：对某些群体或国家而言，战争依然管用。

对许多人而言，战争的话题，特别是那些有关国家自由与民族自决的话题依然保持着充足的新鲜感与现实意义，并造成同主流和平与和解愿望相悖的干涉，无论这些愿望多么值得称赞。战争本身的属性——即一个群体明确地集体使用致命暴力以反对另一个群体，体现了极端的交战，它让对战争的纪念活动不再是一件琐碎小事，也不再是一件可以让人免于思考为何男人（和女人）会认为此类活动既适当又实际的事情。

在1922年有关爱尔兰地区的国会辩论中，温斯顿·丘吉尔对"弗马纳与蒂龙的沉郁方尖塔"进行了一番非常著名（也十分具有优越感的）评论。他想起了1914年暮夏，当欧洲陷入战争之中时，英国的政治家们还在爱尔兰拼命寻找解决方案，避免装备日益完善的民族主义者与联合派之间几乎必然发生的武力冲突。当时研究的一个方案是让东北边的乌尔斯特部分地区"退出"将在都柏林建立的爱尔兰地方自治议会。但是两地应该在哪里划界呢？英国与爱尔兰的政治家们谁都没有关注发展中的国际危机，他们正努力解决爱尔兰地理上的细节

① *L'Est Republicain*（Meuse），10 Feb. 2014.

问题，测定出两地之间的边界应该定在哪里。丘吉尔写道，两地间的区别——不仅是弗马纳郡与蒂龙郡之间的区别，还是教区、教区人们之间的差别都已经很小了……但是，即便差别缩减到如此之小，问题似乎还是同以往一样无法克服；双方难以达成一致意见。八年后，丘吉尔再写道，整张欧洲地图虽然已经彻底改变，"但正如暴雨过后洪水退去一样，弗马纳与蒂龙那沉郁的方尖塔又再次出现了。他们争论的完整性（the integrity of their quarrel）依然是这场席卷世界的浩劫中未曾改变过的问题之一"。[①]

"争论的完整性"正是这里的关键问题，随着支持各方的承诺与干涉不断增强，爱尔兰人被带到了使用致命暴力攻击邻居与邻郡郡民的边缘。从广义上讲，丘吉尔的说法是错误的，尽管他如此能言善辩。爱尔兰争论的"完整性"在浩劫中并非一成不变。它实际上变得更加激烈，特别是受到1916年诸多事情的影响。爱尔兰是如此，其他地方也一样。尽管正如我们所见，时间的流逝、国际环境的改变以及群体、国家间对立状态的缓和已经可以让许多人将和解与战争纪念活动联系起来，但对于其余的人而言，"一战"的创伤还有很多原因没有彻底愈合。暴行、苦痛以及有时会隔代遗传的战争仇恨并没有被历史写出来。不过即便如此，希望依然还在：有关战争其他方面的经历——诸如适应并忍受战争的能力、在面对灾难环境时普通人的体验感以及经常在缓解痛苦时发现的动力，会促进对战争的整体理解，它不会让战争只留在一种敌对现象的层面，而是作为一种集体共有的经历，进而阐明那些被同战争相关的普遍人性。

最后，我们还是要说一说与整场战争相对的个人经历。作为一名曾于1916年在意大利北部作战的撒丁士兵，埃米利奥·卢苏回想起那天他从意军战壕中持枪瞄准对面阵营中一名正在抽烟的奥地利军官时的情景。"我可以向这个几步之外长得像野猪一样的人开枪吗？"他闷声自问。

我认为，也许我不该这么做。我的理由是这样的：领导上百、甚至

① *Hansard*（House of Commons），16 Feb.1922，col. 1270.

上千士兵去攻击另外的上百、上千的士兵是一回事情；让一个人不得休息并对他说“别动，我要对准你开枪。我要杀了你”——又是另一回事。两件事完全不同。打仗是一回事，但杀人是另一回事。像那样杀死他就是在谋杀他。

于是乎，卢苏，这位受过训练的爱国士兵没有射击，放下了他的枪。[1]

---

① Lussu，*Sardinian Brigade*，132.

致谢

像所有的历史著作一样，本书的完成取决于勤奋的工作和众多好友、史学界同行及其他热心学者的帮助。首先，我必须感谢我在贝尔法斯特女王大学历史人类学学院的同事与学生，他们为我提供工作环境并给予很多帮助。在他们当中，我必须要提到斯图尔特·阿弗亚德、保罗·科索恩、彼得·格雷、大卫·海顿、安德鲁·福尔摩斯、法尔加·麦加里、希恩·奥康奈尔、亚历克斯·季托夫以及颇具耐心、为人谦逊的弗兰西斯·默瑟——他令我等获益匪浅。我的博士生埃米莉·罗宾逊和斯蒂芬·斯坦福让我可以不断运用我的才智。我要感谢学院可以给我2013学年至2014学年的年假，感谢剑桥大学三一学院在此期间让我成为访问学者，这让我得以结合有利于研究与思考的天时、地利、人和，写完了这本书的大部分。三一学院接纳我成为他们的一员，对此我尤其要感谢博伊德·希尔顿、多米尼克·列文、戴维·麦克特里克以及阿尼尔·希尔的深情厚谊。在剑桥，一直在帮助我的人有：安德鲁·阿尔桑、欧亨尼奥·比亚吉尼、霍华德·休斯和威廉·奥莱利。克里斯、珍妮·安德鲁、林赛·杜吉德、约翰·默里·布朗、埃德温、希拉里·格林、罗宾逊·史密斯、弗朗西斯卡·康迪、戴维、琼·古尔德。他们竟能容忍我们三个月之久，在此期间我们在贝尔法斯特找到了新住处，我努力完成了本书。

对于图书馆与档案馆的管理员，我亏欠良多，他们为我提供了大量历史学家所需的重要原始史料。多年以来，我发现剑桥大学图书馆不但是学者的天堂，而且还是资讯与灵感的无尽藏宝库。离家不远，女王大学美丽的新图书馆(以及馆际借书服务）是非常重要的资源。我还要感谢注释中所提及的那些档案馆与资料馆的工作人员。

许多人通过不同途径帮助了我。他们提供信息、给我支持并经常以自己的方式设法找到了我传给他们的不完全的散佚文献。这些人中有：汤姆·巴雷特、苏菲·德·施德利捷福、斯蒂芬·戈贝尔、约翰·古奇、约翰·霍恩、伊冯·麦克尤恩、乔克·菲利普、马克·西曼以及彼得·斯坦利。他们大方地与我共享他们的知识让他们更加优秀，这是我们都在追求的目标。

比尔·汉密尔顿是我始终如一的乐天伙伴，布鲁斯伯里出版社的编辑，特别是米歇尔·菲西维克、安娜·辛普森、格雷·海涅曼，在各方面都堪称优秀编辑的典范。

最后，我还要感谢最亲密的家人：感谢本和艾利克斯在关键时刻的帮助，感谢莎莉·维西克长期以来的支持。

基思·杰弗里，2015 年

缩写

AFS	American Field Service
BMH，WS	Bureau of Military History，Ireland，Witness Statement
IWM	Imperial War Museum
LHCMA	Liddell Hart Centre for Military Archives
NYT	*The New York Times*
TNA	United Kingdom National Archives
YUL	Yale University Library

参考文献

This bibliography lists secondary sources. Primary sources are given full citations in the reference notes.

Aaronsohn, Alexander, *With the Turks in Palestine* (London, 1917).

Abramson, Glenda, ‘Haim Nahnias and the labour battalions: a diary of two years in the First World War’, *Jewish Culture and History*, 14/1 (2013), 18-32.

[AFS (American Field Service)], *History of the American Field Service in France*, 3 vols (Boston, 1920).

Ageron, Charles-Robert, *Les Algériens musulmans et la France* (1871-1919), ii (Paris, 1968).

Aitkin, Alexander, *Gallipoli to the Somme: Recollections of a New Zealand Infantryman* (London, 1963).

Albert, Bill (with Pasul Henderson), *South America and the First World War: The Impact of the War on Brazil, Agentina, Peru and Chile* (Cambridge, 1988).

Allen, W. E. D., and Muratoff, Paul, *Caucasian Battlefields: A History of the Wars on the Turco-Caucasian Bordeer,* 1828-1921 (Cambridge, 1953).

Andrew, Christopher, *The Defence of the Realm: The Authorized History of MI5* (London, pbk edn 2010).

— *For the President's Eyes Only: Secret Intelligence and the American Presidency from Washington to Bush* (London, 1995).

Andrew, Christopher M., and Kanya-Forstner, A. S., *France Overseas: The Great War and the Climax of French Imperial Expansion* (London, 1981).

Anon., *British Civilian Prisoners in German East Africa: A Report by the Government Committee on the Treatment by the Enemy of British Prisoners of War* (London, 1918).

— *History of The Times: The 150th Anniversary and Beyond,* 1912-1948, 2 vols (London, 1952).

Antonius, George, *The Arab Awakening: The Story of the Arab National Movement* (London, 1938).

Ashworth, Tony, *Trench Warfare, 1914-1918: The Live and Let Live System* (London, 1980).

Aspinall-Oglander, C.F., *Military Operations Gallipoli*, 2 vols (London, 1929 and 1932).

Association Nationale pour le Souvenir des Dardanelles et Fronts d'Orient, Dardanelles Orient *Levant* 1915-1921*: Ce que les Combattants ont écrit* (Paris, 2005).

Baker, Ray Stannard, *Woodrow Wilson: Life and Letters*, vi, *Facing War* 1915-1917 (London, n.d. [1937]).

— and Dodd, William E. (eds), *The New Democracy: Presidential Messages, Addresses, and Other Papers (*1913-1917*) by Woodrow Wilson*, 2 vols (New York, 1926).

Ball, Simon, *The Guardsmen: Harold Macmillan, Three Friends, and the World They Made* (London, 2004).

Barker, A. J., *The Neglected War: Mesopotamia* 1914-1918 (London, 1967).

Barr, James, *A Line in the Sand: Britain, France and the Struggle for the Mastery of the Middle East* (London, 2011).

Barrett, Michèle, 'Death and the afterlife: Britain's colonies and dominions', in Sananu Das (ed.), *Race, Empire and First World War Writing* (Cambridge, 2011), 301-20.

Bartlett, Thomas, *Ireland: A History* (Cambridge, 2010).

Bean, C. E. W., *Anzac to Amiens* (Canberra, 1946 [1983 reprint]). http://static.awm.gov.au/images/collection/pdf/RCDIG1069802-1-.PDF (accessed 1 Dec. 2014).

— *Official History of Australia in the War of* 1914-1918, i, *The Story of Anzac: from the Outbreak of the War to the End of the First Phase of the Gallipoli Campaign, May* 4, 1915 (13th edn, Sydney, 1942).

— *Official History of Australia in the War of* 1914-1918, ii, *The Story of Anzac: from* 4 *May* 1915 *to the Evacuation* (13th edn, Sydney, 1944).

— *Official History of Australia in the War of* 1914-1918, iii, *The A.I.F. in France* 1916 (13th edn, Sydney, 1942).

Beaumont, Joan, *Broken Nation: Australians in the Great War* (Crows Nest, NSW, 2013).

Becker, Jean-Jacques, *The Great War and the French People* (Leamington Spa, 1985).

Beckett, Francis, *Clem Attlee* (London, 1997).

Beckett, Ian F. W., *The Great War* (2nd edn, Harlow, 2007).

Beesley, Patrick, *Room* 40*: British Naval Intelligence* 1914-1918 (Oxford, 1984).

Bergère, Marie-Claire, *Sun Yat-sen* (Stanford, 1998).

Bethell, Leslie (ed.), *Cambridge History of Latin America*, v, c, 1870 to 1930 (Cambridge, 1986)

Binyon, Laurence, *For Dauntless France: An Account of Britain's Aid to the French Wounded and Victims of the War* (London, 1918).

Birdwood, Field Marshal Lord, *Khaki and Gown: An Autobiography* (London, 1941).

Bisset, W. M., 'Unexplored aspects of South Africa's First World War history', *Scientia Militaria, South African Journal of Military Studies*, 6/3 1976), 55-61.

Bloom, Cecil, 'Colonel Patterson, soldier and Zionist', *Jewish Historical Studies*, 31 (1988-90), 231-48.

Blunt, Wilfrid, *Lady Muriel* (London, 1962).

Borden, Mary, *The Forbidden Zone* (London, 1929).

Bowman, Timothy, *Carson's Army: The Ulster Volunteer Force*, 1910-22 (Manchester, 2007).

Boyd, William, *An Ice-Cream War* (London, 1982).

Brian, Denis, *The Seven Lives of Colonel Patterson: How an Irish Lion Hunter Led the Jewish Legion to Victory* (Syracuse, NY, 2008).

Bridgland, Tony, and Morgan, Anne, *Tunnel-Master and Arsonist of the Great War: The Norton-Griffiths Story* (Barnsley, 2003).

Briggs, J. H., 'German East Africa during the war', *Journal of the African Society*, 16/63 (Apr. 1917), 193-9.

Broadbent, Harvey, *Gallipoli: The Fatal Shore* (Camberwell, Vic., 2005).

Broadberry, Stephen, and Harrison, Mark (eds), The Economics of World War I (Cambridge, 2005).

Brogan, Hugh, The Pelican History of the United States of America (Harmondsworth, 1986).

Brower, Daniel, 'Kyrgyz nomads and Russian pioneers: colonization and ethnic conflict in the Turkestan revolt of 1916', *Jahrbücher für Geschichte Osteuropas*, new series, 44/1 (1996), 41-53.

Bruce, Anthony, *The Last Crusade: The Palestine Campaign in the First World War* (London, 2002).

Bruce Lockhart, John, 'Sir William Wiseman Bart—agent of influence', *RUSI Journal*, 134/2 (Summer 1989), 63-7.

Bruce Lockhart, R. H., *Memoirs of a British Agent* (London, 1932).

Brussilov, A. A., *A Soldier's Note-Book*, 1914-1918 (London, 1930).

Buchan, John, *The Battle of the Somme: First Phase* (London, n.d. [?1917]).

— *Greenmantle* (Pan edn, London, 1947).

Buchanan, Sir George, *MyMission to Russia and Other Diplomatic Memories*, ii (London, 1923).

Cahill, Audrey Fawcett (ed.), *Between the Lines: Letters and Diaries from Elsie Inglis's Russian Unit* (Bishop Auckland, Co. Durham, 1999).

Callwell, Charles, *The Dardanelles* (London, 1919).

Cameron, David W., *Gallipoli: the Final Battles and Evacuation of Anzac* (Newport, NSW, 2011).

Campbell, N. J. M., *Jutland: An Analysis of the Fighting* (London, 1986).

Cannadine, David, *G. M. Trevelyan: A Life in History* (London, 1992).

Carden, Ron M., *German Policy Toward Neutral Spain*, 1914-1918 (London, 1987).

Cassar, George H., *The French and the Dardanelles: A Study of Failure in the Conduct of War* (London, 1971).

Ceauşesu, Ilie, 'The Romanian army in World War I', in Béla K. Király and Nándor F. Dreisziger (eds), *East Central European Society in World War I* (Boulder COL, 1985), 513-27.

Cecil, Hugh, and Liddle, Peter (eds), *Facing Armageddon: The First World War Experienced* (London, 1996).

Chhina, Rana, 'Their mercenary calling: the Indian Army at Gallipoli, 1915', in Ekins (ed.), *Gallipoli*, 356-98.

Chickering, Roger, *The Great War and Urban Life in Germany: Freiburg* 1914-1918 (Cambridge, 2007).

Churchill, Winston S., *The World Crisis* 1915 (London, 1923).

— *The World Crisis* 1916-1918, part I (London, 1927).

Clark, Alan, *The Donkey* (London, 1961).

Clark, Christopher, *The Sleepwalkers: How Europe went to War in* 1914 (London, 2012).

Colvin, Ian, *The Life of Lord Carson*, iii (London, 1936).

Conway, Jane, *A Woman of Two Wars: The Life of Mary Borden* (n.p., 2010).

Cooper, Bryan, *The Tenth (Irish) Division in Gallipoli* (London, 1918).

Cornwall, Mark, 'Austria-Hungary and "Yugoslavia"', in Horne (ed.), *A Companion to World War I*, 371-85.

Coulson, Thomas, *The Queen of Spies: Louise de Bettignies* (London, 1935).

Crane, David, *Empires of the Dead: How One Man's Vision Led to the Creation of WWI's War Graves* (London, 2013).

Cranworth, Lord, *Kenya Chronicles* (London, 1939).

Crews, Robert D., *For Prophet and Tsar: Islam and Empire in Russia and Central Asia* (Cambridge MA, 2006).

Crowe, J. H. V., *General Smuts' Campaign in east Africa* (London, 1918)

Cruttwell, C. R. M. F., *A History of the Great War*, 1914-1918 (Oxford, 2nd edn 1936).

Cullen, Richard, *Rasputin: The Role of Britain's Secret Service in His Torture and Murder* (London, 2010).

Curtayne, Alice, *Francis Ledwidge: A Life of the Poet* (Dublin, 1998).

Daly, M. W., *Empire on the Nile: The Anglo-Egyptian Sudan*, 1898-1934 (Cambridge, 1986).

Daly, Mary E. (ed.), *Roger Casement in Irish and World History* (Dublin, 2005).

Darwin, John, Britain, *Egypt and the Middle East: Imperial Policy in the Aftermath of War*, 1918-1922 (London, 1981).

Davies, George Frederick, 'Anzac Day meanings and memories: New Zealand, Australian and

Turkish perspectives on a day of commemoration in the twentieth century' (unpublished PhD thesis, University of Otago, 2009).

Davies, Harry, *Allanson of the 6th: An Account of the Life of Cecil John Lyons Allanson* (Worcester, 1990).

Davis, Elmer, *History of the New York Times*, 1851-1921 (New York, 1921).

Decsy, János, 'The Habsburg army on the threshold of total war', in Király and Dreisziger (eds), *East Central European Society*, 280-8.

Dehne, Phillip, *On the Far Western Front: Britain's First World War in South America* (Manchester, 2009).

De Jonge, Alex, *The Life and Times of Grigorii Rasputin* (London, 1982).

Delage, Edmond, *The Tragedy of the Dardanelles* (London, 1932).

Denholm, Decie (ed.), *Behind the Lines: One Woman's War* 1914-18*: The Letters of Caroline Ethel Cooper* (London, 1982).

Denman, Terence, *Ireland's Unknown Soldiers:The 16th (Irish) Division in the Great War* (Dublin, 1992).

[Derr, Norman], '*Mademoiselle Miss*' *: Letters From an American Girl Serving with the Rank of Lieutenant in a French Army Hospital at the Front* (Boston 1916)

Desagnaux, Henri, *A French Soldier's War Diary*, 1914-1918 (Morley, Yorks, 1975).

Devlin, Patrick, *Too Proud to Fight: Woodrow Wilson's Neutrality* (London, 1974).

Digre, Brian, *Imperialism's New Clothes: The Repartition of Tropical Africa,* 1914-1919 (New York, 1990).

Dijk, Kees van, *The Netherlands Indies and the Great War*, 1914-1918 (Leiden, 2007).

Dimmel, Brandon, 'Sabotage, security and border-crossing culture: the Detroit river during the World War, 1914-1918' , *Histoire Sociale/Social History*, 47/94 (June 2014).

Dodwell, H. H. (ed.), *Cambridge History of india*, VI, *The Indian Empire*, 1858-1918 (Cambridge, 1032).

Doerries, Reinhard R., *Imperial Challenge: Ambassador Count Bernstorff and German-American Relations*, 1908-1917 (Chapel Hill, NC, 1989).

Dowling, Timothy C., *The Brusilov Offensive* (Bloomington, IN, 2008).

Dudgeon, Jeffrey, *Roger Casement: The Black Diaries* (Belfast, 2002).

Duffy, Christopher, *Through German Eyes: The British and the Somme* 1916 (London, 2006).

Dutton, David, *The Politics of Diplomacy: Britain and France in the Balkans in the First World War* (London, 1998).

Ebelshauser, G. A., *The Passage: A Tragedy of the Great War*, ed. Richard Baumgartner (Huntington, WV, 1984).

Echenberg, Myron, *Colonial Conscripts: The Tirailleurs Sénégalais in French West Africa,*

1857-1960 (London, 1991).

Edmonds, James E., *Military Operations France and Belgium*, 1916, i (London, 1932).

Ekins, Ashley (ed.), *Gallipoli: A Ridge too Far* (Large print edn: Wollombi, NSW, 2013).

Ellinwood, DeWitt C., and Pradhan, S. D. (eds), *India and World War I* (New Delhi, 1978).

Engel, Barbara Alpern, 'Not by bread alone: subsistence riots in Russia during World War I', *Journal of Modern History*, 69/4 (Dec. 1997), 696-721.

Engelstein, Laura, *The Keys to Happiness: Sex and the Search for Modernity in Fin-de-Siècle Russia* (Ithaca NY, 1992).

Erickson, Edward J., *Gallipoli: The Ottoman Campaign* (Barnsley, Yorks, 2010).

— *Ordered to Die: A History of the Ottoman Army in the First World War* (Westport CON, 2001).

Ervine, St John, *Some Impressions of My Elders* (London, 1923).

— 'The Story of the Irish Rebellion', *Century Magazine*, 93/1 (Nov. 1916), 22-39.

Facey-Crowther, David (ed.), *Lieutenant Owen Steele of the Newfoundland Regiment: Diary and Letters* (Montreal, 2002).

Falkenhayn, Erich von, *General Headquarters* 1914-1916 *and its Criticial Decisions* (London, n.d. [1919]).

Falls, Cyril, *The First World War* (London, 1960).

— *The History of the 36th* (Ulster) *Division* (Belfast, 1922).

— *Military Operations Macedonia*, i, *From the Outbreak of War to the Spring of* 1917 (London, 1933).

Fanning, Ronan, *Fatal Path: British Government and Irish Revolution*, 1910-1922 (London, 2013).

Farmborough, Florence, *Nurse at the Russian Front: A Diary* 1914-18 (London, 1974).

Fewster, Joseph Daniel, 'A Hull sergeant's Great War diary' (ed. Robert B. Sylvester), South African Military History Society, 1999 (http://samilitaryhistory.org/diaries/zgead1.html) (accessed 4 June 2014).

Fewster, Kevin, Başarm, Vecihi, and Başarm, Hürmüz, *Gallipoli: The Turkish Story* (Crow's Nest, NSW, 2003).

Fischer, Fritz, *Germany's Aims in the First World War* (London, 1967).

Fitzroy, Yvonne, *With the Scottish Nurses in Roumania* (London, 1918).

Foster, R. F., *Vivid Faces: The Revolutionary Generation in Ireland*, 1890-1923 (London, 2014).

Fowler, W. B., *British-American Relations 1917-1918: The Role of Sir William Wiseman* (Princeton, 1969).

Fox, Sir Frank, *The Royal Inniskilling Fusiliers in the World War* (London, 1928).

Foy, Michael T., and Barton, Brian, *The Easter Rising* (rev. edn, Stroud, Glos., 2011).

Fraser, Thomas G.,‘Germany and Indian revolution, 1914-18’, *Journal of Contemporary History*, 12/2 (Apr. 1977), 255-72.

French, David, *The Strategy of the Lloyd George Coalition*, 1916-1918 (Oxford, 1995).

Gál, Joseph, *In Death's Fortress* (Boulder CO, 1991).

Galántai, József, *Hungary in the First World War* (Budapest, 1989)

Galassi, Francesco, and Harrison, Mark,‘Italy at war, 1915-1918’, in Broadberry and Harrison (eds), *The Economics of World War I*, 276-309.

Gallagher, John (ed. Anil Seal), *The Decline, Revival and Fall of the British Empire* (Cambridge, 1982).

Gardner, Nikolas,‘Sepoys and the siege of Kut-al-Amara, December 1915-April 1916’, *War in History*, 11/3 (2004), 307-26.

Gatrell, Peter, *A Whole Empire Walking: Refugees in Russia during World War I* (Bloomington, 1999).

Gaunt, Sir Guy, *The Yield of the Years: A Story of Adventure Afloat and Ashore* (London, 1940).

Gewarth, Robert, and Manela, Erez (eds), *Empires at War* 1911-1923 (Oxford, 2014).

Gibelli, Antonio,‘Italy’, in Horne (ed.), *A Companion to World War I*, 464-78.

Gilbert, Martin (ed.), *The Straits of War: Gallipoli Remembered* (Stroud, Glos., 2000).

Gleichen, Helena, *Contacts and Contrasts* (London, 1940)

Gooch, John, *The Italian Army and the First World War* (Cambridge, 2014).

Gordon-Smith, Gordon, *Through the Serbian Campaign: The Great Retreat of the Serbian Army* (London, 1916).

Government of India, *India's Contribution to the Great War* (Calcutta, 1923).

Grayson, Richard, *Belfast Boys: How Unionists and Nationalists Fought and Died Together in the First World War* (London, 2009).

— (ed.), *At War with the 16th Irish Division* 1914-1918: *The Staniforth Letters* (Barnsley, 2012).

Greenhalgh, Elizabeth, *Victory through Coalition: Britain and France during the First World War* (Cambridge, 2005).

— and Guelton, Frédéric,‘The French on Gallipoli’, in Ekins (ed.), *Gallipoli*, 323-55.

Groos, Otto, *Der Krieg in der Nordsee, v, Von Januar bis Juni* 1916 (Berlin, 1925).

Gwynn, Denis, *The Life of John Redmond* (London, 1932).

Haber, L. F., *The Poisonous Cloud: Chemical Warfare in the First World War* (Oxford, 1986).

Hallett, Christine E., *Containing Trauma: Nursing Work in the First World War* (Manchester, 2009).

Halpern, Paul G., *The Naval War in the Mediterranean* 1914-1918 (London, 1987).

Hamilton, Ian, *Gallipoli Diary*, 2 vols (London, 1920).

Hanbury-Williams, john, *The Emperor Nicholas II as I Knew Him* (London,1922)

Hankinson, Alan, *Geoffrey Winthrop Young: Poet, Educator, Mountaineer* (London, 1995).

Hansen, Arlen J., *Gentlemen Volunteers: The Story of the American Ambulance Drivers in the First World War* (New York, 1996).

Hardiman, Adrian, '"Shot in cold blood" : military law and Irish perceptions in the suppression of the 1916 rebellion' , in Gabriel Doherty and Dermot Keogh (eds), 1916: *The Long Revolution* (Cork, 2007), 225-49.

Hardy, Peter, *The Muslims of British India* (Cambridge, 1972).

Harper, R. W. E., and Miller, Harry, *Singapore Mutiny* (Singapore, 1984).

Harper, Tim, 'Singapore, 1915, and the birth of the Asian underground' , *Modern Asian Studies* 47/6 (Nov. 2013), 1782-1811.

Harris, Kenneth, *Attlee* (London, 1982).

Hart, Peter, *Gallipoli* (London, 2011).

Hase, Georg von, *Kiel and Jutland* (London, n.d. [1921]).

Haycock, Ronald G., ' The American Legion in the Canadian Expeditionary Force, 1914-1917: a study in failure' , *Military Affairs*, 43/3 (Oct. 1979), 115-19.

[Heald, Ivan], *Ivan Heald: Hero and Humorist* (London, 1917).

Higonnet, Margaret R., *Nurses at the Front: Writing the Wounds of the Great War* (Boston, 2001).

Hirama, Yoichi, 'The Anglo-Japanese Alliance and the First World War' , in Ian Gow and Yoichi Hirama (eds), *The History of Anglo-Japanese Relations, 1600-2000, iii, The Military Dimension* (Basingstoke, 2003), 51-70.

Hoare, Samuel, *The Fourth Seal: The End of a Russian Chapter* (London, 1930).

Hodges, Geoffrey, *The Carrier Corps: Military Labor in the East African Campaign*, 1914-1918 (New York, 1986).

Hodges, G. W. T., 'African manpower statistics for the British forces in East Africa, 1914-1918' , *Journal of African History*, 19/1 (1978), 101-16.

Hoffmann, Max, *The War of Lost Opportunities* (London, 1924).

Holquist, Peter, *Making War, Forging Revolution: Russia's Continuum of Crisis*, 1914-1921 (Cambridge MA, 2002).

— 'To count, to extract, and to exterminate: population statistics and population politics in late imperial and soviet Russia' , in Ronald Grigor Suny and Terry Martin (eds), *A State of Nations: Empire and Nation-Making in the Age of Lenin and Stalin* (Oxford, 2001), 111-44.

— 'Violent Russia, deadly Marxism? Russia in the epoch of violence, 1905-21' , in *Kritika: Explorations in Russian and Eurasian History*, 4/3 (2003), 627-52.

Holtom, E. C. H., *Two Years' Captivity in German East Africa* (London, n.d. [1918]).

Hone, Joseph, *The Life of Henry Tonks* (London, 1939).

Hordern, *Military Operations: East Africa*, i, *August* 1914-*September* 1916 (London, 1941).

Horne, Alastair, *The Price of Glory: Verdun* 1916 (London, 1962).

Horne, John, 'Immigrant workers in France during World War I', *French Historical Studies*, 14/1 (Spring, 1985), 57-88.

— (ed.), *A Companion to World War I* (pbk edn, Chichester, 2012).

— (ed.), *Our War: Ireland and the Great War* (Dublin, 2008).

Howe, Glenford, *Race, War and Nationalism: A Social History of West Indians in the First World War* (Kingston,.Jamaica, 2002).

Hughes, Michael, *Inside the Enigma: British Officials in Russia*, 1900-1939 (London, 1997).

Hughes, Thomas L., 'The German Mission to Afghanistan, 1915-1916', *German Studies Review*, 25/3 (Oct. 2002), 447-76.

Hyam, Ronald, *The Failure of South African Expansion*, 1908-1948 (London, 1972).

Hynes, Samuel, *The Unsubstantial Air: American Fliers in the First World War* (New York, 2014).

Iliffe, John, *A modern History of Tanganyika* (Cambridge, 1979).

Inglis, K. S., 'Entombing unknown soldiers: from London and Paris to Baghdad', *History and Memory*, 5/2 (Fall-Winter, 1993), 7-31.

— *Sacred Places: War memorials in the Australian Landscape* (Carlton South, Vic., 1998).

Jacobson, Abigail, 'A city living through crisis: Jerusalem during World War I', *British Journal of Middle Eastern Studies*, 36/1 (Apr. 2009), 73-92.

Jagielski, Jean-François, *Le Soldat inconnu: invention et postérité d'un symbole* (Paris, 2005).

Jankowski, Paul, *Verdun: The Longest Battle of the Great War* (Oxford, 2013).

Jarboe, Andrew Tait, and Fogarty, Richard S. (eds), *Empires in World War I: Shifting Frontiers and Imperial Dynamics in a Global Conflict* (London, 2014).

Jauffret, Jean-Charles, 'Gallipoli: a French perspective', in Gilbert (ed.), *The Straits of War*, 137-51.

Jefferson, George, *Edward Garnett: A Life in Literature* (London, 1982).

Jeffery, Keith, *The British Army and the Crisis of Empire* (Manchester, 1984).

— '"An English barrack in the oriental seas"? India in the aftermath of the First World War', *Modern Asian Studies*, 15/3 (July, 1981), 369-86.

— *Field Marshal Sir Henry Wilson: A Political Soldier* pbk edn: (Oxford, 2008).

— 'The First World War and the Rising: mode, moment and memory', in Gabriel Doherty and Dermot Keogh (eds), 1916: *The Long Revolution* (Cork, 2007), 86-101.

— *The GPO and the Easter Rising* (Dublin, 2006).

— 'Ireland and Gallipoli', in Jenny Macleod (ed.), *Gallipoli: Making History* (London,

2004), 98-109.

— *Ireland and the Great War* (Cambridge, 2000).

— 'The Irish military tradition and the British empire' , in Keith Jeffery (ed.), *'An Irish empire'? Aspects of Ireland and the British Empire* (Manchester, 1996), 94-122.

— 'Kruger's farmers, Strathcona's Horse, Sir George Clarke's camels and the Kaiser's battleships: the impact of the South African War on imperial defence' , in Donal Lowry (ed.), *The South African War Reappraised* (Manchester, 2000), 188-202.

— *MI6: The History of the Secret Intelligence Service*, 1909-1949 (pbk edn: London, 2011).

Jensen, Kimberly, *Mobilizing Minerva: American Women in the First World War* (Urbana ILL, 2008).

Jingoes, Stimela Jason, *A Chief is a Chief by the People* (London, 1975).

Johnstone, Tom, *Orange, Green and Khaki: The Story of the Irish Regiments in the Great War*, 1914-18 (Dublin, 1992).

Jones, Adrian, 'A note on Atatürk's words about Gallipoli' , *History Australia*, 2/1 (2004), 10-1-10-8.

Jonker, Joost, and van Zanden, Jon Luiten, From Challenge to Joint Industry Leader, 1890-1939: *A History of Royal Dutch Shell*, i (Oxford, 2007).

Jünger, Ernst, *Storm of Steel* (Penguin edn: London, 2004)

Kannengiesser Pasha, Hans, *The Campaign in Gallipoli* (London, 1928).

Kedourie, Elie, *In the Anglo-Arab Labyrinth: The McMahon-Husayn Correspondence and Its Interpretations* 1914-1939 (Cambridge, 1976).

Kent, D. A., '*The Anzac Book* and the Anzac legend: C. E. W. Bean as editor and image-maker' , *Historical Studies*, 21/84 (Apr. 1985), 376-90.

Kettle, Thomas, *The Ways of War* (Dublin, 1917).

Khaldidi, Rashid, '' The Arab experience of the war' , in Hugh Cecil and Peter Liddle (eds), *Facing Armageddon: The First World War Experienced* (London, 1996), 642-55.

Killingray, David, 'Labour exploitation for military campaigns in British colonial Africa 1870-1945' , *Journal of Contemporary History*, 24/3 (July 1989), 483-501.

Kipling, Rudyard, *The Irish Guards in the Great War: The Second Battalion* (Spellmount edn, Staplehurst, 1997).

Király, Béla K., and Dreisziger, Nándor F., (eds), *East Central European Society in World War I* (Boulder CO, 1985).

Kitchen, Martin, 'The German invasion of Canada in the First World War' , *International History Review*, 7/2 (May 1985), 245-60.

— *The Silent Dictatorship: The Politics of the German High Command under Hindenburg and Ludendorff*, 1916-1918 (London, 1976).

Kitromilides, Paschalis M. (ed.), Eleftherios Venizelos: The Trials of Statesmanship (Edinburgh, 2006).

Knox, Alfred, With the Russian Army 1914-1917, ii (London, 1921).

La Motte, Ellen N., *The Backwash of War: The Human Wreckage of the Battlefield as Witnessed by an American Hospital Nurse* (New York, 1916; London 1919; new edn, New York, 1934).

Landau, Henry, *Spreading the Spy Net: The Story of a British Spy Director* (London, n.d. [1938]).

Larsen, Daniel, 'British intelligence and American neutrality during the First World War' (unpublished PhD dissertation, University of Cambridge, 2014).

Lavery, John, *The Life of a Painter* (London, 1940).

Lee, Janet, 'A nurse and a soldier: gender, class and national identity in the First World War adventures of Grace McDougall and Flora Sandes', *Women's History Review*, 15/1 (Mar. 2006), 83-103.

Lefebvre, Jacques-Henri, *Verdun: la plus grande bataille de l'histoire racontée par les survivants* (Chamery, France, n.d. [2005]).

Lenin, V. I., *Collected Works, xxii, December* 1915-*July* 1916 (Moscow, 1964).

Lettow-Vorbeck, General von, *My Reminiscences of East Afriva* (2nd edn, London, n. d. [1922])

Lieven, Dominic, 'Russia, Europe and World War I', in Acton, Edward, Cherniaev, Vldimir Iu., and Rosenberg, William G. (eds), *Critical Companion to the Russian Revolution* 1914-1921 (London, 1997), 37-47.

Link, Arthur S. (ed.), *The Papers of Woodrow Wilson*, 69 vols (Princeton, 1966-94).

Liulevicius, Vejas Gabriel, *War Land on the Eastern Front: Culture, National Identity, and German Occupation in World War I* (Cambridge, 2000).

Llewellyn Smith, Michael, 'Venizelos' diplomacy, 1910-23: from Balkan alliance to Greek-Turkish settlement', in Kitromilides, Paschalis M. (ed.), *Eleftherios Venizelos*, pp, 134-92.

Lloyd George, David, *War Memoirs*, ii (London, 1933).

Lucas, E. V., *Outposts of Mercy: The Records of a Visit in November and December 1916 to the Various Units of the British Red Cross in Italy* (London, 1917).

Lunn, Joe, *Memoirs of the Maelstrom: A Senegalese Oral History of the First World War* (Oxford, 1999).

Lurz, Meinhold, *Kriegerdenkmäler in Deutschland, Band* 5 (Heidelberg, 1986).

Lussu, Emilio, *Sardinian Brigade* (Prion edn, London, 2000).

Lyons, J. B., *The Enigma of Tom Kettle: Irish Patriot, Essayist, Poet, British Soldier*, 1880-1916 (Dublin, 1983).

McAdoo, William G., *Crowded Years* (Boston, 1931).

Macartney, George, 'Chez les Soviets en Asie centrale', *Journal of the Central Asian Society*,

16/1 (1929), 99-102.

McConnell, James R., *Flying for France: With the American Escadrille at Verdun* (Garden City NY, 1917).

MacDonell, Ranald, '*... And Nothing Long*' (London,1938).

McGarry, Fearghal, *The Rising: Easter* 1916 (Oxford, 2010).

McGibbon, Ian, *New Zealand Battlefields and memorials of the Western Front* (Auckland, 2001).

Mackenzie, Compton, *Ægean Memories* (London, 1940).

— *Extremes Meet* (London, 1928).

— *Gallipoli Memories* (London, 1929).

— *Greek Memories* (University Publications of America edn, [Frederick, MD], 1987).

— *My Life and Times: Octave Five*, 1915-1923 *and Octave Seven:* 1931-1938 (London, 1966 and 1968).

McLaren, Eva Shaw (ed.), *A History of the Scottish Women's Hospitals* (London, 1919).

Maclean, Chris, and Phillips, Jock, *The Sorrow and the Pride: New Zealand War Memorials* (Wellington, 1990).

Macleod, Jenny, *Reconsidering Gallipoli* (Manchester, 2004).

MacMahon, Bryan, 'Captain Flora Sandes of the Serbian Army' , *Irish Sword*, 25/102 (Winter, 2007), 419-36.

Macmillan, Harold, *Winds of Change* 1914-1939 (London, 1966).

McMillan, James F., *Housewife or Harlot: The Place of Women in French Society* 1870-1940 (Brighton, 1981).

MacMunn, Sir George, and Falls, Cyril, *Military Operations Egypt and Palestine, i, From the Outbreak of War with Germany to June* 1917 (London, 1928).

Mango, Andrew, *Atatürk* (pbk edn, London, 2001).

Marder, Arthur J., *From the Dreadnought to Scapa Flow: The Royal Navy in the Fisher Era*, 1904-1919, iii, *Jutland and After* (London, 1966).

Martin, F. X., *The Irish Volunteers*, 1913-1915 (Dublin, 1963).

Massock, Richard G., Italy from Within (London, 1943).

Melman, Billie, 'Re-generation: nation and the construction of gender in peace and war—Palestine Jews, 1900-1918' , in eadem, *Borderlines: Genders and Identities in War and Peace*, 1870-1930 (London, 1998), 121-40.

Middlebrook, Martin, *The First Day on the Somme* (Penguin edn, London, 2001).

Miles, Wilfrid, *Military Operations France and Belgium*, 1916, ii (London, 1938)

Ministère de la Guerre, *Les Armées Françaises dans la Grande Guerre*, Tome VIII, i, *La campagne d'Orient, jusqu'à l'intervention de la Roumanie* (*février* 1915-*août* 1916 (Paris, 1924).

Mitchell, T. J., and Smith, G. M., *Medical Services: Casualties and Medical Statistics of the*

Great War (London, 1933).

Mitrović, Andrej, *Serbia's Great War* 1914-1918 (London, 2007).

Mizzi, John A., *Gallipoli: the Malta Connection* (Luqa, Malta, 1991).

Moberly, F. J., *The Campaign in Mesopotamia*, 1914-1918, ii and iii (London, 1924 and 1925).

Morrow Jr, John H., 'The war in the air', in John Horne (ed.), *A Companion to World War I* (pbk edn, Oxford, 2012).

Mosley, Leonard, *Duel for Kilimanjaro: An Account of the East African Camapign*, 1914-1918 (London, n.d. [1963]).

Mulgan, Alan, *The Making of a New Zealander* (Wellington, 1958).

Mussolini, Benito, *My Autobiography* (rev. edn, London, 1939).

Mwakikagile, Godfrey, *Life in Tanganyika in the Fifties* ([Grand Rapids MI], 2006).

Nasson, Bill, *Springboks on the Somme: South Africa in the Great War* 1914-1918 (Johannesburg, 2007).

— 'War opinion in South Africa, 1914' , *Journal of Imperial and Commonwealth History*, 23/2 (1995), 248-76.

Neiberg, Michael S., *Fighting the Great War: A Global History* (Cambridge MA, 2005).

Neilson, Keith, *Britain and the Last Tsar: British Policy and Russia*, 1894-1917 (Oxford, 1995).

— '"Joy rides"' ? British intelligence and propaganda in Russia, 1914-1917' , *Historical Journal*, 24/4 (1981), pp. 885-906.

— *Strategy and Supply: the Anglo-Russian Alliance*, 1914-1917, (London, 1984)

O 'Halpin, Eunan, 'British intelligence in Ireland, 1914-1921' , in Christopher Andrew and David Dilks (eds), *The Missing Dimension: Governments and Intelligence Communities in the Twentieth Century* (London, 1983), 54-77.

Omissi, David, *Indian Voices of the Great War: Soldiers' Letters*, 1914-1918 (Basingstoke, 1999).

— *The Sepoy and the Raj: The Indian Army*, 1860-1940 (Manchester, 1994).

Orr, Philip, *The Road to the Somme: Men of the Ulster Division Tell their Story* (Belfast, 1987).

Osborne, Eric W., *Britain's Economic Blockade of Germany* 1914-1919 (London, 2004).

Ó Síocháin, Séamas, *Roger Casement: Imperialist, Rebel, Revolutionary* (Dublin, 2007).

Osuntokun, Akinjide, *Nigeria in the First World War* (London, 1979).

Ousby, Ian, *The Road to Verdun: France, Nationalism and the First World War* (London, 2002).

Pacyga, Dominic A., *Chicago: A Biography* (Chicago, 2009).

Page, Melvin E., 'The war of thangata: Nyasaland and the East African campaign, 1914-1918' ,

Journal of African History, 19/1 (1978), 87-100.

Paice, Edward, *Tip and Run: The Untold Tragedy of the Great War in Africa* (London, 2007).

Paseta, Senia, *Irish Nationalist Women*, 1900-1918 (Cambridge, 2013).

Patterson, J. H., *With the Judeans in the Palestine Campaign* (London, 1922).

— *With the Zionists in Gallipoli* (London, 1916).

Pearton, Maurice, *Oil and the Romanian State* (Oxford, 1971).

Pennell, Catriona, *A Kingdom United: Popular Responses to the Outbreak of the First World War in Britain and Ireland* (Oxford, 2012).

Perrett, Bryan, and Lord, Anthony, *The Czar's British Squadron* (London, 1981).

Pesek, Michael, 'The colonial order upside down? British and Germans in East African prisoner-of-war camps during World War I' , in Ulrike Lindner et al. (eds), *Hybrid Cultures—Nervous States: Britain and Germany in a (Post)Colonial World* (Amsterdam, 2010), 23-41.

Pézard, André, *Nos autres à Vauquois* 1915-1916 (new edn, Nancy, 1992).

Philpott, William, *Bloody Victory: The Sacrifice on the Somme* (Abacus edn, London, 2010).

Pidgeon, Trevor, *The Tanks at Flers: An Account of the First Use of Tanks in War at the Battle of Flers-Courcelette, The Somme, 15th September* 1916 , 2 *vols* (Cobham, 1995).

Pierce, Richard A., *Russian Central Asia*, 1867-1917*: A Study in Colonial Rule* (Berkeley CA, 1960).

Pirenne, Henri, *La Belgique et la guerre mondiale* (Paris, n.d. [1928]).

Plaatje, Sol. T., *Native Life in South Africa* (London 2nd edn, n.d. [1916]).

Polonsky, Antony, 'The German ocupation of Poland during the First and Second World Wars: a comparison' , in Roy A. Prete and A. Hamish Ion (eds), *Armies of Occupation* (Waterloo ONT, 1984), 97-142.

Popplewell, Richard J., *Intelligence and Imperial Defence: British Intelligence and the Defence of the Indian Empire*, 1904-1924 (London, 1995).

Prasad, Yuvaraj Deva, *The Indian Muslims and World War I* (New Delhi, 1985).

Price, M. Philips, *My Three Revolutions* (London,1969)

— *War and Revolution in Asiatic Russia* (London, 1918).

Prior, Robin, *Gallipoli: The End of the Myth* (New Haven, 2009).

— and Wilson, Trevor, *The Somme* (Sydney, 2005).

Proctor, Tammy M., 'Missing in action: Belgian civilians and the First World War' , in *Revue Belge d'Histoire Contemporaine*, 35/4 (2005), 547-69.

— *Female Intelligence: Women and Espionage in the First World War* (New York, 2003).

Prost, Antoine, 'La guerre de 1914 n' est pas perdue' *in Le Mouvement Social*, no. 199 (2002), 95-119.

Pugsley, Christopher, *Gallipoli: The New Zealand story* (Auckland, 1990).

Ramsey, Bruce, *Unsanctioned Voice: Garet Garrett, Journalist of the Old Right* (Caldwell ID, 2008).

Ramnoth, Maia, Haj to Utopia: How the Ghadar Movement Charted Global Radicalisation and Attempted to Overthrow the British Empire (Stanford CA, 2011).

Reed, John, The War in Eastern Europe (New York, 1916).

Rhodes James, Robert, Gallipoli (London, 1965).

Rochat, 'The Italian Front, 1915-18', in Horne (ed.), A Companion to World War I, 82-96.

Rogger, Hans, Russia in the Age of Modernisation and Revolution, 1881-1917 (London, 1983).

Ross, Stewart Halsey, Propaganda for War: How the United States was Conditioned to Fight the Great Wr of 1914-1918 (Progressive Press edn, Joshua Tree CA, 2009).

Rothenberg, Gunther E., *The Army of Francis Joseph* (West Lafayette IN, 1976).

Samson, Anne, *World War I in Africa: The Forgotten Conflict among the European Powers* (London, 2013).

Sanborn, Joshua A., *Drafting the Russian Nation: Military Conscription, Total War, and Mass Politics*, 1905-1925 (DeKalb ILL, 2003).

—'Unsettling the empire: violent migrations and social disaster in Russia during World War I', *Journal of Modern History*, 77/2 (June, 2005), 290-324.

Sanders, Liman von, *Five Years in Turkey* (Annapolis MD, 1927).

Sandes, Flora, *An English Woman-Sergeant in the Serbian Army* (London, 1916).

— *Autobiography of a Woman Soldier: A Brief Record of Adventure with the Serbian Army*, 1916-1919 (London, 1927).

Sandford, Stephen, *Neither Unionist nor Nationalist: The 10th (Irish) Division in the Great War* (Salins, Co. Kildare, 2015).

Satia, Priya, *Spies in Arabia: Thew Great War and the Culutural Foundations of Britains' Covert Empire in the Middle East* (New York, 2008).

Şaul, Mahir, and Royer, Patrick, *West African Challenge to Empire: Culture and History in the Volta-Bani Anticolonial War* (Oxford, 2001).

Schatowski Schilcher, Linda, 'The famine of 1915-1918 in Greater Syria', in John P. Spagnolo (ed.), *Problems of the Modern Middle East in Historical Perspective: Essays in Honour of Albert Hourani* (Reading, 1992), 230-58.

Scheer, Admiral, *Germany's High Sea Fleet in the World War* (London, 1920).

Schindler, John R., *Isonzo: The Forgotten Sacrifice of the Great War* (London, 2001).

Seabrook, William B., *Jungle Ways* (London, 1931).

Sexton, Timothy D., 'Anglo-Japanese naval cooperation, 1914-1918', *Naval War College Review*, 53/1 (Winter, 2000), 62-92.

Sheffield, Gary, *Forgotton Victory: The First World War: Myths and Realities* (Review edn,

London, 2002).

Shefthall, Mark David, *Altered Memories of the Great War: Divergent Narratives of Britain, Australia, New Zealand and Canada* (London, 2009).

Silvester, Victor, *Dancing is My Life: An Autobiography* (London, 1958).

Simkins, Peter, *Kitchener's Army: The Raising of the New Armies*, 1914-1916 (Manchester, 1988).

6th Connaught Rangers Research Project, *The 6th Connaught Rangers: Belfast Nationalists and the Great War* (2nd edn, Belfast, 2011).

Skrine, C. P., and Nightingale, Pamela, *Macartney at Kashgar: New Light on British, Chinese and Russian Activities ij Sinkiang*, 1890-1918 (London, 1973).

Smith, Leonard V., *The Embattled Self: French Soldiers' Testimony of the Great War* (Ithaca, NY, 2007).

— Audoin-Rouzeau, Stéphane, and Becker, Annette, *France and the Great War* 1914-1918 (Cambridge, 2003).

Smith, Michael, *Six: A History of Britain's Secret Intelligence Service Part 1: Murder and Mayhem*, 1909-1939 (London, 2010).

Smith, Ralph, 'Opposition to French rule in Vietnam' , *Past & Present*, 54 (1972), 104-112.

Smith, Richard, *Jamaican Volunteers in the First World war: Race, Masculinity and the Development of National Consciousness* (Manchester, 2004).

Smithson, Annie M. P., *The Marriage of Nurse Harding* (Dublin, 1935).

[Smyly, Vivienne], 'Experiences of a VAD' , *Blackwoods Magazine*, 200 (July-Dec. 1916), 814-40.

Sokol, Edward Dennis, *The Revolt of 1916 in Russian Central Asia* (Baltimore, 1954).

Sondhaus, Lawrence, *In the Service of the Emperor: Italians in the Austrian Armed Forces* 1814-1918 (Boulder CO, 1990).

Spanton, Ernest F., *In German Gaols: A Narrative of Two Years' Captivity in German East Africa* (London, 1917).

Speed III, Richard B., *Prisoners, Diplomats and the Great War: A Study in the Diplomacy of Captiviy* (Westport CON, 1990).

Spence, Richard B., 'Englishmen in New York: the SIS American Station, 1915-21' , *Intelligence and National Security*, 19/3 (Autumn, 2001), 511-37.

— 'The Yugoslav role in the Austro-Hungarian army, 1914-18' , in Király and Dreisziger (eds), *East Central European Society*, 354-65.

Starling, John, and Lee, Ivor, *No Labour, No Battle: Military Labour during the First World War* (Stroud, Glos., 2009).

Stevenson, David, *The First World War and International Politics* (Oxford, 1988).

Stibbe, Matthew (ed.), *Captivity, Forced Labour and Forced Migration in Europe During the*

First World War (London, 2009).

Stiénon, Charles, 'L'effondement colonial de l'Allemagne' , *Revue des deux mondes*, (Apr. 1917), 645-84.

Stone, Norman, *The Eastern Front*, 1914-1917 (London, 1975).

Stovall, Tyler, 'Colour-blind France? Colonial workers during the First World War' , *Race and Class*, 35/2 (Oct.-Dec. 1993), 35-55.

— 'The color line behind the lines: racial violence in France during the Great War' , *American Historical Review*, 103/3 (June 1998), 737-69.

Strachan, Hew, *The First World War*, i, *To Arms* (Oxford, 2001).

— *The First World War in Africa* (Oxford, 2004).

Sugarman, Martin, 'The Zion Muleteers of Gallipoli' (https://www.jewishvirtuallibrary.org/jsource/History/gallipoli.html) (accessed 27 Oct. 2013).

Summerskill, Michael, *China on the Western Front: Britain's Chinese Work Force in the First World War* (London, 1982).

Susmel, Edoardo and Duilio (eds), *Opera Omnia di Benito Mussolini*, xxix (Florence, 1959).

Svoljšak, Petra, *The Front on Soča* (Ljubljana, 2002).

Talbot, F. E. G., *The 14th King George's Own: The 1st Battalion (K.G.O.) (Ferozepore Sikhs), the 11th Sikh Regiment* (London, 1937).

Tarrant, V. E., *Jutland: The German Perspective* (London, 1995).

Taylor, A. J. P., *The Habsburg Monarchy* 1815-1918 (London, 1941).

Temple Patterson, A. (ed.), *The Jellicoe Papers*, ii, 1916-1935 (London, 1968).

Thiel. Jens. 'between recruitment and forced labour: the radicalization of German labour policy in opccupied Belgium and northern France', *First World War Studies*, 4/1 (2013).

Thompson, Elizabeth, *Colonial Citizens: Republican Rights, Paternal Privilege, and Gender in French Syria and Lebanon* (New York, 2000).

Thompson, John A., *Woodrow Wilson* (Harlow, 2002).

Thompson, Mark, *The White War: Life and Death on the Italian Front*, 1915-1919 (London, 2008).

Thornton, A. P., 'Rivalries in the Mediterranean, the Middle East and Egypt' , in F. H. Hinsley (ed.), *New Cambridge Modern History, xi, Material Progress and World-wide Problems*, 1870-98 (Cambridge, 1970), 567-92.

Thornton, Leonard, 'Echoes of Gallipoli' , in Gilbert (ed.), *The Straits of War*, 109-21.

Thwaites, Norman, *Velvet and Vinegar* (London, 1932).

Tooze, Adam, *The Deluge: The Great War and the Remaking of Global Order*, 1916-1931 (London, 2014).

Torrey, Glenn E., *Romania and World War I: A Collection of Studies* (Oxford, 1998).

— (ed.), *General Henri Berthelot and Romania: Mémoires et Correspondance* 1916-1919 (New York, 1987).

Tounda-Fergadi, Areti, 'The Serbian troops on Corfu: the problem of transporting them to Thessaloniki and Greek public opinion on the affair' , *in Proceedings of the Fifth Greek-Serbian Symposium*, 9-12 *October* 1987 (Thessaloniki, 1991), 29-44.

Townshend, Charles, *Easter* 1916*: The Irish Rebellion* (London, 2005).

— *Political Violence in Ireland: Government and Resistance since* 1848 (Oxford, 1983).

— *When God Made Hell: The Brtitish Invasion of Mesopotamia and the Creation of Iraq* 1914-1921 (London, 2010).

Trevelyan, G. M., *Scenes from Italy's War* (London, 1919).

Tumelty, Joseph P., *Woodrow Wilson as I Know Him* (New York, 1924).

Vanthemsche, Guy, *Belgium and the Congo*, 1885-1980 (Cambridge, 2012).

Vassal, Joseph, *Uncensored Letters from the Dardanelles* (London, 1916).

Vincent-Smith, John, 'Britain, Portugal, and the First World War, 1914-16' , *European Studies Review* 4/3 (1974), 207-38.

Wakefield, Alan, and Moody, Simon, *Under the Devil's Eye: The British Military Experience in Macedonia*, 1915-1918 (Barnsley, 2011).

Walker, Stephen, *Forgotten Soldiers: The Irishmen Shot at Dawn* (Dublin, 2007).

Warth, Trobert D., *Nicholas II: The Life and Reign of Russia's Last Monarch* (Westport CON, 1997).

Washburn, Stanley, *Field Notes from the Russian Front* (London, n.d. [1915]).

— *On the Russian Front in World War 1: Memoirs of an American War Correspondent* (New York, 1982).

— *The Russian Campaign: April to August*, 1915 (London, n.d. [1915]).

— *The Russian Offensive* (London, 1917).

Watson, Alexander, *Enduring the Great War: Combat, Morale and Collapse in the German and British Armies*, 1914-1918 (Cambridge, 2008).

Wedd, A. F. (ed.), *German Students' War Letters* (London, 1929).

Westerhoff, Christian, '"A kind of Siberia" : German labour and occupation policies in Poland and Lithuania during the First World War' , *in First World War Studies*, 4/1 (2013), 51-63.

Whitlock, Brand, *Belgium under the German Occupation: A Personal Narrative*, 2 vols (London, 1919).

Whittall, William, *With Botha and Smuts in Africa* (London, 1917).

Wilcox, Vanda, 'Discipline in the Italian army, 1915-1918' in Pierre Purseigle (ed.), *Warfare and Belligerence: Perspectives in First World War Studies* (Leiden, 2005), 73-100.

Willan, B. P., 'The South African Native Labour Contingent, 1916-1918', *in Journal of African History*, 19/1 (1978), 61-86.

Williams, Francis, *A Prime Minister Remembers* (London, 1961).

Williams, Orlo, 'The evacuation of the Dardanelles', *National Review*, 74/443 (Jan. 1920), 652-68.

Winslow, Carroll Dana, *With the French Flying Corps* (New York, 1917).

Winter, Jay, *Sites of memory, sites of mourning* (Cambridge, 1995).

— (ed.), *The Cambridge History of the First World War,* 3 vols: i, *Global War*; ii, *The State*; iii, *Civil Society* (Cambridge, 2014).

Wylly, H. C., Neill's '*Blue Caps*', iii, 1914-1922 (Aldershot, n.d. [?1924]).

Xu, Guoqi, *China and the Great War* (Cambridge, 2005).

— *Strangers on the Western Front: Chinese Workers on the Western Front* (Cambridge MA, 2011).

Yaney, George, *The World of the Manager: Food Administration in Berlin During World War I* (New York, 1994).

Yearwood, Peter J., '"In a casual way with a blue pencil": British policy and the partition of Kamerun, 1914-1919', *Canadian Journal of African Studies*, 27/2 (1993), 218-44.

Yong, Tan Tai, *The Garrison State: The Military Government and Society in Colonial Punjab*, 1849-1947 (New Delhi, 2005).

Young, Geoffrey Winthrop, *The Grace of Forgetting* (London, 1953).

Yovanovitch, Draglioub, *Les effets économiques et sociaux de la guerre en Serbie* (Paris, n.d. [1930]).

Zieger, Susan, 'She didn't raise her boy to be a slacker: motherhood, conscription, and the culture of the First World War', *Feminist Studies*, 22/1 (Spring, 1996), 6-39.

Ziino, Bart, *A Distant Grief: Australians, War Graves and the Great War* (Crawley WA, 2007).

— (ed.), *Remembering the First World War* (Abingdon, 2015).

Zinoman, Peter, *The Colonial Bastille: A History of Imprisonment in Vietnam*, 1862-1940 (Berkeley CA, 2001).